高等学校"十二五"应用型经管规划教材

现代企业管理学

陈文汉 ◎ 主　编

曹金华　刘洪华　李　铤 ◎ 副主编

陆　颖 ◎ 主　审

电子工业出版社

Publishing House of Electronics Industry

北京·BEIJING

内 容 简 介

本书以实践问题为导向，充分吸收和运用最新的企业经营与管理理论，结合社会经济发展的实际，对现代企业经营与管理的内容、方法、技巧进行科学的概括和总结，并进行案例剖析和综合演练。主要内容包括企业管理理论、现代企业制度、现代企业组织设计、经营管理、生产管理、设备管理、质量管理、财务管理、人力资源管理、企业文化管理和企业创新管理。本书观点鲜明独到、内容丰富全面，既注重理论讲解，也注重实际运用；体例新颖，既有吸引读者的课前阅读，又有学练结合的企业管理实训，非常适合学生自主学习。

本书既可作为高等院校经济管理类和非经济管理类学生的教材，也可作为相关人员学习管理知识的通用教材。

未经许可，不得以任何方式复制或抄袭本书之部分或全部内容。
版权所有，侵权必究。

图书在版编目（CIP）数据

现代企业管理学 / 陈文汉主编．—北京：电子工业出版社，2014.1
高等学校"十二五"应用型经管规划教材
ISBN 978-7-121-21716-6

Ⅰ．①现… Ⅱ．①陈… Ⅲ．①企业管理—高等学校—教材 Ⅳ．①F270

中国版本图书馆 CIP 数据核字（2013）第 248121 号

策划编辑：姜淑晶
责任编辑：张 京
印　　刷：北京七彩京通数码快印有限公司
装　　订：北京七彩京通数码快印有限公司
出版发行：电子工业出版社
　　　　　北京市海淀区万寿路 173 信箱　邮编 100036
开　　本：787×1092　1/16　印张：20　字数：512 千字
版　　次：2014 年 1 月第 1 版
印　　次：2025 年 7 月第 10 次印刷
定　　价：38.00 元

凡所购买电子工业出版社图书有缺损问题，请向购买书店调换。若书店售缺，请与本社发行部联系，联系及邮购电话：(010) 88254888，88258888。
质量投诉请发邮件至 zlts@phei.com.cn，盗版侵权举报请发邮件至 dbqq@phei.com.cn。
本书咨询联系方式：(010) 88254199，sjb@phei.com.cn。

前　言

企业管理活动是一项科学性、时代性、应用性、灵活性很强的社会活动，搞好企业管理活动并非易事。能有一本能全面介绍现代企业管理理论和方法的好书，显得尤为重要，本书就是为完成这一任务而写的。

本书在编写过程中，充分吸收了国内外最新的研究成果，力求贯彻"以应用为目的，必需、够用"的原则，体现基础性、科学性、应用性、发展性、时代性的统一。本书内容包括现代企业管理理论、现代企业制度、现代企业组织设计、经营管理、生产管理、设备管理、质量管理、财务管理、人力资源管理、企业文化管理和企业创新管理等。

本书的特色：

（1）设置能力目标和知识目标，使读者明确学习的目的；

（2）章前设课前阅读和启示，不仅引导学生运用所学知识探讨现实问题，而且提供了分析方法与思路；

（3）文中设有一些"管理故事"或"小资料"等，为读者提供了一个学习管理知识的新平台，拓宽了视野；

（4）每章都设有与本章内容紧密结合的模拟实训，使读者通过演练把所学理论与实际结合起来，学以致用。

本书由陈文汉任主编，曹金华、刘洪华和李铤任副主编。各章具体分工如下：陈文汉负责编写第1、3、5章；李铤负责编写第2、4、8章；曹金华负责编写第6、9、11章；刘洪华负责编写第7、10章。全书由陆颖主审。本书在编写过程中参阅了许多专家、学者的文献资料，有些在书后参考文献中列出了，有些可能遗漏了，在此向他们一并致以谢意。

由于编写时间仓促，加之作者水平有限，书中难免会有疏漏之处，望读者及同行谅解和指教，编者的联系邮箱是cwhan2008@163.com。

编　者

目 录

第1章 现代企业管理概述 ···1

1.1 企业与企业管理的本质 ··2
1.1.1 企业和企业管理的含义 ··2
1.1.2 企业管理的要素与本质 ··4
1.2 企业管理的原理与职能 ··6
1.2.1 企业管理的一般原理 ··6
1.2.2 企业管理的基本职能 ··10
1.3 企业制度和现代企业制度 ··11
1.3.1 企业制度 ···12
1.3.2 现代企业制度 ··15
企业管理实训 ···18
项目一 组建模拟公司 ··18
项目二 企业管理调研：企业管理及其系统 ··18
项目三 辩论：高层管理者是企业管理的主角 ···19
综合练习 ··19

第2章 战略管理 ··22

2.1 企业战略概述 ··23
2.1.1 企业战略 ···23
案例 2.1 ···24
案例 2.2 ···25
2.1.2 企业战略管理 ··26
2.1.3 企业战略管理过程 ··27
2.2 企业战略分析 ··28
2.2.1 企业的环境 ···28
2.2.2 企业的外部环境分析 ··29
2.2.3 企业的内部环境分析 ··35

2.2.4　企业的竞争环境分析 36
2.3　企业战略选择 38
　　2.3.1　SWOT分析法 38
　　2.3.2　波士顿矩阵分析法 39
案例2.3 42
企业管理实训 43
综合练习 44

第3章　现代企业组织 46

3.1　企业组织及其管理原则 47
　　3.1.1　企业组织及其管理 47
　　3.1.2　企业组织管理的一般原则 49
3.2　企业组织结构 51
　　3.2.1　组织结构设计 51
　　3.2.2　纵向管理层次结构 52
　　3.2.3　横向职能部门结构 53
　　3.2.4　权力关系结构 55
3.3　企业组织结构的类型 57
　　3.3.1　直线制组织结构 57
　　3.3.2　职能制组织结构 58
　　3.3.3　直线-职能制组织结构 58
　　3.3.4　事业部制组织结构 59
　　3.3.5　模拟分权制组织结构 61
　　3.3.6　矩阵制组织结构 62
　　3.3.7　企业组织模式创新 63
企业管理实训 67
综合练习 68

第4章　企业经营管理 71

4.1　企业经营战略 72
　　4.1.1　企业经营战略的概念特征 72
　　4.1.2　企业经营战略的内容及类型 73
　　4.1.3　企业经营战略的制定 74
　　4.1.4　企业经营战略的实施 75
4.2　企业经营决策 76
　　4.2.1　企业经营决策的内容和类型 76
　　4.2.2　企业经营决策的原则和程序 77
　　4.2.3　企业经营决策的方法 78
4.3　企业经营计划 89
　　4.3.1　企业经营计划的特点与作用 89
　　4.3.2　企业经营计划的种类 90

4.3.3　企业经营计划的内容 91
　　　4.3.4　企业经营计划的编制 92
　　　4.3.5　企业经营计划的制订和调整方法 93
　　　4.3.6　企业经营业计划的控制 95
　企业管理实训 95
　　项目一　制订战略性计划与评价 95
　　项目二　参观访问 96
　　项目三　活动策划 97
　综合练习 97

第5章　企业生产管理 99

5.1　生产过程组织 99
　　5.1.1　生产过程与生产类型 99
　　5.1.2　生产过程的时间组织 101
　　5.1.3　流水生产的组织 104
5.2　劳动组织与劳动定额 106
　　5.2.1　劳动组织 106
　　5.2.2　劳动定额 108
　　5.2.3　劳动定额的制定方法 108
　　5.2.4　劳动定额的分析与修改 110
5.3　先进的生产组织方式 111
　　5.3.1　现场管理5S法 111
　　5.3.2　准时生产技术 112
　　5.3.3　精益生产 113
　　5.3.4　敏捷制造 114
5.4　生产能力及其规划 115
　　5.4.1　生产能力的概念及其度量 115
　　5.4.2　生产能力计算 116
　　5.4.3　生产能力规划 118
5.5　生产计划 119
　　5.5.1　生产计划的定义和内容 119
　　5.5.2　生产计划的指标 120
　　5.5.3　生产计划的分类 121
　　5.5.4　总体计划与制订 122
　　5.5.5　主生产计划 124
5.6　生产作业计划 126
　　5.6.1　生产作业计划的概念与依据 126
　　5.6.2　生产作业计划标准 126
　　5.6.3　大批量生产作业计划的制订 129
　　5.6.4　成批生产作业计划的编制 130
　　5.6.5　单件小批生产作业计划的编制 132

  企业管理实训 133
  综合练习 134

第6章 现代企业新产品开发与设备管理 137

6.1 新产品开发管理 138
  6.1.1 新产品的概念与分类 138
  6.1.2 新产品的开发 138
  6.1.3 新产品开发中的知识产权问题 140

6.2 价值工程 143
  6.2.1 价值工程的产生和发展 143
  6.2.2 价值工程的概念和基本原理 145
  6.2.3 价值工程的工作程序 148
  6.2.4 价值工程工作程序的重要环节 149

6.3 设备管理 152
  6.3.1 设备管理的任务和基本原则 152
  6.3.2 设备的前期管理 154
  6.3.3 设备的使用、维护与修理 157
  6.3.4 设备的改造与更新 162

  企业管理实训 166
  综合练习 167

第7章 现代企业质量管理 169

7.1 质量与质量管理 169
  7.1.1 质量与质量概念的发展 169
  7.1.2 质量管理的概念和重要性 171
  7.1.3 质量管理的发展过程 173
  7.1.4 我国质量管理的发展 174

7.2 全面质量管理 175
  7.2.1 全面质量管理的概念、特点和原则 175
  7.2.2 PDCA循环 178
  7.2.3 全面质量管理常用统计分析方法 182

7.3 质量成本 186
  7.3.1 质量成本的概念 186
  7.3.2 质量成本的构成 187
  7.3.3 质量成本特性曲线 188
  7.3.4 质量成本的优化 189

7.4 ISO 9000系列标准与质量认证体系 191
  7.4.1 ISO 9000质量标准体系 191
  7.4.2 ISO 9000: 2000族标准的构成、特点及我国采用的情况 192
  7.4.3 质量认证体系 195

  管理实训 198

综合练习 ··· 200

第8章 企业财务管理 ··· 201

8.1 企业财务管理概述 ··· 202
8.1.1 财务与财务管理 ··· 202
8.1.2 财务管理的内容 ··· 203
8.1.3 财务管理的原则和任务 ··· 203

8.2 资金筹集管理 ··· 205
8.2.1 企业资金筹集的原则和方式 ··· 205
8.2.2 短期资金和长期资金筹集管理 ··· 207

8.3 资金运用管理 ··· 209
8.3.1 流动资金的管理 ··· 209
8.3.2 固定资产的管理 ··· 212

8.4 成本利润管理 ··· 213
8.4.1 成本管理 ··· 213
8.4.2 利润管理 ··· 215

8.5 企业经济效益分析与评价 ··· 216
8.5.1 经济效益的内涵 ··· 216
8.5.2 企业经济效益评价的标准 ··· 216
8.5.3 企业经济效益评价的指标 ··· 217
8.5.4 企业经济效益综合指标 ··· 217

企业管理实训 ··· 222
项目一 融资方案 ··· 222
项目二 情景模拟 ··· 227

综合练习 ··· 228

第9章 现代企业人力资源开发管理 ··· 230

9.1 人力资源开发与管理概述 ··· 231
9.1.1 人力资源及其特点、重要性 ··· 231
9.1.2 人力资源开发与管理的含义和内容 ··· 233

9.2 人力资源管理开发 ··· 234
9.2.1 人力资源开发的基本途径 ··· 234
9.2.2 人员选聘 ··· 235
9.2.3 人员培训 ··· 237
9.2.4 员工管理 ··· 240

9.3 人力资源评价 ··· 243
9.3.1 岗位评价 ··· 243
9.3.2 人员素质测评 ··· 246
9.3.3 人员绩效考评 ··· 256

案例分析 ··· 260
企业管理实训 ··· 260

综合练习 262

第 10 章 现代企业文化管理 263

10.1 企业文化概述 264
10.1.1 企业文化的含义 264
10.1.2 企业文化的作用 265

10.2 企业文化的基本内容 266
10.2.1 制度文化 266
10.2.2 价值文化 267
10.2.3 人本文化 268
10.2.4 创新文化 269
10.2.5 道德文化 271

10.3 企业文化建设 273
10.3.1 营造企业的文化氛围 273
10.3.2 提炼企业价值观 273
10.3.3 倡导企业精神 275
10.3.4 重视企业文化的传播与沟通 276
10.3.5 重视企业文化变革 278

企业管理实训 281
综合练习 282

第 11 章 创业型管理与企业创新 284

11.1 创业型企业的创建 285
11.1.1 创业者的特征、素质与能力 285
11.1.2 创业者的类型 287
11.1.3 创业机会 288

11.2 知识管理与生存空间选择 290
11.2.1 知识管理 290
11.2.2 生存空间的选择 292

11.3 企业可持续发展与创新 295
11.3.1 企业可持续发展的含义 295
11.3.2 企业创新的含义 295
11.3.3 企业创新与可持续发展 296

11.4 企业创新管理 296
11.4.1 技术创新管理 296
案例分析 298
11.4.2 市场创新管理 298
11.4.3 制度创新管理 305

企业管理实训 308
综合练习 308

参考文献 310

第1章 现代企业管理概述

 课前阅读：七人分粥的故事

有这样7个人住在一起,每天分一大桶粥,但粥不够喝。于是,每天如何分粥成了问题。

他们先是指定一人负责分粥,但很快发现,这个人为自己分的粥最多。

他们决定采取抓阄方式,每天轮一人分粥。结果,一周下来,每人只有一天是能吃饱的,甚至被撑得龇牙咧嘴,就是自己分粥的那一天。

他们又改为公选一位道德高尚的人来分粥。然而,强权产生腐败,讨好、贿赂此人的行为把整个小团体搞得乌烟瘴气。

他们又试探组建四人评选委员会、三人分粥委员实施分粥。结果,互相攻击扯皮,每天粥吃到嘴里时已冰凉。

资料来源:罗尔斯主编,《正义论》,1971

 启示

"分粥规则"是美国著名哲学家罗尔斯在其1971年所著的《正义论》一书中提出的。他把社会财富比作一锅粥,在总结以上失败教训的基础上,做出了如下受到充分公平制约又切实保障效率的方案设计和选择:①所有的人轮流分粥;②分粥的人最后取粥。结果,每个分粥的人都不想让自己分到最少,便努力把每份都分得尽量均匀。即使偶有不均,自己分到最少,也只有自认倒霉。自此,小团队没有了分粥的矛盾,气氛开始变得和谐。

企业是国民经济的基本单位,主要从事生产、流通和服务等经济活动。现代企业管理如同其他管理一样,通过计划、组织、指挥、协调、控制等施加影响于生产经营活动,使之符合客观规律,从而取得良好的经济效果。现代企业管理既是一门科学,又是一门艺术。科学重在规律、艺术重在创新。

1.1 企业与企业管理的本质

1.1.1 企业和企业管理的含义

1. 企业的概念和类型

（1）企业的概念

企业指从事生产、流通和服务等活动，为满足社会需要和获取赢利，实行自主经营、自负盈亏、自我发展、自我约束、具有法人资格（或自然人）的经济组织。企业的概念大致包括以下四个方面的含义。

1）企业是经济实体。企业不同于事业单位、政府部门，它必须追求经济效益、获取利益。赢利是企业创造附加价值的重要组成部分，也是社会对企业所生产的产品和服务能否满足社会需要的认可和报酬。在市场价格体系理顺的情况下，一般来说，为社会做出的贡献越大，企业取得的合理利润就越多；利润小的企业则对社会贡献小。亏损的企业不仅没有为社会创造财富，反而是在消耗和浪费社会资源。企业没有赢利，不仅企业自身不能扩大再生产，职工生活水平难以提高，而且将会导致国家和地方财政收入减少，从而使国家和地方的经济建设受到限制，甚至停滞或倒退。从这个角度来看，确保获得合理的利润，不仅应是企业的目标，而且也是企业承担的重大社会责任。

2）企业必须自主经营和自负盈亏。企业要获取利润，就必须保证自己的产品和服务在品种、质量、成本和供应时间上能随时适应社会和消费者的需求。为此，企业除了加强内部管理外，还必须能对社会环境的变动及时、主动地做出反应，也就是要具有经营上的自主权。权利和义务是对等的，企业要有经营自主权就必须进行独立核算，承担其行使经营自主权所带来的全部后果，即必须自负盈亏。如果企业只负盈不负亏，就不可能有负责任的经营行为，即不能正确地行使自主权。

3）企业必须承担社会责任。对企业概念中的"为满足社会需要"应有较广泛的理解，它不仅指满足顾客和用户的需要，而且应包括满足股东、银行、职工、供货者、交易对象、政府、地区及一切与之相关的社会团体的需要。当然这些需要有时是互相矛盾的，企业必须妥善处理才能得以生存和发展。这就决定了企业不能只为自身谋求利益，而应该承担社会各方面责任。企业的社会责任还表现在为社会提供就业的机会、防止环境污染及节约资源等方面。

4）企业必须能以自己的名义进行民事活动、享有民事权利和承担民事义务。企业一般应具备以下几个条件：①必须在政府有关部门注册备案，完成登记手续；②应有专门的名称、固定的工作地点和组织章程；③具有独立的资产，实行独立核算；④能独立对外开展经营活动。

（2）企业的类型。

1）按照企业提供产品和服务的内容不同，可将企业分为农业企业、工业企业、商业企业、运输企业、物资企业、合资企业、股份合作制企业等。全民所有制企业是由国家出资兴办，并由国家代表全体劳动人民共同占用生产资料的企业，是我国公有制的主要形式。集体所有制企业是由部分劳动者共同出资、共同占有生产资料和劳动产品的企业形式。合资企业是由两个以上的自然人或法人共同出资兴办的企业。股份合作制指劳动者依照法定程序，以资金、实物、技术、劳动力等方式投资入股,全部资产由参与合作并投资入股的全体劳动者共有的企业。

2)按照企业不同生产力要素的比重,可将企业划分为劳动密集型企业、资金密集型企业和知识密集型企业。劳动密集型企业指活劳动所占比重较大、资本有机构成低的企业,如一些生产技术水平较低的中小型企业和农业企业。资金密集型企业(或技术密集型企业)指投资大、技术装备程度较高、劳动力比重小的企业,如机械工业企业、化工企业等。知识密集型企业指综合运用先进科学技术成就,所用人员中,中、高级技术和科研人员比重较大,所投入的科研时间和产品开发费用较高,能生产高、精、尖产品的企业,如高新技术企业、软件开发生产企业等。

3)按照企业规模大小,可将企业划分为大型企业、中型企业和小型企业。企业规模一般指企业生产能力、机器设备数量或装机容量、固定资产原值和职工人数等几个方面的规模和能力。衡量企业规模大小的具体数值和内容重点无固定指标,随着科学技术水平和生产社会化程度的不断提高及行业的不同而有所不同。

4)按照企业组织形式不同,可将企业划分为单厂企业、多厂企业和公司制企业、企业集团、跨国企业等。单厂企业即一个企业只有一个工厂或公司,没有分厂或分公司。多厂企业即一个工厂下面往往有两个或两个以上的分厂或分公司。公司制企业即由两个以上的投资者出资、按照一定的法律程序组建,以赢利为目的的组织,是企业的高级组织形式。企业集团是一种在经济联合基础上建立的密切联系的企业群体组织,其形式和规模随经营范围不同而多种多样,有的以工业生产为主,有的将生产和科研相结合,有的是产学研贸相结合,有的是工贸结合等。企业集团是公司制企业的进一步高级化发展,它具有多种多样的功能,实行多样化经营,由于其规模大、实力强,一般都会发展成为跨地区、跨国界的跨国企业。

2. 管理与企业管理

(1) 管理的含义

到目前为止,管理一词还没有一个统一的为大多数人所接受的定义,原因是,不同的人在研究管理时的出发点不同、角度不同,因而他们对管理所下的定义也不同。强调工作任务的人认为"管理就是由一个或多个人来协调其他人的活动,以便收到个人单独活动所不能收到的 1+1>2 的效果";强调个人管理艺术的人认为"管理就是领导,就是指挥他人用最好的方法工作";强调决策作用的人认为"管理就是决策,决策的难点在于选择,选择的难点在于标准,标准的难点在于排序";强调管理过程的人认为"管理就是为了达到一定的组织目标所进行的计划、组织、协调、控制等过程";强调管理中人的因素的人认为"管理就是调动人的积极性,通过他人的努力达到组织目标"。以上这些都从不同角度和侧面反映了管理的性质和内容。为了对管理进行比较广泛的研究,综合各种对管理的理解,给管理做出如下定义:管理是通过计划、组织、指挥、协调、控制、激励等环节,有效地争取和使用人力、物力、财力、信息、时间等资源,以期达到组织目标的过程。管侧重于控制,理侧重于疏导和思考。管是基础,理是飞跃。在当今管理实践过程中,往往重管轻理,重硬轻软,重控制轻激励,重效率轻价值。

(2) 企业管理的含义

企业管理是根据企业的特性及生产经营规律,按照市场所反映的社会需求,对企业生产经营活动进行计划、组织、指挥、协调和激励，充分利用各种资源，实现企业不同时期的经营目标，不断地适应市场变化，满足社会需求，同时求得企业自身的发展和满足职工利益的一系列活动。这个概念包括以下几方面的含义。

1）企业管理的对象。企业的再生产活动是生产过程和流通过程的统一，因此，企业的主要活动是内部的管理活动和涉外部的经营活动。企业管理的对象：一是人，管理要点是如何管住、管活；二是物，要静态管物、动态管钱；三是事，做事的原则是做正确的事比正确做事更重要。

2）企业管理的主体。企业是由管理者来管理的。凡是参与管理的人，包括企业的高层领导、中层领导、基层领导在内，都是管理主体。企业的总体发展一般是由企业的厂长、经理及以他们为中心组成的企业管理系统来推动的。

3）企业管理的目的。管理是一种有意识、有组织的动态活动过程。企业管理的目的是实现组织目标，合理地利用资源，在满足社会需求中获得更多的利润。

4）企业管理的依据。企业管理是管理者的主观行为。要使主观行为变成可行的客观活动并取得客观效果，就必须使管理者的行为符合客观规律。所以管理的依据是企业的特性及由此表现出来的生产经营规律。可以说，企业管理的成效如何取决于管理者认识和利用生产经营规律的程度及主观能动性的发挥程度。

1.1.2 企业管理的要素与本质

1. 企业管理的七大要素

企业管理活动过程中涉及的一些重要因素称为企业管理要素。它们既是企业管理活动的对象，也是开展生产经营活动的基础；对管理过程及管理效果产生影响，也是认识和掌握企业管理在内联系和机制的关键所在。企业管理到底包括哪些要素？对此目前还没有统一的认识，有三要素说、五要素说、七要素说等不同的说法，产生不同说法的原因是人们评价重要性的尺度不同。其中比较全面、完整的是七要素说（7M）。

（1）人员

人是企业的主体，在现代企业管理诸要素中，人是最活跃、最积极并起决定性作用的要素。企业管理应重视人的巨大内在潜力，通过科学的方法调动企业内所有人员的积极性，使企业中每一名职工都能尽其所能，展其所长，自觉努力地工作。人员又是企业管理的首要对象，在这方面的工作主要包括：员工招募、教育培训、考核奖惩、升降任免等。

（2）资金

资金是企业生产经营活动的核心，提高资金效益是企业管理的重要目标之一。企业的生产经营过程实质是资金不断运动的过程，随着资金不断运动和增值，最终实现企业的生存与发展。因此，加强资金的运营管理，实现较高的资金回报率，是现代企业管理必须高度重视的首要问题。在资金方面的工作主要包括：资金的筹集、预算的编制、成本的核算、价格制定、利润管理等。

（3）设备

设备是固定资金的实物形态，也是生产经营活动的主要物质基础之一。它反映企业机械化、自动化的程度，标志着企业现代化程度和科学技术水平。企业设备状况如何，不仅直接影响企业产品的品种、产量、质量、劳动生产率、原材料、燃料、动力的消耗，而且影响企业的成本、利润、交货期、安全生产、环境保护、工人的工作情绪和企业的生产秩序。因此，抓好设备要素，对于提高企业经营管理水平、提高企业经济效益有重要意义。这方面的工作主要包括生产经营活动中使用的各种机械、动力、运输设备、仪器、仪表、装置、房屋建筑物等的现场管理和使用管理。

（4）物料

这里所说的物料指工业企业生产过程中的原、辅材料和商业企业经营活动中的商品，它们既是流动资金的实物形态，也是生产经营活动的主要物质基础之一，这方面的工作主要包括：工业企业的原、辅材料的采购、包装、储运、检测、收发管理，商业企业的商品进货、储运、质检、保管、发货管理等。

（5）方法

企业的生产经营过程包括产品的生产过程和产品的销售过程。对产品的生产过程而言，方法主要指对具体过程的动态管理，主要包括：生产计划的制订、操作过程的监督、产品质量的控制、工艺流程的保证、技术革新和技术改造等。就产品的销售过程而言，方法则指对销售过程的动态管理，主要包括：售前、售中、售后服务的方法、措施和过程的监督管理、促销手段的运用管理等。

（6）市场

市场是实现企业目标的关键，是企业管理的重要环节。这方面的主要工作包括：信息的收集、整理、分析、使用过程的管理，市场预测和开拓管理，新产品开发、研制和推广管理，企业形象、公关关系和营销策划管理等。

（7）工作精神

工作精神是企业一切活动的灵魂，它需要靠企业有目的的培育、相关机制的促进和各种制度的保证，因此也属于企业管理的范围。这方面的工作主要包括：敬业精神的培养、工作效率的提高、企业文化的培育、激励机制的形成等。

2. 企业管理的本质

（1）管理是分工协作劳动的产物，同时又是协助劳动的基础

自古以来，人类在与严酷的自然环境作斗争的过程中，通过共同劳动得到所需要的物质资料，同时又联合起来抵御外部的侵害（这也是一种共同劳动）。有共同劳动就要有分工协作，从而产生组织、指挥和协调问题，解决这些问题的方法和过程就是管理。如果不对生产要素和劳动过程进行组织、指挥和协调，就不可能开展分工和协作，也就不会有协作劳动。由此得出"管理既是协作劳动的产物，又是协作劳动的基础"这样的结论。

（2）管理是一种科学方法

在生产过程中，管理不是一个独立的要素，它与科学技术一样，离开了其他物质形态的要素就不能存在。但是在协作劳动中如果离开了管理，那么其他要素也就无法科学合理地结合在一起，也就不会有生产过程的发生。这一本质说明管理属于方法范围，它依据生产过程中各个环节的内在联系，遵循"以尽可能少的投入获得尽可能多的产出"这一基本原则，确定企业活动的目标、方法和过程，设计组织机构的层次和岗位，以及相互联系和运行的环节、渠道与规则，并赋予每个环节、层次和岗位以一定的职能、责任及相应的权力，通过监督和

控制以保证管理目标的实现。同时采用行政和经济的奖罚措施来提高管理过程的有序性和有效性。

（3）管理是一门艺术

古人云："善道者，一线藕丝牵大象；盲修者，千钧铁棒打苍蝇"；"尽己之力为下策，尽人之力为中策，尽人之智为上策"。艺术贵在创新，管理贵在创新。

（4）理是一种生产力

长期以来，物质形态的生产要素对推动人类社会发展起到了巨大的作用，在物质财富贫乏的时代显得更为突出，由此而形成一种思维定式，即认为只有物质的东西才是生产力。随着社会财富的增加和人类认识能力的提高，人们越来越意识到精神形态的东西更为重要。因此邓小平提出"科学技术是第一生产力"。在这里，科学不仅指自然科学，也包括社会科学，因此科学的管理同样是生产力，而且处于十分重要的地位。管理的作用是把生产经营过程中的物质资料、劳动力、资金和技术组织在一起，使它们协调运作，产生应有的效益。离开管理，即使有再多的人力、再先进的技术、再精良的设备和再丰厚的资金，也难以得到较好的经济效益。低水平的管理虽然可以把各种要素组织在一起进行运作，但由于它们的结合状态差，资源浪费多，效益就比较差。只有把管理水平提高了，才能实现各要素间结合状态的改善，减少资源消耗，产生更大的经济效益。

1.2 企业管理的原理与职能

1.2.1 企业管理的一般原理

企业管理的一般原理是对管理活动基本运动规律的概括，它是管理实践总结，客观地反映了管理这一现象的内在本质。企业管理原理主要包括人本管理原理、系统管理原理、能级管理原理和激励管理原理。

1. 人本管理原理

人本管理是以人为本的管理，是一切管理活动的出发点。

（1）人本管理的现实背景

在社会发展过程中，人的主体地位和作用日益突出。农业时代看重的是土地，土地是最大的生产要素和财富。工业时代看重的是资金和设备，资金和设备是最大的生产要素和财富。知识经济时代看重的是知识、智力、技能和具有创新精神、创新能力的人才。人们将不再以拥有土地和金钱的多少论贫富，而主要是以知识的多少、智力的高低和创新能力的大小论贫富。现代经济增长理论认为，人本资源投入是现代社会经济迅速增长的重要因素，知识是提高劳动生产率和实现经济增长的主要驱动力；知识化的生产方式使得产业的结构和就业结构日趋智能化，提供智能商品和智能服务的产业正成为最夺目的朝阳产业；同时，知识型的劳动者将构成社会经济活动的主体。如果说在传统工业时代主要是竞争资金和设备的话，那么，在信息时代和知识经济时代，则主要是素质和人才的竞争，对人的知识、智力，尤其是人的创新能力的需要是最迫切的，人是生产力中最具有决定性的力量，人的创新能力将成为整个社会发展的主导力量。由此，人的创新能力价值应成为首要价值，人本管理已成为时代潮流。

（2）人是企业最重要的资源，也是管理的主体、对象和核心

管理的本质就是依靠、引导、激励员工，发挥他们的最大潜能，为实现企业的目标而努力工作。人本管理的含义包括：①企业以人为主体组成；②企业靠人开展生产经营活动；③企业为满足人的需要而生产。

（3）人本管理原理的本质

1）企业存在的价值——为了人。企业为什么而生产、企业为谁而生产，这是企业所有活动的起点和归宿，也是管理的基础和核心，是企业开展管理活动首先要解决的问题。从系统论的角度看，一个合法的企业组织是社会大系统中的一个子系统，是社会经济活动的细胞，必须承担相应的社会功能。这一社会功能指从社会取得以人为主的各种资源，合理组织、使用这些资源生产出各种产品和服务，以满足人们的物质需要和精神需要。因此，履行这一社会职能就是企业存在的价值，而企业的目标就是通过出售产品和服务获得赢利。管理的任务说到底就是三项：开拓市场，获得赢利，满足各种需要。

2）企业管理的核心——满足人。人是企业管理的主体，同时也是管理的对象。管理对象除了人之外，还有物质资料、资金、技术、信息等要素。但在所有的要素中，人是最重要的。在生产经营活动中对其他要素的管理都必须通过对人的管理才能实现。同时，只要实现了对人的管理也就实现了对其他要素的管理。因此，人是管理的核心，一切管理工作都要围绕调动员工的积极性和主动性来进行，这样才能提高管理的效率，实现管理的目标。

（4）人本管理原理的运用

这里以海尔公司人本管理的三部曲来说明人本管理原理的运用。

一是海尔的识才之道。"人人是人才，赛马不相马"，这是海尔独具一格的识才之道，是由一位名叫张弛的普通员工提出来的。张弛认为："传统的相马机制依赖伯乐，对于千里马来说，命运掌握在别人手里，十分被动；而赛马机制打破了对伯乐的依赖性，可改变千里马的命运。"海尔提炼了张弛的赛马思想，认为企业不是缺少人才，而是缺少选拔人才的机制，只要给予员工一定的机会和成长空间，人人都是人才。因此，海尔不搞"伯乐相马"，只是提供赛马场，所有岗位都可参赛，岗岗是擂台，人人可升迁。

二是海尔的出才之道。"先造人才，再造名牌。"这是海尔的出才理念。海尔认为：有什么样的人才就有什么样的事业，人才是海尔的崛起、成功的基础。建立出才机制是海尔出才之道的具体体现。重视培训是海尔出才之道的基石。

三是海尔的用才之道。"斜坡球体人才发展理论"是海尔的用人哲学。海尔认为拉动力、制约力和支撑力是影响企业发展的三种力量，同样也是影响员工发展的三种力量。斜坡球体人才发展理论给管理者的启示是：要想用好人，首先要了解员工的需要，了解员工的能力专长和兴趣爱好，这些是构成拉动力的要素；其次是了解制约力的构成要素，通过培训、指导、团队建设等方式抑制阻力的产生；再次是在管理中通过制度建设形成支撑力。"人才是激励出来的。"这就要求管理者去研究人才的激励机制，而不是具体的个人。海尔力求建立一套能充分发挥个人潜能的机制，给每个员工提供充分实现自身价值的空间，员工能"翻多大的跟头"，海尔就给他"搭多大的舞台"。

这种识才、出才、用才三位一体的人本管理模式，成就了海尔享誉国内外的品牌声誉，使海尔在其国际化的道路上越走越远、越走越顺。

2. 系统管理原理

系统管理是现代管理的理论基础，也是社会化大生产条件下的管理与以往所有管理的本质区别所在。

（1）系统管理原理的含义

企业是一个系统，对企业生产经营活动的管理也就形成了一个系统，由此形成了企业系统管理的原理。这一原理的基本含义有三点。

1）企业是一个复杂的社会经济和技术系统，企业管理就是为了达到企业目标而对企业系统进行规划、操作、控制的活动，使企业系统能够处于最佳的运行状态，实现最大的投入-产出效益。

2）为达此目的，在企业管理活动中应树立系统管理观念，从企业系统与环境的联系、企业系统与下属系统的关系出发，合理确定企业各子系统的目标，正确规范企业及各子系统的行为，强化企业整体功能，提高企业素质。

3）在这一过程中，要采用系统分析的方法认识企业面临的各种问题，建立科学的系统模式来解决这些问题。

（2）系统管理的原则

1）整体性原则。企业系统是一个整体，只有企业的整体目标和整体利益得到了实现，各部门和员工的目标与利益才能有保障。因此，要树立整体观念，以整体目标和利益为重，将局部目标和利益纳入整体的轨道。系统管理的整体性原则就是要求从这一基点出发，协调企业总目标与各子系统和员工的局部目标之间的关系，调整各自的利益，规范各自的行为，更好地发挥企业系统的整体功能。

2）联系性原则。企业系统各个组成部分之间、企业系统与环境之间都存在着密切的联系，这种联系决定了它们之间必然要相互作用和影响，从而决定了系统管理的必要性。由于这种联系的存在，在管理活动中绝不能割裂地、孤立地对待某一问题或现象，必须从该问题或现象的各种联系出发，通盘考虑，综合筹划，才能做出合理的决策。

3）动态性原则。构成企业系统的物质、能量和信息之间，企业系统与外界环境，企业系统与下属子系统和员工之间始终处于交互作用的状态中，不断地变化和更新。因此，对管理的目标、过程、方法和技术也必须不断地进行调整，以适应企业系统发展的要求。

4）层次性原则。企业系统由多个层次组成，这就要求管理也必须按照层次性原则来进行。管理的层次包括战略决策层、中间管理层和基础执行层。每个层次按职权划分，分工管理不同性质和不同数量的任务，各司其职，各尽其责，而不是由最高决策者进行直接管理，只有在发生无法解决的矛盾时才由上级出面进行协调。

5）综合性原则。综合性原则表现在三个方面。一是系统目标的综合性。这指在为企业确定管理目标时，必须综合考虑环境、企业和员工各方面的需要，使目标的达成能为各方都带来利益。二是系统方案的综合性。一个目标往往会有多种不同的实现方案，所谓系统方案的综合性就是要对这些不同的方案进行综合分析和比较，从中选出最能体现目标要求的方案。三是系统方法的综合性。系统管理还有一个非常鲜明的特点，就是必须综合使用各种现代化的管理方法和技术。这就需要管理人员不仅熟悉这些方法和技术，还必须摆脱单一思维方式，能够熟练地、综合地、恰当地运用这些方法和技术。

3. 能级管理原理

（1）能级管理原理的含义

能级是物理学中的概念，是对电子运动状态的一种描述。能级现象给管理带来的启示是：事务内部并非是一个均匀、连续的结构体，而是由不同层次、不同能级构成的复杂系统。因此管理系统的最佳结构不是单一和均匀的，同样应该建成能级结构式的系统。在这一系统中，每个单元都根据其能量的大小安置在相应的位置上，以此来保证整个系统结构的稳定性和运行的有效性。

（2）能级管理原理的原则

能级管理原理是企业组织管理的基本原理，按照这一原理，合理的企业组织结构应呈下大上小的三角形或梯形，这种三角形或梯形结构在企业管理活动中具体表现为如下两个原则。

1）管理岗位的能级对应原则。这是能级管理原理对管理系统的结构要求。按照这一要求，企业管理机构应该由三个层次组成：一是战略规划层，或称决策层，其任务是对涉及企业全局的大政方针等战略性问题进行决策，如投资规模的调整、经营方向的改变、重要人事的任免等；二是战术计划层，也称管理层，其任务是将最高层的决策转化为可操作的计划，以供下层管理人员执行；三是运行计划层，也称执行层，其任务是具体组织落实上级制订的计划，实现企业的生产经营目标。决策层的任务是决定活动的方向，管理层的任务是决定活动的方法，而执行层的任务则是决定活动的过程，从任务的特点看，决策层的任务涉及时间长、范围广；执行层正相反；而管理层则居于两者之间。从完成任务所依据的信息来源和特征看，决策层的信息主要来自外部，具有高度综合性；管理层的信息既来自外部又来自内部，但以内部为主；执行层的信息则完全来自内部。从任务的风险程度看，上述特点使决策层在完成任务过程中面临的风险最大、管理层次之、执行层最小。

2）专业岗位的能级对应原则。这是能级管理原理对生产系统的人员配置要求。按照这一要求，不同的专业岗位需要配备不同能力和特长的人。管理的责任就在于正确认识和区别不同能力和特长的人，并尽可能把他们安排在足以发挥其能力和特长的岗位上。能级管理原理告诉我们，不同的机构层次和岗位对工作有不同的要求，而不同的人有不同的能力和特长，只有使这两者对应起来，即按照每个人的能力和特长分配相应的岗位和工作，才能使企业的管理系统和生产系统提高效率，使每个人都充分发挥其潜能。

4. 激励管理原理

（1）激励的含义

所谓激，就是激发人的行为动机，让他想干、愿意干、喜欢干、有信心去干（行为之前）；励，是一种信号，一种评价，一种强化（行为之后）。概括起来讲，激励指利用一定的方式或手段，通过满足员工的生理需要或心理需要，来激发和鼓励员工的工作积极性与创造性，最大限度地发挥他们的才能，从而达到提高劳动生产率、更好更快地实现企业目标的过程。

当前，越来越多的人已经认识到，激励是管理的一项重要职能。人们参加一个组织，都是为了达到通过个人努力无法实现的目标，但这并不意味着为了达到目标他们会竭尽全力地为组织工作并作出贡献。如果组织中的员工除了成员身份外没有其他诱因，则很难想象他们对组织会有很高的服务意愿。因此，如果一个组织不存在激励机制或激励因素，这样的组织必然是没有生机和发展前途的。

（2）激励原理的本质

激励的关键是诱发动机。动机就是欲望，通常表现为一种念头或想法，它对人的行为起着引发、维持、推动和导向的作用。

激励包括精神激励和物质激励两种手段。我国著名的科学家王选曾说："只有精神激励而缺乏物质激励那是'愚民政策'；只有物质激励而缺乏精神激励那是'害民政策'。"

1.2.2 企业管理的基本职能

企业管理职能指企业管理者为了实行有效管理所必须具备的基本功能。实行有效管理，就是企业管理者通过合理选择和配备人员，采取正确的领导方法，运用先进可行的计划和健全的组织，实行统一指挥和有效的内部协调，依靠及时而准确的信息系统及严密、合理的控制，使企业的生产经营要素做到最佳的配合，以达到预期的目的。或者说，实行有效管理，就是要正确处理企业内部人与人、人与物和物与物之间的各种关系，同时还要正确处理与企业外部的关系，如企业与国家、社会、其他企业及有关单位、消费者及用户等的各种关系，获得尽可能好的经济效益。

可以把企业管理的职能分为一般职能和特殊职能。所谓一般职能，指劳动社会化产生的属于合理组织社会化生产的管理职能；所谓特殊职能，指这一劳动过程的社会性产生的管理职能，二者统称为基本职能。

在企业管理的实施过程中，一般有以下几项基本职能。

1. 计划

计划就是通过调查研究，预测未来，确定生产经营活动的目标和方针，制订和选择方案，综合平衡，做出决策。计划正确与否对企业的成败具有决定作用。从这个意义上说，计划是企业管理的首要职能。

我国是社会主义市场经济体制的国家，现代企业的计划职能必须以达到资源的优化配置为目的。企业应当发挥自己的主观能动性，在国家经济政策、法规、计划、制度规定的范围内，面向国内外市场，积极参与市场竞争，有效地利用现有资源，谋求最大的经济效益。还要将企业的目标分解到各部门、单位乃至个人，相互衔接协调，以利于组织实现。

2. 组织

组织是一种被忽视的资源。组织就是将企业生产经营活动的各要素、各部门、各环节、各方面在空间和时间的联系上，在劳动分工与协作上，在上下左右的相互联系上，在对外往来上，合理地组织起来，形成一个有机的整体，充分发挥它们应有的作用。组织有四大特点，即有目标、有分工与合作、层级管理、有监控。

组织职能的执行要从企业的生产经营特点出发，服从企业的经营方针与决策，要建立和健全管理体制、管理规章制度和管理机构，科学地组织生产经营活动，正确挑选和配备各类人员，适时地进行调整。

3．指挥

指挥就是布置工作，决定由谁去做什么。现代企业的生产经营活动十分复杂，环环相扣，因而必须有高度集中的指挥，否则就不能保证企业的正常运行和既定目标的顺利实现。

现代企业的集中指挥应建立在发扬民主的基础之上，不断提高职工的职业道德和敬业精神，处理好民主与集中、自由与纪律的关系。

4．控制

控制也称为监督，就是检查企业生产经营活动的实际进行情况，考察实际情况与原定计划的差异，分析其原因，采取必要的对策纠偏。监督与计划的关系非常密切，监督要以计划为依据，而计划要靠监督来保证实现。

监督的职能要求建立合理的规章制度，特别是要有明确的责任制和奖罚办法，要有完整的定额或标准，以及系统的检查和严格的核算，要建立完善的、能满足控制要求的管理信息系统。

5．协调

协调指调节企业各方面的工作，调节各项生产经营活动，使它们能建立良好的配合关系，不发生重复矛盾，起互补叠加作用，以有效地实现企业的目标。

协调可分为纵向协调与横向协调、内部协调与外部协调。所谓纵向协调，指上下级领导人员和职能部门之间活动的协调。横向协调指同级各单位、各部门之间活动的协调。内部协调指企业内部所进行的协调，而外部协调指企业与其他单位之间进行的协调。

做好协调工作，关键在于使全体职工对企业生产经营活动的目标、方针、决策、计划和规章制度都能清楚地了解，树立全局观念，互相协作支持，克服本位主义。

6．激励

激励是推动人们向目标前进的心理动力。激励指在确定组织目标时，充分考虑职工的需要，把企业生产经营活动的目标与职工的个人利益尽可能地结合起来，激发职工的动机，鼓励职工为实现组织目标而努力。

企业管理的各项职能不是孤立和割裂的，而是一个互相依存、互相作用的有机整体。计划是前提，提供目标和标准；组织是保证，提供计划实施的组织机构和氛围；指挥是手段，是实现计划目标的必要途径；协调和控制则分别解决计划和目标实施中的增效和失效问题；激励则是完成一切管理任务的基础和动力。

1.3 企业制度和现代企业制度

在当前经济全球化趋势下，信息技术日新月异，建立现代企业制度、彻底转换经营机制，是现代企业在发展中实现基本功能、促进市场竞争力提升的重要保证。要建立市场经济体制，必须建立现代企业制度。

1.3.1 企业制度

1. 企业制度的含义

企业制度（Enterprise System）通常指以企业产权制度为基础和核心，包括企业组织和管理制度在内的各种制度的总称。构成企业制度的基本内容有三部分。

（1）企业产权制度

企业产权制度是以产权为依托，对企业财产关系进行合理有效的组合、调节的制度安排。它以法律制度的形式对企业财产在占有、使用、收益、处分过程中所形成的各类产权主体的地位、权责及相互关系加以规范。对企业来说，合理的产权制度能够清晰地界定各个产权主体及其权能，从而建立有效的激励和约束机制，保障企业资产合理流动。

（2）企业组织制度

企业组织制度是企业组织形式的制度安排，规定了企业内部的分工协调和权责分配关系，如企业的治理结构、领导体制等。

组织制度是企业组织的基本规范，它既是企业各项组织工作的基础和依据，也是企业制度的一项基本内容。实践证明，组织制度合理与否会对企业的生存发展产生至关重要的影响。

（3）企业管理制度

企业管理制度是对企业管理活动的制度安排，它由一整套企业管理活动的方式、标准和原则、理念等组成，如企业的劳动人事制度、分配制度和财务会计制度等。企业管理制度是企业管理工作的基础。

上述三方面内容中，企业产权制度是企业制度的基础和核心，它对企业制度的其他方面具有决定性的作用；反过来，企业组织制度和企业管理制度在一定程度上反映了企业财产权利的安排，三者共同构成了企业制度。

2. 企业制度发展的沿革

考察企业制度发展的沿革，要求对企业制度进行历史性的动态考察。现代企业制度是合乎经济发展规律演进的结果。随着人们对企业制度演化研究的逐步深入，这种研究对实践产生了重大而有意义的影响。

企业制度的演化经历了一个漫长的历史过程，从企业的产生到公司制的出现，直至现代企业制度的诞生，企业制度的发展大致经历了三次革命。

（1）企业的产生

人类社会最早的生产组织是氏族和部落。到了原始社会末期，家庭成为重要的生产组织形式。原始社会解体后，奴隶主庄园经济和封建庄园经济相继成为社会的主导经济形式。原始社会末期至奴隶社会初期，商人阶层出现，人类历史上出现了第三次社会大分工，商品生产的主要单位是手工业作坊。15世纪中叶前后，一些在长期经营中积累了大量资本的商人和手工业者购买了生产资料，把失去生产资料的手工业者和无地的农民集中起来进行生产，产生了手工工场，这就是最早的企业。企业出现后，有了人与人的合作赢利行为，并产生了合伙制企业。

古典企业制度就是业主制与合伙制的统称，也是当时占据统治地位的企业组织形式。业主制企业是由单个人如个体商人、手工业者等出资，完全归他们个人所有和控制的企业，在法律上被称为自然人企业。合伙制企业是由多个身为自然人的资本所有者共同投资、共同所有、共同经营、共同承担风险和分享收益的企业。合伙制企业也是人类社会最古老的企业组织形式之一，是极具灵活性和顽强生命力的一类企业组织形式。在中世纪后期的欧洲，合伙制企业成为商人与出资人联合赢利的重要工具与手段，合伙制企业法律制度就发端于这一时期在地中海地区形成的商法。古典企业制度的特点主要是：①企业组织规模一般较小，只具有一种经济功能，经营单一的产品系列；②企业的资本所有权和经营管理权（包括技术主导权）合一；③作为科层组织，通常只包含两个层级，即作为管理者的资本家和雇佣工人，前者直接指挥后者。

（2）公司制的出现

15世纪末的西欧，伴随着资本主义生产方式的确立，劳动力所有权获得了法律的认可，劳动者可以将劳动力作为商品出卖。圈地运动和庄园制的瓦解导致大批自由民众失去生产资料，他们除了出卖自己的劳动力以外，自由得一无所有。随着当时世纪大航海时代的到来，欧洲国家的海外贸易进入了大发展时期，海外市场急剧扩大，商品供不应求，刺激了商品生产规模的扩大。在这样的时代背景下，一方面产生了大量的雇佣劳动者，另一方面则出现了拥有与先进技术相结合的异质性物质资本并亟待扩大生产规模的资本家。传统企业无论在财产上还是在运作上都完全依附于投资者个人或联合的个人，使得企业的规模受个人或有限联合的个人财力的限制，投资的风险极大，也使得企业经营具有很大的随意性。随着经济的发展，社会呼唤着更先进的企业制度的出现。

中世纪在地中海沿岸诸城市出现的康孟达组织（Commenda）是依照相关商事契约进行商业合伙的形式，其特征是：一方面出资而不参加营业活动，另一方面则运用自己的设备条件等从事营业活动。康孟达组织最初盛行于海上贸易，由既想获得利益而又不愿亲身冒险的资本家出资，由航海者向海外运销货物，赢利则按出资额分配。发生亏损时，航海者承担无限责任，资本家只在出资范围内承担有限责任。后来，这种合伙形式逐渐发展到陆上贸易。15至16世纪，英国政府特许成立垄断对外贸易的风险投资公司。风险投资公司起初采取合伙筹资，后来发展到入股筹资的形式。英国在1553年成立了莫斯科公司，它是第一家以合伙形式从事海外贸易的特许公司。1581年，英国成立了土耳其公司，1588年又成立了几内亚公司等。1600年，英国又成立了著名的东印度公司，它通过一定的组织形式把一些愿意从事经营的股东纳入公司，实行了公司资本股份化和有限责任制度，这一制度标志着公司制度的出现。

（3）现代企业制度的诞生

现代企业制度本质上是一个包括丰富历史内涵的概念。伴随着以科技进步为标志的生产力的迅速发展和资本主义市场体系的不断完善，现代企业制度逐渐兴起。现代企业制度的特点是：①为适应技术知识和市场的要求，企业通常规模较大，具备多种经济功能，经营不同系列的产品，在不同地区经营；②企业中的中高级决策者不再兼有资本所有者的身份；③企业科层组织包含两个以上的中间决策层级，中高级决策者形成了较复杂的分工决策体系，表现为经营管理组织。

19世纪中叶以后，物质资本所有者的职能和权力发生了质的变化：一是物质资本的所有者逐渐丧失了企业经营管理权，成为资本市场上的"纯粹逐利者"，退化为"消极货币"；二是科技的不断进步和市场的不断扩大导致分工更加细化，管理型人力资本逐步从劳动力商品分离出来，经理阶层开始出现，并逐步取得了企业管理的主导权。于是，以管理型人才资本为主导的现代企业制度逐步形成。

伴随着市场的扩大和技术的进步及公司立法的发展，在利润的驱使下，美国的公司走上了大规模扩张的历程，客观上需要建立管理层级制，以便管理各个经营单位并协调和监督它们的经营活动，中层管理因此走向职业化。中层管理的职业化，不仅为公司组织结构的规范打下了坚实的基础，而且为高层管理的职业化提供了后备人才。随着公司规模的进一步扩大，组织协调管理过程越来越复杂，对高层管理的要求也越来越高，但企业家具有的管理企业的能力和素质不能满足公司发展的需求，股权的分散又使得他们不可能凭借股权来对公司施加足够大的影响。因此，职业经理人员逐渐控制了公司的高层管理，公司经理人员基本上实现了职业化。有资料表明，20世纪初，美国200家最大的非金融公司中有84.9%是由经理控制的。

现代企业制度的诞生，实现了公司组织结构的真正规范化。更重要的是，在股权分散的条件下，由职业经理人员控制公司，大大地提高了公司的运作效率。企业制度的演化历史表明，企业经营管理环节的不断变革和市场的不断完善，使各种生产要素得以最大限度地发挥作用，实现了产出的最大化，也使企业的组织形态和所有权安排不断改善。

3. 公司制企业的特点

公司制企业是由两个以上投资者出资，按照一定法律程序组建的，以赢利为目的的经济组织。公司制企业有如下特征。

（1）产权明晰和两权分离

这是公司制企业的产权特征，也是公司制企业最本质的特征。企业所有权与经营权分离的产权特征使公司制企业有别于个人业主制企业和合伙制企业，因为后两者从根本上来说是将所有权与经营权集于一身的，即使聘请了大量专职经理人员，他们与原老板之间也只不过是代理的、从属的关系。公司制企业由于投资主体多元化，在公司的所有权结构中，各投资主体占多少份额的产权十分明确，且边界界定非常清晰，产权真正得到了具体化。

（2）法人资格和法人财产权

法人资格和法人财产权是公司制企业的法人特征。公司制企业享有所有出资者投资形式的全部法人财产，企业对其亏损和债务以其全部法人财产为限，与出资者的其他财产无关。而个人业主制企业、合伙制企业都不具备法人资格，个人业主制企业的资产属于出资者个人所有，合伙制企业的资产属于合伙人所有，都不是法人财产，出资者都对亏损和债务负无限责任。

（3）组织的高级化和复杂化

组织的高级化和复杂化是公司制企业的组织特征。公司制企业把多个单位内化为一个有机的统一整体，且企业规模不断扩张，内部构造日益复杂，组织结构的变化趋势也由直线职能制向事业部制、矩阵制，甚至企业集团方向不断发展；同时，以股东会、董事会、高级经理班子和监事会的框架为领导体制，权力分立、相互制衡、协调运转。而个人业主企业、合伙制企业实际上是"老板企业"，其组织机构没有如此庞大和复杂，领导体制也简单清晰。

1.3.2 现代企业制度

1. 现代企业制度的含义

现代企业制度指在市场经济条件下，以规范和完善的法人制度为主体，以有限责任制度为核心，以股份有限公司为重点的产权清晰、权责明确、政企分开、管理科学的现代公司制度。它是为适应我国企业制度创新的需要而提出来的特定概念，是企业制度的现代形式。现代企业制度包括以下几层含义。

（1）现代企业制度是企业制度的现代形式

企业制度不断发展变化，它是从原始企业制度发展而来的，是市场经济及社会化大生产发展到一定阶段的产物。

（2）现代企业制度是一种制度体系

现代企业制度是由若干具体制度相互联系而构成的系统，它是现代企业法人制度、现代企业产权制度、现代企业组织领导制度、现代企业管理制度等有机结合的统一体。

（3）企业法人制度是现代企业制度的基础

企业法人制度是现代企业制度的基础，是企业产权的人格化。企业作为法人，有其独立的民事权利能力和民事行为能力，是独立享受民事权利和承担民事义务的主体。规范和完善的法人企业享有充分的经营自主权，并以其全部财产对其债务承担责任，而终极所有者对企业债务责任的承担仅以其出资额为限。因而在此基础上产生了有限责任制度。强调建立现代企业制度、转换国有企业经营机制，实质内容之一就是在我国确立规范、完善的现代企业法人制度，使国有企业成为自主经营、自负盈亏、自我约束、自我发展的市场竞争主体，使作为终极所有者的国家承担有限责任。

（4）产权制度是现代企业制度的核心

构成产权的要素有所有权、占有权、处置权和收益权等，现代企业制度是以终极所有权和法人财产权的分离为前提的。现代企业产权制度就是企业法人财产权制度。在此制度下，终极所有权的实现形式主要是参与企业的重大决策，获得收益；法人企业则享有其财产的占有权、处置权等。这也是建立现代企业制度以改造我国国有企业的核心。因为只有建立了现代企业产权制度，才能使国家公共权力与法人企业的民事权利分离开来，才能使国家所有权与法人企业财产分离开来，做到真正的政企分开。

（5）现代企业制度以公司制为主要组织形式

公司制是一种现代企业组织形式，是现代企业制度的一项内容，但不是唯一的内容。我国建立现代企业制度主要是针对我国国有企业改革的问题而提出来的。对于国有企业改革而言，主要是应该建立现代公司制度。现代公司制度主要指股份有限公司和有限责任公司，但也不是说建立了公司制度就是建成了现代企业制度，因为它还有其他丰富的内容，而且股份有限公司和有限责任公司只是现代企业制度公司制的典型代表，不能否定其他有效的形式。

2. 现代企业制度的特征

现代企业制度的基本特征概括起来就是产权明晰、权责明确、政企分开、管理科学。

(1) 产权明晰

产权明晰指产权概念清晰，产权边界清晰。首先，要明确企业资产出资者的权利和责任，明确企业与其所有者之间的基本财产关系，理顺企业的产权关系。企业中的国有资产属全民所有，即国家所有，由代表国有资产所有者的政府所授权的有关机构作为投资主体，对经营性国有资产进行配置和运用，作为企业中国有资产的出资人，依法享有出资者权益，并以出资额为限对企业承担有限责任。其次，要有所有权与经营权科学分离的体制，建立经营权对所有权负责的体制，建立所有权对经营权监督、约束的体制。

(2) 权责明确

权责明确指出资者与企业法人之间的权益、责任关系明确，并用法律和经营制度来保障。一方面，要求企业法人依法自主经营、自负盈亏，以独立的法人财产对其经营活动负责，以其全部资产对企业的债务承担责任。同时，企业法人行使法人财产权，要受到出资者所有权的约束和限制，必须依法维护出资者的权益，对所有者承担资产保值增值的责任。另一方面，要保证出资者按照投入企业的资本额享有所有者的权益，即出资者的所有权表现为以所有者的身份享有资产收益权。同时，还应明确企业内部所有者、经营者及生产者的义务和责任，使这些利益主体之间关系分明、利益分配合理，既相互制衡又协同一致。

(3) 政企分开

政企分开指政府、企业职责分开，职能到位。政府、企业职责分开指政府的社会经济管理职能应与其国有资产所有者的职能分开，将国有资产的管理职能和运营职能分开，建立国有资产的运营与管理体系。企业作为市场活动的主体，要按照价值规律、市场经济规律的要求，自主组织生产和经营。职能到位则指要改变政府办企业、企业办社会的管理方式，把企业目前承担的社会职能分离出来，改由政府和社会组织来承担；政府对国家经济具有宏观管理职能，但不能对企业生产经营活动进行直接干预，而只能通过经济手段、法律手段及中介组织的作用，对企业的生产经营活动进行调节、引导、服务和监督；政府与企业之间不存在上下级关系，企业不存在行政级别，企业管理人员也不享受公务员待遇。

(4) 管理科学

管理科学指在科学的管理思想和管理理念指导下，建立科学、完整的组织结构，并通过规范的组织制度，使企业权力机构、决策机构、执行机构和监督机构之间职责明确，并形成相互制约的关系。从社会化大生产的要求来看，社会内部应具有科学的职能管理和岗位管理制度。职能管理的内容很多，涉及生产力方面的主要有计划管理、生产管理、质量管理、设备管理、物流管理等；涉及生产关系方面的主要有劳动人事制度、现代企业财会制度、企业领导制度等。岗位管理制度是为保证各个工作岗位有条不紊地进行工作，有利于提高劳动生产率的各种规章制度。科学的企业内部管理制度能使出资者、经营者和生产者的积极性都得到调动、行为受到约束、利益都得到保障，做到出资者放心、经营者精心、生产者用心，使企业协调地、和谐地不断向前发展。

3. 现代企业制度的内容

现代企业制度是一个内涵丰富、外延广泛的概念，其基本内容包括三个方面：现代企业产权制度、现代企业组织制度和现代企业管理制度。这三大基本制度，共同构成了现代企业完整而灵活的经营体制。

（1）现代企业产权制度

现代企业产权制度是现代企业制度的一项核心内容，这种产权制度的构造，在企业方面是建立企业法人制度，在出资者方面是形成有限责任制度。它的实质是建立出资者所有权和企业法人财产权相分离的产权配置格局。按照现代企业产权制度的要求，当股东投资形成企业资产后，它就将原来的企业资产分解为企业现实营运中的资产和以股票为主的虚拟资产。其中对企业现实营运中的资产的占有、使用和处置权利，交由企业法人掌握，由此形成法人财产权。这是在公司取得法人资格的同时获得的一项所有权权能。

股东作为原始所有者则仅保留了对资产的价值形态，即以股票为主的虚拟资产占有的权利，由此形成出资者所有权。这种产权分割实际上也就意味着，公司资产不论是谁投资的，一旦形成和投入营运，其支配权就归属企业法人了，要由企业法人实行统一的经营管理。原来的出资者则与现实资产的营运脱离了关系，不能随意抽回投资，也不能以个人身份直接支配所投入的资本，只保持其作为法人组织的一分子，通过一定的组织程序，间接参与企业财产的最终控制。

现代企业产权制度是以企业在法律上具有独立的法人地位前提的，即它的形成要以完善的企业法人制度为基础。企业只有依法取得法人地位，才能在取得法人资格的同时获得法人财产权，这是企业在市场经营活动中独立从事民事活动、享有民事权利并承担民事责任的前提条件和物质基础。

现代企业产权制度的另一个内涵就是实行严格的有限责任制度，它是规范出资者（股东）与企业法人之间、企业法人与企业债权人之间权益关系的准则。实行有限责任制度使得企业对现代市场经济的发展有了更强的适应力。

（2）现代企业组织制度

现代企业组织制度是在企业法人制度基础上形成的法人治理结构，它是企业在长期的市场经济发展过程中，为了满足自身的发展需要而逐步建立起来的一套完整的组织制度。通过该组织结构，企业形成了一种以众多股东个人意志和利益要求为基础的、独立的组织意志，并以这种独立的组织意志来独立地开展经营活动。

其中，现代企业法人治理结构包括两个组成部分。一是纵向授权领导体制。由股东通过投票选举产生董事会和监事会，其中董事会代表企业法人从事经营决策；董事会再聘任总经理和其他高级经理人员，组成在董事会领导下的执行机构，在董事会授权范围内经营企业；监事会是监督结构，对董事会及其经理人员的活动和公司财务行使监督职责。二是股东会、董事会和监事会"三会"制衡结构。在法人治理结构中，股东会、董事会和监事会及经理人的权、责、利都有明确的划分和界定，谁也不能违背组织章程越权行事，因此彼此之间也就形成了一种相互制约、相互促进的制衡机制。

（3）现代企业管理制度

企业要在激烈的市场竞争中求得生存和发展，就必须不断提高自身经营管理水平。因此，科学规范的现代企业管理制度是现代企业制度不可缺少的重要内容。现代企业管理制度的基本体系是由企业经营目的和理念、企业目标和战略、企业管理组织及各业务职能领域活动的规定等组成的。其中，企业经营目的、理念是企业管理制度的最高层次。在经营目的、理念的指导下，确定企业的战略目标，形成企业战略方案，并同时建立适应战略要求的有效组织结构。

公司经营目标和战略，还要通过各种具体业务活动来实现，这些业务活动可分为市场营销、研究、开发和生产制造、财务、人事等几大职能领域。企业管理层通过对这几大领域活动的计划、组织、领导和控制，就可以把握日常经营的全局，保证战略的有效实施和经营目标的实现。

企业各职能领域的管理活动有其特定的内容、原则、程序和方法。将职能领域的管理行为规范化，就形成了关于日常经营的管理制度，这是实现企业目标与战略的保证。

企业管理实训

项目一　组建模拟公司

【实训目标】

1）培养学生初步运用现代企业管理基础知识建立现代企业管理架构的能力；
2）培养和掌握现代企业管理者所担负的角色和所需要的技能；
3）培养良好识别现代企业组织结构和现代企业制度的能力。

【实训过程设计】

1）组建模拟公司（先不考虑具体项目，先选出合适人选作为发起人）。
2）把全班分成6~8人一组，每小组选择1~2个代表进行总经理竞选。
3）各模拟公司进行总经理竞聘，先组织集中公开演讲，演讲内容要切合本章理论与实践知识，突出竞聘目标。然后参照选举程序，全体成员投票选举产生总经理。
4）在竞聘演讲的基础上，组织一次学习与交流活动。引导学生之间相互学习，取长补短。

【实训成果与考核】

1）投票选出公司总经理，完成模拟公司的初步组建；
2）每位同学上交一份总经理竞聘演讲稿或提纲；
3）由教师和学生对各公司组建情况进行评估打分。

项目二　企业管理调研：企业管理及其系统

【实训目标】

1）加深对现代企业管理概念的感性理解；
2）结合实际，认知现代企业管理系统特别是现代企业组织结构和现代企业制度的构成。

【实训内容与方法】

1）选择你身边一个熟悉的企业、单位或一名企业管理者，也可在网上查找。
2）结合实际，对其企业管理内容与过程进行概括，为其下"定义"。

3）分析并指出其现代企业管理系统的构成。

【标准与评估】

1）标准：能够对现代企业管理内容与过程进行较为恰当的概括，能够正确分析企业管理系统的构成。

2）评估：①每个人写出一份简要材料，作为作业；②可在班级内组织交流，根据每个人的表现进行评估。

项目三　辩论：高层管理者是企业管理的主角吗

【实训目的】

掌握管理者与企业管理的关系与原理，使学生初步感知企业管理者角色。

【实训内容】

1）论述企业管理者的基本概念和角色；
2）论述企业管理理论的基本内容与应用。

【实训过程设计】

1）将全班同学分成正方与反方若干小组（限5人一组）进行辩论。
2）正方坚持"高层管理者是企业管理的主角"立场论述。
3）反方联系企业管理、企业管理者基本理论，举例说明确立企业管理者的角色类型、界定企业管理职能等论点反驳正方观点。
4）正反双方在辩论中既要回答对方的提问，又要向对方提出疑难问题并要求答辩。
5）正反双方举例鲜明生动，并形成书面辩论资料，呈报老师或评委。

【成绩测评】

由教师或邀请企业管理方面的专家负责评判辩论结果。

综合练习

一、选择题

1. 企业的概念大致包括以下含义（　　）。
   A. 企业是经济实体　　　　　B. 企业必须自主经营
   C. 企业必须自负盈亏　　　　D. 企业必须承担社会责任
   E. 企业必须以自己的名义进行业务活动
2. 按企业组织形式的不同，企业可以分为（　　）。
   A. 单厂企业　　　　　　　　B. 企业集团

C. 跨国企业 D. 多厂企业
E. 公司制企业

3. 企业管理要素包括（　　）。
   A. 人员 B. 资金
   C. 设备与物料 D. 方法与工作精神
   E. 市场

4. 系统管理的原则包括（　　）。
   A. 整体性原则 B. 联系性原则
   C. 动态性原则 D. 层次性原则
   E. 综合性原则

5. （　　）通常以企业产权制度为基础和核心。
   A. 企业文化 B. 企业制度
   C. 现代企业制度 D. 企业产权制度

6. （　　）指在市场经济条件下，以规范和完善的法人制度为主体，以有限责任制度为核心，以股份有限公司为重点的产权清晰、权责明确、政企分开、管理科学的现代公司制度。
   A. 企业文化 B. 企业制度
   C. 现代企业制度 D. 企业产权制度

7. （　　）现代企业制度的基础，是企业产权的人格化。
   A. 企业文化制度 B. 企业法人制度
   C. 现代企业制度 D. 企业产权制度

8. （　　）指企业出资人对企业债务只承担有限责任。
   A. 无限责任制度 B. 有限责任制度
   C. 企业法人制度 D. 现代企业制度

9. （　　）以公司制为载体，国有企业按照公司制的规范进行运作，便于进入国际市场参与国际贸易、投资和融资等活动。
   A. 企业文化制度 B. 有限责任制度
   C. 企业法人制度 D. 现代企业制度

10. 构成企业制度的基本内容有（　　）、（　　）和（　　）三部分。企业产权制度是企业制度的基础和核心。
    A. 企业组织制度 B. 企业产权制度
    C. 企业管理制度 D. 企业文化制度

11. 公司制企业的特点有（　　）、（　　）、（　　）。
    A. 法人资格和法人财产权 B. 产权明晰和两权分离
    C. 企业管理制度 D. 组织的高级化和复杂化

12. 现代企业制度的基本特征概括起来就是（　　）、（　　）、（　　）和（　　）。
    A. 产权明晰 B. 权责明确
    C. 政企分开 D. 管理科学

三、问答题

1. 简述企业管理的职能和企业管理的一般原理。
2. 简述古典管理理论的代表人物及其主要观点。
3. 简述行为管理理论的代表人物及其主要观点。
4. 简述现代管理理论的主要流派。
5. 简述企业管理现代化的含义及其内容。
6. 构成企业制度的内容主要有哪些?
7. 简述现代企业管理制度的内容。

第 2 章

战略管理

 课前阅读：隆中对

《三国演义》中最著名的也是最重要的战略规划，是诸葛亮第一次与刘备见面时在隆中的一段对话，后人称为"隆中对"。

刘备去拜访诸葛亮，总共去了三次才见到。于是让旁边的人避开，说："汉王朝的统治崩溃，奸臣窃取了政权，皇上遭难出逃。我想为天下伸张大义，您说应该采取怎样的办法呢？"

诸葛亮回答道："曹操能够战胜袁绍，从弱小变为强大，不单是时机好，而且也是人的谋划得当，现在曹操已拥有百万大军，挟持皇帝来号令诸侯，不能与他正面较量。孙权占据江东，地势险要，民心归顺，重用贤能，可以联合他，而不可谋取他。荆州的北面控制汉、沔二水，从水路一直可通达南海，东面连接吴郡和会稽郡，西边连通巴、蜀二郡，是兵家必争之地，但是它的主人刘表无能，这地方是老天用来资助将军的，将军难道没有占领的意思吗？益州有险要的关塞，有广阔肥沃的土地，自然条件优越，物产丰饶，但益州牧刘璋昏庸懦弱，将军您如果占据了荆州、益州，凭借两州险要的地势，西面和各族和好，难免安抚各部落，对外和孙权结成联盟，对内改善国家政治，一旦形成势力，就派一名将军率领荆州的军队向南阳、洛阳进军，将军您亲自率领益州的军队攻打秦川，如果真能做到这样，八爷就可以成功，汉朝的政权就可以复兴了。"

刘备采纳了诸葛亮的意见，并经过赤壁之战、借荆州、西进取川，形成三国鼎立的局面。

资料来源：http://t.163.com/2747241748#f=topnav

启示

人无远虑，必有近忧，企业也是如此。战略是对全局有重大影响的谋略，企业战略在很大程度上是为了迎接环境变化的挑战。本章在简述企业环境的基础上，着重讲解企业内外环境及其具体分析作用，以企业的竞争环境分析为主，重点讲解 SWOT 分析的基本方法。

2.1 企业战略概述

知识经济、信息技术、经济全球化及各种技术的高速创新是 21 世纪的主要特征。随着我国改革开放的全面推进，这些变化在推动我国企业发展的同时也对我国企业提出了挑战，企业面临着一个更趋于动态多变的经营环境，使企业不得不重新审视自己，思考自己的战略定位，确定企业的战略发展目标。

2.1.1 企业战略

企业战略是企业管理的核心内容，是企业高层管理者的重要职责，它对企业的生存和发展起着决定性的作用。科学技术的快速发展、市场需求的多样化、企业规模逐渐扩大、市场竞争的加剧和企业内外环境的不断变化，给企业带来了新的机会和威胁。企业高层管理者如何选择企业的发展方向、确定行动方针及各类资源的优化配置，需要很强的谋划能力。

1. 企业战略的含义

战略这个词最早来源于军事术语，原指战争指挥者为赢得战争，根据战争规律制定和采取的方略。现在战略一词已广泛应用于政治、经济、社会、文化、教育、科技等领域。

企业战略是企业面对激烈变化、严峻挑战的环境，为求得长期生存和不断发展而进行的总体性谋略，包括战略指导思想、战略目标、战略重点、战略步骤和战略策略等。

（1）战略指导思想

战略指导思想是企业总体战略的灵魂，其内容可以概括为：满足市场需要的思想、系统的思想、竞争思想、市场营销观念等。

（2）战略目标

战略目标是一定战略时期内的总任务，也是战略主体的行动方向。战略目标是由企业的经营目的确定的，是经营目的的对象化和数量化。不同的企业有不同的经营目的，但都是为了提高企业的经营能力。可以说，经营目的决定了经营目标，经营目标决定了经营战略及其目标的形成。企业战略目标有以下三种基本类型。

1）成长性目标，如产品品种、产量，资产总额，销售额及其增长率，利润及其增长率。

2）稳定性目标，如经营安全率、利润率、支付能力、企业凝聚力等。

3）竞争性目标，如产品成本价格地位、产品质量水平、市场占有率、企业知名度和美誉度等。

在确定企业的战略目标时，需要注意应符合一定的要求，如先进性和可靠性的统一、定量与定性的有机结合等。

（3）战略重点

战略重点指那些对实现战略目标具有关键作用的方面，也是企业资金、劳动和技术投入的重点，同时还是决策人员实施战略指导的重点。

（4）战略对策

战略对策是根据战略目标和战略重点制定的用来指导企业在战略期内合理分配资源、有效达到目标的一整套手段的总称。一般包括战略阶段和战略措施。

1）战略阶段。战略阶段是为实现战略目标，在整个战略实施期间根据特定的战略任务所明确的时间段落。每一个战略阶段都有其特点和相对的独立性，各个阶段不可相互混淆和倒置；各个阶段是相互联系和不可分割的，前一阶段是后一阶段的基础，后一阶段是前一阶段的继续。划分战略阶段是实现总体战略目标的必然要求，不是主观臆断的结果。

战略阶段的划分没有统一的模式，应根据各自的战略重点来划分。一般来说，当整个战略期只有一个战略重点时，可将战略期分为三个阶段，即准备阶段、发展阶段、完善阶段。从时间上看，准备阶段和完善阶段可以短些，发展阶段要长些；当整个战略期有两个以上战略重点时，可按战略重点的因果顺序来划分几个战略阶段。工业企业的战略期一般为5～10年，可与国家五年计划同步，也可不同步。

2）战略措施。战略措施是为实现战略目标，创造优势和竞争的主动地位而采取的具体制胜方式和方法，其中包括战略实施期间各种重要事件的短期决策。战略措施又称战术，战略实施期间的战术活动一般包括四个过程：研究变化、捕捉战机、调整行动、改变态势。

战略对策的主要特征是预见性、针对性、多重性和灵活性。

案例2.1

雅马哈公司的企业战略构成

日本的雅马哈公司将其宗旨确定为"娱乐工业"，这一宗旨规定了雅马哈公司广泛的经营业务，使该公司的产品从钢琴到电子琴，再到立体音响设备、钢琴架、家具，乃至现在的射箭工具、滑雪设备、游船、网球拍等，在整个娱乐用品范围内拓展。雅马哈公司凭着卓越的产品品质和先进的生产技术迅速进入国际市场，并在世界许多国家和地区建立了生产基地，和当地的批发商和零售商建立了持久而良好的协作关系，从而成为娱乐工业中的知名品牌。

2. 企业战略的特点

1）战略的全局性。战略的出发点是企业的总目标，企业的战略决策对企业整体事业的影响至关重要，它涉及企业的各个领域。

2）战略的环境性。企业战略与环境关系密切，企业制定战略的一个基本前提是企业与环境不可分，企业应用战略来应对变化着的环境。

3）战略的竞争性。企业战略是竞争的产物，企业制定战略是为了把握内外环境条件，提出对抗竞争的整体性方针、政策和策略。

4）战略的复杂性。战略的组成十分复杂，因为环境的变化会给企业带来新的条件组合，致使战略的组成部分是非结构化、非程序化和非重复性的。

5）战略的层次性。战略存在于不同的层次，企业通常有公司的总体战略（将从事什么业务）和业务战略（在每一项业务中应如何竞争）。

6）战略的思考性。战略包含不同的思考过程，既有概念性的思考又有分析性的思考。战略决策的核心是由企业领导的概念性思考决定的。

3. 企业战略的作用

企业战略对企业发展的推动作用表现在以下几个方面：
1）有利于企业建立长远的发展方向和奋斗目标；
2）有利于企业明确在市场竞争中的地位；
3）有利于提高企业的获利能力和经济效益；
4）有利于企业全面推行现代化管理。

案例 2.2

海尔的"走出去"战略

2001年，海尔与美国当地的家电经销商 Mike Jemal 合作，成立了海尔美国公司，专门在美国销售海尔冰箱、空调和其他家电产品。海尔美国公司还在南卡罗来纳州建立了制造工厂，保证产品的零售供应。海尔美国公司目前已经在美国的小型空调和冰箱市场上占了很高的市场份额。公司在美国市场的品牌提升，使海尔在中国国内市场面对全球家电企业的激烈竞争时，在品牌和渠道上更具竞争力。海尔公司的 CEO 张瑞敏说，为了在国内市场取得胜利，必须先在国外市场取得胜利。

海尔的成功有着多方面的因素，当年海尔人略胜一筹的怒砸质量不合格冰箱、走出国门等一系列战略选择，造就了今日成功的海尔。

4. 企业战略的分类

1）按照战略的目的性不同，可把企业战略分为成长战略和竞争战略。

成长战略指企业为了适应企业外部环境的变化，有效地利用企业的资源，研究企业为了实现成长目标如何选择经营领域的战略。成长战略的重点是产品和市场，即选择具体的产品和市场领域、规定产品和市场的开拓方向与幅度。

竞争战略是企业在特定的产品与市场范围内，为了取得差别优势、维护和扩大市场占有率所采取的战略。竞争战略的重点是提高市场占有率和销售利润率。企业战略归根到底是竞争战略。从企业的一般竞争角度看，竞争战略大致有三种：低成本战略、产品差异战略和目标集中战略。

2）按照战略的领域不同，可以把企业战略划分为产品战略、市场战略和投资战略。

产品战略主要包括产品的扩展战略、维持战略、收缩战略、更新换代战略、多样化战略和产品组合战略等。

市场战略主要有市场渗透战略、市场开拓战略、新产品市场战略、混合市场战略、产品寿命周期战略、市场细分战略和市场营销组合战略等。

投资战略是一种资源分配战略，主要包括产品投资战略、市场投资战略、技术发展投资战略、规模化投资战略和企业联合与兼并战略等。

3）按照战略对市场环境变化的适应程度不同，可以把企业战略划分为进攻战略、防守战略和撤退战略。

进攻战略的特点是企业不断地开发新产品和新市场，力图掌握市场竞争的主动权，不断提高市场占有率。其着眼点是技术、产品、质量、市场和规模。

防守战略也称维持战略，其特点是以守为攻，避实就虚，不与对手正面竞争；在技术上实行拿来主义，以购买专利为主；在产品开发上实行紧跟主义，后发制人；在生产方面着眼于提高效率、降低成本。

撤退战略是一种收缩战略，目的是积蓄优势力量，以保证重点进攻方向取得胜利。

4）按照战略的层次性分类，可把企业战略分为企业总体战略、事业战略和职能战略。

① 企业总体战略指公司层战略。企业总体战略是企业最高层次的战略，其重点是确定企业经营范围和在企业内部各项事业之间进行资源分配。

② 事业战略是企业在分散经营的条件下由各事业部根据企业战略赋予的任务而确定的。

③ 企业职能战略是为实现企业总体战略和各项事业战略，对组织内部各项关键的职能活动做出的统筹安排，如财务战略、营销战略、生产战略、人力资源开发战略、研究与开发战略等。

2.1.2 企业战略管理

1. 企业战略管理的概念

企业战略管理是企业的高层决策者根据企业的特点和对内/外部环境的分析，确定企业的总体目标和发展方向，制定和实施企业发展总体谋划的动态过程。

企业战略管理从企业整体的、全局角度出发，综合运用职能管理理论，处理涉及企业整体的和全面的管理问题，它使企业的管理工作达到整体最优的水平，以追求企业总体经营效益最大化。

2. 企业战略管理的任务

1）提出公司的战略展望；
2）建立目标体系，将公司的战略展望转换成公司要达到的具体业绩标准；
3）制定战略，以达到期望的组织目标；
4）有效实施和执行所选择的公司战略；
5）评价公司的经营业绩，调整公司的战略展望、长期发展方向。

3. 企业战略管理的重要性

1）促使企业管理者不断检查和评估当前战略的价值和合理性。
2）促使企业将内部资源与外部环境因素结合起来考虑。
3）有助于企业时刻关注企业未来，不断审视当前决策对未来的影响。
4）促使企业寻找业务发展最具潜力的领域。
5）促使企业关注资源配置。
6）促使企业改进决策方法、优化组织结构、提高企业管理水平。
7）促使企业提高凝聚力。

2.1.3 企业战略管理过程

企业战略管理过程包括企业战略的制定、实施与控制。

1. 企业战略的制定

（1）企业战略的制定程序

战略制定是企业的最高决策机构按照一定的程序和方法，为企业制定战略的过程。其制定程序是一个标准的决策程序。制定战略的一般程序如下。

① 识别企业现行的战略。要制定新的战略，首先必须识别企业的现行战略是否已不适应当前的形势。因此，识别和分析企业现行的战略是制定新战略的前提。只有确认现行战略已不适用时才有必要制定新的战略，同时，只有在认清现行战略缺陷的基础上，才能制定出较为适宜的新战略。

② 分析企业外部环境。通过环境分析，战略制定人员应认清企业所面临的主要机会和威胁，觉察现有和潜在竞争对手的图谋和未来行动方向，了解未来一定时期社会、政治、经济、文化等的发展动向及企业由此而面临的机遇和挑战。

③ 分析企业内部环境。企业通过测定和评估自身的各项素质，摸清自身的情况，明确自身的优势与劣势。正所谓"知己知彼，方能百战不殆"。

④ 准备战略方案。根据企业的发展要求和经营目标，依据企业所面临的机遇，列出所有可能实现经营目标的战略方案。

⑤ 评价和比较战略方案。企业根据股东、管理人员及其他相关利益集团的价值观和期望目标，确定战略方案的评价标准，并依照标准对各项备选方案加以评价和比较。

⑥ 选择战略方案。在评价和比较战略方案的基础上，企业选择一个最为满意的战略方案作为正式的战略实施方案。有时，为了增强战略的适应性，企业往往还选择一个或多个方案作为后备战略方案。

（2）企业战略选择的标准

理想的企业战略能够充分利用外部机会并减少不利因素的影响，同时，它也能加强企业自身的优势并对弱点加以克服。

战略的选择具有一定的科学性和客观性。国外的学者提出了下述六条标准。

① 战略组合内部是否具有一致性。企业战略由若干个经营单位战略和业务战略组成，而每一经营单位战略又包括若干方面的职能战略，这就要求企业战略的各个部分相互衔接与配套，真正形成一个系统的整体。

② 战略与环境能否保持一致。由于企业的环境是在不断变化的，管理者必须定期评价企业目标和战略与客观环境相适应的程度，以及目前的目标和战略是否已考虑到所预测的未来环境状况的影响。

③ 战略与企业所拥有的资源是否匹配。战略的实现要耗费大量的资源。对大多数企业来说，最重要的资源是资金、人员和物质设施，企业在进行战略选择时，应对每一类资源加以评价，以确定这些资源是否能够满足战略实施需要的程度。

④ 战略所遇到的风险是否适当。企业战略在执行过程中可能遇到的风险主要来自两个方

面：一是战略脱离实际，造成战略执行受阻；二是战略本身明确，但执行中出现了意外情况使得战略难以实施。为此，评估既定的战略风险大小是战略选择过程中十分重要的环节。

⑤ 战略是否具有明确的时间结构。企业战略的实现需要时间，应当衡量战略目标在不同阶段实现的可能性。某些制定战略时不考虑时间因素的企业，往往出现频繁而剧烈的战略改变和人事更替，这是没有效率、十分危险的。

⑥ 战略是否切实可行。企业战略既要树立鼓舞人心的目标，又要具有实现的可行性。例如，如果缺乏足够的资金，该战略就难以执行。另外，如果战略实施没有必需的协调和控制方面的保证，该战略同样无法运作。

2. 企业战略的实施与控制

企业战略的实施与控制，是将优选出的企业战略付诸实施，并保证达到预期结果的过程。

企业战略实施是一项复杂的系统运行过程，涉及企业内部各类人员结构及素质、企业组织结构、企业文化和资源配置各个方面。实践证明，良好的战略实施不仅是保证战略成功的前提，还可在一定程度上挽救不良的战略可能给企业带来的损失。

战略控制主要指企业在战略的实施过程中，检查企业各项活动的进展情况，发现战略差距，分析产生偏差的原因，并采取适当的行动纠正偏差，使企业的活动与战略要求保持一致。

2.2 企业战略分析

2.2.1 企业的环境

企业的经营活动都是在市场中进行的，而市场又受到国家的政治、经济、技术、社会文化的限定与影响。所以，企业从事生产经营活动必须从环境的研究与分析开始。

1. 企业环境的定义和确定性

企业环境指与企业生产经营有关的所有因素的总和，可以分为外部环境和内部环境两大类。企业外部环境是影响企业生存和发展各种外部因素的总和；企业内部环境又称企业内部条件，是企业内部物质和文化因素的总和。任何企业的生存与发展都必须以外部环境为条件、以内部环境为基础，都不可能脱离企业的经营环境去安排生产经营活动。

企业外部环境与内部环境是相互联系、相互制约的，外部环境因素一般是不可控因素。企业经营者只能收集和利用这些因素，并采取适应性措施。而在采取适应性措施的过程中，还要与自身的内部环境因素结合起来进行考虑，充分发挥其自身优势来影响环境，使企业经营得以顺利进行。

企业外部环境与内部环境是动态的有机结合。企业的内部环境因素推动、促进外部环境因素向着有利于企业发展的方向变化。当外部环境因素给企业带来不利影响时，企业就应调整其内部条件因素克服和改变这种不利因素的影响。作为企业经营者，应通过对企业经营环境的分析，努力谋求企业外部环境因素、内部环境因素与企业经营目标的动态平衡。

2. 企业与环境的关系

企业与环境之间存在着密切的联系。一方面，环境是企业赖以生存的基础。企业经营的一切要素都要从外部环境中获取，如人力、材料、能源、资金、技术、信息等，没有这些要素，企业就无法进行生产经营活动。同时，企业的产品必须通过外部市场进行营销，没有市场，企业的产品就无法得到社会承认，企业也就无法生存和发展。同时，环境能给企业带来机遇，也会造成威胁。问题在于企业如何去认识环境、把握机遇、避开威胁。另一方面，企业是一种具有活力的社会组织，它并不是只能被动地为环境所支配，在适应环境的同时也对环境产生影响，推动社会进步和经济繁荣。企业与环境之间的基本关系是在局部与整体基本架构之下的相互依存和互动的动态平衡关系。

因此，企业必须研究环境，主动适应环境，在环境中求得生存和发展。

2.2.2 企业的外部环境分析

企业经营的外部环境因素通常存在于企业外部，是影响企业经营活动及其发展的各种客观因素与力量的总和。外部环境是由短期内不为企业所支配的变量组成的，是企业不可控制的因素。企业通过收集外部环境信息，敏锐洞察企业受到哪些方面的挑战和威胁、面临怎样的商业机会与发展机遇。进行企业外部环境分析，就是通过获取可靠的信息，对企业经营的外部环境关键战略要素进行较为全面、透彻的分析。

1. 企业外部环境的定义及其分析的作用

所谓企业外部环境，指存在于企业之外，对企业的生存和发展产生影响的各种因素的总和。企业外部环境的内容非常复杂，根据不同行业、不同企业对环境研究的范围和深度不同，可将环境分为微观环境、中观环境、宏观环境及国际环境。所谓微观环境，指与企业供、产、销、人、财、物、信息、时间等直接发生关系的客观环境。所谓中观环境，指企业所在行业的环境及地理环境。所谓宏观环境，指企业所在国家的政治、法律、经济、社会、文化、科技、自然环境。

2. 企业外部环境分析的主要内容

（1）宏观环境

1）政治与法律环境。

政治环境指制约和影响企业经营的各种政治要素及其运行所形成的环境。它主要包括五个方面，即国家的政治制度、政党制度、政治社团、党和国家的方针政策、社会的政治气氛，如政治倾向、政治热情、政治思想等。

法律环境指与企业相关的社会法律系统形成的环境，主要包括国家的法律规范，以及国家司法与执法体制、制度、企业的法律意识等。

政治与法律环境对企业经营的影响是广泛而深刻的，有时甚至是决定性的。一般说来，一个国家政治稳定、政策明确连续、社会的政治气氛宽松、政治昌明、法律严明，就有利于企业健康、稳定地发展。

2）经济环境。

经济环境指构成企业生存和发展的社会经济状况及国家经济政策。宏观经济环境主要包括四方面，即社会经济结构、经济发展水平、经济体制和宏观经济政策。

① 社会经济结构分析。社会经济结构又称国民经济结构，通常指一个国家的产业结构、分配结构、交换结构、消费结构、技术结构及所有制结构等，其中产业结构最为关键。例如，我国改革开放以后，有些国有企业处境艰难，出现产品积压、职工下岗、企业停产等现象，正是我国在计划经济体制下对有些产业盲目投资、重复建设，导致产业结构失衡的结果。理解了这一点，有利于企业在制定战略时把握产业升级换代的方向和机会，推动企业发展。

② 经济发展水平分析。经济发展水平通常指一个国家或地区经济发展规模、速度和所达到的水准。主要指标有国民生产总值、国民收入、人均国民收入、经济发展与增长速度等，企业通过经济水平分析，可以把握经济发展的总趋势。

③ 经济体制分析。经济体制指国民经济的管理制度及运行方式，它规定了国家与企业、企业与企业、企业与各经济部门的关系，并通过一定的管理手段和方法调控和影响社会经济活动的范围、内容和方式等。它对企业生存与发展的形式、内容、途径等提出了系统的规则与条件。企业领导人应准确地把握我国经济体制改革的基本方向，及时建立适应新体制的思想观念和行为方式。

④ 宏观经济政策分析。宏观经济政策指国家制定的一定时期内的经济发展目标及为达到经济发展目标而确定的战略与策略，包括全国经济发展战略和产业政策、分配政策、价格政策、贸易政策、劳动工资政策、财政与货币政策等。宏观经济政策规定企业活动的范围和原则，引导和规范企业的经营方向，协调企业之间、部门之间、局部与全局之间的关系，保证国民经济正常运行，实现国民经济发展目标与任务。

3）科技环境。

企业科技环境指企业所在社会环境中的科技要素及要素直接相关的各种社会现象的集合，主要包括社会科技水平、社会科技力量、国家科技体制、国家科技政策与科技立法等。

社会科技水平是构成企业科技环境的首要因素，它包括科技研究的领域、科技研究成果的门类分布及先进程度、科技成果的推广运用三个方面。社会科技力量指一个国家或地区的科技研究与开发的实力。国家科技体制是一个国家科技系统的结构、运行方式及其国民经济其他部门的关系状态的总称，主要包括科技事业与科技人员的社会地位、科技机构的设置原则和运行方式、科技管理制度、科技成果推广渠道等。国家科技政策与科技立法是国家凭借行政权力和立法权力，对科技事业履行管理、指导职能的途径。上述因素都会对企业的生产经营和管理活动产生多方面影响。

目前，世界范围内的科技进步速度加快，西方发达国家已开始进入知识经济时代早期，知识的不断创新、技术的不断突破及其快速高效的商业化运用，使得发达国家的整个经济呈现出知识型、网络化趋势。在我国，"科教兴国"方针逐步贯彻，必将从整体上深刻改变企业的科技环境，加速社会的技术创新，推动社会技术转移和现存产业的升级。企业应充分认识科技环境变化给自己带来的机会，抓住机遇，实现技术进步与技术升级。

4）社会与文化环境。

企业的社会环境包括社会阶层的形成与变动、人口结构与人口流动、社会权力结构、人们的生活与工作方式等因素。它们的现状及变化必然影响企业的经营活动。例如，交通发达了，导致人口分布与流动的变化，就会相应地改变相关企业的商业活动条件；人们生活节奏的加快为快餐业的发展提供了商机；知识经济时代人们工作与生活方式的改变为教育与科技产业及其服务业提供了广阔的发展空间，也对企业人力资源的培训与开发提出了更高的要求。

企业文化环境指由哲学、宗教、语言、文学与艺术等要素构成的环境系统，其对企业经营的影响多为间接的，却不容忽视。例如，一个企业要进入我国某个边境市场，就必须遵守当地的宗教习惯，必须理解和遵守当地的风俗与禁忌。

5) 自然环境。

自然环境指企业所处自然资源与生态环境，包括土地、森林、河流、海洋、生物、矿产、能源等要素及资源消耗、环境保护、生态平衡等方面的发展变化。企业应特别关注自然环境中以下主要动向：第一，某些自然资源的日益短缺化；第二，环境污染日益严重化；第三，许多国家对自然资源管理的干预日益强化；第四，环保型消费层的兴起，这些消费者不仅讲究消费品的数量和质量，更关心环境的质量。例如，像住宅这类商品，不仅是住宅本身的质量，还包括住宅周围环境的质量。企业面对自然环境因素，应牢固树立可持续经济发展观、绿色营销观。目前，与环境保护相联系的"绿色贸易壁垒"已成为我国企业开拓国际市场的巨大障碍。有人说产品质量是 20 世纪企业成功的生命线，那么产品的环保性则是 21 世纪企业在国际市场上竞争获胜的保证。自然环境的制约对现存企业经营形成种种威胁，但对未来发展展示出了更多经营机遇。

（2）行业环境

所谓行业，指按企业生产的产品或服务的性质、特点，以及它们在国民经济中所起作用的不同而划分形成的工商业类别。行业的分类通常根据产品的经济用途来进行，如建筑材料工业、食品工业等；或按使用的原材料或工艺过程来分类，如橡胶工业、金属加工工业、冶金工业、纺织工业等。对各行业的分析，要从如下几个方面入手。

1) 行业竞争结构分析。任何生存于某一行业的企业，根据美国著名的战略管理者迈克尔·波特的总结，都要面临或承受来自五个方面的竞争压力，这五种基本的竞争力量是：潜在进入者的威胁、行业中现有企业间的竞争、替代品或服务的威胁、供应者讨价还价的能力、用户讨价还价的能力。行业竞争结构如图 2.1 所示。这五种力量的现状、消长趋势及其综合强度，决定了行业竞争的激烈程度和行业的获利能力，进而决定了企业所在行业环境的性质。

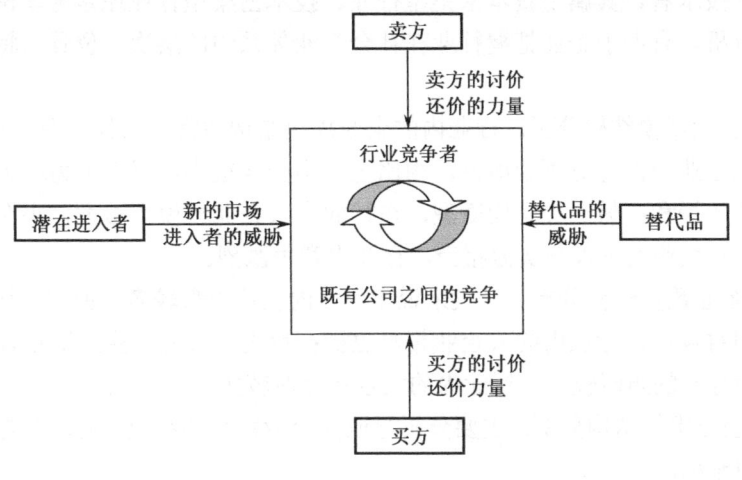

图 2.1　行业竞争结构

① 潜在进入者的威胁。所谓潜在进入者，可能是一个新办企业，也可能是一个采用多元化经营的原来从事其他行业的企业。这个潜在进入者会给行业带来新的生产能力，并要求取得一定的市场份额。该潜在进入者对本行业威胁的大小，取决于该企业为进入新行业所付出的代价及其进入新行业后原有企业反应的强烈程度。

② 替代品的威胁。替代品是那些与本行业现有产品具有相同或相似功能的产品，如洗衣粉可以部分代替肥皂、圆珠笔可以部分代替钢笔。若替代品的赢利能力很强，它对现有产品的压力就大，就会使本行业企业的竞争中处于被动地位。

若替代品生产者采用迅速增长的策略，也会构成对本行业发展的威胁。若用户对改用替代品在经济上和心理上没有什么障碍，则替代品对本行业压力较大。

③ 用户（买方）的压力。用户要求本行业的产品价格更低廉、质量更好、提供更多的售后服务，这对本行业也会形成压力。

④ 同行业中现有企业的竞争。在研究同行业中现有企业的竞争时，要研究行业中企业竞争的态势，辨别竞争的性质，这对于企业制定自己的企业战略是至关重要的。

⑤ 供应者（卖方）的压力。指供应者在一定条件下有可能提高原材料或其他供应品价格或降低供应品质量或二者双管齐下，以谋求更多的利润。

2）行业生命周期分析。行业生命周期指从行业出现到行业完全退出社会经济活动所经历的时间过程。其主要包括四个发展阶段：幼稚期、成长期、成熟期、衰退期。

必须进一步指出的是，有些企业往往难以识别行业的生命周期及其变化趋势。一个行业在幼稚期和成长期时，企业往往看不出它的前景或因技术制约抓不住该行业的早期发展机会，待技术已经公开、行业一片兴旺之时，企业才缓缓进入，而这时的市场已被其他企业占领了，这应引起企业决策者的高度重视。

3）行业的社会经济地位分析。一般说来，行业的产值、利税、吸纳劳动力数量在国民经济总量中所占的比重越大，行业现状及未来对国民经济的影响越大，市场综合竞争力越强，行业地位越重要。

4）行业特性分析。可以从行业分工、行业在社会生产过程中的位置、行业所用资源和技术结构、行业的技术前景等方面分析行业特性。例如，从行业分工看，其处于哪个层次；从行业所用资源和技术看，其属于资本密集型行业、技术密集型行业还是劳动密集型行业，等等。通过这种分析，有助于企业把握行业在社会产业体系中的层次、位置与特点，以采取不同的对策。

5）行业中企业规模结构分析。行业内的企业规模结构通常有两种类型：一类是悬殊型，大企业很大，在行业中占绝对领导地位，相比之下小企业很小，根本无力和大企业竞争，这种行业中竞争比较缓和；另一类是均衡型，在行业中大企业规模不够大，小企业规模也不是很小，行业内所有企业的规模与实力相当，行业内竞争激烈。

6）行业内企业数量结构分析。一般来说，行业内企业数量较多，说明市场规模大，进入该行业的障碍相对较小，行业内的大企业相对也少；反之，行业内企业数量较少，说明市场规模小，进入该行业的障碍较大，行业内的大企业相对较多。

7）行业内企业组织结构分析。主要分析行业内企业联合的状况，对联合与竞争的形势进行分析、评价与预测。

8）行业内市场结构分析。主要分析行业的市场供求状况，有供过于求、供求平衡、供不应求三种情况。一般来说，对供不应求的市场，进入者大量涌入，企业应注重如何形成优势；对供求平衡的市场，企业应注重如何在激烈的竞争中巩固优势；对供大于求的市场，企业应考虑如何先人一步，寻求取得相对竞争优势或退出该行业。

9）社会环境对行业发展限制的分析。一个行业在发展过程中可能会受到某些环境因素的限制（如化工、制药、水泥、造纸等行业），应当防止由于企业的生产经营而对空气、森林、水源、地貌等自然环境的污染，主动承担起社会责任，做到环境友好、良性循环的可持续发展。

（3）微观环境

企业微观环境指企业的人、财、物、供、产、销、技术、信息、时间等与企业生产经营活动直接发生关系的客观环境，这是决定企业的生存与发展的基本环境。分析企业的微观环境，应着重抓住如下几个方面。

1）顾客分析。

顾客是企业产品和服务的购买者，包括企业产品或服务的用户和中间商。企业与顾客的关系通常表现为服务与被服务、购买与销售、选择与被选择、争夺与被争夺的关系。因此要对顾客进行分析，了解顾客的需求内容、趋势及特点，以及顾客的消费心理、消费习俗及层次等。既要努力去满足顾客的需求，又要积极引导需求，创造新的市场。

2）供应者分析。

供应者指为本企业提供生产经营活动要素（人、财、物、信息、技术等）来源的单位。供应者的基本要求是与企业建立稳定、合理的交易关系，并取得合理的利润。从我国实际情况出发，在资金紧张、能源及原材料紧张、劳动力及技术供应不理想的情况下，企业为获得低成本、高效用的资源，应主动出击，与供应者建立起吸引与被吸引的关系。

3）竞争者分析。

所谓竞争者指本企业争夺市场与资源的对手。它们或生产与本企业相同或相似的产品以争夺市场；或使用与本企业相同的资源，形成资源竞争的关系。从不同的角度，可以把竞争者区分为直接竞争者与间接竞争者、现实竞争者与潜在竞争者等。

企业与竞争者的关系主要有以下三种。

① 相互争夺市场与资源的关系。竞争双方争抢市场和人才、技术、资金、信息等资源，都企图获得更大的市场份额和更多的资源，还积极争夺潜在的市场和新的资源。谁占有了市场与资源，谁就有了长远发展的良好条件与稳定的基础。

② 相互削弱对方竞争能力的关系。为对付这种竞争，企业应全面了解和研究竞争对手的长处和短处，了解竞争对手的经营思路、经营战略、经营计划、经营特点及作风等，从而明确本企业竞争地位及相对优势，为本企业制定战略提供依据。

③ 与竞争对手相互妥协的制衡关系。有时，竞争双方若展开激烈竞争会造成两败俱伤的结果，企图削弱对方壮大自己也有困难，此时企业为了维护自己的竞争地位，会与竞争者通过谈判在某些方面达成协议，进行合作，从合作中双方都得到利益，实现双赢甚至多赢。这是一种协作型竞争关系。

4）同盟者分析。

在企业经营中，对同盟者的分析是十分重要的。从不同角度来看，可将同盟者分为基本同盟者（全面与本企业合作）、临时同盟者（某时、就某事或某方面合作）、直接同盟者与间接同盟者、现实同盟者与潜在同盟者、长期同盟者与短期同盟者等。随环境条件变化,同盟者立场、态度、行为及同盟程度都可能改变,甚至成为竞争者。因此,企业应对各类同盟者的状况、发展趋势及特点进行分析。

5)其他微观环境因素分析。

企业还应对运输部门、外贸部门、上级业务主管部门,以及财政、税务等部门进行分析,与企业所在社区的机构,如派出所、公安局、学校、托儿所、卫生、计划生育、环保等部门的关系也要处理好,否则都可能给企业正常的生产经营活动来直接的不利影响。目前,企业的厂长、经理在这方面花费了大量的精力和时间,随着改革开放的深入进行,法治建设不断完善,公共服务等产品提供水平的改观,这一状况将会得到全面改善。

(4)国际环境

1)目前国际环境的特点。

目前国际环境出现了五个明显的特点,即全球信息化、全球经济一体化、国际上企业之间的联合和兼并达到了高潮、知识经济在世界范围内逐渐崛起、虚拟经济与实体经济比翼双飞。

① 全球信息化。全球信息化为全球经济一体化提供了技术支持,1996年,7个发达国家和32个发展中国家的科技部长在南非出席会议,提出了全球信息社会正在加速形成的论点。

② 全球经济一体化。全球经济一体化最突出的特点是跨国公司的发展,20世纪60年代全世界的跨国公司只有7276家,其子公司共有27 300家,到20世纪90年代初,全世界跨国公司达到37 000家,其子公司共有170 000家。世界各个国家、企业、管理者之间的距离越来越近,关系越来越密切,形成了相互依赖、相互促进、相互制约的复杂关系。因此,任何一个国家要发展,孤立起来是不可能的,闭关自守也是不可能的。

③ 国际上企业之间兼并和联合达到了高潮。由于竞争的需要,国际上大公司相互联合、兼并已成为趋势,如美国波音飞机公司与麦道飞机公司的联合、美国埃克森石油公司与美孚石油公司的联合等。

④ 知识经济在世界范围内崛起。所谓知识经济,是以高新技术产业为支柱、以智力资源为依托的可持续发展的经济。知识经济具有经济发展可持续化、资产投入无形化、决策知识化等特点。

⑤ 虚拟经济与实体经济比翼双飞。一方面信息化使世界空间变小,世界成了地球村;另一方面又使空间变大,多了一个多媒体空间,出现了虚拟商店、虚拟市场、虚拟银行、虚拟公司、虚拟医院、虚拟学校、虚拟研究中心等。同时,现代消费的多元化使传统的实体产品也已不能满足人们的多样化需求,因此,在现代科技、知识经济等基础上形成的虚拟经济应运而生,并呈现蓬勃发展之势。传统实体产品的生产和经营,在现代科技的推动下,在消费者需求的刺激下,也发生着迅速的、深刻的变革,从而实现了虚拟经济、实体经济的比翼双飞。

当然无论如何发展,实体经济都不可能完全被替代,理想的状态必然是有一个相对恰当的比例。就目前世界的一些现象来说,如美国次贷问题的症结,尽管该问题隐含的因素很多,但虚拟经济成分过大、内含过量泡沫,是十分重要的一个"病因"。

2.2.3 企业的内部环境分析

1. 企业内部环境的定义及其分析的作用

企业内部环境又叫企业内部条件，指存在于企业之内，企业自身能够自主控制的因素的总和。在 21 世纪的竞争格局中，传统的条件和因素，包括劳动力成本、获取财务资源和原材料的能力，仍然能够为企业创造一定的竞争优势。然而，这些因素所带来的竞争优势正在逐渐减少。在新的竞争格局中，资源、能力和核心竞争力组成了企业的内部环境，它们可能比外部环境中的条件对企业的业绩产生更重要的影响。那些最成功的企业认识到，只有核心能力（通过企业的内部环境研究可以找到）与机会（由企业的外部环境所决定）相契合时，企业才能获得战略竞争能力和超额回报。

2. 企业内部环境分析的主要内容

（1）资源

资源指投入到企业生产过程的生产要素，如资本、设备、员工的技能、专利、财务状况及经理人的才能等，这些都可以被看成资源。

企业资源可以是有形的，也可以是无形的。有形资源指那些可见的、能量化的资源，主要包括企业的财务资源、组织资源、实物资源和技术资源四方面。财务资源主要指企业筹款能力及企业产生内部资金的能力。组织资源主要指企业报告系统及正式的计划、控制和协调系统。实物资源包括厂房、商标、版权等。

无形资产指那些根植于企业的历史、长期积累下来的资产。因为它们是以一种独特的方式存在的，所以非常不容易被竞争对手了解和模仿。知识、员工之间的信任、员工的思想、创新能力、管理能力和企业的声誉等都是无形资产。由于无形资产很难被竞争对手购买、模仿或替代，企业更愿意把无形资产作为它们能力和核心竞争力的基础。无形资产还有另一个特点，就是它们的价值可以被更深地挖掘。

（2）能力

能力来源于资源的有效整合，同时它也是企业核心竞争力的来源。通过有形资产和无形资产的不断融合，企业所拥有的能力使企业能够利用洞察力和智慧创造并利用外部的机会，建立持久优势。能力通常在某种职能领域（如生产、研发、市场营销）或某一职能领域的部分领域中得到发展。有研究表明，企业在某个职能领域建立起来的竞争能力与企业的经营状况相关。因此，企业必须致力于在多元化企业里建立一种职能性的核心竞争能力。例如沃尔玛公司，在物流配送的职能领域中具有有效地利用物流技术的能力；在管理信息系统领域中具有定点采购数据、有效控制存货的能力等。又如麦肯锡公司，在市场营销领域中具有有效地推广其品牌的能力，从而使其成为世界上最负盛名的管理咨询公司之一。

价值链是企业分析能力的有效工具，它反映了企业的资源增值过程。在不同的行业中，企业的价值链存在明显的不同。一些行业在产品设计阶段的增值比较明显，如计算机软件业。而另外一些行业可能在营销和分销阶段的增值较多，如软饮料行业。企业必须根据行业的特点和自身的条件来完成资源增值的过程。

(3) 核心竞争力

核心竞争力指那些能为企业带来相对于竞争对手的竞争优势的资源和能力。例如，麦当劳拥有的四种竞争能力，即房地产、餐饮管理、市场营销及遍布全球的各种设施，麦当劳具有竞争对手难以模仿的竞争优势。并不是所有的企业资源和能力都有竞争价值并能带来竞争优势的，因为有些资源和能力可能会削弱企业的竞争能力，这可能会反映在企业相对于竞争对手较弱的领域。譬如，如果企业没有足够的财务资产，就有可能无法购买那些生产能带来顾客价值的产品的设备，也无法雇佣相关人员，在这种情况下，财务资产就变成了一个弱项。

每一种核心竞争力都是能力，但并非每一种能力都是核心竞争力。在实际操作中，一种能力要想成为核心竞争力，必须：从客户的角度出发，是有价值的、不可替代的；从竞争者的角度出发，是独特的且不可模仿的。也就是说，要判别一种能力是否是核心竞争力，只需要看其是否满足四个标准，即它是有价值的、稀有的、难以模仿的及不可能替代的（见表2.1）。

表2.1 核心竞争力的四个标准结合的结果

资源和能力是否有价值	资源和能力是否稀有	资源和能力是否难以模仿	资源和能力是否不可替代	竞争后果	业绩评价
否	否	否	否	竞争无优势	低于平均回报
是	否	否	是/否	竞争对等	平均回报
是	是	否	是/否	暂时性竞争优势	平均回报至高于平均回报
是	是	是	是	持久性竞争优势	高于平均回报

从表2.1中可以看出，企业只有运用那些有价值的、稀有的、难以模仿的及不可替代的能力，才能获得持久的竞争优势，并持久地获得高于行业平均利润水平的超额利润。

2.2.4 企业的竞争环境分析

1. 企业竞争环境分析的作用

企业面对的市场通常是一个竞争市场，制造和销售同种产品的企业通常不止一家。多家企业生产相同的产品，必然会采取各种措施争夺用户，从而形成市场竞争。现有竞争对手之间经常采用的竞争手段有价格战、广告战、引进产品及增加对消费者的服务和保修等。任何组织，即使是寡头垄断厂商，也会有一家以上的竞争对手，如可口可乐与百事可乐、通用汽车与丰田汽车及大众汽车一样。没有任何企业能够忽略竞争，否则其代价将是非常高昂的。

2. 企业竞争环境分析的主要内容

1）竞争者的多少及力量对比。一个行业内的企业数目越多，行业竞争越趋于激烈。若一个行业内企业数不多，但各个企业都处于势均力敌的地位，也会导致激烈的竞争。

2）市场增长率。市场增长率低的行业有可能导致竞争加剧；反之则有可能竞争不激烈。

3）固定费用和存储费用的多少。固定费用高的行业迫使企业要尽量利用其生产力。当生产力利用不足时，企业宁愿削价扩大销售量也不愿让生产设备闲置，因而使企业间的竞争加剧。在存储费用高或产品不易保存的行业，企业急于把产品卖出去，也会使行业内竞争加剧。

4) 产品特色与用户的转换成本。若行业内用户的转换成本较低，则竞争比较激烈。反之，若用户转换成本较高，行业内各企业的产品各具特色，那么竞争就不会那么激烈。

5) 行业的生产能力。若由于行业的技术特点和规模经济的要求，行业内的生产能力大幅度提高，这将导致一段时期内生产能力相对过剩，造成竞争加剧。

6) 退出壁垒。所谓退出壁垒指退出某一个行业所要付出的代价，它包括：①未用资产，退出该行业时，企业将蒙受重大损失；②退出的费用，包括人员安置，库存物品处理的费用等；③策略性影响，如企业形象对企业营销、财务方面的影响等；④心理因素，如经理人员或员工不愿退出该行业。

3. 企业的竞争态势分析的基本方法

企业是从事经营活动的，行业环境的特点直接影响企业的竞争能力。企业竞争态势分析是由美国哈佛商学院教授迈克尔·波特首先提出的。波特认为，影响行业内竞争结构及强度的因素主要有：潜在的行业新进入者、替代品的威胁、购买商讨价还价的能力、供应商讨价还价的能力及现有竞争者之间的竞争。

（1）对潜在竞争对手的分析

一种产品的开发成功会引来许多企业的加入。这些新进入者既可以给行业注入新的活力，促进市场竞争，也会给现有厂家造成压力，威胁它们的市场位。一方面，新进入者加入该行业会带来生产能力的扩大，带来对市场占有率的要求，这必然引起与现有企业的激烈竞争，使产品价格下跌；另一方面，新加入者要获得资源进行生产，从而可能使得该行业生产成本提高。这两方面都会导致行业的获利能力下降。

新厂家进入行业的可能性大小，既取决于由行业特点决定的进入难易程度，又取决于现有厂商的反击程度。如果进入障碍高，现有企业激烈反击，潜在的加入者就难以进入该行业，对已加入者的威胁就小。影响进入障碍大小的主要因素有以下几个方面：规模经济、产品差别优势、资金需求、转换成本、销售渠道、与规模经济无关的成本优势。

（2）对现有竞争对手的研究

对现有竞争对手的研究主要包括：基本情况研究；对主要竞争对手的研究；对竞争对手的发展动向的研究。

（3）对替代品生产厂家的分析

替代品生产厂家的分析主要包括两个内容：①确定哪些产品可以替代本企业提供的产品。这实际上是确认具有同类功能的产品的过程。②判断哪些类型的替代品可能对本企业的经营造成威胁。为此，需要比较这些产品的功能实现能够给使用者带来满足的程度与获取这种满足所需付出的费用。如果两种相互可以替代的产品的功能实现可以带来大致相当的满足程度，但价格相差悬殊，低价格的产品可能给高价格产品的生产和销售造成很大的威胁。相反，如果这两类产品的功能与价格之比大致相当，则相互间不会造成实际威胁。

（4）对购买商的分析

购买商在两个方面影响着行业内企业的经营：①购买商对产品的总需求决定着行业的市场潜力，从而影响行业内所有企业的发展边界；②不同用户的讨价还价能力会诱发企业之间的价格竞争，从而影响企业的获利能力。对购买商的研究也因此包括两方面的内容：购买商的需求（潜力）分析及购买商的价格谈判能力。

（5）对供应商的分析

企业生产所需的许多生产要素都是从外部获取的，提供这些生产要素的经济组织也在两个方面制约着企业的经营：①这些经济组织能否根据企业的要求按时、按质、按量地提供所需的生产要素，这影响着企业生产规模的维持和扩大；②这些组织提供货物时所要求的价格决定着企业的生产成本，影响着企业的利润水平。所以，供应商的研究也包括两方面的内容：供应商的供货能力，或企业寻找其他供货渠道的可能性及供应商的价格谈判能力。这两个方面是相互联系的，综合起来看，需要分析：是否存在其他货源、供应商所处行业的集中程度、寻找替代品的可能性、企业后向一体化的可能性。

2.3 企业战略选择

2.3.1 SWOT 分析法

1. SWOT 分析法的概念

SWOT 分析法是一种综合考虑企业内部条件和外部环境的各种因素，进行系统评价，从而选择最佳战略方案的方法。这里，"S"（Strengths）指企业内部的优势，"W"（Weaknesses）指企业内部的劣势，"O"（Opportunities）指企业外部环境的机会，"T"（Threats）指企业外部环境的威胁。企业内部的优势和劣势是相对于对手而言的，主要表现在企业的资源、能力等方面，判断企业内部的优势和劣势一般有两项标准。一是单项的优势和劣势。例如，企业资金雄厚，指在资金上占有优势；市场占有率低，指在市场上占劣势。二是综合的优势和劣势。

2. SWOT 分析法的应用

SWOT 分析法，一般依据企业的目标，列表写出对企业生产经营活动及其发展有重大影响的内部及外部因素，并且根据所确定的标准对这些因素进行评价，从而判定企业的优势和劣势、机会和威胁。常用的方法是对所列出的主要因素逐项打分，然后按因素的相对重要程度加权求其代数和，以判断其中的内部优势、劣势及外部的机会和威胁。企业在此基础上便比较容易地选到合适的战略。例如，某企业对影响其发展的内、外部各种因素进行系统分析，画出如表 2.2 所示的 SWOT 分析表。

表 2.2 SWOT 分析表

	因　素	启　示
劣势	（1）管理方面： A. 本公司有 6 类产品，但采用集权型管理，效力发挥不佳。 B. 中级主管绩效欠佳者过多。 （2）市场产品方面： A. 产品甲乙过时，市场占有率急剧下降； B. 某一客户购买量占产品乙销量的 50%	（1）管理方面： A. 宜采用分权型组织； B. 加强管理，制订培训计划。 （2）市场及产品方面： A. 对产品需加以改造； B. 开拓新市场，降低对单一客户的依赖

续表

	因　素	启　示
优势	（1）管理方面： 研究及开发部门能力较强。 （2）市场及产品方面： 产品丙在发展的市场中占有率日渐上升	（1）管理方面： 宜兼顾模仿。 （2）市场及产品方面： 宜再投资，提高投资回报率
威胁	（1）环境方面： 一分厂可能遭受政府提高安全标准之累，但该标准近期难以达到。 （2）竞争方面： 产品丁的原材料价格可能上涨	（1）环境方面： 着手设计新生产方法，以期符合新标准的要求。 （2）竞争方面： 努力改进工艺，降低成本
机会	（1）市场方面： 预测产品甲的需求将上升。 （2）财务方面： 现金充裕	（1）市场方面： 宜进行研究，决定是否提高生产能力。 （2）财务方面： 考虑是否引进新的生产线

依上述分析表作图，选择相应战略，如图 2.2 所示。

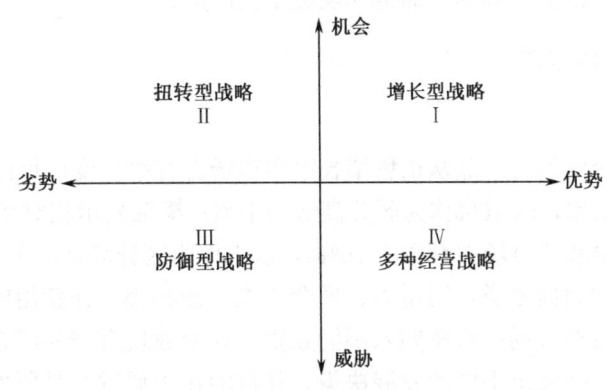

图 2.2　SWOT 分析图

图 2.2 中，第Ⅰ类的企业具有很好的内部优势及众多的外部环境机会，应当采用增长型战略，如开发市场、增加产量等；第Ⅱ类企业面临巨大的外部环境机会，但受到企业内部劣势的限制，应采用扭转型战略，充分利用环境带来的机会，设法清除劣势；第Ⅲ类企业，内部存在劣势，外部面临强大威胁，应采用防御型战略，进行业务重组，设法避开威胁和消除劣势；第Ⅳ类企业具有一定的内部环境，但外部环境存在威胁，应采取多种经营战略，利用自身优势，在多样化的经营上寻找长期发展的机会。

2.3.2　波士顿矩阵分析法

1．波士顿矩阵介绍

波士顿矩阵又称市场占有率——相对市场份额矩阵、波士顿咨询公司法。它是由美国大型商业咨询公司——波士顿咨询集团首创的一种规划企业产品组合的方法。问题的关键在于要解决如何使企业的产品品种及其结构（产品组合）适合市场需求的变化，只有这样，企业的生产才有意义。同时，如何将企业有限的资源有效地分配到合理的产品结构中去，以保证企业利益，是企业在激烈竞争中能否取胜的关键。

波士顿矩阵认为决定产品组合的基本因素有两个：市场引力与企业实力。

市场引力包括销售（额）增长率、目标市场容量、竞争对手强弱及利润大小等。其中最主要的是反映市场引力的综合指标——销售增长率，这是决定企业产品结构是否合理的外在因素。

企业实力包括市场占有率，以及技术、设备、资金利用能力等，其中市场占有率是决定企业产品结构的内在要素，它直接显示出企业的竞争实力。销售增长率与市场占有率既相互影响又互为条件：市场引力大，销售增长率高，可以显示产品发展的良好前景，企业也具备相应的适应能力，实力较强；仅有市场引力大，而没有相应的高销售增长率，则说明企业尚无足够的实力，则该种产品无法顺利发展。相反，企业实力强，而市场引力小的产品也预示了该产品的市场前景不佳。

通过以上两个因素相互作用，会出现四种不同性质的产品类型，形成不同的产品发展前景：①销售增长率和市场占有率"双高"的产品群（明星类产品）；②销售增长率和市场占有率"双低"的产品群（瘦狗类产品）；③销售增长率高、市场占有率低的产品群（问号类产品）；④销售增长率低、市场占有率高的产品群（现金牛类产品）。

2. 基本原理与基本步骤

（1）基本原理

波士顿矩阵法将企业所有产品从销售增长率和市场占有率角度进行再组合。在坐标图上，纵轴表示企业销售增长率，以 10%作为区分高低的中点；横轴表示相对市场占有率（0.2 表示市场占有率为最大竞争者的市场占有率的 20%），以 1 作为区分高低的中点。如此，将坐标图划分为四个象限，依次为问号类、明星类、现金牛类、瘦狗类。在使用中，企业可将产品按各自的销售增长率和相对市场占有率归入不同象限，使企业现有产品组合一目了然，同时便于对处于不同象限的产品做出不同的发展决策。其目的在于通过产品所处象限的划分，使企业采取不同决策，以保证其不断地淘汰无发展前景的产品，保持问号类、明星类、现金牛类产品的合理组合，实现产品及资源分配结构的良性循环。

（2）基本步骤

1）核算企业各种产品的销售增长率和市场占有率。销售增长率可以用本企业的产品销售额或销售量增长率，时间可以是一年或三年甚至更长时间。市场占有率可以用相对市场占有率或绝对市场占有率，但是必须用最新资料。基本计算公式为：

本企业某种产品绝对市场占有率＝该产品本企业销售量/该产品市场销售总量

本企业某种产品相对市场占有率＝该产品本企业市场占有率/该产品市场占有份额最大者（或特定的竞争对手）的市场占有率

2）绘制四象限图。以 10%的销售增长率和 1 的相对市场占有率为高低标准分界线，将坐标图划分为四个象限。然后把企业全部产品按其销售增长率和市场占有率的大小，在坐标图上标出其相应位置（圆心）。定位后，按每种产品当年销售额的多少绘成面积不等的圆，标上不同的数字代号以示区别。定位的结果即将产品划分为四种类型，如图 2.3 所示。

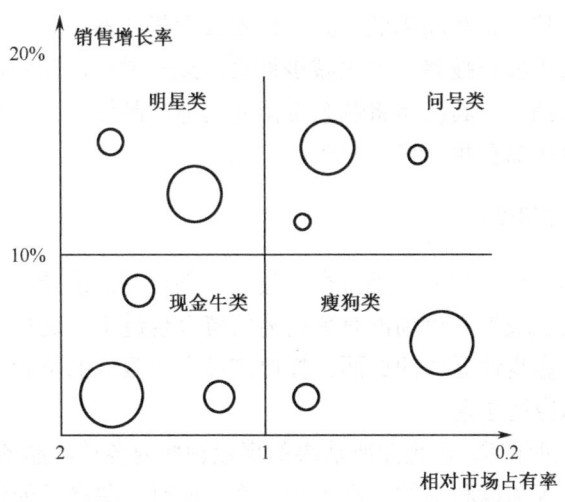

图 2.3 波士顿矩阵

3. 各象限产品的定义及战略对策

波士顿矩阵对于企业产品所处的四个象限具有不同的定义和相应的战略对策。

1）明星产品（Stars）。它指处于高增长率、高市场占有率象限内的产品群，这类产品可能成为企业的现金牛产品，需要加大投资以支持其迅速发展。采用的发展战略是：积极扩大经济规模和市场机会，以长远利益为目标，提高市场占有率，加强竞争地位。明星产品的管理与组织最好采用事业部形式，由对生产技术和销售两方面都很内行的经营者负责。

2）现金牛产品（Cash Cow）或奶牛类，又称厚利产品。它指处于低增长率、高市场占有率象限内的产品群，已进入成熟期。其财务特点是销售量大，产品利润率高、负债比率低，可以为企业提供资金，而且由于增长率低，也无须加大投资，因而成为企业回收资金、支持其他产品（尤其是明星产品）投资的后盾。对这一象限内的大多数产品，销售增长率的下跌已成不可阻挡之势，因此可采用收获战略：即所投入资源以达到短期收益最大化为限。①设备投资和其他投资尽量压缩；②采用榨油式方法，争取在短时间内获取更多利润，为其他产品提供资金。对于销售增长率仍有所增长的产品，应进一步进行市场细分，维持现存市场增长率或延缓其下降速度。对于现金牛产品，适合于用事业部制进行管理，其经营者最好是市场营销型人物。

3）问号产品（Question Marks）。它是处于高增长率、低市场占有率象限内的产品群。前者说明市场机会大、前景好，而后者则说明在市场营销上存在问题。其财务特点是利润率较低，所需资金不足，负债比高。例如，在产品生命周期中处于引进期、因种种原因未能开拓市场局面的新产品即属此类问题的产品。对问题产品应采取选择性投资战略，即首先对该象限中那些经过改进可能会成为明星的产品进行重点投资，提高市场占有率，使之转变成"明星产品"；对其他将来有希望成为明星产品的则在一段时期内采取扶持的对策。因此，对问题产品的改进与扶持方案一般均列入企业长期计划中。对问题产品的管理组织最好采取智囊团或项目组织等形式，选拔有规划能力、敢于冒风险、有才干的人负责。

4）瘦狗产品（Dogs）或劣狗类，也称衰退类产品。它是处在低增长率、低市场占有率象限内的产品群。其财务特点是利润率低、处于保本或亏损状态,负债比率高,无法为企业带来收益。这类产品应采用撤退战略,首先减少批量,逐渐撤退,那些销售增长率和市场占有率均极低的产品应立即淘汰;其次是将剩余资源向其他产品转移;再次是整顿产品系列,最好将瘦狗产品与其他事业部合并,统一管理。

4. 波士顿矩阵的应用法则

按照波士顿矩阵的原理,产品市场占有率越高,创造利润的能力越大;另外,销售增长率越高,为了维持其增长及扩大市场占有率所需的资金也越多。这样可以使企业的产品结构实现产品互相支持、资金良性循环的局面。按照产品在象限内的位置及移动趋势的划分,形成了波士顿矩阵的基本应用法则。

第一法则:成功的月牙环。在企业所从事的事业领域内各种产品的分布若显示月牙环形,这是成功企业的象征,因为赢利多的产品不止一个,而且这些产品的销售收入都比较多,还有不少明星产品。问号产品和瘦狗产品的销售量都很少。若产品散乱分布,说明其事业内的产品结构未规划好,企业业绩必然较差。

第二法则:黑球失败法则。如果在现金牛象限内一个产品都没有,或者即使有,其销售收入也几乎近于零,可用一个大黑球表示。该种状况显示企业没有任何赢利多的产品,说明应当选择对现有产品结构进行撤退、缩小的战略调整,考虑向其他事业渗透,开发新的事业。

第三法则:西北方向大吉。一个企业的产品在四个象限中的分布越集中于西北方向,则显示该企业的产品结构中明星产品越多,越有发展潜力;相反,产品的分布越是集中在东南角,说明瘦狗产品数量大,说明该企业产品结构衰退,经营不成功。

第四法则:踊跃移动速度法则。从每个产品的发展过程及趋势看,产品的销售增长率越高,为维持其持续增长所投入的资金量也相对越大;而市场占有率越大,创造利润的能力也越大,持续时间也相对长一些。按正常趋势,问题产品经明星产品最后进入现金牛产品阶段,标志该产品从纯资金耗费到为企业提供效益的发展过程,但是这一趋势移动速度的快慢也影响其所能提供的收益的大小。

如果某一产品从问题产品(包括从瘦狗产品)变成现金牛产品的移动速度太快,说明其在高投资与高利润率的明星区域内时间很短,因此对企业提供利润的可能性及持续时间都不会太长,总的贡献也不会太大;但是相反,如果产品发展速度太慢,在某一象限内停留时间过长,则该产品也会很快被淘汰。

案例 2.3

职业网球选手设计的影像设备为何卖不出去

美国曾有一位国际知名的网球选手当了企业家,他利用自己的网球专业知识,和他的好友一起设计了一种影像设备,可以录下职业网球选手动作,放映时又可显示"停止动作"及其他需要诊断的动作。企业家和职业网球选手都被这种机器迷住了,资金很快筹集了起来,工厂开工。原预计每台售价4000美元,每年可销售1000~2000台。然而,在开业的第一年只销售了23台。问题出在哪里呢?原来,"每年可销售1000~2000台"是他们根据全球各地职业网球教练和网球俱乐部的数量"合理"推算出来的，并没有进行细致的市场调研。实际上，当时的职业网球教练一般都把自己看成专家，他们并不想要诊断设备，尤其是需要维护的设备，而且这些教练中许多人并不把频频出现在广告上的冠军选手放在眼里。同时，网球教练和网球俱乐部一般都没有宽裕的经费。所以，这种影像设备的实际年销售量仅为"合理"估计销量的1%多一点。

【案例分析】

通过细致、全面、准确的环境分析来了解市场、掌握需求是生产经营活动的前提，企业不能凭主观想象制定决策。

企业管理实训

【实训主题】

现代企业经营环境。

【实训过程设计】

1）阅读下面的故事，结合教学内容，按每组5~6人进行讨论；
2）提出中国工商银行未来发展战略的可行性措施；
3）分析中国工商银行所处的内外部环境。

【实训目的】

1）理论联系实际，培养学生解决实际问题的能力，提高学生的学习兴趣；
2）培养学生对现代企业经营环境的认识能力，提高学生把握机遇的意识及风险防范意识。

【背景材料】

中国工商银行的发展

中国工商银行是中国政府于1984年1月1日建立的。它的初始资产、负债、资本、运营设备、系统分支网络及员工均是由从中国人民银行工商信贷管理司划拨而来的。一开始，工商银行的角色就被定位为"国有企业和集体企业运营资金贷款的主要来源"，而且要求在国家政策的基础上实行众所周知的政策性贷款。在工商银行的基础资产中存在着巨额的这种贷款，这些贷款利率低且偿债情况不良。同时，工商银行作为国有银行，有义务用自己存款的一个固定部分去购买政策性银行债券。

当时的工商银行还面临着各种内部和外部问题。

首先，工商银行缺少受过西方银行业务训练的专业管理人才，从而影响了银行的效率、灵活性及满足顾客需要的快速反应能力。

其次，其储户正在向其他地方分散。一方面是因为几次政策性的调息，使股市成为难以抵御的吸引。另一方面，作为国有银行，工商银行在裁员、培训员工、选择更多的贷款、开拓新的金融业务方面的自由度较小。

最后，工商银行面临着越来越激烈的竞争，既有国内的，也有国外的。还有一些股份制银行。这些银行一般比工商银行汇票更小、更灵活。国外的银行如花旗银行、东京三菱银行，也给国有银行造成了很大的威胁。当然，作为中国国内第二大银行，工商银行也有其不可比拟的优势，即它具有稳定性和与政府联系方面的优越性。正因为如此，很多国外银行愿意和工商银行联合经营。这给了工商银行和西方金融机构许多必要的接触机会及与他们交往的经验。

综合练习

一、单项选择题

1. 企业环境指与企业有关的（　　）所有因素的总和。
   A. 生产经营　　　　　　　　B. 生产活动
   C. 企业周围　　　　　　　　D. 经营地区
2. （　　）是指构成企业生存和发展的社会经济状况及国家经济政策。
   A. 企业环境　　　　　　　　B. 生产经营
   C. 经济环境　　　　　　　　D. 经营环境
3. （　　）指那些能为企业带来相对于竞争对手的竞争优势的资源和能力。
   A. 现代企业竞争机制　　　　B. 核心竞争力
   C. 经济竞争力　　　　　　　D. 经营环境资源能力
4. （　　）指那些根植于企业的历史、长期以来积累下来的资产，而且可以被更深地挖掘。
   A. 现代企业资产　　　　　　B. 经营环境资产
   C. 有形资产　　　　　　　　D. 无形资产
5. 企业竞争环境分析的主要内容之一是（　　），即指退出某一个行业所要付出的代价。
   A. 产品特色与用户的转换成本　B. 经营环境资产行业的生产能力
   C. 退出壁垒　　　　　　　　D. 固定费用和存储费用的多少

二、多项选择题

1. 企业环境可以分为（　　）和（　　）两大类。
   A. 外部环境　　　　　　　　B. 空间环境
   C. 抽象环境　　　　　　　　D. 内部环境
2. 企业的（　　）是影响企业生存和发展各种外部因素的总和；企业的（　　）又称企业内部条件，是企业内部物质和文化因素的总和。
   A. 外部环境　　　　　　　　B. 宏观环境
   C. 内部环境　　　　　　　　D. 微观环境

3. 企业外部环境的内容非常复杂，根据不同行业、不同企业对环境研究的范围和深度不同，可将环境分为（　　）、（　　）、（　　）及（　　）。
  A．微观环境   B．中观环境
  C．宏观环境   D．国际环境

4. 宏观经济环境主要包括（　　）、（　　）、（　　）和（　　）。
  A．社会经济结构   B．经济发展水平
  C．经济体制   D．宏观经济政策

5. 企业科技环境指企业所在社会环境中的科技要素及与要素直接相关的各种社会现象的集合，主要包括（　　）、（　　）、（　　）、（　　）与科技立法等。
  A．社会科技力量   B．国家科技政策
  C．国家科技体制   D．社会科技水平

三、问答题

1. 企业战略的制定程序有哪些？
2. 企业外部环境的主要内容是什么？
3. 试述企业内部条件分析的主要内容。
4. 简要介绍 SWOT 分析法。
5. 简述波士顿矩阵法。

第 3 章

现代企业组织

 课前阅读：联想集团的组织成长

联想集团初创于 1984 年 11 月，是一家国有民营企业，实行董事会领导下的总裁负责制，总裁室下设 14 个事业部和 12 个职能管理部门。公司总部主要对公司的发展方向、发展战略、重大投资项目、投资效益等进行直接控制，其他企业的经营和管理权下放给各事业部，事业部独立经营、自负盈亏。

回顾联想的发展历程，其间充满艰辛、坎坷。然而，让联想人最难以忘怀的则是由两次组织结构的调整所带来的飞速成长。

一、借船出海

由于联想汉卡在市场推广方面获得了初步的成功，联想继续发展的条件有了很大的改善。但在着手板卡开发和制造项目时遇到了很大的政策性困难。当时，全国有不少国家计划内计算机制造项目正在多家国营厂实施，联想这一计划外计算机厂家提出的计划项目一时难以得到批准。联想拿不到批文，就决定采取"打出去"的办法，到海外拓展生存和发展空间。但由于联想对国际市场知之不多，而且自身经济实力也不强，因此采取了"瞎子背瘸子"的优势互补经营策略。投入 30 万元港币与一家香港计算机经销商合资成立香港联想电脑公司（联想占 54%的股份）。将自身科技开发优势与港商对世界计算机市场熟悉的优势结合起来。联想这一强壮的"瞎子"与港商这一眼亮的"瘸子"联合起来共闯计算机市场。

由于这一阶段成功的组织拓展策略，使得联想集团有了进一步的发展。一是企业实力进一步提高，联想集团成功地挤入了国际市场，同时在国内市场的实力也稳步增长。二是建立了良好的市场资源，培育了企业发展新的生长点。在这一阶段，联想相继在美国、新加坡、德国等地设立了分公司，在国内建立了十几家子公司，从而把自身的经营触角向发达国家和国内各城市延伸，奠定了向产业化发展的基础。三是培育了一支可参与国际市场竞争的队伍，同时也树立了良好的企业形象。

二、组织转型

随着联想集团规模的扩大，管理变得越来越复杂，企业有了一些规范的规章制度，确定了建立具有国际影响的高新技术产业跨国集团的长远目标。公司强调和规范各部门、员工的专业化分工及职责、权力、义务，强调部门、员工的全局意识和公司的统一管理，联想人把这种组织结构称为"大船结构型"。它在经营方面的突出表现是统一指挥、集中作战、资源向重点项目集中、形成突破。把"大船结构型"组织模式变为"舰队结构型"组织模式，实行事业部制。公司把地区业务和产品领域适当结合起来，把现有业务与今后的发展结合起来划分事业部的经营领域，成立了14个事业部。集团总部主要对公司的发展方向、发展战略、投资收益、重大投资项目、主要经理人员和财务负责人、科技开发负责人等进行直接控制，其他经营管理权都下放给事业部。形成由集团总部这艘旗舰统帅下的由各个事业部即各种战舰组成的联合舰队，在世界市场的汪洋大海里搏击风浪，各事业部在总部指挥下独立完成经营任务。

成立事业部后，各个事业部的经营机制灵活，能够更有效、更灵活地对市场做出反应，均取得了很好的经营业绩。

案例来源 http://www.tz888.cn/

启示

社会不断前进，科技不断创新，消费需求不断变化，企业应根据市场的变化进行相应的变化，这也包括组织结构的变革。企业企业在成长过程中离不开企业组织结构的变革，只有顺势，企业才能有所为。

组织是人的集合，是为了达到共同的特定目标，通过分工与合作形成的不同层次的权力责任制度的结合。如果说人、财、物是一种资源，组织则是一种特殊的被忽视的资源。政策路线决定之后，组织是通往成功的桥梁和保障。没有组织则是乌合之众，没有效率则是朽木之师。只有良好的组织结构才能产生精锐之旅。

3.1 企业组织及其管理原则

3.1.1 企业组织及其管理

1. 企业组织

人们对企业组织的认识是随着管理实践的深入而逐步深化的。传统的组织观念把组织理解为团体或单位，认为组织是由一定人群结合而成的团体或单位。随着生产力和科学技术的高速发展，现代企业生产的社会化和生产经营活动的复杂性，使人们逐渐摆脱了对组织的狭隘理解。现代组织观念把企业组织看成一个有机系统，即企业组织是在特定环境下，为了达到一定的生产经营目标，以企业全体人员为主体，包括人和物在内的有机结合体。

现代企业组织的基本特征主要有以下几个方面。

（1）目的性

任何企业组织都有自己的特定目标，组织的发展是同组织目标联系在一起的。例如，企业的建立是为了向社会提供产品或服务，并获得赢利；企业之间的联合是为了保护共同利益、共谋发展等。

（2）系统性

企业组织是众多要素相互综合而成的一个有机系统，它包括人、财、物和信息等要素，包括职能任务、部门结构和权力关系等结构性要素，还包括计划、领导和控制等运营性要素。

（3）结构性

企业组织具有反映内部分工与合作关系的组织结构，如部门、科室、车间、班组等。企业组织的各项功能必须通过组织的特定结构来反映，组织结构不合理，就会导致组织功能的紊乱。

（4）群体性

人是构成企业组织的主体。在企业组织中，群体要按组织目标、组织结构、组织的需要和人的专长进行有机结合。组织的力量取决于群体的整体素质、精神风貌和共同努力的程度。

（5）适应性

企业组织存在于特定的社会环境之中，组织的形态、功能、结构、管理活动都受到环境的影响，企业组织只有在与环境的适应中才能生存和发展。

2. 企业组织管理及其作用

（1）企业组织管理内容

企业组织管理指通过设计和维持企业组织内部结构和相互之间的关系，使企业全体员工为实现组织目标而有效地协调工作的过程。组织管理的内容主要包括以下几方面。

1）组织设计。即以组织目标为中心，对组织的层次、部门、权力和责任进行分解、划分和分配的过程。组织设计的结果是组织的层次结构、部门结构和权责关系的确立。

2）组织协调。即对组织各部门之间及组织成员之间的相互分工协调关系、权责关系的组织与协调，规范组织内部的各种关系，激励全体员工为实现企业目标而努力工作。

3）组织变革。即根据企业组织内外条件的变化对组织结构提出的要求对组织结构进行相应调整，促进组织活动的正常发展。

4）组织诊断。包括任务分解、分析，权力、决策分析，人际关系分析，人力资源分析。

组织管理重在处理好管理幅度与层次的关系、直线与职能参谋的关系、综合部门与专门部门的关系、集权与分权的关系。

（2）企业组织管理作用

1）组织是促进企业生产力提高的重要因素。劳动力、劳动手段和劳动对象是生产的三大要素，一些管理学者则认为组织是生产的第四大要素，并且具有促使其他要素通过合理配合而增值的作用。组织管理可以有效地提高劳动者的积极性，可以使劳动者、劳动手段和劳动对象得到合理的配合，提高各要素的综合使用效益，从而创造出更高的价值。

2）组织工作是实现企业目标和计划的重要手段。在企业管理中，由于计划职能关系着企业目标和计划的制订，因而在管理职能中占主导地位。但是计划的实施还依赖于组织工作提供保证和实施条件。组织工作是计划工作的自然延伸，计划所确定的目标和战略只有通过组织工作才能落实到组织的每一个成员。

3）组织工作为企业员工的共同劳动提供了合理分工的组织基础。任何一个组织都是人们共同劳动的组合体，人们在劳动中围绕组织目标而进行分工与协作，这是组织效能发挥的基础。组织管理就是通过设计和维持组织内部的分工结构和相互之间的关系，使人们为实现组织目标而有效地协调工作的过程。例如，工业企业需要从事生产制造、技术开发、财务管理、市场营销等不同业务的人员，也需要高、中、基层等不同层次的管理人员，组织工作可以通过确定相应的组织结构将这些人员的分工加以规范化、明确化。

4）组织工作可以有效地保证企业各项工作的协调，提高工作效率。企业的各个部门和成员在分工的基础上合作，必须建立在有效协调的基础之上，才能保证组织有较高的工作效率。在现实的管理工作中，由于部门之间、组织成员之间责权关系不明确而导致的人浮于事、工作效率低下的现象比比皆是。组织工作则从企业整体的角度明确各个部门和成员的责任、权力和相互之间的关系，通过组织协调使人们在分工协作的过程中协调一致地、高效率地进行合作。

3.1.2 企业组织管理的一般原则

建立和完善企业组织结构，健全企业组织机制，应遵循以下基本原则。

1. 任务目标原则

任务目标原则指企业组织结构的建立和工作的开展要有明确的目的，要以实现企业的经营目标和经营战略为基本着眼点。

企业的经营目标和经营战略是企业全体员工在一定时期内共同活动所要达到的最终目的，并规定了企业生产经营活动的基准和方向。它涉及企业的生产、销售、财务、人事、研究开发、市场地位、生产率等重要事项，以及适应外部环境变化的能力。目标和战略的有效实施取决于组织结构的合理性和效能。企业的组织工作要善于根据企业目标和战略的要求，将企业的各种业务工作进行分工和合作，划分部门和单位，以有助于企业员工明确自己的工作目标和岗位要求，为实现企业的目标和战略做出各自的贡献。

2. 统一领导和分级管理的原则

现代企业是社会化大生产的产物，有着专业分工精细、劳动协作严密、管理范围广泛等特点。一个企业靠几个人或一两个部门是无法承担全部管理工作的。因此，组织工作要贯彻统一领导和分级管理的原则。

统一领导指企业各部门、各单位要在企业高层管理部门的统一部署下进行生产经营活动，机构的设置要有助于建立统一的生产经营管理系统。在上下级之间应组成一条等级链，一个下属人员只接受一个上级的命令和指挥，并对其负责。上级不要越过直属下级进行指挥，下级也不要越过直属上级接受更高一层的命令和指挥，要避免双重领导，以免出现混乱。

分级管理指企业各部门在统一领导和部署下，在其业务范围内进行专业化管理。实行分级管理，上级在按照企业确定的目标向下级分配职责和任务时，应赋予下级相应的权力，使下级能够更有效地履行自己的职能。

贯彻统一领导和分级管理的原则，要正确处理好集权与分权的关系。企业重大问题的决策权要控制在企业的高层领导中，专业的管理工作和生产的具体工作则交由企业中层和基层组织去完成。但也要注意，过度分权不利于统一领导和指挥，将该集中的权力交由下级掌握会造成管理的混乱；过度集权，分级管理也就失去了意义，把该交给下级的权力包揽在自己手中，会影响下级人员积极性的发挥。

3. 有效管理幅度的原则

管理幅度指一个上级领导直接指挥下属人员的人数。由于一个人的精力和体力是有限的，这也就决定了管理者的管理幅度是有限的。管理幅度过小，会导致机构臃肿，人浮于事，造成人力资源的浪费；管理幅度过大，会造成管理人员的工作过多，易导致工作失控。有效的管理幅度是组织结构设计应考虑的重要因素。

有效管理幅度，一方面取决于管理者的素质和能力，另一方面取决于管理者所从事的管理工作的范围和性质。一般高层管理者从事企业的战略决策与管理工作，管理幅度应小一些；中层和基层管理者从事执行性管理职能较多，因而管理幅度可大一些。

4. 专业分工与协调配合的原则

首先，生产专业化发展促进了企业管理工作的专业化。企业的大量信息和复杂的管理工作不仅需要分层分级进行管理，还需要分门别类进行专业管理。专业分工有利于提高管理工作效率和水平。

其次，企业是众多相互联系的子系统组合而成的整体系统，在企业组织中，各个部门有专门的工作职责范围，每个部门的工作又必须在其他部门的协调配合下才能顺利完成。企业组织各部门和各环节彼此相互联系、相互配合，专业管理的作用才能发挥出来，企业组织才能正常运作。

企业组织工作贯彻专业分工和协调配合原则，一方面要合理划分企业各个专业职能部门的范围，分工应适应企业外部环境的变化，切实反映企业生产经营活动的客观需要和企业现有条件的可能；另一方面要明确专业分工之间的相互关系，明确上下管理层次之间、左右管理部门之间的协调方式和调制手段，这样才有利于从组织上保证企业目标的实现。

5. 责权统一的原则

权力是在一定的组织中为履行职责而由上级所授予的能够影响其他人或组织的行为；责任指在接受职务时必须履行的义务。履行义务要以相应的权力为保证，权力的行使则以履行义务为目的。

贯彻责权统一的原则，就要做到因事设职、因职设人，要明确规定每一个岗位、每一个人员的责任和权力，以利于增强人们的责任感。要使权和责相对应，做到责任到人、权力到人，不能有权无责或有责无权。有权无责会导致滥用权力，对工作不负责任；有责无权则会妨碍积极性的发挥和责任的落实。

6. 相对稳定和适时调整与变革的原则

企业组织结构永久不变，既不现实也不可能。企业组织总要在内部环境变化的情况下进行相应的调整与变革。但是，组织结构经常变动，既不利于安定人们的情绪，也不利于稳定组织的秩序。因此，要贯彻相对稳定和适时调整与变革的原则。

企业组织的稳定性，主要针对企业组织内部机体而言。企业组织内的部门设计、分工及部门间的协作关系应具有一定的稳定性，企业人员安排也要保持相对稳定。组织结构的稳定有利于企业组织正常运作和协作关系稳固；人员的稳定有利于各项工作持续正常地开展，也有利于专业化、标准化的管理。

企业组织适时调整与变革，主要是对企业组织机体与外部环境的适应关系而言的。它要求根据环境的变化相应地调整企业组织结构的内部构成，合理地进行专业分工，强化组织功能，从而增强企业的适应能力。企业组织一成不变，就不能适应环境的变化，经常调整组织，又会影响组织的正常秩序。因此，如何把握时机，掌握调整与变革的分寸，是企业领导者进行组织结构变革的关键。

3.2 企业组织结构

企业组织结构是企业组织的空间表现形式，是一个复杂的系统，其内部既有自上而下的纵向管理层次结构，也有在各管理层次基础上建立的横向职能管理部门结构，还有反映纵向管理层次之间、横向职能部门之间和纵横两套结构之间权责关系的权力关系结构。这些结构的建立既要符合企业发展的需要，又要符合组织结构内在运作规律的要求。

3.2.1 组织结构设计

企业组织结构设计工作具有涉及面广、内容繁杂的特点，其对企业组织未来运行的效率和效果有着重要影响。为保证组织结构设计的成功，其工作必须要科学、有步骤地进行。组织结构设计的一般工作内容如下所述。

1．明确目标，确定组织结构设计的基本原则

企业组织结构设计的首要环节是要明确企业的目标和总体发展战略的要求，认清企业的外部环境及自身条件，明确组织结构设计要解决的问题及要达到的目的，确定组织结构设计的基本思路、原则和主要参数。

2．进行职能分析，确定职能结构

分析企业实现目标和任务所需要的各项管理业务职能，在分解和合并的基础上，确定企业的职能业务工作体系。

3．进行部门结构设计，确定组织结构框架

根据实现企业目标的要求及相应的职能业务工作体系的要求，确定企业自上而下的纵向管理层次结构、横向职能管理部门结构，以及反映纵向管理层次之间、横向职能部门之间和纵横两套结构之间权责关系的权力关系结构。

4．进行联系方式设计，确定组织结构内部的协调方式和控制手段

根据组织结构系统性的要求，为保证组织结构整体效能的发挥，确定组织内部上下管理层次之间、左右职能部门之间的相互关系、联系方式和协调控制手段。

5. 进行管理规范设计，确定组织运行的标准

根据组织结构正常运作的要求，制定组织结构内各项管理业务的工作程序、工作标准和工作方法，用以规范组织成员的工作行为。

6. 进行人员配备，确定组织的人员结构

组织结构内不同性质的工作需要有不同才能的人来承担，为了使部门人员能够协调一致地工作，必须根据需要合理配置组织成员，并附有岗位职责说明书。

7. 动态调整

组织结构设计是一个动态的工作过程，其应保证组织结构的正常运作，并在运作过程中及时反馈信息，根据组织结构内外条件的变化及时进行修正与调整。

组织设计是否成功，一般要分析以下问题：①企业内部人员对组织现状是否满意？②每个管理者的权力分配是否合理？③组织气氛是否正常？④组织内部沟通是否顺畅？⑤管理幅度是否恰当？⑥企业中高层管理者的看法。

3.2.2 纵向管理层次结构

管理层次指企业管理组织在纵向分级管理的基础上形成的组织层次。一个企业集中了众多员工，企业的最高领导者不可能面对每一个员工进行指挥和管理，这就需要设置管理层次，在各管理层次上进行逐级指挥和管理。

1. 管理层次的划分

一个企业往往有多个管理层次，它既存在于企业的生产指挥系统中，如工厂、车间、工段、班组等，也存在于企业的职能参谋系统中，如厂部、专业职能部、职能科室等。一般而言，企业组织的管理层次可分为高级管理层、中级管理层和基层管理层。管理层次从表面上看只是组织结构的层次数量，但其实质是组织内部纵向分工的表现形式，不同管理层次在企业中的地位不同，其职能和权限也不同。高级管理层的主要职能是对整个企业的管理负全面责任，负责制定企业的大政方针，沟通企业与外界的交往联系，对企业生产经营活动实行统一指挥和综合管理等。高层管理对企业的发展战略、计划与目标、资源安排拥有充分的权力，高层决策正确与否直接关系到企业的成败。

中级管理层的主要职能是贯彻高级管理层制定的大政方针，拟定和选择计划的实施方案、步骤和程序，对计划的实施进行控制，并指挥基层管理层的活动。中级管理层在管理组织中起承上启下的作用。

基层管理层的主要职能是按照规定的计划和程序，协调基层组织的各项工作和实施生产作业，直接指挥和监督现场作业人员，保证上级下达的各项计划和指令的完成。基层管理者直接与具体作业人员打交道，是整个管理系统的基础。

不同层次的管理者所从事的管理工作的量是不同的，越是层次高的管理者，管理性工作就越多；层次低的管理者，其相应的管理性工作较少。

2. 管理层次与管理幅度

管理幅度指一个上级管理人员直接指挥的下级人员的人数。例如，一个科长下属有 5 个科员，其管理幅度即为 5；一个生产班长下属有 10 个工人，其管理幅度即为 10。

管理幅度对组织结构的最终形成有着重要的影响。一般来说，在一定的组织规模条件下，管理者管理幅度的多少在很大程度上制约着管理层次的多少。管理幅度与管理层次的关系是反比关系，即在组织成员数量一定的条件下，管理幅度加大，管理层次就会减少；反之，管理幅度缩小，管理层次就要增加。

对一个组织而言，管理幅度过大和过小都是不好的。

首先，若管理幅度过小，则会导致管理层次过多，这会有明显的缺点：一是要大量增加管理人员，导致管理费用的增加；二是会导致上下级关系的复杂化，致使信息沟通迟缓，易失误；三是导致计划工作和控制工作的复杂化；四是不利于下属人员积极性的发挥。管理幅度大、管理层次少的组织，一般能够克服上述缺陷，具有减少管理人员和费用、信息沟通迅速、易于管理的特点。

其次，若管理幅度过大，也有不利之处。一是管理人员管理的下属越多，则对下属提供的具体指导就越少；二是可能由于管不过来而导致对下属管理的失控。

一个企业组织的管理层次设置多少为好、各个层次的管理幅度究竟以多大为宜，受多种因素的综合影响。一般的影响因素有：领导者的能力、下属人员的素质、上级对下级授权的明确程度、计划的完整程度、组织的稳定程度、考核标准的明确程度、信息沟通的效率、组织的凝聚力等。

3.2.3 横向职能部门结构

横向职能部门结构是与纵向管理层次结构相对应的，它按照水平专业化分工的原则，将每个管理层次划分为若干个管理单位。部门化是建立组织结构的基本途径，其在组织管理中具有重要意义。

1. 部门化的方法

（1）职能部门化

职能部门化指按管理职能划分管理单位。即将具有相同管理职能的人集中在一个部门工作，如将企业组织结构划分为研究开发、生产、销售、财务等部门，这是部门划分中最为广泛采用的一种方法，它的优点在于能充分反映专业化分工的原则，有利于提高各职能部门的工作效率，有利于提高管理人员的专业化水平。它的缺点在于部门的局部利益有可能导致部门间协调困难，从而降低企业组织整体效能的发挥。

（2）产品部门化

产品部门化指按行业或产品划分管理单位。即根据一个产品或一类产品建立部门，把涉及该产品的所有生产经营活动组织在一起，并给予相应的责权。它的优点是符合专业化生产的原则，有利于发挥各类专业技术力量的特长，提高产品专业化生产的工作效率和效益。其缺点是，需要较多的具有全面管理能力的人才，总公司与产品部门的职能机构设置重叠，加大了管理成本。

(3) 地区部门化

地区部门化指按照地理位置划分管理单位。即在企业生产经营活动涉及的地区范围较大时，按地理位置划分若干个部门，以便于各部门能够根据本地区的特点，有针对性地开展生产经营活动。它的优点在于可以谋求地方化经营的效果，使企业更好地了解市场、接近顾客、适应市场。它的缺点在于企业的管理难度大，管理人员与费用增加。

(4) 人数部门化

人数部门化指按人数多少划分管理单位，即在一个组织中由于人数较多，不易管理，而将人员划分为几个部分，各部分大小均以人数多少为标志。此类划分方法多见于一些企业的基层组织。

(5) 服务对象部门化

服务对象部门化指按企业不同的服务对象划分管理单位。即针对具有不同性质要求的服务对象分别设置部门，以便各个部门能更好地满足服务对象的要求。如按不同的顾客类别划分，可以有效地迎合不同顾客的要求，为不同的顾客提供分门别类的服务。

(6) 工艺过程部门化

工艺过程部门化指按照生产技术工艺特点划分管理单位。即将具有相同工艺特点的人员、设备、工作业务集中在一个部门内，以便提高工艺专业化水平，提高工作效率。

部门划分的各种方法最终都是为了实现企业的目标，每种方法都有其优缺点，每个企业的横向部门结构都可能是多种方法的综合。设计企业组织结构时，应综合考虑、慎重选择。

2. 部门之间的协调

部门的划分在于将企业组织各级管理层次的生产经营活动分解成为若干个组成部分，从而实现科学、合理的专业化分工。但是企业管理作为一个整体，各个组成部分之间必然有着相互联系和相互制约的关系，各部分之间只有在相互协调的基础上，才能发挥各自的效能及企业的整体效能。因此，搞好部门间的协调是组织结构设计的重要内容。

部门间横向协调的内容及其方式主要涉及组织结构、组织运行和人际关系等方面。

(1) 涉及组织结构的协调

涉及组织结构的协调指由于企业的静态组织结构不合理，造成部门之间横向联系困难，而需要进行的协调活动。在企业的生产经营活动中，常常出现由于企业组织结构不完善、缺少保证横向联系的部门和人员，从而无人解决因部门分工而产生的矛盾，或者由于机构设置和职权关系存在自身缺陷，妨碍了横向关系的协调，此时就需要进行调整。

涉及组织结构的协调方式，一般需要对企业组织结构进行调整，增加管理层次或部门，负责承担协调任务。常见的方式有：设置联络员、临时性或永久性的任务小组或委员会，主管部门之间的横向联系和协调任务；建立职能部，将工作联系较为密切的职能科室划归职能部门领导；建立事业部，把与某类产品生产经营有关的所有部门集中起来统一领导；建立矩阵结构，围绕某项任务的完成，将企业的职能部门纵横交错地组织起来等。

(2) 涉及组织运行的协调

涉及组织运行的协调指由于企业组织的动态工作过程出现缺陷，造成部门工作混乱，从而导致横向联系出现困难而需要进行的协调活动。例如，在企业的生产经营活动中，工作流程不科学、管理标准不合理或管理规范不全，常常导致工作人员的业务活动得不到必要的指导和约束，工作的主观随意性强，从而造成工作混乱，此时就要做出调整。

涉及组织运行的协调，目的在于调整和改善组织的动态工作过程，并不涉及组织结构的调整。一般常见方式有：定期召开工作例会，提出和研究解决工作中存在的矛盾和问题；跨部门直接沟通，部门之间直接联系解决问题；联合办公和现场调度等。

（3）涉及人际关系的协调

涉及人际关系的协调指由于人际关系不合，导致横向联系困难，而需要做出协调活动，在企业的生产经营活动中，管理人员是组织结构和组织运行的主体，如果部门人员之间的人际关系不合，如相互之间有意见，彼此存在误解，就会使部门之间的横向联系受阻。因此各部门之间的协调还有赖于良好的人际关系的支持。

3.2.4 权力关系结构

权力关系结构是与企业的纵向管理层次结构和横向职能部门结构相对应的。权力关系结构将不同类型的职权合理地分配到各个层次和部门，明确规定企业上下级之间和同级之间的职权关系，形成集中统一、上下左右协调配合的职权结构，为企业各部门认真履行职权、实现企业目标提供保证。

1．权力类型

企业组织内部的各种权力按其性质划分主要有直线权力、参谋权力和职能权力，三种权力由各种不同类型的人所拥有，并在管理中起不同的作用。

直线权力指上级指挥下级工作的权力，表现为上下级之间的命令权力关系。直线权力主要存在于企业组织内的各个层次及各个部门中有上下级领导与被领导之间的关系场合，是上级领导者为实现目标而负有直接责任的权力。直线权力主要表现为命令和指挥的权力。

参谋权力指在组织活动中的顾问性、服务性、咨询性、建议性的权力。参谋权力一般是组织的职能部门及组织其他成员所普遍拥有的权力。应当认识到，企业组织中的任何成员都具有参谋权力，他们可以就企业发展中存在的问题发表自己的意见。而企业职能参谋系统的成员则是专职的参谋人员。参谋权力的行使旨在协助直线权力有效地完成企业组织目标。

直线权力与参谋权力的关系可概括为"参谋建议、直线命令"的关系。确定这一关系主要是为了在组织的活动中贯彻命令统一性的原则。在组织活动中，若所有的职能部门都拥有直线命令的权力，就会出现政出多门、多头领导的局面，从而导致管理上的混乱。因此在组织中只有各层次的直线人员才应拥有直线权力，掌握命令和指挥的职权。而参谋人员所拥有的参谋权力只是建议权而不是指挥权，参谋人员提出的建议只有被直线人员采纳并由直线人员向下发布命令才能生效。

职能权力指企业的职能参谋机构和人员在高层管理的授权下，允许其在一定的职能工作范围内，向下一级直线部门或其他部门和人员发布命令、提出要求的权力。例如，生产计划调度部门对企业各生产单位下达生产计划指令、财务部门要求企业各部门遵守财务管理规定等。企业的职能参谋机构和人员执行的职能权力有两种形式：一是直接向下一级组织的主管人员发布指示，由该主管人员组织执行；二是向下一级组织的职能参谋机构和人员发布指示，并进行检查监督。

职能权力的实质是企业的直线主管人员将本属于自己的一部分直线权力分离出来，授予了职能参谋机构和人员。这种授权适应了现代企业管理复杂化、专业性强、领导工作负担重、部门和层次增加等对管理工作提出的要求，有利于发挥专业管理职能的作用、减轻直线领导人员的工作负担，有利于加快信息传递的速度，提高管理工作效率。

但是职能权力的授予应注意把握一定的限度。高层管理人员将一些职能权力授予一些部门和个人，使这些部门和个人拥有了对下级直线组织的指挥权力，当这些职能权力扩大到一定程度时，就可能使下级管理人员失去对本部门工作的控制。因此，从维护权力的统一性而言，在企业组织中应限定职能权力的职能和作用的层次范围。

2．集权和分权

不同企业组织在管理层次之间的权力分配上有不同的要求和表现，从而构成了企业组织权力系统的不同类型。企业组织权力系统的基本类型可以根据决策权的集中与分散程度划分为集权型与分权型两种。

（1）集权型的企业组织

这是把企业的生产经营管理权限较多地集中在企业高级领导层的一种组织形式。此类组织经营决策权一般由高层领导掌握，中下层管理人员只有一般业务决策权，上级对下级的控制较严，一切行动听上级指挥；企业组织具有统一对外经营、统一核算的特点。其优点是利于集中领导、统一指挥，可提高职能部门的管理专业化水平和工作效率。其缺点在于限制了中低层管理人员积极性的发挥，延长了信息沟通的渠道，使企业组织缺乏灵活性和适应性。

（2）分权型的企业组织

这是把企业经营管理权限适当分散在企业中低层的一种组织形式。此类组织的重大经营决策权仍由高层领导掌握，但中低层管理人员可有一般的经营决策权，上级对下级的控制较少，以考核目标为主，不干预其日常生产经营过程，使下级能够在一定的权限范围内自主地决定问题，自行履行工作职责；中低层管理人员在一定程度上有对外独立经营、独立核算的权力。分权的依据主要以职能、地区或产品划分。其优点在于可充分调动中低层管理人员的积极性，使高层领导免于陷入日常事务，企业对市场环境的适应性强，其缺点在于不利于部门间的协调，管理难度大。

集权与分权反映了企业领导层在权力分配上的两种不同做法，在相同的组织技术条件下，集权制与分权制的组织体制往往产生不同的管理效果，正确地认识和把握集权与分权的关系，是每一个组织领导者都应重视的问题。正确处理集权与分权的关系，应注意把握以下几个问题。

1）应认识到集权与分权都是开展企业管理活动必不可少的手段。一方面集权是组织行动统一性的要求。企业作为人们共同劳动的集体，有着统一的目标，要使组织成员的行动达到协调一致，集权下的统一命令和指挥是必不可少的。例如，一个企业长远发展规划的确立涉及企业全局的发展战略及政策和策略的制定，涉及组织整体活动的协调工作等，都应在企业集中统一的权限指导下进行。另外，也应看到分权是组织分工的必然要求，企业成员的共同劳动是以分工为基础的，要为企业成员创造履行分工职责的条件，则赋予一定的权限是必须的。例如，企业的各个职能部门都有相应的职责，在履行职责中要涉及资源的调配，要应付各种可能的应变问题,这些不可能都交由企业领导层去处理,而要由职能部门自行解决。这就要求给予下级履行职责的充分权力。

2) 应认识到集权与分权是相对的,而不是绝对的,若在组织中集权过度,剥夺了下级应行使的权力,叫上级"擅权"。在实际管理活动中,一些领导者将各种权力集于一身,独断专行,越权指挥,听不得下属的意见,其结果常常是妨碍组织成员工作的正常开展,制约人们积极性的发挥。另外也应看到,分权过度,把上级应掌握的权力分散给下级,叫上级"失职"。在实际管理活动中,一些领导不分责任、乱派权力,任其下属各行其是,其结果则会导致管理失控,造成组织的混乱。因此,要正确地处理集权与分权的关系,应注意把握集权与分权的度。集权的程度应以不妨碍下属履行职责、有利于调动积极性为准;分权的程度则应以下级能够正常履行职责、上级对下级的管理不失控为准。

3) 还要考虑多种因素对集权与分权的制约。集权与分权程度的确定受多种因素的影响,其中主观方面要受企业领导者个性特征的影响,更重要的是客观因素的影响,如决策的风险程度、下级人员的素质、组织政策的统一性要求、控制系统的健全程度,以及企业环境的不同特点、企业规模的大小、各管理职能的不同要求等因素。

3.3 企业组织结构的类型

企业组织结构的典型形式有直线制、职能制、直线-职能制、事业部制、模拟分权制和矩阵制等。

3.3.1 直线制组织结构

直线制组织结构是最早出现的也是最简单的企业组织结构形式。它的特点是企业的各级行政单位从上到下垂直领导,下属部门只接受一个上级的指令。各级主管对所属单位的一切问题负责。厂部不再另设职能机构(但可设职能人员协助工作),一切管理工作都由各级主管自己执行,其结构图如图 3.1 所示。

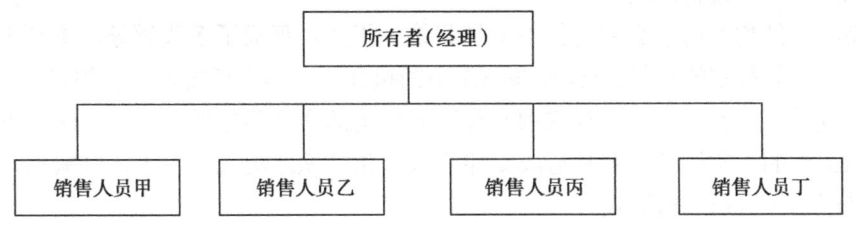

图 3.1 某小型零售店组织结构图

(1) 直线制组织结构的优点

直线制组织结构的优点是结构比较简单,责任明确,指令统一。

(2) 直线制组织结构的缺点

因为多个下属直接受一个上级的领导,这就要求各级主管通晓关于下属的多种知识和技能，亲自处理各种业务，这在业务比较复杂、企业规模较大的情况下，把所有的管理职能都集中到最高主管一个人身上，显然对其而言是很难胜任的，因此，直线制组织结构适用于规模较小，生产技术比较简单的企业。

例如，图 3.2 所示的企业组织形式下，厂长就必须既要懂机加工，又要懂油漆和装配方面的业务，这对厂长来说很难实现，而且不利于厂长集中精力进行企业经营决策。

3.3.2 职能制组织结构

为了缓解直线制组织结构中各级主管的工作压力，出现了职能制组织结构，即各级行政单位除了接受上级的行政主管人指挥之外，还必须接受上级各职能机构的领导，其结构图如图3.2 所示。

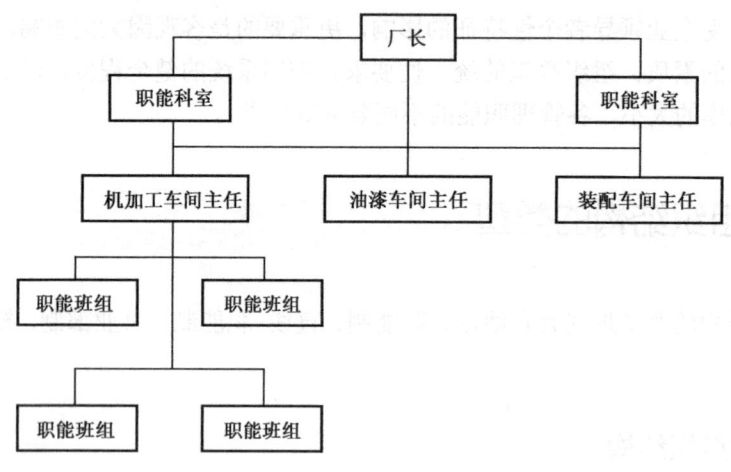

图 3.2 职能制组织结构图

（1）职能制组织结构的优点

职能制组织结构能适应现代化工业企业生产比较复杂、管理工作分工比较精细的特点，能充分发挥职能机构的专业管理作用，减轻直线领导人员的工作负担。

（2）职能制组织结构的缺点

职能制组织结构妨碍了必要的集中领导和统一指挥，形成了多头领导，不利于明确各级行政负责人和职能科室的责任。例如，图 3.2 中的机加工车间主任既受厂长领导，又要受上级职能科室的领导；而且，在上级行政领导和职能机构的命令和指导发生矛盾时，下级会无所适从，影响工作的正常进行，容易造成纪律涣散、生产秩序混乱。由于这些缺点，现代企业一般都不采用这种组织结构形式。

3.3.3 直线-职能制组织结构

直线-职能制组织结构，也叫生产区域制组织结构或直线参谋制组织结构。它是在直线制组织结构和职能制组织结构的基础上，取长补短而建立起来的。目前，我国大多数企业都采用这种组织结构形式。这种组织结构形式把企业管理结构和人员分为两大类：一类是直线领导机构和人员,按命令统一原则对下级行使指挥权;另一类是职能机构和人员,按照专业化原则从事组织的各项职能管理工作。直线领导机构和人员在自己的职责范围内有一定的决定权和对下属的指挥权,并对自己部门的工作负全部责任。而职能机构和人员则是直线指挥人员的参谋,不能直接对部门发号施令,只能进行业务指导,其结构如图 3.3 所示

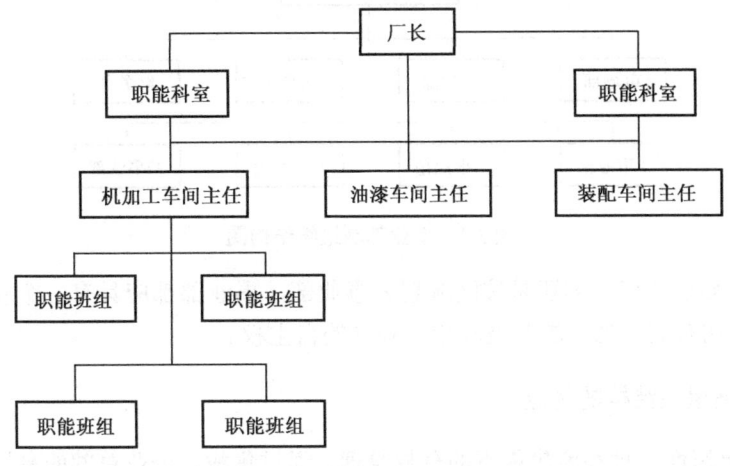

图 3.3 直线-职能制组织结构图

(1) 直线-职能制组织结构的优点

直线-职能制组织结构既能保证企业管理体系的集中统一,又可以在各级行政负责人的领导下,充分发挥各专业管理机构和人员的作用。

(2) 直线-职能制组织结构的缺点

直线-职能制组织结构的缺点表现在两个方面:一方面,职能部门之间的协作和配合性较差,职能部门的许多工作要直接向上层领导请求,加重了上层领导的工作负担;另一方面,造成办事效率低下。

为了克服这些缺点,可以设立各种综合委员会,以协调各方面的工作,减轻上层领导的负担,提高工作效率。

以上三种企业组织机构又称为传统阶段的组织管理形式。第二次世界大战以后,随着现代化大工业的发展,企业规模日益扩大,尤其是跨国公司的出现,传统的组织形式已不再适应实际需要。工业发达国家的组织形式逐步从传统组织形式向现代化组织形式发展,并出现了多种不同的企业经营组织形式。

3.3.4 事业部制组织结构

事业部制组织结构最早由美国通用汽车公司总裁斯隆提出,他将全公司按产品划分为 21 个事业部(自动生产部、雪佛莱部、凯迪拉克部等),分属 4 个副总经理领导,有关大政方针如财务控制、重要领导人任免、长期计划、科技发展等重要决策由总公司掌握,而其他业务则完全由各个事业部负责。现在的事业部制组织结构由此而来。

事业部制组织结构的基本做法:把一个企业的生产经营活动按产品类别或按地区分成不同的组成部分,每一部分就是一个事业部。从产品的设计、原材料采购、成本核算、产品制

造到产品销售,均由事业部及所属工厂负责。各事业部独立经营、单独核算。一般企业总部只保留人事决策、预算控制和监督权。企业总部通过利润等指标对各个事业部进行控制。事业部制的组织结构如图 3.4 所示。

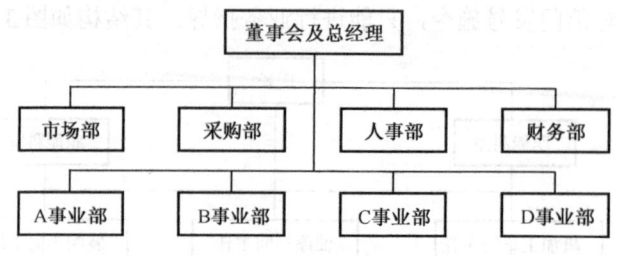

图 3.4 事业部制组织结构图

无论是按产品划分事业部还是按区域划分事业部,事业部都应具有三个基本要素,即相对独立的市场、相对而言独立的利益和相对独立的自主权。

1. 事业部制组织结构的优点

1)事业部组织像一种高度集权下的分权管理,通过集权,企业总部的高层管理者和经营者负担减轻,以集中精力进行长期战略目标的研究,对企业整体战略性问题进行迅速、准确地决策;通过分权,各个事业部的主管都能在自己的权力范围内对相应市场做出快速反应,决策迅速。

2)各事业部独立经营,实行独立核算,在一定程度上分散了公司整体的经营风险,各个事业部的经营成果也一目了然,便于总部对其进行考核;同时,各个事业部内部的供、产、销之间不像直线-职能制下需要高层管理人员参与管理,更容易协调,便于组织专业化生产和实现企业内部的协作。

3)总部往往主要通过各个事业部的业绩对其进行考核和评价,所以这在一定程度上会促进各个事业部之间的相互竞争,容易形成竞争氛围,更能发挥各个事业部的积极性,也有利于促进企业的发展。

4)各个事业部的经理要从事业部的整体来考虑解决各种问题,这有利于公司不断培养和训练管理人才。

2. 事业部制组织结构的缺点

事业部制组织结构的主要缺点如下所述。

1)公司与事业部的职能机构部分重叠,会出现管理人员和其他非生产性人员增加的倾向,造成管理人员及相关费用的浪费。

2)事业部实行独立核算,各个事业部通常只考虑自身的利益,这在一定程度上或在某些特殊的市场环境下会影响事业部之间的协作,也会造成事业部之间不易交流,不利于相互取长补短。

3)事业部之间、事业部与总部之间的一些业务联系与沟通往往被经济关系所取代,甚至总部的职能机构为事业部提供决策咨询服务时,事业部也要支付咨询服务费,这使总部与各个事业部之间的关系变得松散,不利于总部对各个事业部的控制与协调。

针对事业部制的缺点，在美国、日本出现了一种基于事业部制的超事业部制（或称为执行部制），即在传统的事业部之外设置一个事业部，专门负责协调各个事业部之间的关系，以弥补传统事业部制的不足。

事业部制是一种适用于规模庞大、产品品种繁多、技术复杂的大型企业的高度集权下的分级管理体制。

3.3.5 模拟分权制组织结构

模拟分权制组织结构是一种介于直线-职能制组织结构与事业部制组织结构之间的一种企业组织结构形式。它适用于钢铁、化工、原料、医药等连续生产的大型企业。这类企业受产品生产工艺过程所限，生产经营整体性强，各生产单位生产的产品没有真正的外部市场，难以分解成几个独立的事业部，因此不宜分权；同时由于企业的规模庞大，高层管理者不容易有效地控制和管理，因此又不宜集权。例如，在钢铁企业内部，炼铁分厂与炼钢分厂之间很难分解为互为独立的事业部。这是因为炼铁分厂为炼钢分厂提供的铁水在市场上很难买到，如果炼钢分厂不使用炼铁分厂的铁水，就只能在市场上购进炼钢生铁，但这无疑会增加炼钢分厂的生产成本，而这对企业而言也是不利的。模拟分权制组织结构就适用于这种情况的企业。

所谓模拟，就是模拟事业部制的独立经营、单独核算，即按地区或其他标准把企业分成许多"组织单位（生产单位）"，并把它们看成"事业部"，但不是真正的事业部。这些生产单位有自己的职能部门，享有较大的自主权，各个生产单位按内部的"内部转移价格"进行产品交换并计算利润，进行"模拟性"的独立核算，负有"模拟性"的盈亏责任。这样做的目的是调动各生产单位的生产积极性，达到改善企业生产经营管理的目的。模拟分权制的关键是准确确定各生产单位生产的中间产品的价格。模拟分权制组织结构图如图3.5所示。

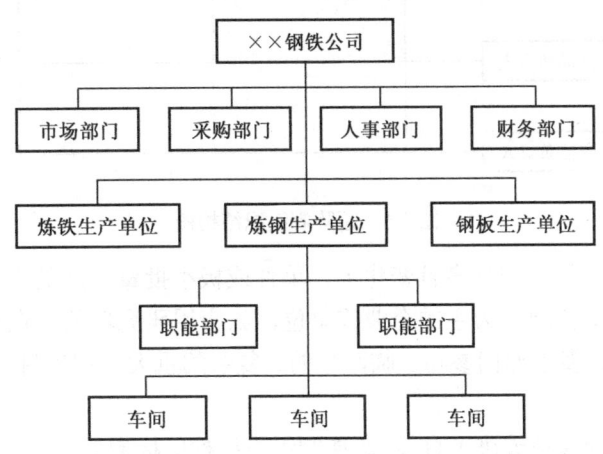

图3.5 模拟分权制组织结构图

1. 模拟分权制组织结构的优点

模拟分权制组织结构的主要优点如下所述。

1）通过模拟分权可以减轻高层领导管理者处理日常事务的负担，把经历更多地投入到企业战略研究上。

2）企业内部通过模拟形成生产单位后，各单位相对独立，可调动其积极性，也便于考核各单位业绩。

2．模拟分权制组织结构的缺点

模拟分权制组织结构的主要缺点如下。

1）正因为是模拟分权，缺乏明确的标准，所以关于分权大小、幅度及各个单位之间的统一管理和协调也不易量化和明确。

2）各个生产单位因为没有自己独立的外部市场，而在工序或流程上又是互相衔接的，所以产品在内部转移时实行的是内部价格，确定该价格时也缺乏明确的标准，造成效益核算不准确。

3.3.6　矩阵制组织结构

矩阵制组织结构是从专门从事某项工作的工作小组发展而来的一种组织结构，是一种既保持了直线-职能制组织形式（垂直领导系统），又成立了按规划目标划分的横向领导系统（可以加强横向部门之间的沟通协调）的企业组织结构，因此又称为目标规划管制组织结构，其机构如图 3.6 所示。

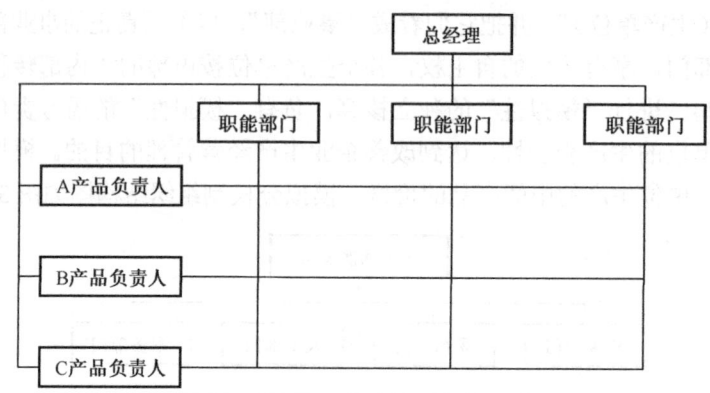

图 3.6　矩阵制组织结构图

矩阵制组织结构适用于产品多且变化大、单件或极小批量生产的大型产品或工程项目，特别适用于以开发与实验项目为主的企业或单位，如应用研究单位。在传统的工业企业中，主要适用于涉及面广、多个部门参与、临时性的、复杂的重大工程项目，如企业新产品开发、技术项目攻关等。

矩阵制组织结构形式是改进了直线-职能制组织结构的横向联系差、缺乏灵活性的缺点而设计的一种企业组织结构形式。它的特点是围绕某项专门任务成立跨职能部门的专门机构。例如，企业进行新产品开发工作，则组成一个专门的产品（项目）小组，在研究、设计、实验、制造等各个不同阶段，由相关部门的相关人员参加，做到纵横结合，通过协调各个职能部门的关系，保证任务的顺利完成。这种组织结构的形式是固定的，人员却是变动的，项目小组的负责人及组织内的人员是为完成任务临时任命和组织的，完成任务后就退出组织，各自回到原来的职能部门,因此,矩阵制组织结构具有一定的临时性。

1. 矩阵制组织结构的优点

矩阵制组织结构的主要优点如下所述。

1) 矩阵制组织结构灵活、机动,可随着项目的开发与结束而组合和解散。由于是根据项目来进行组织的,因此任务清晰,目标明确;而且各职能部门有专长的人员都是有备而来的,对于人员融入工作、加强组织纵向联系和横向联系很有益。

2) 将各个职能部门的专业人员集中在一个项目小组进行工作,比分散在各个部门更容易协调和管理。

3) 参加项目攻关小组可增强参与人员的荣誉感,激发其工作积极性。

2. 矩阵制组织结构的缺点

矩阵制组织结构的缺点如下所述。

1) 一般在这种组织结构下,项目负责人的责任大于权力,使得其在某些特殊情况下开展工作时力不从心。

2) 由于矩阵制组织结构是为某种临时性的目的而形成的,项目小组成员仍隶属于原部门,成员存在受到项目负责人和原部门负责人双重领导的问题。另外,项目负责人缺乏足够的激励与约束手段来对成员进行管理,也是矩阵制组织结构的先天缺陷。

3) 在矩阵制组织结构中,因项目多为攻关需要而成立的,任务完成后各成员仍要回到原来的部门,因而容易产生一些临时心理,特别是在项目遇到挫折或重大困难时,成员心理不稳定,不利于工作。

矩阵制组织结构的发展趋势:在一些成功应用这种组织结构的企业里开始出现立体组织结构(多坐标的矩阵式组织结构),其中可以包括直线-职能制组织、事业部制组织、研发小组及地区和时间等多维坐标,形成立体多维的矩阵组织。

3.3.7 企业组织模式创新

在20世纪80年代末和90年代初产生了一些新的组织模式,这些组织模式如今已成为各种社会组织尤其是企业新的组织模式。与传统的层级制组织类型相比,其具有简化结构层次、人员和机构配置精干、组织运作快捷高效等优点,同时也面临内部稳定性差、经营风险的压力加大等方面的严峻考验。这些新的组织模式的实行,并不一定排除传统组织模式的存在。新的组织模式往往是对中上层组织结构的改造,而中下层组织结构仍然实行传统的组织模式。一些新的组织模式把企业间的联结关系纳入一定的组织结构框架下,拓宽了组织模式的适用范围。这在组织模式进化史上是一个重大创新,具有重要的现实意义。

1. 虚拟公司模式

这是企业之间的一种暂时的组织形式,是不同的企业通过合作所组建的一定形式的"战略联盟",因此又叫战略联盟组织模式。由于所加盟的各个企业之间没有一个稳定的中心,彼此之间形成一种紧密的合作关系,在组织结构的形态上呈现出一种团状结构,因而还可以把它叫做团簇型组织模式。所加盟的各个企业可以充分发挥自己的竞争优势，共同开发一种或几种产品，并迅速把共同开发产品所研制的高新技术投入应用。一旦联盟的目标实现，先前所组建的虚拟公司即宣布解散，而为了新的战略目标，又可经过重新组合创建新的虚拟公司。虚拟性组织主要有虚拟生产、共享共生、策略联盟、虚拟销售网络、虚拟行政管理等。

虚拟公司模式与传统的企业组织模式相比具有如下特点。

1) 组织结构上的松散性。虚拟公司打破了传统公司组织结构的层次和界限，是由一些独立的企业在自愿的基础上，为了一定的战略目标而组建的松散企业联盟形式。因此，它没有总部办公室，也没有的组织机构图和众多的管理层次。虚拟公司只关心成员企业与联盟战略目标有关的经营问题，对成员企业的其他经营问题则不直接介入。因此，虚拟公司在管理上具有很大的松散性。这便于节约资源、重点发展中心活动。

2) 技术联盟是整个公司战略联盟的基础。虚拟公司的联盟是以一定的高新技术的开发和应用为基本内容的，实质上是一种技术联盟。为了使这种技术联盟具有较高的市场竞争力，各个加盟的企业要具有所在联盟的中心技术上的巨大合作潜力和优势的互补性。所联盟的中心技术常常是那些对企业的未来发展生死攸关，而其研究开发又耗资巨大且风险程度很高的技术。所加盟的企业在所联盟的中心技术上或者具有将以所研制的新技术为基础的新产品推广到国内外市场的优势，或者具有相关零部件的生产优势，或者具有在该中心技术上的科学技术研究优势。

3) 增强了企业的市场竞争力。虚拟公司是由一些独立的企业组织起来的临时性公司，易于抓住转瞬即逝的市场机会，具有灵活经营的优势。虚拟公司能够动员众多的成员企业加盟，能够迅速融通巨额资金，综合成员企业各具优势的设计技术和制造技术，组建阵容强大的技术和产品开发力量，具有整体经营的优势。虚拟公司通过若干企业联盟而达到适宜的经营规模，从而取得了单个企业无法实现的规模经济效益，具有规模经营的优势。

2. 团队结构模式

团队，是对工作活动进行组织的一种非常普遍的手段，过去在基层管理的工作设计中广泛使用。当管理层把团队这一组织形式运用到一个组织的中上层，成为该组织的中心协调手段时，这个组织就实行了团队结构组织模式。团队结构的主要特征如下。

1) 它把横亘在一个组织的上层和基层之间的各个职能部门进行分解和弱化，把决策权分散到工作小组的层次上，从而形成一个中间细小的组织结构。自20世纪80年代以来，信息加工和通信技术的巨大进步使一个较小的管理层就能够对为数众多的商品制造或提供服务的一线工作人员进行协调，使得在原有组织模式下主要从事信息传递和加工的中间管理层成为多余的。这种高层不大、中间层细小，而基层宽大的组织结构形似古代的计时器——水漏，故又叫水漏型组织模式。

2) 团队结构的组织成员既是专家，又是通才。在团队组织模式中，由于中高层管理人员队伍的缩小，一线工作人员的纵向提升机会减少了，而横向流动变得更加频繁。通过横向流动，可以使一线工作人员从事报酬更高的工作，减少长期从事一项工作的单调感和枯燥感，从而为失去纵向提升体会提供了一种补偿。频繁的横向流动使一线工作人员的技能多样化，变专才为通才。对中高层管理人员来讲，要处理各种各样来自基层的问题，也需要他们具有多方面的知识结构，不仅要是一个领域的专家，还须是多个领域的通家。

在一些小公司里，团队结构可以覆盖整个组织。例如，一个30余人的营销公司，就可完全按照团队的形式组织起来，这些团队对大部分业务问题和客户服务问题承担完全的责任。而在一些大型组织里，团队结构成为整个组织的模式时，团队结构的构成要件则往往按照官僚制组织起来，这样既可实现官僚制的标准化所产生的效率，又可获得团队组织形式所提供的灵活性。例如，波音公司为了设计新的产品或对一些主要的项目进行协调时，就通过建立跨职能部门的小组团队，把相关的活动组织起来。

3. 网络组织模式

网络组织模式就是由若干相互独立的组织构成的一个不断变动着的组织系统。在传统组织模式下通常由一些部门完成的工作任务，如产品设计、制造、人力资源管理、培训、会计、数据处理、包装、仓储和交货等，在网络制组织模式下将通过承担包给其他公司去完成。

网络制组织模式的主体由两部分构成：一部分是中心层，另一部分是外围层。中心层由单个企业家或企业家群组成，直接管理一个规模较小、支付报酬较低的办事人员队伍，而这个办事人员队伍保持着高度的流动性和最大限度的精干性。外围层由若干独立的公司组成，这些独立的公司与中心层是一种合同关系，而合同关系又经常变更，呈现出极大的不稳定性。构成一个网络的若干公司与网络中心之间的关系在紧密程度和优惠待遇上也呈现较大的差异，中心层与外围层之间通过电话、传真机、计算机网络、昼夜交货服务和律师等手段进行联系。

网络制组织模式与传统的层级制组织模式相比具有如下特点。

1）组织结构上的网络化。网络制组织的中心不像传统的层级制组织类型中的公司总部，它几乎没有直属的职能部门，通常只是一个小规模的经理人员集团。这些经理人员的职责不是直接进行一些生产经营活动，而是对那些从事制造、销售和其他一些主要职能的组织之间的关系进行协调，它们的大部分时间往往用在通过计算机网络系统对外部关系进行协调和控制上。网络中心作为网络制组织的固定存在形态，在进行各项业务时主要是依靠网络外层的公司提供的职能来进行的。例如，美国的戴尔计算机公司没有工厂，只是把外部协作零部件组装成计算机。

2）组织结构上的柔性化。网络组织把重点放在自己能够干得最好的职能工作上，可以把除此之外的任何职能工作，无论是制造、营销，还是运送和其他职能的工作，都让目前还不属于该网络组织的其他经营单位去做，只是这些经营单位所提供的产品或服务质量高、价格便宜。这样保持了组织结构上的灵活性、组织结构上的柔性化，可以最大限度地提高网络组织的经济效益。

3）组织结构上的虚拟化。由组织结构的柔性化可知，网络制组织可以把许多并不一定隶属于网络中心的独立经营的公司或经营单位纳入自己的网络，具有组织结构虚拟化的特点。网络制组织在组织结构上的虚拟化，使得有人又把网络制组织模式称为虚拟组织模式。

4. 扁平化组织模式

扁平化是相对于传统的高长型的金字塔组织而言的，它是企业管理层次的减少、管理幅度的扩大，因此许多企业出现了"中空化"趋势。过去一些大公司有十多个层级，如今减为5～

6个，中层管理人员大大减少，高层总裁直接兼任职能部长。组织结构扁平化有两个重要条件：一是信息技术的广泛应用，使信息传递可以一竿子插到底；二是组织成员要有独立作战能力，素质要高。

5. 无界限组织模式

无界限组织模式的界限指指挥链的界限和组织与它的供货商及顾客之间的界限。无界限组织寻求消除指挥链所带来的限制，让控制幅度无限扩大，用授权团队代替职能部门。提出这一概念的是美国通用电气公司董事长杰克·韦尔奇。无界限组织模式在组织结构上具有以下特点。

1）在一定程度上消除纵向结构上的界限，层级制结构扁平化。最大限度地减少地位和等级方面的差距，使组织结构看起来像一个圆筒形谷仓，而不是一座金字塔，谷仓顶端的谷粒和底部的谷粒并没有差别。主要办法有建立跨层级小组、决策参与制和全方位业绩评价体系等。跨层级小组的成员包括高层经理人员、中层管理者、监督人员和一线工作人员等。参与决策制指一个组织的重大决策的参与者不仅包括高层管理人员，也涉及一些普通的组织成员。全方位业绩评价体系指对组织成员工作业绩的评价人员由同层级的人员、上级人员和下级人员组成。

2）减少横向组织结构上的界限。途径有二：一是用跨职能部门小组代替职能部门；二是实行不同职能领域之间的人员横向转移和轮换。跨职能部门小组围绕一种产品或一项服务的整个生产经营过程来安排各项活动，而不是按照局部的职能任务来组织各项活动。人员的横向轮换则可将一些组织成员由专家变为通家。

3）突破地理距离所带来的组织成员的家庭所在地和工作所在地之间的隔绝，实行家中上班制度。美国证券分析师可以在蒙大拿州自己的寓所里完成他的工作，而一家旧金山公司的软件设计师可以在科罗拉多州博尔丁市进行工作，美国现在已有数百万公司员工工作在公司大楼的物理空间之外。实行家中上班制度在一定程度上突破了公司在物理空间上的界限。

4）尽力打破组织与组织环境之间的界限。全球化、战略联盟和组织-顾客之间的联系渠道等都可以突破组织与外部环境之间的界限。可口可乐公司把自己看成是一家全球性公司，而不是一家美国公司或大西洋公司。波音公司和苹果计算机公司都与数十家公司建立了伙伴关系，构建自己的战略联盟，这些联盟由于那些工作在合营项目的组织成员而模糊了不同组织之间的界限。AT&T公司和美国西北航空公司让顾客执行一些以前由管理层完成的职能，AT&T公司的一些经营单位按照顾客的评价给小组发放奖金，西北航空公司则每年拿出10个50美元的奖金证书给一些经常乘机的顾客，由这些顾客把这些奖金发放给他们认为提供了最佳服务的公司雇员。

无界限组织模式的一个重要的技术基础是网络化计算机系统。网络化计算机系统使人们能够打破组织内和组织间的界限进行通信。例如，电子邮件使数百名公司员工能够同时分享某一信息，让文件管理人员直接向高级经理人员传递信息。

企业管理实训

【实训主题】

了解企业组织结构的变革

【实训目标】

（1）理论联系实际，训练学生对企业组织变革的认识，能够正确认识和分析企业组织变革，培养学生解决实际问题的能力；

（2）加深学生对现代企业的认识，使学生了解社会、贴近企业，提升学生的综合素质。

【背景材料】

Z 公司是一家电子企业。近年来，由于外部环境变化较大，市场竞争日趋激烈，企业经营状况日趋恶化，经济效益逐年滑坡，至 2004 年年底企业出现经营亏损。为此，企业负责人在组织专家论证、多方咨询的基础上，对企业管理症结和企业组织结构、决策结构等方面进行全面分析，发现：尽管企业 2004 年底出现账面亏损，但部分分厂与车间的赢利指标和其他综合经济指标却遥遥领先，其生产的产品也具有相对独立性和巨大的市场前景，然而多年来由于受传统的工厂式组织结构和管理方式的局限，这部分适销对路产品的生产规模和经营效益难以得到发展，其经营业绩一直得不到充分体现，也影响了其经营积极性的发挥。

认识到上述问题之后，该公司决策层提出了调整企业内部组织结构、进行资产剥离组合的变革设想，并加以实施。

1）通过实行股份制改造，对原有的企业组织进行重新整合与裂变，将有发展前景、产品畅销的部分分厂和车间通过资产评估、折价入股的方式组建成股份有限公司，原有的部分车间及后勤服务系统在局部调整的基础上，保留整体框架，精简部分科室与人员，以保持企业外部及上下对口联系。新组建的股份有限公司以适销对路的产品为龙头，集团化经营，发展规模经济，扩展市场份额。

2）重新设计组织结构，打破原有的以职能划分为主的机构设置，取而代之的则是以市场部为主体的、以产品开发部和资金核算部为两翼的扁平组织结构。这种结构最显著的特点是扁平化，只有决策层和实施层，公司各个单位是平等的，管理权全部放到各单位。

3）企业分为集团公司总部和下属工厂、子公司两个层次。集团公司是一级法人，下属各工厂、子公司对外也是独立法人，且实行混合所有制，但生产经营活动都由集团公司统一管理，集团公司掌握决策权和资本经营实施权。这种结构吸收了事业部制结构和直线制结构的优点，形式上没有事业部一级机构，通过总部对下属单位直线管理，使下属单位发挥事业部功能。

4）集团公司作为公司最高决策机构，非常精干，由 18 人组成，即总经理、副总经理、总会计师、工会主席等，指挥下属单位的生产与经营。处于扁平双层结构第二层的是各工厂和子公司，各工厂内部的组织机构设置也高效精干，实行厂长负责制，最大限度地减少非生产性人员，以提高劳动生产率。

5）在内部机构监管方式上，通过股东会、监事会、董事会三者制衡机制和法人治理结构及上述企业组织的重新整合，形成了具有较强竞争力的企业集团。至2006年年底，新组建的股份有限公司利税比上年同期提高了1倍多，原有企业亏损额有所减少，两者相抵后企业仍略有盈余。与此同时，新组建公司的产品市场覆盖率也由原来的3%提高到6.5%，大大提高该企业产品的市场竞争力。

为了充分调动企业职工的积极性，在整合正式组织结构的同时，该企业还善于通过企业文化的培育，树立与市场经济相适应的企业精神，以此来凝聚职工，激发广大职工生产经营积极性，充分发挥组织的整合作用，提出了"今天不努力找市场，明天就到市场找工作"的口号，以此鞭策、激励职工奋发向上的动力，为充分发挥企业老职工的积极性，提出了"我为新厂做奉献、新厂兴盛我光荣"的倡议，鼓励企业职工为新厂发展出谋划策、提合理化建议。新厂在发展规模经济的同时，也从资金、技术、人才等各方面为老厂提供扶持和帮助，从而形成了新公司和老企业共同发展的新局面。

【实训过程设计】

1）指导教师布置学生课前预习阅读案例；
2）将全班同学分成小组，按每组5～6人进行讨论，各组选择一个案例进行讨论；
3）指导教师对小组讨论过程和发言内容进行评价总结，并讲解本案例的分析结论（先评定小组成绩，在小组成绩中，每一个人参与讨论占小组成绩的40%，代表发言内容占小组成绩的60%）；
4）根据阅读资料分析Z公司进行了哪几个方面的变革？变革的依据是什么？
5）根据阅读资料分析Z公司的组织变革为何能使Z公司得到进一步发展？

综合练习

一、多项选择题

1. 现代企业组织的基本特征主要有（　　）。
   A. 目的性　　　　　　　　　　　B. 系统性
   C. 结构性　　　　　　　　　　　D. 群体性
   E. 适应性
2. 组织管理的内容主要包括（　　）。
   A. 组织设计　　　　　　　　　　B. 组织协调
   C. 组织变革　　　　　　　　　　D. 组织诊断
   E. 组织发展
3. 建立和完善企业组织结构、健全企业组织机制应遵循的基本原则是（　　）。
   A. 任务目标原则　　　　　　　　B. 统一领导和分级管理的原则
   C. 有效管理幅度的原则　　　　　D. 专业分工与协调配合的原则
   E. 责权统一的原则　　　　　　　F. 相对稳定和适时调整与变革的原则

4. 部门划分的方法有（　　）。
   A．职能部门化　　　　　　B．产品部门化
   C．地区部门化　　　　　　D．人数部门化
   E．服务对象部门化和工艺过程部门化
4. 网络制组织模式与传统的层级制组织模式相比，在组织结构上具有的特点是（　　）。
   A．组织结构上的网络化　　B．组织结构上的柔性化
   C．组织结构上的虚拟化　　D．组织结构上的扁平化
   E．组织结构上的复杂化

二、问答题

1. 什么是企业组织管理？它应遵循哪些基本原则？
2. 试述企业横向和纵向的组织结构设计。
3. 直线职能制组织结构有哪些优缺点？
4. 试述模拟分权制组织结构及其优缺点。
5. 试述企业组织模式的创新。

三、案例分析

王安和惠普

王安实验室（Wang Laboratories）以年销售额超过 30 亿美元名列 1989 年《幸福》500 家大公司的第 146 名。这一文字处理计算机的先驱者在全世界范围雇有 2.7 万名员工。可就在 3 年之后，王安公司申请了《破产法》保护。这时，王安公司的销售额已下降到 19 亿美元，员工人数为 8000 左右。公司遭受巨大的损失，其亏损额在 1990 年达到 7.16 亿美元，1991 年为 3.86 亿美元，1992 年为 3.57 亿美。公司的股票市场价值一度达到 56 亿美元，后跌落到 0.7 亿美元。

再来看看惠普公司。这家计算机与电器企业在 1989 年出现了销售额锐减并多年来第一次经历了赢利额下降局面。但是，惠普公司没有像王安公司那样步入大规模衰退时期，而是迅速走向引人注目的复苏。在员工队伍从 9.2 万人减到 8.9 万人（并没有实行强制性的解雇裁员）的情况下，公司实现了销售额的大幅回升。1992 年第一、二季度的赢利额分别增长了 49%和 40%。公司的市场价值剧增 190 亿美元以上。惠普公司到底采取了什么措施，使其取得了与王安公司截然相反的结果呢？

20 世纪 80 年代后期以来，计算机行业面临环境急剧变化的情况。这对像国际商用机器公司、数据设备公司和优利系统公司（Unisys）这样的大企业都造成了不利的影响。顾客需要已经从大型计算机转变为小型机乃至更小的多用途的个人计算机。许多硬件成了日用品一样的商品，无论是低价的供货者，还是提供优质服务或持续创新的厂家，都可以加入争夺市场份额的行列。在这一时刻，王安公司管理当局的行动仍像他们是在一个稳定的环境中运营似的。公司的创建者王安博士本人也没有意识到变革的需要。他自以为使办公室职员们从打字机时代中解放出来就已经完成了办公室的革命。他和他的整个管理队伍没能看到，飞速发展的个人计算机已远远超过了王安的单功能文字处理机和价格高昂的微型机。

惠普公司则走了另外一条路。其管理当局看到了环境的变化并全力推进公司的变革。他们给员工授予了充分大的权力，简化了决策制定过程，并大幅度削减了成本。虽然惠普公司仍然是一家大公司，但它的管理当局已经决定，绝不能使惠普公司成为行动缓慢者。高层经理们视察了全国的生产基地，收集了生产和销售第一线员工的意见和建议。他们所到之处听到的是对公司官僚行政机构的普遍抱怨，以及新项目得到批准的重重困难。于是，管理当局对组织进行了重组。他们撤销了两个高层管理委员会，取而代之的是一种跨职能领域和组织界限的团队结构。工作团队被给予前所未有的从新产品设计到分销全过程的充分自主权。高层管理当局投入了大量的时间向员工宣传：他们需要有一种高度紧迫的意识，勇于采取冒风险的行动。同时，需要认识到，在竞争者不断削价的新形势下，仅靠提供优质的产品是不够的。管理当局鼓励员工寻找全新的方法，使公司从研究开发到行政管理和销售各领域都到达到低成本。实施这些措施的结果是使惠普公司在其大部分产品的毛利都下降的情况下取得了较高的赢利性。

请回答以下问题：

1. 试问惠普公司和王安公司各采取了哪一种变革方式？体现了什么理念？
2. 对比王安公司和惠普公司的组织文化，它们各自如何影响管理当局对环境变化的反应？
3. 惠普公司在20世纪80年代后期所采取的管理措施是否也适用于王安公司？请论证你的观点。
4. 惠普公司的经验反映了哪些组织管理的思想？

第 4 章

企业经营管理

 课前阅读:长虹战略之殇

中国电视机制造企业由于未掌握核心技术和核心环节,更多的是做后端组装,加之下游渠道终端巨头的议价能力非常强,如国美、苏宁等,中国电视和制造企业均处于行业价值链的底端,导致企业赢利能力较差,结构性调整迫在眉睫。在这样的背景下,2004年长虹集团赵勇董事长复出后,提出了"不做面板就不做电视"的战略性目标。从战略高度而言,长虹这个战略选择是正确的,不改变自己在产业链中的地位和掌控产业链中的核心环节,长虹的主业——电视机业务就没有未来。

豪赌等离子面临困境

随即长虹花费 20 亿美元豪赌等离子面板(一期投资 60 亿元),这个豪赌行为饱受行业诟病。时至今天,从结果上看,长虹并未取得预想的效果。一是长虹电视机的市场份额逐年下滑,只有11.9%,低于海信的15.5%、创维的14.2%、康佳的13.5%、TCL 的12%,位列第五。二是与主要竞争对手相比长虹电视业务的增长速度较慢;三是长虹的资产负债率在投入等离子后逐年提升(2006年为47%、2007年为53%、2008年为56%、2009年为63%),电视机业务毛利润率却逐年下降(2006年为20.8%、2007年为19.6%、2008年为18.8%、2009年为17.7%);四是长虹的总资产回报率近几年也一直是前几大品牌中较低的一位。更加关键的是,等离子面板迟迟未能正式量产。长虹的等离子面板原本从2008年的7月份开始投产,一直拖延到2010年的1月份,正式投产后良品率一直不乐观,只有80%左右,没有达到盈亏平衡点85%的良品率,也就很难真正开始大规模量产。而等离子面板项目每年3.6亿元左右的固定折旧也对公司业绩产生压力,依据测算,长虹等离子面板项目实现盈亏平衡需要年产200万片以上,而据行业人士估计,整个等离子面板的中国市场在剔除松下所占份额后,剩余市场规模仅为130万台,更别提满足600万台产能的需要了。长虹豪赌等离子前景堪忧。

战略决策分析能力不全面

既然机遇与挑战并存,那么长虹就需要加强决策分析,以便降低决策风险。可是,长虹当时或许更关注一些表面的信息,如在等离子阵营的索尼、LG、三星等厂商相继宣布削减或退出等离子电视机投资时，市场调研机构持正反两种观点，有的看好等离子，有的不看好。调研机构最差的观点是认为等离子电视机有年均 20%的增长率，在长虹看来，即使等离子电视机不能成为主流，那么仅仅依托中国市场容量，等离子电视机投资也是可以赢利的。

资料来源：作者根据有关资料整理

 **启示**

基于上述例子，你想过长虹到底怎么了吗？你能定义"经营战略"吗？经营决策一定要追求最优吗？长虹的战略存在什么问题吗？有什么解决的办法？本章的知识对解答这些问题会有所帮助。

4.1 企业经营战略

4.1.1 企业经营战略的概念特征

1．经营战略的概念

"战略"一词来源于军事术语，它是相对于"战术"而言的。战略是指挥战争全局的计划与谋略。战略对于军事行动的意义，在于它使军事统帅掌握战争全局的动态，使自己在战争中争取主动，最终赢得胜利。后来"战略"一词被广泛应用于政治、经济、科技及社会等各个领域，20 世纪 60 年代初开始应用于企业管理，就形成了经营战略。

所谓经营战略，指在市场经济条件下，企业为谋求自身长期的生存和稳定的发展，在对外部环境和内部条件进行分析研究的基础上，对影响企业生产经营活动的全局性问题所做的长远的、系统的总体谋划与对策。企业的经营战略主要是由经营思想、经营目标、经营方针、战略措施等组成的有机统一体。

2．经营战略的特征

企业经营战略要求现代企业把握未来的发展及命运，它具有以下几个特征。

1）全局性。企业的经营战略是对企业的未来经营方向和目标等具有全局性的重大问题所做的总体谋划，是一项对企业生产经营活动的所有方面都具有权威性的指导意义的纲领性决策。

2）长期性。企业经营战略的目的，不是着眼于解决企业眼前的问题，而是着眼于创造企业的未来，立足于企业的长期利益。因此，企业领导者要具有战略头脑和超前意识，根据形势的发展高瞻远瞩，站在战略的高度来谋求企业长期的发展目标和对策。

3）系统性。企业经营战略本身是一个系统，企业可以从具体情况出发选择不同的战略，应将企业各方面的活动作为一个有机整体，从整体功能及相互关系中提示整体的特征和运动规律，发挥战略的整体优化效应，达到预期的目标。

4）应变性。企业经营战略是市场经济的产物，没有激烈的市场竞争，战略思想就不可能在企业管理中产生和运用。"优胜劣汰、适者生存"的市场竞争法则，提示企业必须设计面对环境变化的策略，必须制定对抗竞争者的策略。

5）风险性。企业的生产经营活动受制于外部环境并要适应外部环境，而企业的外部环境总在不断地变化，具有较大的不确定性，加上人们判断、预测在时空上的局限性，很难保证制定的经营战略百分之百地正确，战略实施的结果与预期目标之间总会存在一定的差异，这就是风险。制定了战略，虽然并不能保证一定会成功，但增加了成功的可能性；没有战略，也不一定失败，但它在变幻莫测的环境中只是一种偶然。因引制定经营战略时应充分考虑各种因素，尤其是要考虑不确定因素对经营目标的影响，应采取各种应变措施，尽量减少风险。

4.1.2 企业经营战略的内容及类型

1. 企业经营战略的内容

现代企业经营战略必须包括三项最基本的内容：战略目标、战略方针和战略规划。

1）战略目标。战略目标的重点包括：产品开发、市场开发、企业及竞争优势的增长等。它是制定经营战略的出发点及归宿点，在经营战略体系中居中主导地位。

2）战略方针。战略方针是企业为了实现战略目标所制定的行为规范和政策性决策。若没有正确的战略方针，任何战略目标都难以实现。因此，战略方针在经营战略体系中居核心地位，对企业战略目标的实现起保证作用。

3）战略规划。战略规划是企业经营战略的实施计划和执行纲领，其作用是把企业的战略目标具体化，把企业的战略方针措施化，并制定各个阶段实施战略目标的具体步骤。战略规划制定得是否完善和可靠，直接影响企业战略目标的实现，因此，它又是企业经营战略实施的纲领性文件。

2. 企业经营战略的类型

按不同的标准可将企业经营战略分为以下两种不同的类型。

按经营战略的不同态势，可将企业经营战略分为发展战略、维持战略和收缩战略三种。

1）发展战略。发展战略也称攻势战略，即努力开辟新市场，扩大生产规模的一种战略，拥有产品、技术、市场等资源优势的企业，以及处于有利发展环境中的企业，都应采用这种战略。发展战略的重点是市场战略和产品战略。

2）维持战略。维持战略指在一定时期内对产品、市场等维持现状所采取的一种战略。它的表现为：企业既不准备进入新领域，也不准备扩大生产经营规模，注重企业现有生产条件下的经济效益。它主要适用于：外部环境相对稳定，既没有大的威胁也没有过多的机会；市场地位稳定，处在企业注重内部整合时期；企业的经营思想以保持企业经营稳定为目标等的企业。采取这种战略，是为了积极培育资源优势，积蓄力量，创造发展条件，一旦时机成熟，则会采取发展战略。

3）收缩战略。收缩战略，指企业经营环境严重恶化，企业处境十分艰难时所采取的缩小经营规模、压缩产品品种、减少产品产量的一种战略。这种战略一般适用于企业处于严重的不利地位；企业的目标市场萎缩，市场需求大幅度下降；企业经营的产品已从成熟期迈入衰退期，在市场竞争中企业前进乏力等。

按经营战略的具体内容，可将企业经营战略分为产品战略、市场战略和投资战略三种

1）产品战略：指根据市场需求要求对产品发展所做出的谋划，是企业经营战略的核心部分。具体包括：新产品开发战略、产品组合战略及产品更新改造战略等。

2）市场战略：指为了实现企业经营目标，对有关市场开发方向、开发重点及发展途径等的总体谋划。它是制定市场战略的基本依据，具体包括：市场渗透策略、市场开拓策略、新产品市场战略和产品生命周期市场战略等。

3）投资战略：指企业为维持和扩大其生产经营规模，对资源分配的总体谋划。企业投资既是企业生存和发展的基本保证，又是企业经营战略的重要手段。具体包括：产品投资战略、市场投资战略、科技发展战略、企业联合与兼并投资战略及资源战略等。例如，青岛啤酒集团的扩张模式是："高起点发展，低成本扩张"。通过低成本扩张，近年来，青岛啤酒集团以较小的代价并购了一大批严重亏损的小型啤酒企业。为此，许多人担心青岛啤酒集团收购了一批"垃圾企业"会将青岛啤酒集团这个世界名牌拖垮。但 2006 年上半年，青岛啤酒集团效益大幅度增长，产销量突破 120 万吨，比去年同期增长 40%，利税增长了 82%。这其中 60%的利润来自青岛啤酒集团并购的 38 家企业。目前，青岛啤酒已经兼并的近 40 家企业，除三四家还处在必要的调整期外，其余的全部赢利。这表明，青岛啤酒集团"高起点发展，低成本扩张"的战略已获得了成功，实践证明了青岛啤酒集团的扩张之路的正确性。

4.1.3 企业经营战略的制定

企业经营战略的制定是一项具有创造性的活动，它决定着企业未来的发展方向，因此要想把有限的资源集中在企业最关注的领域，并能科学地预见未来，必须进行科学的战略选择。制定经营战略必须遵循一定的程序，具体步骤如下。

1．战略构想

1）应明确企业的经营宗旨。对任何企业来说，市场不是现成的、企业要想生存和发展，就必须明确企业在相当长的时期内服务于哪些顾客或市场，包括企业的经营目标、服务对象、经营范围等。

2）对环境进行预测，分析可能出现的机会与威胁。通过对企业外部环境的调研，把握市场机会，评估风险大小，并对企业内部条件的优势和不足进行充分研究，以确定企业的使命是否正确。

3）对主要竞争对手进行研究。竞争对手的未来状况及其可能的行动都有可能影响企业的经营目标。因此，企业要从多方面搜集竞争对手的信息资料，以便完善企业的经营战略。

2．分析企业的外部环境和内部条件

制定经营战略一定要做到"知己知彼"，才能百战百胜。分析企业的外部环境就是做到知彼，看到可能出现的机会或遇到的威胁；分析企业内部条件，就是知己，明确自己的优势和劣势，制定战略一定要扬长避短，充分发挥优势。

3．制定战略目标及规划

制定企业的战略目标，就是规定企业在完成其任务时所要达到的目标。

企业战略目标涉及的时间跨度较长，应把总体战略目标分解成一个个阶段性的短期目标。阶段性目标必须是具体的、定量的、有时间限制的。制定各阶段分目标时要注意前后阶段之间的衔接，以及同一阶段不同目标之间的平衡。通过各阶段分目标的实现，使企业逐步实现总目标。

战略规划（包括许多企业的具体行动计划）是为了实现企业战略目标而进行的一系列耗费资源的活动。它包括投资、缩减或其他为执行企业战略的一系列具体计划。人们不可能将未来的各种情况都十分准确地预测出来，所以必须使企业的各项规划保留一定的弹性，以避免因事先估计不足而对企业造成损失。

4．资源配置与预算

企业为了实现战略目标，必须有资源作为保证。这些资源包括资金、设备、人力及信息等，战略规划应指明行动计划所需资源的来源及分配方案，并且必须首先明确资源配置的优先程度。

要制定财务预算，进行可行性论证。对实现战略目标的各个方案必须进行技术经济分析，以确保经济效益的实现。

制定经营战略的原则：第一，吃透两头，做到知己知彼；第二，扬长避短，发挥优势；第三，化敌为友，减少对立面；第四，充分发扬民主，不搞一言堂。

4.1.4 企业经营战略的实施

企业经营战略是否正确必须通过实施才能得到评价和验证。所以，为贯彻已选定的战略，还需要做好以下几方面的工作：建立相应的组织机构，制订战略行动和项目计划，筹措资金，建立战略实施的监控系统和评价系统，管理日常的组织活动。

在企业战略实施过程中，要综合考虑以下六种因素。

1．制订详细的实施计划

根据企业经营战略所规定的各项目标，制订出较为详细的战略项目和行动计划、资金筹措计划、市场开拓计划等，以便有重点地推进企业战略。

2．改变人们的行为

要适应企业战略目标的要求，改变企业内部的传统行为，建立起适合新战略的行为规范、工作方法、价值观念和精神风貌。

3．建立与新战略一致的组织机构

根据战略目标和所选择的战略决策、规划，选择符合战略实施所需要的组织机构，并且明确相应的责任和权力及企业将采用的各种方法和手段。

4. 合理地选择负责人

对不同的战略，要选择不同的人来负责，使其承担的任务与其能力、专长及责任心等因素一致，并且应根据责任的大小、完成任务的好坏，及时地予以适当的奖励与惩罚。

5. 正确地分配资源

企业的资源指资金、技术、人力、物资及信息等。在战略实施中，这些资源应按照战略规划中所需要的数量、时间进行合理的分配，这样才能保证企业战略的顺利执行。

6. 有效地进行战略控制

依据企业预定的战略目标，经过与反馈回来的战略实施中的实际业绩的比较，检测差异程度，然后进行纠正。

战略控制的三个要素：制定一套有效的战略评价标准；反映战略执行过程中的实际业绩；绩效评价。

4.2 企业经营决策

4.2.1 企业经营决策的内容和类型

1. 企业经营决策的特征

著名管理学家西蒙指出："决策是管理，是由一系列决策组成的，管理就是决策。"无论是确定经营目标，还是制订经营计划，企业的管理者都需要做出决策。事实上，决策贯穿整个企业的管理过程。

所谓经营决策，就是指企业为了达到某一个生产经营目标，从两个以上可行方案中选择一个满意方案的分析判断过程。经营决策具有以下几个特征。

1）目标性。决策目标是决策所需要解决的问题。只有面对必须解决的问题，管理者才需要决策。无目标的决策或目标不明确的决策往往会导致决策无效，甚至失误。

2）选择性。决策必须在两个或两个以上备选方案中，通过比较进行选择。若只有一个方案或没有方案，就不存在决策。

3）可行性。决策从若干个备选方案中选择，这若干个备选方案都应是可行的，包括技术上、经济上都是可行的。不应有的方案可行、有的方案不可行，即决策不是仅来选择可行方案的。

4）满意性。决策最后所选择的方案只能是比较满意的方案，不可能是最优方案。现代决策理论认为，最优化决策是不可能实现的，它只是一种理想而已。另外，受到人力、物力、财力及时间等因素的影响，备选方案不可能很多，只能从这些备选方案中选择比较满意的方案。

2. 企业经营决策的内容

决策贯穿企业生产经营活动的全过程，这一过程中的每一环节都离不开决策。企业的经营决策主要有：企业经营战略决策、企业市场营销决策、企业技术开发决策、企业财务方面的决策、企业组织与人事决策及日常管理决策等。

3．企业经营决策的类型

按决策的重要程度不同，经营决策可分为以下三种。

1）战略决策，指企业长期的、全局性的重大决策。例如企业经营目标、投资、新产品开发、组织结构改革等。这类决策一般主要由企业最高管理层制定。

2）战术决策，又称管理决策，指为了实现战略目标而做出的带有局部性的具体决策。例如企业采购、企业生产计划、企业促销等决策。这类决策直接由企业中间管理层做出，又称中层决策。

3）业务决策，又称日常管理决策，指属于日常活动中有关提高效率及效益，合理组织业务活动等方面的决策。例如生产作业决策、库存决策等。这类决策主要由企业基层管理者做出。

按决策的重复程度不同，经营决策可分为以下两种。

1）程序化决策，又称常规决策，指经常重复发生的、能按原已规定的程序、处理方法和标准进行的决策。程序化决策可按程序进行，如订货与采购、任务的日常安排等均属于此类。在企业管理工作中，大多数决策属于程序化决策。

2）非程序化决策，又称非常规决策，指对不经常出现的新问题、新情况，具有偶然性、随机性的事件所进行的决策。这种决策没有固定的处理程序，也无固定的标准，只能依赖决策者的知识、洞察力、逻辑思维及丰富的实践经验来进行。例如，新产品开发、新市场开拓等均属于这种决策。

按决策的可靠程度不同，经营决策可分为以下三种。

1）确定型决策，指各种可行方案的条件都已经完全确定的情况下的决策。这类决策属于易于分析、比较和抉择的决策。

2）风险型决策，又称随机型决策，指每一备选方案的执行都会出现几种不同的结果，各种结果的出现都有一定的概率，抉择时要承担风险，所以称为风险型决策。

3）不确定型决策，指每一备选方案的执行都会出现不同的结果，但各种结果出现的概率是未知的，要完全凭个人的经验和判断做出决策。

4.2.2 企业经营决策的原则和程序

1．企业经营决策的原则

为了保证企业经营决策的科学性、准确性，必须遵循以下一些原则。

1）满意原则。满意原则是针对"最优化"原则提出来的。最优化的决策从理论上讲是不存在的，因此，"满意"决策就是能够满足合理目标要求的决策；"满意"决策就是对可实现决策目标的方案进行权衡，做到"两利相权取其重，两弊相权取其轻"。

2）分级原则，决策应在企业内部分级进行，是企业业务活动的客观要求。企业需要的决策一般都非常广泛、复杂，是高层管理者难以全部胜任的。实现分级决策，把部分重复进行的、程序化的决策权下放给下属，既有利于高层决策者集中精力抓好战略决策、非程序化决策，又可增强下属的主动性和责任心，有利于分权管理。

3）民主原则。要有效地进行决策，必须做到科学化和民主化，实事求是，按客观规律办事。决策方案要在民主的基础上制定及执行，这是提高决策质量的保证。

4）定性分析和定量分析相结合的原则。将定性分析和定量分析相结合，是进行科学决策的基本原则，科学的决策要求把以经验判断为主的定性决策与以现代科学方法为主的定量决策结合起来。

2. 经营决策程序

决策者要做出正确的决策除了要掌握决策原则外，还必须遵循正确的决策程序。一般来说，决策程序可分为以下五个步骤。

1）调查研究经营状况及环境。调查研究经营状况和环境是经营决策的基础性工作。进行经营决策，必须掌握相关的信息资料，因此，要对企业的外部环境和内部条件进行调研，分析企业面临的发展机会或威胁及企业的优势和劣势。

2）确定经营决策目标。确定经营决策目标是决策的起点。决策目标是根据所要解决的问题确定的，因此必须把握住所要解决问题的要害。只有明确决策目标，才能避免决策失误。

确定经营决策目标要建立在需要与可能的基础上，要分清必须达到的目标和希望达到的目标、主要目标和次要目标，目标要明确、具体、定量化，要尽量减少目标的数量。

3）拟订可行方案。决策目标确定之后，就应拟订达到目标的各种可行性方案。由于拟订各种可行性方案是为了实现相同的目标，因此它们之间必然存在着一定程度的互补性，存在着有利于或不利于目标实现的因素。在拟订可行性方案的过程中，应听取各方面人员的建议，对方案进行取长补短，最终形成两个或两个以上的可行方案。

4）评价与选择方案。评价与选择方案阶段的工作就是对不同方案进行比较、分析、评价和选择。它是经营决策的关键。评价内容主要包括：方案技术的先进性、经济效益性及社会效益性；方案实现的可能性及风险性。总之，对各方案进行全面权衡，从中选择比较满意的方案。

由于各个可行方案间具有互斥性，对选中的方案应组织人员对它进一步补充与完善，包括吸取落选方案中的某些优点。

5）实施方案。决策的正确与否及效果如何，要以执行结果来验证。

决策方案的实施一般应抓好四个环节。一是认真分析，估计方案实施过程中将遇到的问题，制订执行方案的措施和计划；二是跟踪方案执行情况，及时发现和纠正偏差；三是协调有关各方的相互关系，明确责任、权力和利益；四是注意方案执行中的信息反馈，以便采取措施，保证决策目标的实现。

4.2.3 企业经营决策的方法

1. 定性决策方法

定性决策方法是决策者根据所掌握的信息，通过对事物运动规律的分析，在把握事物内在本质联系的基础上，运用知识、经验和能力进行决策的方法。定性决策方法有很多，常用的有以下几种。

(1) 头脑风暴法

头脑风暴法的原意为神经患者的胡思乱想,这里借来形容参加会议的人思想奔放,能创造性地思考问题,美国人奥斯本于1939年首次提出该方法。用该法进行决策时,要求与会者严格遵循以下原则:

1) 不许评论和反驳他人的意见;
2) 创造自由发表意见而不受约束的气氛;
3) 鼓励大家对已提出的方案进行补充及完善;
4) 提建议多多益善;
5) 与会人员一般为10～25人。

该方法可分为三个阶段:第一阶段是对已提出的每一种设想进行质疑,并在质疑中产生新设想,同时着重研究有碍于实现设想的问题;第二阶段是对每一种设想编制一个评价意见一览表,同时编制一个可行性设想一览表;第三阶段是对质疑过程中的意见进行总结,以便形成一组对解决所涉及问题的最终设想。

(2) 哥顿法

哥顿法是美国人哥顿20世纪60年代提出的一种方法。它的做法是先由会议主持人把所研究的问题向与会成员进行笼统的介绍,即问题要适当抽象,以利于专家开拓思想,提出较多的富有成效的方案,当会议进行到适当时机,再将决策的具体问题展示给专家,使讨论进一步深化,以便从更大范围提出解决问题的方案。

(3) 特性列举法

特性列举法根据所要解决的问题先确定重点内容与问题,通过问题提出"希望"、"缺点"、"要求"等特性,去激发决策者思考,然后征询各位参加决策人员的意见,从中归纳和整理出决策的方案。

定性决策法的优点是简便灵活、节省费用与时间,对错综复杂的非程序化决策、战略性决策及难以定量分析的决策可收到良好的效果;它的缺点是直观成分少、严格性较差、相对比较保守。

2. 定量决策方法

定量决策方法是主要通过建立数学模型进行优先决策方案的方法。定量决策方法一般可分为确定型、风险型及不确定型三类。

(1) 确定型决策方法

常用的确定型决策方法有盈亏平衡分析法与线性规划法等。

盈亏平衡分析法又称量本利分析法,根据盈亏平衡点来选择经济合理的产量。它被广泛运用于利润预测、目标成本的控制、生产方案的优选和价格制定等决策问题。现在,量本利分析已经成为决策的有力工具,日益为企业经营管理者所重视。

量本利分析的基本公式如下:

$$\Pi = R - C = Q \cdot (p - v) - F \tag{4.1}$$

式(4.1)中,Π——利润;R——销售收入;C——总成本;Q——销售量;p——销售单价;v——单位变动成本;F——固定成本。

可以用盈亏平衡图表示式（4.1），如图4.1所示。

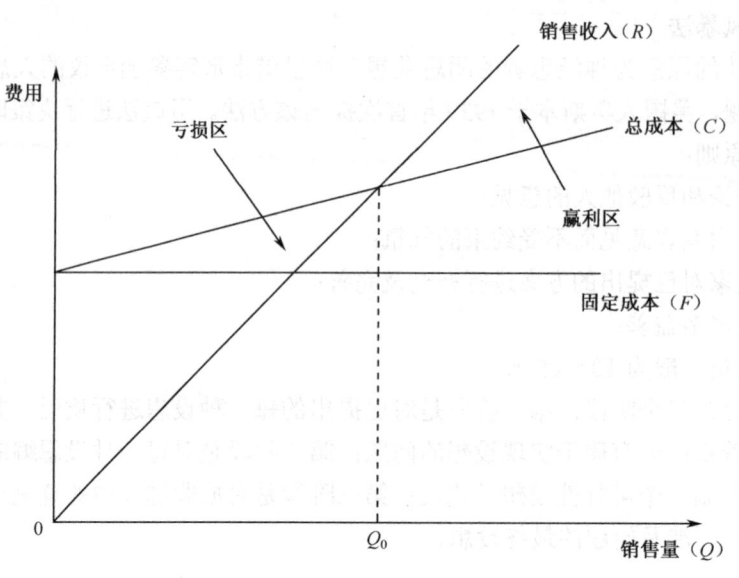

图4.1 盈亏平衡图

销售收入减去变动成本后的余款称为边际贡献。这个余额先要抵偿固定成本，剩余部分为利润。当总的边际贡献与固定成本相等时，恰好盈亏平衡。这时，在一定范围内增加产品的销售量就会增加利润。

当$\Pi=0$，即企业不亏不盈时，则有

$$Q_0(p-v)=F$$
$$Q_0=F/(p-v)=F \tag{4.2}$$

式（4.2）中，Q_0——盈亏平衡点的销售量；$(p-v)$——单位产量边际贡献。

则盈亏平衡点销售收入为

$$R_0=F/(1-v/p) \tag{4.3}$$

式（4.3）中，R_0——盈亏平衡点销售收入；$(1-v/p)$——单位产量边际贡献率。

这样，在图4.1中如果企业销量小于Q_0，则会处于亏损区；当企业销售大于Q_0时，就处于赢利区。

企业在满足社会需要的前提下要自负盈亏、尽可能多获利，这样，求得一定目标利润下的销量就成为量本利分析的一个重要问题，可用以下公式表示：

$$Q_\Pi=(F+\Pi)/(p-v) \tag{4.4}$$
$$R_\Pi=(F+\Pi)/(1-v/p) \tag{4.5}$$

在经营决策中，量本利分析还可用于以下几方面的分析。

1) 分析企业的经营安全率。其公式为

$$经营安全率(S)=(Q-Q_0)/Q\times100\% \tag{4.6}$$

式（4.6）中的$(Q-Q_0)$为安全余额，余额越大说明企业经营状况越好；越接近于0说明企业经营状况越差、发生亏损的可能性越大。此时，企业应及时采取措施，如增加适销对路的产品，降低单位变动成本等来提高经营安全率。经营安全率是相对指标，便于企业和不同行业的比较。企业经营安全率的经验数据如表4.1所示。

表 4.1　企业经营安全率的经验数据

经营安全率	40	30～40	20～30	10～20	10 以下
安全等级	很安全	安全	较安全	警惕	危险

2）预测下一年销售量下的利润水平。其计算公式为式（4.1）。

【例 4.1】 某企业生产销售一种产品，单位变动成本为 15 元，年固定成本为 5000 万元，销售单价为 30 元，据市场预测，年销售量为 500 万件，企业年度可获利多少？

根据公式（4.1）：

$$\Pi = R - C = Q \cdot (p-v) - F = 500 \times (30-15) - 5000 = 2500 \text{（万元）}$$

企业年度可获利润 2500 万元。

3）企业目标成本的控制。目标成本的计算公式如下：

$$\text{目标成本} = \text{预期销售成本} - \text{目标利润}$$

【例 4.2】 某企业洗衣机单价为 2000 元，单位变动成本为 1400 元，年固定成本为 5000 万元，目标利润为 10000 万元，企业应将目标成本控制在多少？

根据公式（4.5）计算的该企业预期销售收入为

$$R_\Pi = (F+\Pi) / (1-v/p)$$
$$= (5000+10000) / (1-1400/2000)$$
$$= 50000 \text{（万元）}$$

要实现 10000 万元的年目标利润，企业应将目标成本控制在 40000 万元。

总之，量本利分析方法在企业经营决策中简捷易用，在企业产品成本控制、利润预测、产量调整、新设备投资等方面都可以得到广泛的应用。

（2）风险型决策方法

风险决策方法主要用于人们对未来有一定程度的认识但又不能肯定的情况。这时，在未来实施方案时可能会遇到几种不同的情况，每种自然状态均有出现的可能，虽然目前无法确知，但是可以根据以前的资料和经验来推断各种自然状态出现的概率。在这些条件下，人们计算的各方案未来的经济效果只能是考虑各自然状态出现的概率的期望收益，与未来的实际收益不会完全相等，所以决策结果要承担一定的风险。

风险型决策一般要具备下列五个条件：

1）有一个明确的决策目标，如最大利润、最低成本、最短的投资回收期等；
2）存在着决策者可供选择的两个以上可行方案（S_i）；
3）存在着不以决策者主观意志为转移的两种以上的自然状态（N_j）；
4）不同的可行方案在各种自然状态下的损益值 Q_{ij} 可以计算出来；
5）能够预测各种自然状态发生的概率 $P_j(1 \leq j \leq n)$，且 $P_1+P_2+\cdots+P_n=1$。

根据以上五个条件，就可以构造一个风险型决策矩阵（见表 4.2）。风险型决策的基本原理即以风险型决策矩阵为基础，分别计算各个方案在不同自然状态下的损益期望值 $E(S_i)$，并根据决策目标对这些期望值进行比较，从中选择一个合理方案。

风险型决策的评价方法也有很多，下面介绍几种常用的方法。

表4.2 风险型决策矩阵

自然状态 结果 Q_{ij}　概率 P_j 方案 S_i	N_1 P_1	N_2 P_2	... ...	N_j P_j	... ...	N_n P_n	期望值 $E(S_i)$
S_1	Q_{11}	Q_{12}	...	Q_{1j}	...	S_{1n}	$E(S_1)$
S_2	Q_{21}	Q_{22}	...	Q_{2j}	...	S_{2n}	$E(S_2)$
...	...	...	...	...	...	...	...
S_i	Q_{i1}	Q_{i2}	...	Q_{ij}	...	S_{in}	$E(S_i)$
...	...	...	...	...	...	...	...
S_m	Q_{m1}	Q_{m2}	...	Q_{mj}	...	S_{mn}	$E(S_m)$

1）决策表法。决策表法，就是以决策矩阵为基础，将每种可行方案的期望值求出来，然后根据目标的要求，比较其期望值的大小，选择最大收益期望值或最小损失期望值的行动方案为最优方案。

【例4.3】 某企业生产某种产品。已知该企业每月的产量可以是500个、1000个、1500个和2000个。该产品当月生产当月销售，每销售一件可赢利20元，每积压一件亏损10元。根据市场调查和历史记录知这种产品每月的市场需求状况及发生的概率如表4.3所示。试问企业如何决策安排每月的生产量？

根据上述资料决策的步骤如下。

① 确定风险型决策的矩阵关系，绘制决策矩阵，见表4.3。

表4.3 某企业决策矩阵

市场需求状态 N_j 结果 Q_{ij}　概率 P_j 产量 S_i	0 0.1	500 0.3	1000 0.4	1500 0.1	2000 0.1	期望值 $E(S_i)$
0	0	0	0	0	0	0
500	−5000	10000	10000	10000	10000	8500
1000	−10000	5000	20000	20000	20000	12500
1500	−15000	0	15000	30000	30000	10500
2000	−20000	−5000	10000	25000	40000	7000

② 计算不同方案在不同自然状态下的期望值。期望值计算公式：

$$E(S_i)=\sum P_j Q_{ij} \quad 1 \leqslant i \leqslant 5; 1 \leqslant j \leqslant 5$$

$E_1=0$（元）

$E_2=-5000 \times 0.1 + 10000 \times 0.3 + 10000 \times 0.4 + 10000 \times 0.1 + 10000 \times 0.1= 8500$（元）

$E_3= -10000 \times 0.1 + 5000 \times 0.3 + 20000 \times 0.4 + 20000 \times 0.1 + 20000 \times 0.1=12500$（元）

E_4= -15 000×0.1 + 0 × 0.3 + 15 000 × 0.4 + 30 000 × 0.1+ 30 000 × 0.1=10 500（元）

E_5= -20 000 × 0.1 - 5000 × 0.3 + 10 000 × 0.4 + 25 000 ×0.1+ 40 000 × 0.1=7000（元）

③ 确定优选方案。在本例中，方案 3 的期望值最大，可作为最优方案，即每月生产 1000 个产品时的最大期望值可达 12 500 元。

要指出的是，在期望值法下，各方案的期望利润都是将该方案在各种自然状态下的收益与损失加权平均的结果，它掩盖了偶然情况下的损失，所以有一定的风险。由于不同的决策者对待风险会持不同的态度和标准，在期望值法下进行决策，不同的决策者就有可能选择不同的方案。

2）决策树法。决策树法是运用树状图形来分析和选择决策的方法。决策树法的基本原理也是以决策矩阵为依据，具有层次清晰、计算简便等特点。

① 决策树的构成。决策树模型如图 4.2 所示。

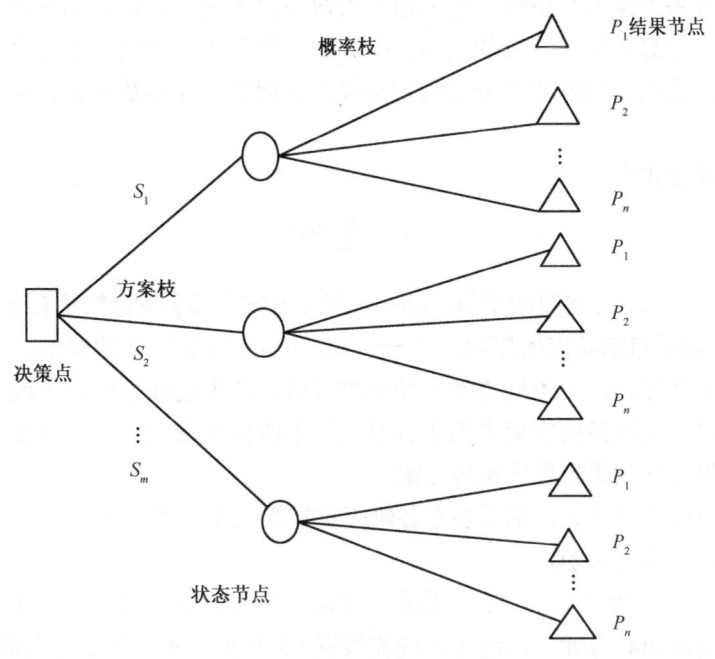

图 4.2　决策树模型

图 4.2 中，"□"表示决策点，是对几种可能方案选择的结果，即最后选择的最佳方案。如果所做的决策属于多级决策，则决策树图形的中间可以有多个决策点，以决策树"根"部的决策点为最终决策方案。由决策点引出方案枝 $S_1, S_2 ,\cdots, S_m, m$ 表示备选方案的数目。

"○"表示状态节点，代表备选方案的经济效果（期望值），通过对各状态节点经济效果的对比，按照一定的决策标准即可以选出最佳方案。

由状态节点引出的分支称为概率枝，概率枝的数目表示可能出现的自然状态数目，每个分支上要注明该自然状态出现的概率。通过对状态节点经济效果的对比，按照一定的决策标准就可以选出最佳方案。

"△"表示结果节点。将每个方案在各种自然状态下取得的损益值标注于结果节点的右端。如果一个决策树只在树的根部有一个决策点，则称为单级决策。如果一个决策树不但在树的根部有决策点,而且在树的中间也有决策点,则称为多级决策。在多级决策树中,下一级的决策点(中间决策点)接在前一级决策点的状态点后的概率枝末端。下一级的决策点可引出新的方案枝、状态点、概率枝和结果节点。进行决策时,在状态节点计算期望值,在决策点比较各方案的期望值大小,按照一定的决策标准选择最优决策。

② 决策树法的应用步骤。具体包括如下三个步骤。

第一步,根据可替换方案的数目和对未来市场状况的了解绘出决策树图。决策树的画法是从左至右分阶段展开的。画决策树时,首先分析决策点的起点、备选方案、各方案所面临的自然状态及其出现的概率,以及各方案在不同自然状态下的损益值,然后按照决策树的绘制要求绘制决策树模型,并将有关数据填入图中。在多级决策中,决策树的绘制则要明确各阶段构成,并依次展开各阶段的方案枝、状态点、概率枝及结果节点。最后将决策点、状态点自左向右分别编号。

第二步,计算各方案的期望值。期望值是沿决策树的反方向自右向左计算的,包括两个基本步骤。首先,计算各概率分支的期望值,即用方案在各自然状态下的收益值分别乘以各自然状态的概率;其次,将各概率分支的期望收益值相加,并将数字记在相应的自然状态点上。

期望值的计算公式为

$$E_i = \sum_{j=1}^{n} P_j Q_{ij} \tag{4.7}$$

式(4.7)中,E_i——第 i 方案的期望值;Q_{ij}——第 i 方案在第 j 种自然状态下的损益值;i——1,2,…,n,表示自然状态的序数;P_j——第 j 种自然状态出现的概率。

第三步,方案选择。比较不同方案的期望收益值,从中选择收益最大或损失最小的方案为最佳方案;同时,在决策树中剪去期望收益值较小或损失较大的方案分支;最后,决策点上保留下来的一根方案枝即为最优实施方案。

如果是多阶段或多级决策,则需要在各阶段重复第二步、第三步的工作。

下面为一单级决策的例子。

【例 4.4】 某企业为生产某种新产品设计了两个方案:即新建一个车间或改造原有的生产线。建车间需投资 200 万元,改造生产线需投资 50 万元,两者的使用期都是 10 年。根据市场调查的资料预测,当前 3 年销路好的概率为 0.6 时,后 7 年销路好的概率可提高到 0.8;当前 3 年销路差的概率为 0.4 时,后 7 年的销路肯定差。两个方案的年度损益值见表 4.4。在此条件下,问企业应如何决策?

表 4.4 某企业备选决策方案的年度损益值

自然状态 概率 损益(万元)	销路好 0.6	销路不好 0.4
建车间	120	−10
改造生产线	60	30

第一步,绘制决策树,如图 4.3 所示。

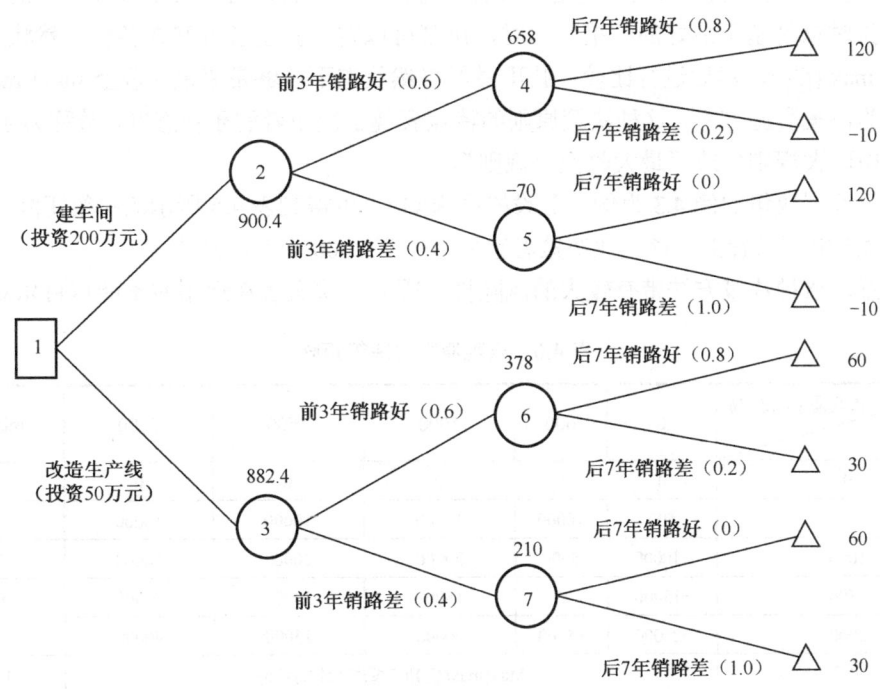

图 4.3 某企业决策树

第二步，由右至左推算各点的损益期望值。先计算投资使用 7 年的损益期望值：

点④：120×0.8×7＋(-10)×0.2×7＝658（万元）；

点⑤：120×0×7＋(-10)×1.0×7＝-70（万元）；

点⑥：60×0.8×7＋30×0.2×7＝378（万元）；

点⑦：60×0×7＋30×1.0×7＝210（万元）。

结合投资使用 7 年的损益期望值及其出现的概率，计算投资使用 3 年的损益期望值及收回投资后的 10 年净收益：

点②：658×0.6×3＋(-70)×0.4×3-200＝900.4（万元）

点③：378×0.6×3＋210×0.4×3-50＝882.4（万元）

第三步，方案选择。建车间的 10 年净收益值为 900.4 万元，改造生产线的 10 年净收益值为 882.4 万元。因此，改造生产线的方案为最佳方案。

（3）不确定型决策方法

如果决策者对提出的各种方案只能预测到可能出现的几种自然状态，但对这些自然状态出现的概率全然不知，此时决策就是不确定型的。不确定型决策与风险型决策的主要区别在于：不确定型决策中，由于不知道自然状态的概率，不能进行期望值的计算，因而，不能依据期望值的计算结果按照各种不同的标准进行决策。不确定型问题的决策中，只能计算出各种方案在可能出现的几种自然状态下的收益值或损失值，并由决策者主观选择一些原则进行决策。在不确定型决策中，通常采用的方法有乐观（大中取大）原则决策法、悲观（小中取大）原则决策法、折中原则决策法、最小后悔值原则决策法、等概率原则决策法等。下面分别介绍这些方法。

1)乐观原则决策法。乐观原则指决策者设想任何一个行动方案都是收益最大的自然状态发生,决策时总是基于最好的结果。此时,决策可以首先找出各方案在各种自然状态下的最大收益值 max (Q_{ij}),然后进行比较,找出最好自然状态下能够带来最大收益 max[max (Q_{ij})]的方案作为决策实施方案。这种决策原则的特点表现了决策者的乐观态度,故称为乐观原则,也叫"大中取大规则"或"最大收益值规则"。

仍以风险型决策的例 4.3 为例(假设概率未知),可得到表 4.5 所示的决策矩阵。

从表 4.5 中可以看出,该企业决策者宜采用生产 2000 个产品的方案。

应注意,该种决策方法带有较大的风险性,因此,决策者在运用时不能盲目乐观。

表 4.5 乐观原则的决策矩阵

市场需求状况 N_j / 产量 S_i	0	500	1000	1500	2000	min (Q_{ij})
0	0	0	0	0	0	0
500	-5000	10000	10000	10000	10000	10000
1000	-10000	5000	20000	20000	20000	20000
1500	-15000	0	15000	30000	30000	30000
2000	-20000	-5000	10000	25000	40000	40000
决策	Max[max(Q_{ij})]($1\leq i\leq 5; 1\leq j\leq 5$)					40000

2)悲观原则决策法。与乐观原则相反,悲观原则指决策者认为形势比较严峻,在未来发生的各种自然状态中最坏状态出现的可能性较大,决策时总是基于最坏的结果。此时的决策从各个行动方案的最小收益值中选取收益值最大的方案为决策方案。即在决策时首先计算和找出各方案在各自然状态下的最小收益值 min (Q_{ij}),然后进行比较,选出在最差自然状态下仍能带来"最大收益"(或最小损失) max[min (Q_{ij})]的方案作为实施方案。这种方法体现了决策者保守、悲观的态度,故称悲观原则,也叫"小中取大规则"或"最小最大收益值规则"。

以风险型决策的例 4.3 为例(假设概率未知),可得到表 4.6 所示的决策矩阵。

表 4.6 悲观原则的决策矩阵

市场需求状况 N_j / 产量 S_i	0	500	1000	1500	2000	min (Q_{ij})
0	0	0	0	0	0	0
500	-5000	10000	10000	10000	10000	-50000
1000	-10000	5000	20000	20000	20000	-10000
1500	-15000	0	15000	30000	30000	-15000
2000	-20000	-5000	10000	25000	40000	-20000
决策	Max[min(Q_{ij})]($1\leq i\leq 5; 1\leq j\leq 5$)					0

从表 4.6 可以看出,该企业决策者宜采用生产 O 个产品的方案。

悲观原则的决策法适用于规模小、资金薄弱、经不起大的经济冲击的企业;或者决策者认为最坏状态发生的可能性很大,对好状态缺乏信心等情况。但是,必须看到,这种决策原则常常引导人们丧失进取心,不愿冒风险,甚至在一些情况下无所作为。所以,使用这条原则时一定要慎重。

3）最小后悔值原则决策法。决策者在选定方案并组织实施后，如果遇到的自然状态表明采用其他的方案会取得更好的收益，企业在无形中就会遭受损失，决策者也将因此而感到后悔。这种后悔实际是一种机会损失，可以表现为由于市场上出现了高需求，而决策者采取了较保守的方案，或者市场上出现了低需求，而决策者采取了投资较大的方案所造成的收益差额。

最小后悔值原则就是一种力求使后悔值最小的原则。后悔值指某方案在某一自然状态下可能获得的损益值与同一自然状态下理想方案的最大收益值之差，即：

$$RQ_{ij} = \max(Q_{ij}) - Q_{ij} \qquad (1 \leqslant i \leqslant m)$$

在利用最小后悔值原则确定决策方案时，首先列出由各个方案在每一自然状态下的后悔值组成的矩阵，并找出每个方案的最大后悔值 $\max(RQ_{ij})$，然后从这组最大后悔值中选出最小后悔值 $\min[\max(RQ_{ij})]$，并将其所对应的方案作为最佳方案。仍以风险型决策的例 4.3 为例（假设概率未知），可得到表 4.7 所示的决策矩阵。

表 4.7 最小后悔值原则的决策矩阵

产量 S_i \ 市场需求状况 N_j	0	500	1000	1500	2000	$\max(RQ_{ij})$
0	0	10000	20000	30000	40000	40000
500	5000	0	10000	20000	30000	30000
1000	10000	5000	0	10000	20000	20000
1500	15000	10000	5000	0	10000	15000
2000	20000	15000	10000	5000	0	20000
决策	$\min[\max(RQ_{ij})]$, $1 \leqslant i \leqslant 5; 1 \leqslant j \leqslant 5$					15000

从表 4.7 可以看出，在最小后悔值原则下，该企业决策应采用生产 1500 个产品的方案。

最小后悔值原则决策法一般适用于有一定基础的中小企业，或与实力相当的企业竞争时决策的情况，此时采用此法既可以稳定企业的竞争地位，又可使市场开拓机会的损失降到最低限度。

4）折中原则。这是介于乐观原则与悲观原则之间的原则，在决策过程中，决策者既不乐观也不悲观，他们对待不确定型决策时，总是持折中的态度，用折中的标准来平衡。在这种原则下，决策者可以根据判断，给最好的自然状态一个乐观系数，给最差的自然状态一个悲观系数，两者之和为 1 ，然后用各方案在最好自然状态下的收益与乐观系数相乘所得的积，加上各方案在最差自然状态下的收益值与悲观系数的乘积，得出各方案的期望收益值，最后将各方案的期望收益值进行比较，做出选择。

折中原则决策方法的步骤如下。

① 根据市场预测资料和决策者的经验，确定一个乐观系数 d，其值的大小表示决策者对决策问题的乐观态度。按定义可知 d 值的范围为[0，1]，决策者对状态估计越乐观，d 越接近于 1；对状态估计越悲观，d 越接近于 0。在极端情况下，当 $d=1$ 时，为乐观原则的情况；当 $d=0$ 时，为悲观原则的情况。

② 计算折中收益值。当乐观系数确定后，就可按下面的公式计算各方案的折中收益值。

方案 i 的折中收益值为：

$$CV_i = d \times (i\text{方案的最大收益值}) + (1-d) \times (i\text{方案的最小收益值})$$

③ 比较各方案的折中收益值，选择折中收益值最大的方案为最优决策方案，即：

$$CV_R = \max(CV_i) \quad (1 \leq i \leq m)$$

仍以风险型决策的例 4.3 为例（假设概率未知），取乐观系数 $d=0.7$，可得到表 4.8 的决策矩阵。

表 4.8 折中原则的决策矩阵

市场需求状况 N_j 产量 S_i	0	500	1000	1500	2000	$CV_i=0.7\times\max(Q_{ij})+0.3\times\min(Q_{ij})$
0	0	0	0	0	0	$CV_1=0.7\times0-0.3\times0=0$
500	−5000	10000	10000	10000	10000	$CV_2=0.7\times10000-0.3\times5000=5500$
1000	−10000	5000	20000	20000	20000	$CV_3=0.7\times20000-0.3\times10000=11000$
1500	−15000	0	15000	30000	30000	$CV_4=0.7\times30000-0.3\times15000=16500$
2000	−20000	−5000	10000	25000	40000	$CV_5=0.7\times40000-0.3\times20000=22000$
决策	$\max(CV_i), (1\leq i\leq 5; 1\leq j\leq 5)$					22000

从表 4.8 中可以看出，该企业决策者宜采用生产 2000 个产品的方案。

折中原则决策是一种既积极又稳妥的决策方法。但是该方法有两个缺点：一是乐观系数不易确定，而不同的乐观系数又必然导致不同的决策方案。所以，按此原则进行决策时，乐观系数的选择至关重要，不同素质和经验的决策者会做出不同的选择；二是该方法只注意到最好和最坏两种自然状态，而没有列举其他自然状态的损益值，这说明折中原则决策法没有充分利用全部决策信息，这样必然会影响决策效果。因此，该方法在理论上存在缺陷。

5）等概率原则。等概率原则的指导思想是在不能确定方案的各种自然状态发生概率的情况下，可以将各种自然状态的发生按同等概率来对待，在此基础上，求出各方案的收益期望值。其中，在等概率情况下具有最大收益值的方案就是最优决策方案。

以下仍以风险型决策的例 4.3 为例（假设概率未知）。根据题意，该企业决策将采用等概率原则决策，每个自然状态出现的概率为 0.2，因此得到表 4.9 所示的决策矩阵。

表 4.9 等概率原则的决策矩阵

市场需求状况 N_j 产量 S_i	0	500	1000	1500	2000	ΣQ_{ij}
0	0	0	0	0	0	0
500	−5000	10000	10000	10000	10000	7000
1000	−10000	5000	20000	20000	20000	11000
1500	−15000	0	15000	30000	30000	12000
2000	−20000	−5000	10000	25000	40000	10000
决策	$\max(\Sigma Q_{ij})$（$1\leq i\leq 5; 1\leq j\leq 5$）					12000

从表 4.9 可以看出，该企业决策者宜采用生产 1500 个产品的方案。

等概率原则决策法也有其固有的缺陷。等概率原则决策法假设所有状态都出现，且都以相等的机会出现，因此忽视了自然状态发生的主次。等概率决策法一般只适用于自然状态参数只取有限值的情况，对无法估计的无限自然状态无能为力。所以，决策者应该区分情况运用此方法。

总体而言，相比于集体决策方法，定量决策方法有利于提高决策的准确性、时效性和可靠性，使管理者可以从大量繁杂的常规决策中解放出来；同时，有利于培养决策者严密的逻辑思维习惯，克服主观随意性。但是，定量决策法也有一定的局限性：其一，定量决策方法适用于处理常规性决策，而对于相当一部分重要的战略性的非常规性决策来说，还没有恰当的数学方法可供使用；其二，建立数学模型和使用计算机分析的过程往往要耗费大量的时间和人力费用，因此，采用定量决策方法要考虑所获得的效益与所付出的代价相比是否值得；其三，对于一般管理决策者来说，有的数学方法过于深奥，掌握起来有一定的难度；其四，某些决策问题中的变量涉及社会因素、心理因素等难以量化的因素和诸多不确定的变化因素，这加大了建立数学模型的难度，也会降低决策的可靠性。因此，在实际决策中，应当将定量决策方法与定性决策方法相结合，以取得更为理想的决策结果。

4.3 企业经营计划

4.3.1 企业经营计划的特点与作用

企业经营计划是按照经营决策所确定的方案，对企业生产经营活动及其所需的各种资源在时间和空间上所做的具体安排。它是企业经营思想、经营目标、经营方针及经营策略的具体化，是统率企业全部经济活动的总纲领。

1. 企业经营计划的特点

企业经营计划具有以下特点。
1）外向性。经营计划以适应企业外总环境、提高企业应变能力为出发点。
2）预见性。经营计划要反映现在及将来的市场变化方向，因此制订计划应高瞻远瞩。
3）综合性。经营计划不仅包括企业经营战略及经济效益等，还应该包括产品开发、生产、销售等生产经营的全过程，它是一个综合计划。
4）指导性。经营计划是企业经营活动的依据和先导，是企业职工的行动纲领。
5）战略性。经营计划立足经营战略决策，包括企业经营方向的确定、企业素质的提高和实现发展目标的措施等。

2. 企业经营计划的作用

企业经营计划具有以下作用。
1）企业经营计划是社会化大生产的客观需要。现代企业的劳动分工十分精细。劳动协作无论是在人员方面还是在时间、空间方面，都要求安排得十分周密。没有计划，企业的生产经营活动就组织不起来，除考虑直接的生产经营过程外，还要考虑资金运动、信息流动、物资技术等一系列经济技术活动。这样就要求有一个统一的、严格的、科学的经营计划，以保证企业系统各方面活动平衡、协调地向前发展。

2）做好经营计划是企业提高效率及经济效益的重要条件。经营计划的任务不仅是实现企业的目标，还要求以最经济的方式实现企业目标，即要选择资源消耗及占用最少、需要时间最短的方案来实现企业的目标。企业在制订计划的过程中，必须不断提高计划的质量和决策水平。因此，一个有效的经营计划不仅能提高企业的工作效率，还可以提高企业的经济效益。

4.3.2 企业经营计划的种类

企业经营计划的种类很多，可按不同的标准对经营计划进行分类。

1．按计划期限进行划分

按计划期限不同，企业经营计划可分为以下几种。

1）长期计划。长期计划又称企业长远发展规划，一般指三年以上的计划。它是企业的战略计划，它规定企业的长期目标及为实现目标所应采取的措施和步骤。

2）中期计划。中期计划的年限一般为一年至三年，它是企业近期发展计划。

3）短期计划。短期计划通常指年度计划、季度计划或月度计划。它是企业的业务活动计划或作业计划，是组织生产经营活动的依据。

企业的长期计划、中期计划和短期计划相互衔接，反映事物在时间上的连续性。长期计划是中期计划的依据，中期计划又是短期计划的依据，短期计划是中期计划的具体化和补充。

2．按计划性质进行划分

按计划性质不同，企业经营计划可分为以下几种。

1）战略性计划。战略性计划是关于企业未来发展的规划，是对企业发展起关键作用的计划，其中包括企业的经营战略、经营目标、产品开发战略及市场开拓等内容。企业的中、长期计划均属于战略性计划。

2）战术性计划。战术性计划是保证战略计划实现的计划，也是解决局部问题或短期问题的计划，如企业的季、月销售计划，工程施工计划及生产作业计划等。企业短期计划一般属于战术性计划。

3．按计划内容进行划分

按计划内容不同，企业经营计划可分为以下几种。

1）综合计划。综合计划指对组织活动所做的整体安排，它是指导企业生产经营活动的纲领。

2）专项计划。专项计划是为完成某一特定任务而拟订的计划，如销售计划、新产品开发计划、劳动工资计划及成本计划等。企业职能部门的相关计划多是专项计划。

综合计划与专项计划之间是整体与局部的关系。专项计划必须以综合计划为指导，避免与综合计划脱节。

4．按计划范围进行划分

按计划范围不同，企业经营计划可分为企业计划、车间计划和工段或班组计划等。

4.3.3 企业经营计划的内容

企业经营计划的组成没有一个标准的模式，其内容可根据企业的具体要求及计划期限、形式而增减。企业经营计划的主要内容如下所述。

1．企业经营目标

企业生产经营的发展计划是企业的长期计划，是企业生产经营的发展方向。它包括企业规模发展计划，如生产规模、投资规模发展规划，以及企业技术改造发展计划和企业员工工资福利提高规划等。

2．利润计划

利润是企业生产经营活动中一个重要的综合性指标，它反映了企业的经营效益。经营计划的编制应以利润计划为核心。利润计划规定企业在计划期内的利税目标及利润的分配和使用。

3．销售计划

销售计划规定企业在计划期内应销售产品的品种、质量、数量及其他销售收入，应依据利润计划、市场订货合同及市场的预测来编制销售计划。它规定企业按品种、质量、数量及期限应完成的生产任务和必须履行的合同，在制订销售计划时应尽可能充分利用生产能力来赢利，确保利润计划的实现。

4．科研计划

科研计划是企业经营计划的主要内容之一。它关系到企业技术的发展速度及产品的科技含量，直接影响企业的生存与发展。因此，该计划与产品的品种计划、质量计划等密切相关，应包括新产品发展、老产品改造，以及新技术、新工艺、新材料的发展及综合利用等内容。

5．生产计划

生产计划规定企业在计划期内生产的产品品种、质量、数量、生产进度及生产能力利用程度等。生产计划是依据销售计划编制的。因此，生产计划任务能否按期完成直接决定了销售计划完成的好与坏。它是完成销售计划的保证，也是以销定产的主要依据。

6．物资供应计划

物资供应计划规定企业在计划期内生产、科研、维修等所需要的各种物资，包括原材料、燃料、动力和工具等的品种、数量、规模、质量及供应时间等。编制物资供应计划的主要根据是生产计划和科研计划，在企业合理利用和节约物资、减少资金占用及降低产品成本等方面，物资供应计划具有十分重要的作用。

7. 劳动力计划

劳动力计划规定企业在计划期内生产、经营、管理各方面所需要的各类人员的数量、比例、结构及工资等。它主要是依据生产计划编制的，同时也是编制成本计划的依据之一。它对合理地使用劳动力、节约人力资源、提高劳动生产率及降低产品成本等具有重要的作用。

8. 技术组织实施计划

技术组织实施计划是落实各项计划特别是落实科研计划、生产计划的必要手段。它包含为完成新产品开发的生产任务所制定的职工培训计划、产品设备的技术改造计划及组织调整计划。

9. 资产计划

资产计划是落实生产计划的物质手段之一，它包括流动资产计划和固定资产计划。编制资产计划的依据主要是生产计划。一个有效的资产计划有利于提高企业的资金利用率、减少资金占用、减小经营风险、提高经济效益。

10. 成本及费用预算计划

成本及费用预算计划规定企业在计划期内生产产品所需要的全部费用、各种产品的单位计划成本的降低水平及节约生产费用、降低成本的措施。生产计划、劳动力计划、技术组织实施计划和资产计划是编制成本及费用预算计划的依据。它对企业目标成本的控制和增加赢利，具有重要的保证作用。

11. 财务计划

财务计划通常指确定财务目标，制定财务战略、财务规划，编制财务预算。它规定增收节支、增产节约、降低费用的措施。财务计划主要通过编制现金预算表来体现。

4.3.4 企业经营计划的编制

1. 编制企业经营计划的步骤

企业经营计划的编制步骤与经营决策步骤基本相同。由于经营计划的编制是在经营决策之后进行的，所以经营计划的编制步骤可以简化。编制经营计划的重点是进行各项计划和任务之间的综合平衡。编制经营计划的一般步骤如下。

1）调查研究。调查研究是编制计划的前提条件。通过调查研究，根据企业外部环境的状况及其变化和企业的内部条件，寻找市场所提供的市场机会、存在的威胁，特别是要掌握计划的限制条件，如资源、环境、法规及地理位置等，对它们进行认真研究，将有助于所编制的计划切实可行。

2）确定具体目标。确定具体目标是编制计划的关键。没有目标或目标不明确，就没有决策；目标定得不恰当，决策就可能失误，必然影响到计划的质量。因此，编制企业经营计划应全面考虑各个目标、各种条件之间的相互影响,还要考虑各有关条件的限制情况,处理好当前与长远的关系。

3)拟订方案,比较选择。为实现同一目标,可以有多种可行性计划方案。一般来说,每个方案的优势都是相对的,也都有它的局限性和不足,对各种条件的利用或限制来说,也都各有侧重,通过反复比较,逐步淘汰,将最接近目标而又最适应关键限制性条件的、利多弊少的计划方案选择出来。

4)综合平衡,确定正式计划草案。在计划编制工作的最后阶段,其重点在于综合平衡,具体落实。首先,侧重企业的外部环境与目标之间的相互平衡。然后进行综合平衡,即侧重于目标与企业内部条件的平衡,主要包括:产、供、销三方面的平衡,生产与组织之间的平衡,资金需要与资金筹措之间的平衡等。

2. 计划指标体系

企业的经营活动是通过一系列的指标表现出来的,由于每一种指标只能反映企业生产经营活动某一方面的技术、经济水平,所以要全面地反映企业的经营活动就需要用到一系列相互联系、相互制约的指标,即指标体系。

1)数量指标。数量指标是企业在计划期内生产经营活动在数量上应达到的要求,一般用绝对数(单名数)表示。例如产品销售额、利润总额、职工平均人数、工资总额、流动资金总额及贷款金额等。

2)质量指标。质量指标指企业在计划期内生产经营活动在质量上应达到的要求。通常用相对数(复名数)表示。例如劳动生产率、投资报酬率、销售利税率、平均工资及流动资金周转次数等。

4.3.5 企业经营计划的制订和调整方法

一般来说,经营计划是主观意念的产物,任何经营计划都是根据市场调查和预测制订的,制订的计划不可能百分之百地符合未来的发展情况,因此在执行计划的过程中,有时会出现意外,而在发生重大变动时,计划必须做出相应的调整或修正,否则可能导致企业经营的失败。

未来的不确定性和变化决定了经营计划调整或修正的必要性。计划所设想的未来结果离现实越远,其确定性就越小;计划越长,不确定的因素就越多,计划的准确性就会变得不太有把握。因此,不但需要周密、细致地进行预测,而且需要制订相应的补救措施并随时检查计划执行中所遇到的情况,以便在遇到重大问题时为保证目标的实现而及时重新制订计划措施。无论是在经济变动的稳定时期,还是在经济变动的剧烈时期,对计划的调整都是不可避免的,差别仅是调整幅度的不同。根据计划执行过程中遇到的问题,对计划进行调整,是其灵活性和适应性的反映,只有这样,才能减少未来的问题所带来的损失。

计划制订和调整的方法如下。

1. 滚动计划法

(1)滚动计划法的概念

滚动计划法是根据计划执行的情况和条件的变化,调整和修正未来的计划,并逐期向前移动,将近期计划与远期计划相结合的一种计划。长期计划一般按年度滚动,短期计划可按季度或月度编制一次计划,每次向前滚动一季或一月,如此不滚动、不断延伸。例如,五年计划改为每年编制一次,其程序如图4.4所示。

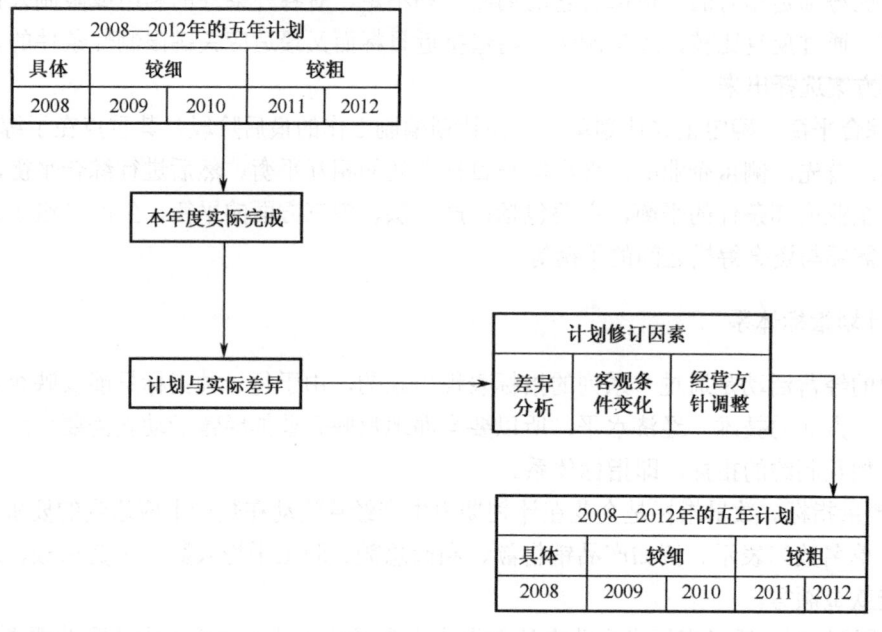

图 4.4　五年计划滚动程序

（2）滚动计划法的特点

滚动计划法具有以下特点。

1）动态性。随着时间的推移,计划不断向前延伸,属于动态型计划。

2）连续性。任何时候,企业都有远近结合的计划,使企业长远目标与近期安排相互照应、紧密结合,保证了各种计划的连续一致和统一。

3）近细远粗性。近期计划制订得详细、具体,远期计划制订得较粗、概括。

（3）滚动计划的优点

滚动计划法是一种比较灵活、有弹性的计划形式,它的优点主要如下。

1）提高了计划的适应性。它能根据社会需求的变化来及时调整企业的计划,有利于经营目标的实现。

2）提高了计划的准确性。滚动计划是一个动态计划,它定期对整个计划指标的实现做出分析和判断,并根据具体情况和条件的变化进行有针对性的调整,使计划尽可能切合实际,真正起到指导企业生产经营活动的作用。

2．网络计划技术法

网络计划技术法也称统筹法。它是一种利用网络理念制订计划,并对计划进行评价、审定的技术方法。这种方法最早起源于美国,我国在20世纪60年代初开始使用网络计划技术。

网络计划技术的原理是:首先,应用网络图表达一项计划中各项工作（任务、项目、工序）的先后顺序及相互关系；其次，通过计算找出计划中关键的工序和关键路线；最后，通过不断改进网络图选择最佳方案，并在计划执行过程中进行有效的控制和监督，以便取得满意的评价效益。

4.3.6　企业经营业计划的控制

企业经营业计划的控制指企业在动态变化的环境中，为了确保实现既定的目标而进行的检查、监督和纠正偏差等管理活动。控制是实现当前阶段企业目标和计划的有力保证，也是企业修正发展目标和制订下一轮计划的前提和基础。这里主要介绍事先控制、事中控制和事后控制三种方法。

1．事先控制

事先控制又称预先控制，指通过观察和搜集信息，掌握规律，预测趋势，提前采取措施，将可能发生的问题（如事故、偏差等）消除在萌芽状态，这是一种"防隐患于未然"的控制，是控制的最高境界。例如，美国电报电话公司早在 20 世纪 70 年代就预见到公司将被拆分，于是公司组建宏大的公关团体向国会游说，争取有利于公司发展的拆分方案，同时进行一系列的组织结构及人事调整，为拆分做好准备。1984 年公司被拆分时，由于事先控制工作成效显著，准备得当，被拆分的三家公司均顺利度过非常时期。这三家公司中的 ATT、朗讯公司均成为全球著名的跨国电讯公司。

2．事中控制

事中控制又称现场控制或即时控制，指在某项活动或生产经营过程中，管理者采取纠正措施，以保证目标或计划的顺利实现。它主要通过管理人员深入现场进行有效的控制。

3．事后控制

事后控制主要是分析工作的执行结果，将它与控制标准相比较，发现差异并找出原因，拟定纠正措施以防止偏差继续存在。例如，财务分析报告，产品销售状况分析报告及销售人员业绩评定报告等。

企业管理实训

项目一　制订战略性计划与评价

【实训目标】

1．培养学生的创意性思维；
2．培训学生制订战略计划的能力；
3．培养学生的战略分析、评价能力；
4．培养学生的沟通能力。

【实训内容与要求】

1. 将全班分成 A、B 两组,并围成圆圈。
2. 教师每十分钟发放一个题目(也可以抽签)。
3. 第一节课由 A 组制订企业战略计划,B 组分析、评价该计划;第二节课 A、B 两组轮换角色。
4. 教师公布题目后,负责制订战略性计划的一组用抢答的方式确定制订计划者,经过 5~10 分钟准备后提出一个简要的计划。
5. 制订计划的重点:注重创意思维,注重方案运筹,形成基本合理的可行方案。
6. 战略计划提出后,另一组成员对该计划进行评论,指出其合理之处、存在的问题和不足;计划制订一方的人员可对计划做进一步补充和解释说明。
7. 每一个计划的题目大约进行 10 分钟,共利用大约两节课时间。

【成果与检测】

1. 对于通过竞争制订战略计划的学生,得 1 分,计划制订较好者为 2 分。
2. 分析评价方态度积极、观点正确,得 1 分,表现突出、反驳有力的为 2 分。
3. 其他参与发言的一般记 1 分,较好的一般记 2 分。计划好、评价也好的总分记 3 分。
4. 课程结束后上交书面资料(计划提纲)。

【附:计划项目】

1. 如果你是班长,怎样抓好一个班级建设,请草拟一份计划书。
2. 请为我班策划一次周末联欢活动,草拟计划书。
3. 计划在 3·15 消费者权益日策划一次街头宣传活动,请你拟一份策划书。
4. 如果你想承包一家校园超市,你怎样经营策划?
5. 请你为校园"十大歌手大赛"进行策划。
6. 请你为高职学院学生会体育部将要进行的足球比赛拟一份计划书。
7. 最近某班频繁发生违纪现象,请对此制订一个整顿纪律的工作方案。
8. 假如你所在寝室同学之间关系不和、寝室卫生较差,作为新任寝室长的你将如何改变这种局面。
9. 如果你所在的班级学习气氛不浓,请制订一份激励全班同学努力学习的方案。
10. 学生会举行校内大规模校园文化活动,需要你去拉赞助,请制订一份工作方案。

项目二 参观访问

【对象与课题】

工商企业经理或一位管理者——企业经营管理环境与战略性计划。

【实训目的】

(1)通过与企业管理者特别是企业高层的接触,了解企业外部环境和内部条件的分析和据此制订企业战略的方法、手段。

（2）培养学生运筹管理的能力和战略性思维。

【实训内容】

（1）听取企业经营环境分析方法的介绍。

（2）认真理解企业理念、企业宗旨、企业战略类型及战略管理过程。

（3）分析该企业管理者的分析方法运用是否恰当，并提出改进意见。

【实训考核】

（1）走访结束后，各小组上交一份走访报告，并由指导教师批阅。

（2）教师针对学生走访内容完成情况给予打分，并记入积分卡。

项目三 活动策划

【实训目标】

1．培养创新能力与策划能力。

2．掌握编制企业计划的方法。

【实训内容与要求】

1．在调研的基础上，运用创造性思维，策划一项活动，制订计划书，要求如下。

（1）所策划的活动的内容与主题，既可以由教师统一指定，又可以由学生自选。选题尽可能与所学专业相关。

（2）应通过调研，获得较为充分的材料。

（3）要运用创造性思维，所策划的活动一定要有创意。

（4）要科学地规划有关要素，计划书的结构要合理、完整。

2．在每个人进行个别策划的基础上，以模拟公司为单位，运用"头脑风暴法"等方法，组织深入研讨，形成公司的创意。

3．利用课余时间进行系统的活动策划，编制公司的活动策划书或计划书。

4．可在课上进行交流。

综合练习

一、问答题

1．简述企业经营战略的特征。

2．企业经营决策应遵循哪些原则？

3．企业经营计划可分为哪几种类型？

4．简述滚动计划的概念及特征。

5．你认为管理者在进行决策时，应遵循本章所介绍的决策步骤吗？哪一步骤可能被忽视或没有得到恰当的关注？

6．举出你曾做出的一些有风险的决策，为什么承担风险？是如何处理的？从中学到了什么？

二、计算题

1．某企业固定成本为 80 万元，单位产品售价为 2000 元，单位产品变动成本为 1200 元。计算：

（1）盈亏平衡点的销售量；

（2）目标利润为 40 万元时的销售额；

（3）经营安全率在 30%以上时的销售额。

2．某企业为开发新产品，提出建设新车间与改造老车间两种方案。建设新车间需投资 200 万元，销路好时年获利 100 万元，销路差时亏损 20 万元；改造老车间需投资 120 万元，销路好时年获利 60 万元，销路差时年亏损 10 万元。两种方案中销路好的概率均为 0.6。销路差的概率均为 0.4，方案的使用期均为 5 年，试用决策树法确定企业应选择的方案。

第 5 章 企业生产管理

 课前阅读:"零缺陷管理"让隐患无处"潜伏"

中国石化胜利油田有限公司孤东采油厂成立于 1989 年 12 月,现有职工 8000 余人,管理着孤东、红柳、新滩 3 个油田,辖区面积 370km²。目前有 4 座联合站、6 座注水站、156 座计量站和 172 座配水间,共有油井 2504 口,日产液量 11.9 万余吨,年产原油 260 多万吨。

2005 年以来,胜利油田孤东采油厂通过全面推行"零缺陷"管理,使"第一次就把事情做好"、"天天做好"、"要做就做最好"等"零缺陷"管理理念深入人心,成为职工的自觉行动。通过强化隐患治理,从"事故后责任追究"转变为"隐患治理责任追究",实现了由"管结果"向"管过程"转变,由"事故处理"向"隐患治理"转变,形成了一套行之有效的安全管理新办法,连续 5 年获得胜利石油管理局安全管理先进单位称号。胜利油田孤东采油厂从业人员事故重伤率在 0.15‰、千台车事故重伤率在 5% 以下,实现了连续 5 年安全生产无事故。

资料来源:顾永强,中国石化新闻网,2010-04-09

 启示

零缺陷管理属于先进的生产管理组织方式,这种方式使企业受益。现代企业必须掌握先进的管理技术和方法,才能决胜于千里之外。

5.1 生产过程组织

5.1.1 生产过程与生产类型

1. 生产过程

(1) 生产过程的概念

生产过程,指从投入人力和物力开始,经过一系列的加工,直至产出产品或服务的全过

程。在生产过程中，主要是劳动者运用劳动工具，直接或间接地作用于劳动对象，使之按照人们预订的目的变成产品或服务。在某些生产技术条件下，实现产品或服务，还要借助自然过程的作用。所谓自然过程，即在某些情况下，有些劳动对象在自然力的作用下（如发酵、干燥、冷却等）发生物理或化学变化的过程。因此，生产过程也可以理解为劳动过程与自然过程有机结合的行为过程。

（2）生产过程的构成

企业生产过程按照对产品或服务所起的作用来看，可以分为生产技术准备过程、基本生产过程、辅助生产过程和生产服务过程四个部分。

生产技术准备过程指产品或服务投产前所进行的各种技术准备过程。

基本生产过程指对构成产品或服务的劳动对象直接进行工艺加工的过程，该过程是企业的主要生产过程。

辅助生产过程指为保证基本生产过程的正常进行而从事的各种辅助生产活动的过程。

生产服务过程指为保证生产活动的正常进行而提供的各种服务性工作。

2．生产类型

（1）生产类型的概念

生产类型是生产结构类型的简称，是产品的品种、产量和生产的专业化程度在企业生产系统技术、组织、经济效果等方面的综合表现。

（2）生产类型的种类及内容

1）按工作的专业化程度划分：①大量生产；②成批生产；③单件生产。这三种类型的经济分析如表5.1所示。

表5.1 大量生产、成批生产、单件生产经济分析表

生产类型	单件生产	成批生产	大量生产
产品品种	多、不稳	较多、较稳定	少、稳定
产量	单件或少量	较多	大
工作地专业化程度	基本不重复	定期轮换	重返生产
机械设备	万能设备	部分专用设备	多数专用设备
工艺装备	通用	部分专用设备	专用设备
劳动分工	粗	一定分工	细
工人技术水平	多面手	专业操作较多	专业操作
效率	低	中	高
生产周期	长	中	短
成本	高	中	低
适应性	强	较差	差
更换品种	易	一般	难

2）按生产力法划分。

① 合成型。将不同的原材料（零件）合成或装配成一种产品，即加工装配性质的生产，如机械制造厂、纺织厂等。

② 分解型。将原材料加工后生产多种产品，即化工性质的产品生产，如炼油厂、焦化厂等。

③ 提取型。从地下或海洋中提取产品的生产，如煤的生产、石油的生产。

④ 调制型。通过改变加工对象的形状或性能而制成的产品的生产，如钢铁厂、橡胶厂等。

上述 4 种划分方式并不是绝对的，一个企业可以并存上述几种类型。例如，机械制造企业属于合成型，但兼有调制型，如铸锻、热处理、电镀等。

3）按生产的连续程度划分。

① 连续生产。连续生产是长时间连续不断地生产一种或很少几种产品。生产的产品、工艺流程和使用的生产设备都是固定的、标准化的，工序之间没有在制品储存。例如油田的采油作业等。

② 间断生产。输入生产过程的各种要素是间断性地投入的。生产设备和运输装置必须适合各种产品加工的需要，工序之间要求有一定的在制品库存。例如，机床制造厂、机车制造厂、轻工机械厂等的生产过程。

4）按产品品种和生产数量划分

按产品品种数量来划分即按工作地的专业化程度划分。在通常情况下，企业生产的产品产量越大，产品的品种则越少，生产专业化程度也越高，而生产的稳定性和重复性也就越大。反之，企业生产的产品产量越小，产品的品种越多，生产专业化程度越低，而生产稳定性和重复性越小。可见，决定生产类型的产品产量、产品品种和专业化程度有着内在的联系，并由此而对企业技术、组织和经济产生不同的影响和要求。

5.1.2 生产过程的时间组织

合理组织生产过程，不仅要求企业各生产单位在空间上合理配置、密切配合，而且要求劳动对象在各生产单位之间、各工作地之间的运动在时间上也互相配合衔接，最大限度地提高生产过程的连续性和均衡性，以提高劳动生产率和设备利用率，缩短产品生产周期，加速资金周转，降低产品成本。

生产过程的时间组织指产品在生产过程各工序之间的移动方式。工业产品的生产过程必然经历一定的时间，经历的时间越短，越有利于企业提高经济效益。因此，对产品生产过程的各个环节，在时间上应当进行合理的安排和组织，保证各个环节在时间上协调一致，实现连续性和有节奏的生产，以提高劳动生产率，缩短生产周期，减少资金占用。加工过程中，零件在工序之间的移动方式主要有顺序移动、平行移动和平行顺序移动 3 种方式。

1. 顺序移动方式

顺序移动方式指一批在制品在上道工序全部加工完后，再整批地送到下道工序加工。一般适用于批量较少、工序时间较短的成批在制品生产中。其优点是组织工作比较简单，设备没有停工时间；缺点是在制品在工序间有等待加工时间和运输时间，生产周期长，流动资金周转慢，经济效果差。

例如，若一批零件在全部完成上道工序加工后才整批转移到下道工序，即顺序移动，如图 5.1 所示。

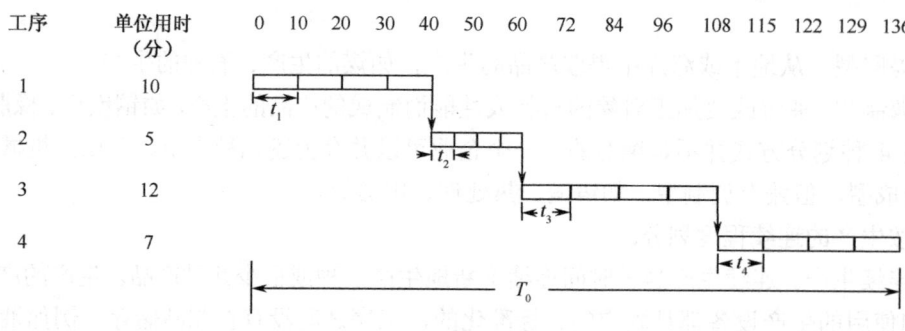

图 5.1 顺序移动方式

顺序移动方式的加工周期为

$$T_0 = nt_1 + nt_2 + \cdots + nt_m = n\sum_{t=1}^{m} t_1$$

式中：

T_0——顺序移动方式的加工周期；

n——批量；

t_1——零件在第 1 工序的单件工时（分）；

m——工序数目。

2. 平行移动方式

平行移动方式指一批在制品，在上道工序加工完一个零件以后，立即转入下道工序加工，而无须等待整批加工完后才向下道工序移动的一种组织生产方式。其优点是生产周期短，由于在制品移动快，流动资金占用也就减少了；缺点是当下道工序的加工时间小于上道工序的加工时间时，有停工待料现象，但这种停工时间不好利用；还有运输工作量因相对频繁而加大。平行移动方式如图 5.2 所示。

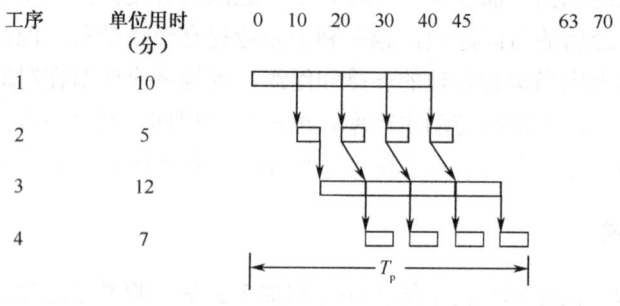

图 5.2 平行移动方式

平行移动方式的加工周期为

$$T_P = \sum_{t=1}^{m} t_i + (n-1)t_L$$

式中：

T_p——平行移动方式的加工周期；

t_L——最长的单件工序时间（分）。

平行移动方式适用于大批量流水线生产、对时间要求紧迫的情况。

3．平行顺序移动方式

平行顺序移动方式是一种将平行移动方式和顺序移动方式结合起来的方法。它既考虑了设备的连续性，又考虑了零件移动的平行性，如图5.3所示。

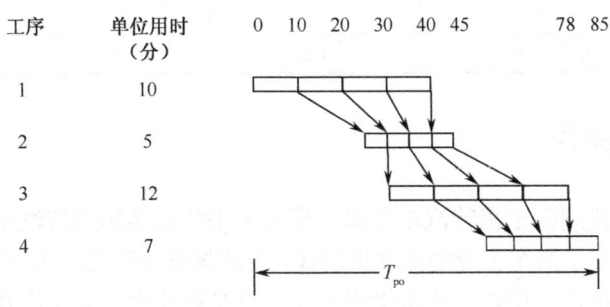

图 5.3 平行顺序移动方式

具体的移动方式如下。

1）当本道工序的作业时间大于下道工序时，则本道工序加工出的工件并不立即移动到下一道工序，而是先在本道工序积累到能够保证下一道工序连续加工的数量时才转到下一工序。

2）当本道工序的作业时间小于下道工序时，则按照平行移动方式，即每生产一件工件，就立即转移到下一工序。

平行顺序移动方式的加工周期为

$$T_{po} = n\sum_{t=1}^{m} t_1 - (n-1)\sum_{i=1}^{m-1} t_{si}$$

式中：

T_{po}——平行顺序移动方式的加工周期；

t_{si}——相邻两道工序中较短的单件工序时间（分）。

生产过程平行性的程度可用平行系数 p 来表示：

$$p = 1 - \frac{一批零件的加工周期}{n\sum_{t=1}^{m} t_1}$$

零件的三种移动方式各有特点，具体比较如表5.2所示。

表 5.2　零件三种移动方式的比较

	比较因素	顺序移动	平行移动	平行顺序移动
特点	生产周期	长	短	中
	运输次数	少	多	中
	设备利用	好	差	好
	组织管理	简单	中	复杂
适用条件	零件价值	小	大	大
	零件尺寸与质量	小	大	大
	加工时间	短	长，呈整数倍	长
	批量大小	小	大	大
	专业化形式	工艺	对象	对象

5.1.3 流水生产的组织

现代流水生产方式起源于福特汽车公司。亨利·福特是美国福特汽车公司的创始人，他于 20 世纪 20 年代创立了汽车工业的流水生产线，由此揭开了现代化大规模流水生产的序幕，引起了制造业的一场革命。所以，流水生产方式一直是现代大工业生产及大量生产类型的典型代表。

1. 流水生产线概述

流水生产线是对象专业化组织形式的进一步发展，是一种高效率的先进生产组织形式。

（1）流水生产线的特征

流水生产线的基本特征是：流水生产线上每个工作地完成一道或几道工序都是固定的，因此工作地专业化程度高；工作地和设备按产品加工顺序排列；各道工序的加工时间是相等或成倍比关系的；按规定的节拍或时间间隔出产品；生产过程具有高度的连续性。

（2）流水生产线的分类

流水生产线可按不同的标志进行分类：按生产对象移动方式不同可分为固定流水生产线和移动流水生产线；按生产对象的数目不同可分为单一对象流水生产线和多对象流水生产线；按生产对象轮换方式不同可分为不变流水生产线和可变流水生产线；按生产过程连续程度不同可分为连续流水生产线和间断流水生产线；按流水生产线节奏性不同可分为强制节拍流水生产线和自由节拍流水生产线；按流水生产线的机械化程度不同可分为手工流水生产线、机械流水生产线和自动生产线。

（3）组织流水生产线的条件

组织流水生产线需要具备一定的条件：要有足够大的产品产量以保证流水生产线上各工作地充分负荷；产品结构和工艺过程相对稳定；工艺过程能划分为简单的工序且工序的分解与合并可以满足工序同步化的要求。

2. 流水生产线的组织设计

流水生产线设计包括技术设计和组织设计。技术设计的任务是设计流水生产线上所需各种专用设备和工艺装备，主要由工程技术人员来承担；组织设计的任务主要由生产组织管理人员来承担。

流水生产线组织设计的步骤与有关计算方法如下。

（1）确定流水生产线平均节拍

平均节拍是指流水生产线上连续出产前后两件产品之间的时间间隔。平均节拍的计算公式如下：

$$R_{平}=\frac{T_{效}}{Q}$$

式中：

$R_{平}$——流水生产线的平均节拍（min/件）；

$T_{效}$——计划期有效工作时间（min）；

Q——计划期产品出产量（件），包括计划产量和预计废品量。

（2）组织工序同步化（同期化）

工序同步化指通过采取技术组织措施，使各道工序的加工时间与流水生产线的平均节拍相等或成倍比关系，这是组织连续流水生产线的必要条件。

（3）确定设备（或工作地）数量

流水生产线上各道工序的加工时间必须接近节拍或节拍的倍数，但实际上各道工序的加工时间长短不一。为了适应节拍的要求，必须计算每道工序确切需要的设备（或工作地）数量。其计算公式如下：

$$n_{计}=\frac{t_i}{R_{平}}$$

式中：$R_{平}$——流水生产线的平均节拍（min/件）；

$n_{计}$——某工序需配置的设备（或工作地）数量；

t_i——第 i 道工序单件时间定额。

按上式计算出来的设备（工作地）数量可能有小数，在实际取设备（或工作地）数时应取接近于计算数的整数。

（4）计算设备（或工作地）负荷率和流水线的平均负荷率

在确定各工序实际采用的设备（或工作地）数后，还应该分别计算各工序的负荷率与整条流水生产线的平均负荷率。计算公式如下：

$$K_i=\frac{n_{计}}{n_{实}}$$

$$K_{平}=\frac{\Sigma n_{计}}{\Sigma n_{实}}$$

式中：

K_i——第 i 道工序的设备（或工作地）负荷率；

$K_{平}$——整条流水生产线平均负荷率，一般要求不小于75%；

$n_{计}$——某工序计算所需设备（或工作地）数；

$n_{实}$——某工序实际采用设备（或工作地）数。

（5）确定流水生产线所需工人人数

流水生产线上的工人人数要根据工作地数、工作轮班数、一名工人可同时看管的设备（或工作地）数和工人的缺勤率来确定。整条流水生产线还要安排几名多面手工人，以替换缺勤的工人，流水生产线所需工人人数的计算公式如下：

$$S_{总} = \sum_{i=1}^{m} S_i(1+a) + C$$

$$S_i = \frac{n_{实}}{V_i} \times b$$

式中：

$S_{总}$ ——所需工人总数；

S_i ——第 i 道工序所需工人数；

a ——缺勤率；

C ——后备多面手工人数；

V_i ——第 i 道工序中一个工人同时看管的设备（或工作地）数；

b ——流水线工作轮班数。

（6）选择流水线的运输工具

流水线上采用的运输工具很多，如传送带、辊道、回转台、各种运输车、重力滑道、传送链等。最常用的是传送带，它可减少辅助工人、缩短运输时间、按规定的节拍进行生产。传送带长度的计算公式如下：

$$L = 2(\sum L_1 + \sum L_2) + L_3$$

式中，

L ——传送带总长度；

ΣL_1 ——工作地长度之和；

ΣL_2 ——工作地之间距离之和；

L_3 ——传送带两端需要的长度。

5.2 劳动组织与劳动定额

5.2.1 劳动组织

劳动组织（Organization of Labour）是企业生产管理的重要组成部分，指在生产劳动过程中科学地组织劳动者之间的分工和协作，并且把劳动者与劳动工具、劳动对象从空间和时间上有机地结合起来，以便使所有人员能协调地工作，并且具有高度的劳动生产率。劳动组织工作包括劳动分工与协作、劳动定员等内容。

1. 劳动分工与协作

劳动分工，就是根据生产目标和生产技术条件，把整个生产工作划分为许多组成部分，分别由不同的人承担。劳动协作，就是把生产工作的各个组成部分紧密地联系起来，组成统一的集体，在这个集体中，劳动者有计划地协同劳动，协作不仅可以提高个人生产力，而且可以创造出一种集体的生产力。

分工与协作是紧密联系的，分工是协作的前提，协作是分工的必然结果。每一个现代企业都是既有精细分工又有严密协作的复杂的生产系统。

（1）劳动分工的形式

在工业企业中劳动分工的形式有以下几种。

1）按工艺内容分工，即按工种分工。如生产工人可划分为铸工、锻工、钳工、电焊工、金属切削工、装配工等。

2）按技术要求分工，如相同工种可根据操作技术的程度、加工精度要求的高低及责任大小，划分为不同的技术等级，以配备相应的工人进行操作。

3）按工作的性质分工。如机械工业企业中，常见的按工作性质分工有：基本生产工作和辅助生产工作的分工；执行性工作和准备性工作的分工。

（2）劳动分工和配备工人

劳动分工和配备工人有密切的联系。正确的劳动分工是合理配备工人的前提。所谓合理配备工人，就是根据生产发展需要，为各种不同的工作配备相应的工种、技术等级和数量不同的工人。

（3）劳动协作的组织形式

企业劳动协作是通过劳动组织的合理配置来完成的。劳动协作的组织形式主要有以下几种。

1）作业组的组织。作业组是构成企业各种劳动组织的基本单元，它是建立在劳动分工的基础上，把为完成某种生产工作而相互协作的有关工人组织在一起的劳动集体。在工作组内，每个工人都有明确的分工职责，并由组长领导全组进行工作。作业组与生产小组可能是一体的，也可能不是一体的。作业组是劳动组织形式，而生产小组是企业生产行政管理的一级组织，一个生产小组可能包括几个作业组，也可能是一个作业组。

2）工作轮班的组织。工作轮班的协作是时间的劳动协作形式之一。在工业企业中，由于生产工艺的特点，为了充分利用固定资产、提高劳动生产率，常常采用多班制生产。通过工作轮班把劳动分工协作从时间上有效地组织起来，以保证生产的顺利进行。工业企业一般实行八小时工作制，每周工作五天、休息两天。通常在机械加工、铸工、锻工、装配等基本生产车间实行两班制或三班制，在工具、机修等辅助生产车间实行单班制。

实行多班制的企业，必须搞好轮班组织工作，首先是解决倒班问题。倒班的基本方法有两种：一种是正倒班，另一种是反倒班。正倒班就是原来上早班的工人经过一周后倒到中班，原来中班的工人倒夜班，原来夜班的工人倒到早班。

2．劳动定员

劳动定员也称企业定员或人员编制。企业劳动定员是在一定的生产技术组织条件下，为保证企业生产经营活动正常进行，按一定素质要求，对企业各类人员所预先规定的限额。计算劳动定员的主要方法有以下几种。

（1）效率定员法

效率定员根据工作量、劳动定额和平均出勤率等因素来计算定员人数。这种方法适用于有劳动定额的工种。

（2）设备定员法

设备定员法根据机器设备的数量、工人看管定额和设备的开启班次来计算定员人数。这种方法适用于以机械操作为主的工种，特别适用于实行多设备看管的工种。

(3）岗位定员法

岗位定员法根据工作岗位的多少、各岗位工作量、工人的劳动效率、开动班次和出勤率等因素确定人员数的一种方法。这种方法适用于需要多人看管的大型设备的定员。

（4）比例定员法

比例定员法根据职工总数或某一类人员总数的比例来计算某种人员的定员人数。例如，炊事员按食堂就餐人数的比例、医务人员按职工总数的一定比例计算定员人数。

（5）业务分工定员法

这种方法主要用于确定管理人员的数量。采用这种方法时，应考虑到本企业生产经营方式、管理特点、管理人员的业务能力、各管理人员的工作量大小，参考同类企业管理人员的定员资料酌情确定。

5.2.2 劳动定额

劳动定额指在一定的生产和技术条件下，生产合格的单位产品或工作量应该消耗的劳动量（一般用劳动时间或工作时间来表示）标准或在单位时间内生产产品或完成工作量的标准。劳动定额有两种基本的表现形式。

1. 工时定额

工时定额是用时间表示的劳动定额，也可称"时间定额"，是生产单位产品或完成一定工作量所规定的时间消耗量。例如，对车工加工一个零件、装配工组装一个部件或一个产品所规定的时间；对宾馆服务员清理一间客房所规定的时间。

2. 产量定额

产量定额是用产量表示的劳动定额，是在单位时间内（如小时、工作日或班次）规定的应生产产品的数量或应完成的工作量。例如，对车工规定一小时应加工的零件数量；对装配工规定一个工作日应装配的部件或产品的数量；对宾馆服务员规定一个班次应清理客房的数量。

工时定额和产量定额互为倒数，工时定额越低，产量定额就越高，反之，工时定额越高，产量定额就越低。在制造业里，单件小批生产的组织主要采用"工时定额"；大批量生产的组织主要采用"产量定额"。

5.2.3 劳动定额的制定方法

劳动定额的制定方法主要有经验估工法、统计分析法、类推比较法和技术定额法。它们各具不同特点及应用条件。

1. 经验估工法

经验估工法是常用的方法之一。这个方法是由定额人员、技术人员和工人结合以往生产实践经验，依据图纸、工艺装备或产品实物进行分析，并考虑所使用的设备、工具、工艺装备、原材料及其他生产技术和组织管理条件，直接估算定额的一种方法。经验估工法又可分为综合估工法、分析估工法和类比估工法三种方法。

(1) 综合估工法

综合估工法又称粗估工法，它的特点是在估工时凭定额人员、技术人员和老工人的实际经验，对影响工时消耗的诸因素进行综合的粗略分析，笼统地估算整个工序的定额。一般运用于对定额准确程度要求较低的单件小批的生产条件。在大量大批生产条件下，若生产条件较稳定，对于定额人员和工人都非常熟悉的零件，工序定额也采用这种方法。

(2) 分析估工法

分析估工法又称细估工法。用这种方法制定定额的步骤是：①按定额时间分类，把工序划分为若干个组成部分；②分析影响各个定额的组成时间消耗的因素，并在此基础上，根据估工者的经验，确定各个组成部分的工时定额；③汇总为工时定额。

(3) 类比估工法

采用类比估工法时，一般采用粗估法制定代表件的工序定额，其他类似零件的定额，则以代表零件的工序定额为基础，进行比较估工来确定。

在采用经验估工时，为了提高估工的可靠程度，一般应考虑以下几项因素：①有关工艺规程的内容，如零件的几何形状、复杂程度和尺寸大小、加工精度及公差的大小，以及零件的技术要求和材料等；②有关设备和工艺装备情况等；③有关原材料、外购件、外协件情况；④有关操作方法和劳动组织情况；⑤有关产品的批量和品种情况。上述因素都直接影响工时消耗，所以，在估工时必须认真地加以分析，针对实际情况分别进行估工。

经验估算法手续简便、易于掌握，制定和修改的工作量小。但是，由于估算比较粗糙，劳动定额准确性较差。劳动定额水平不易平衡，为了提高估工的质量，应当：充分依靠群众，集中群众的智慧和经验，避免只以个别人的经验为唯一的依据；提高定额人员的水平，提高经验估工的准确性；建立和积累资料，为全面、细致地分析研究影响工时消耗的各种因素提供依据；深入生产实际，积累有关资料，建立估工登记制度。

2. 统计分析法

统计分析法是根据过去生产同类产品或零件，工序实际工时消耗的统计资料，在分析当前组织技术和生产条件变化的基础上制定定额的方法。这种方法简单易行，工作量小，有较多的统计资料为依据，比经验估工法更能反映实际情况。凡是在生产条件比较正常、产品比较固定、品种比较少、原始记录和统计工作比较健全的情况下，一般都可以采用此办法。但是由于它依据的是过去的统计资料，资料中有某些不合理因素，如原始记录不准确，实际工时中没有把停工时间或加班时工时区别出来、在时耗工时中包括一部分浪费工时等，这必然会影响定额的准确性，使定额水平不够合理。为了提高这种方法制定定额的质量，必须建立健全原始记录制度和加强对统计资料的研究分析，消除不合理因素，结合具体情况，建立必要的、具有代表性的产品和关键零件、工序的工时消耗登记制度，就能避免上述缺点，有助于使制定的定额能切实反映客观情况，适应生产要求。

3. 类推比较法

类推比较法是以某种同类产品（或零件、工序）的典型定额为依据，经过对比分析推算出另一种产品（或零件、工序）的定额方法。运用这种方法，要以产品或工时定额、实耗工时记录和典型零件、工序的定额标准作为资料。用来对比的两种产品必须是相似或同类型的、具有可比性的产品。在一个企业内虽然产品品种不同，但其加工的几何形状相似，加工的部位相同，使用的材料、工艺装备和工艺方法相近，只是尺寸大小、精度要求等不同，这时就可以用此方法制定定额。

运用类推比较法，工作量小，也符合快与全的要求，只要准确选择对比的依据，能进行细致的分析比较，定额的质量比经验估工法高。因为这种方法增加了一定的技术依据和可比标准；在一定程度上提高了定额的标准性和平衡性。但是，运用这种方法往往由于定额的时间组成分析不够，对挖掘企业潜力，提高劳动生产率的可能性估计不足，或所选择的对比产品不够准确，都将影响定额的准确性。

这种方法适用于同类型或同系列产品较多的单件小批生产。随着企业专业化水平的提高及产品标准化、系列化、通用化，此方法的适用范围也将扩大。

4．技术定额法

技术定额法是根据对生产技术组织条件的分析及挖掘生产潜力的基础上，通过使用标准和必要的测定计算，进行定额制定的方法。它一般按照工时定额各个组成部分，分析规定它们的定额时间，由于确定时间的方法不同，技术定额法又可分为分析研究法和分析计算法两种。

运用分析研究法制定定额时，工时定额的各个组成部分是用测时和工作日写实确定的。一般，作业时间用测时方法取得，布置工作地时间、休息和自然需要时间、准备与结束时间是根据工作日写实的资料来确定的。

运用分析研究法确定定额时，由于工时定额的各个组成部分都是在工作地进行实地观察、运用测时和写实的方法来测定和取得资料，因此，确定的定额比较符合实际。但是，运用这种方法测定的工作量比较大，特别是在多品种、多零件、多工序的企业中运用是有实际困难的，不如分析计算法好。

运用分析计算法制定定额，先用写实、测时和其他方法积累各种定额标准资料，然后根据这些定额标准资料计算时间定额。

5.2.4 劳动定额的分析与修改

1．劳动定额分析

通过劳动定额分析，可以及时了解定额的执行情况，总结经验，发现问题，为制定和修改定额提供准备资料。劳动定额分析的内容大致有两个方面。

1) 产品实耗工时的统计和分析。工人为了完成产品生产实际消耗的有效工作时间为实耗工时。由于工人的技术水平、熟练程度和劳动态度不同，在完成产品定额时消耗的时间也不同，所以，准确统计产品的实耗工时，考核定额完成情况，衡量定额是否合理，为制定、修改定额提供基础资料。

2) 工人完成定额情况的统计和分析。除了对单位产品实耗工时进行统计外，还应该对定额完成程度进行统计和分析，因为单位产品实耗工时的统计主要是对产品而言的，而考核定额完成程度则是考核工人个人或工人集体完成定额的情况。因此，通过对工人完成定额程度的统计和分析，可以知道定额水平是否合理，各工种之间定额水平是否平衡。

2．劳动定额的修改

劳动定额是在一定的技术水平和生产组织水平下制定的，因此，劳动定额制定以后要随技术和组织水平的变化而适时修改，以保证其合理性。修改劳动定额工作大致可以分为三个阶段进行。

（1）准备阶段

1）思想准备。劳动定额的修改是一项政策性、技术性很强的工作，涉及面很广，因此要有针对性地通过各种教育形式解决一些不正确的认识问题。例如，中层管理人员担心修改定额后业绩考核问题、工人与定额相联系的收入等。

2）组织准备。可成立修改定额的组织领导机构，负责修改定额工作。

3）资料准备。包括本单位本部门完成定额的情况，国内外同类企业同类产品的定额水平、影响定额完成的各种因素，可能修改的变动范围等。

（2）修改阶段

在实际工作中，劳动定额修改一般有两种情况：一是定期全面修改，新产品一年修改一次，老产品二年修改一次；二是不定期的局部修改。

（3）形成新定额阶段

在对定额进行修改后，结合同类企业同类产品的定额水平形成新的定额标准。

5.3　先进的生产组织方式

5.3.1　现场管理 5S 法

1．5S 法的沿革和发展

5S 起源于日本，指在生产现场中对人员、机器、材料、方法等生产要素进行有效的管理，这是日本企业独特的一种管理办法。1955 年，日本 5S 的宣传口号为"安全始于整理，终于整理整顿"。当时只推行了前两个 S，其目的仅是确保作业空间和安全。后因生产和品质控制的需要而又逐步提出了 3S，也就是清扫、清洁、修养，从而使应用空间及适用范围进一步拓展，到了 1986 年，日本的关于 5S 的著作逐渐问世，从而对整个现场管理模式起到了冲击作用，并由此掀起了 5S 热潮。

2．5S 法的含义

5S 法是企业实施现场管理的有效方法。其内容包括：整理（Seiri）、整顿（Seiton）、清扫（Seiso）、清洁（Seiketsu）、素养（Shit-Suke）。在现代企业大力推行"5S"管理，能激发企业管理潜能，培养出企业员工良好的工作作风，有效改善企业的现场管理，使现场变得更加有利于管理，让企业的一切都处在管理之中，从而从整体上提高企业的管理水平，增强企业的国际竞争力。

整理是将现场（包括生产现场和办公现场）需要和不需要的东西区别出来，处理掉不需要的东西，达到现场无不用之物。它是树立良好工作作风的开始。

整顿是将整理后需要的东西安排成有序的状态。能在 30s 内找到要找的东西，将寻找必需品的时间减少为零。因此，物品摆放地点要科学合理，还要目视化，使定量装载的物品做到过目知数，摆放不同物品的区域可采用色彩、标记或挂牌方式加以区别。对于整顿的物品的要求是能迅速取出、能立即使用并处于节约的状态。

清扫包括两个方面的内容，一是保持机器及工作环境的干净。对设备的清扫着眼于对设备的维护保养；二是员工不仅要做到形体上的干净、仪表要整洁，还要做到精神上的干净，要讲文明、讲礼貌。

清洁是将整理、整顿、清扫进行到底，养成持之以恒的习惯、并且制度化；管理公开化，透明化。辅以一定的监督检查措施，使现场保持完美和最佳状态。清洁是对前三项活动的坚持与深入，可消除发生安全事故的根源，创造一个良好的工作环境。

教养也称素养，就是要努力提高公司的整体素质，养成严格遵守规章制度的习惯和作风，这是"5S"活动的核心，也是公司企业文化建设和人力资源建设的重要课题。

5.3.2 准时生产技术

1．准时生产的概念

准时生产方式（Just In Time，JIT）又称为无库存生产方式（Stockless Production）、零库存（Zero Inventories）、一个流（One-piece Flow）或超级市场生产方式（Supermarket Production），是日本丰田汽车公司在 20 世纪 60 年代实行的一种生产方式，1973 年以后，这种方式对丰田公司渡过第一次能源危机起到了突出的作用，后引起其他国家生产企业的重视，并逐渐在欧洲和美国的日资企业及当地企业中推行开来，现在这一方式与源自日本的其他生产、流通方式一起被西方企业称为"日本化模式"，其中，日本生产、流通企业的物流模式对欧美的物流产生了重要影响。

2．准时生产的基本思想

准时生产的基本思想可概括为"在需要的时候，按需要的量生产所需的产品"，也就是通过生产的计划和控制及库存的管理，追求一种无库存或库存达到最小的生产系统。准时生产方式的核心是追求一种无库存的生产系统，或使库存达到最小的生产系统。为此而开发了包括"看板"在内的一系列具体方法，并逐渐形成了一套独具特色的生产经营体系。

3．准时生产方式的内容

（1）JIT 生产的管理哲学

只有理解了 JIT 系统所具有的适应情况的学习机制、动态的自我完善机制、新的效率观念、自发的节约机制，以及以新的市场需求为特点的适应个性化消费倾向的高效系统，才能设计、规划并实施 JIT 系统。

（2）JIT 生产系统设计与计划技术

要创造应用看板的条件，需要在 JIT 系统中进行广义的生产系统设计，包括市场、销售、产品设计、加工工艺、质量工程、工厂布局和生产管理等，以便于看板系统的实施。

（3）JIT 生产现场控制技术

JIT 的基本原则是在正确的时间生产数量正确的零件或产品，即准时生产。它的基本原则与 MRP 十分相似。但 MRP 是按主生产计划的要求，在需要的时间、地点生产需要的零部件，是受主生产计划"推动"的生产方式；而 JIT 的零部件仅在后续工序提出要求时才生产，是一种"拉动"的生产方式，它将传统生产过程中前道工序向后道工序送货改为后道工序根据"看板"向前道工序取货。看板系统是 JIT 生产现场控制技术的核心，但 JIT 不仅是看板管理，JIT 的管理哲学是 JIT 生产系统设计与计划技术及看板生产现场控制的有机结合体。

4．JIT 生产现场控制——看板控制

看板控制以流水线作业为基础、以看板为工具，将生产过程中传统的送料制改为取料制。它从生产过程的最后一道工序开始，按反工序流程一步一步、一道工序一道工序地向前追溯，直到原材料的准备，都严格按照既定的期量标准控制整个生产过程中的在制品流转，使企业中各个生产部门、工作岗位协调地运转起来，实现整个生产过程的准时化，保证以最少的在制品，占用最少的流动资金，获取较好的经济效果。

（1）看板在生产流水线上的传递过程

看板控制是用看板卡片进行物流控制，并控制 JIT 生产现场管理的过程，看板在生产流水线上的传递过程以总装配线为起点，在上下两道工序之间往返运动。以汽车装配为例，在汽车装配过程中，每一道工序上的设备附近都设置两个存料箱（容器或运送小车等），一个用于存储上一道工序已制成的、本工序地准备加工的零部件，一个用于储存本工序已加工完毕，供下一道工序随时提取的零部件。由于最后一道工序地的制成品是一辆完成的汽车，因此它只有一个用于储存上一道已制成的、本工序地准备加工的零部件的存料箱。

（2）看板的形式和分类

在生产作业中使用的看板形式很多，常见的有塑料夹内装着的卡片或类似的标识牌，运送零件的小车、工位器具或存件箱上的标签，指示部件吊运场所的标签，流水生产线上标着各种颜色的小球或信号灯等。按照看板的功能差异和应用对象不同对看板进行分类：没有看板不运送、不制造；不合格的零件、毛坯均不准挂板。

5.3.3 精益生产

1．精益生产的概念

精益生产（Lean Production）又称精良生产，其中"精"表示精良、精确、精美；"益"表示利益、效益等。精益生产就是及时制造，消灭故障，消除一切浪费，向零缺陷、零库存进军。它是美国麻省理工学院在一项名为"国际汽车计划"的研究项目中提出来的。它们在做了大量的调查和对比后，认为日本丰田汽车公司的生产方式是最适用于现代制造企业的一种生产组织管理方式，称为精益生产，以针对美国大量生产方式过于臃肿的弊病。精益生产综合了大量生产与单件生产方式的优点，力求在大量生产中实现多品种和高质量产品的低成

本生产。

2. 精益生产的特点

（1）拉动式准时化生产

以最终用户的需求为生产起点，强调物流平衡，追求零库存，要求上一道工序加工完的零件立即可以进入下一道工序。

（2）全面质量管理

强调的质量是生产出来而非检验出来的，由生产中的质量管理来保证最终质量。生产过程中对质量的检验与控制在每一道工序都进行。重在培养每位员工的质量意识，在每一道工序进行时注意质量的检测与控制，保证及时发现质量问题。如果在生产过程中发现质量问题，根据情况，可以立即停止生产，直至解决问题，从而保证不出现对不合格品的无效加工。

对于出现的质量问题，一般组织相关的技术与生产人员成为一个小组，一起协作，尽快解决。

（3）团队工作法

每位员工在工作中不仅是执行上级的命令，更重要的是积极地参与，起到决策与辅助决策的作用。组织团队的原则并不完全按行政组织来划分，而主要根据业务的关系来划分。团队成员强调一专多能，要求熟悉团队内其他工作人员的工作，保证工作的顺利进行。团队人员工作业绩的评定受团队内部评价的影响（这与日本独特的人事制度关系较大）。团队工作的基本氛围是信任，以一种长期的监督控制为主，避免对每一步工作的稽核，提高了工作效率。团队的组织是变动的，针对不同的事物建立不同的团队，同一个人可能属于不同的团队。

（4）并行工程

在产品的设计开发期间，将概念设计、结构设计、工艺设计、最终需求等结合起来，保证以最快的速度按要求的质量完成。各项工作由与此相关的项目小组完成。进程中小组成员各自安排自身的工作，但可以定期或随时反馈信息并对出现的问题协调解决。依据适当的信息系统工具，反馈与协调整个项目的进行。利用现代CIM技术，在产品的研制与开发期间，辅助项目进程的并行化。

5.3.4 敏捷制造

1. 敏捷制造的背景

敏捷制造是美国国防部为了支持21世纪制造业发展而制订的一项研究计划。该计划始于1991年，有100多家公司参加，由通用汽车公司、波音公司、IBM、AT&T、摩托罗拉等15家著名大公司和国防部代表共20人组成了核心研究队伍。此项研究历时三年，于1994年年底提出了《21世纪制造企业战略》。在这份报告中，提出了既能体现国防部与工业界各自的特殊利益，又能获取他们共同利益的一种新的生产方式，即敏捷制造。

2. 敏捷制造三要素

敏捷制造主要包括三个要素：生产技术、组织方式和管理手段。

（1）敏捷制造的生产技术

敏捷性是通过将技术、管理和人员三种资源集成为一个协调的、相互关联的系统来实现的，具有高度柔性的生产设备是创建敏捷制造企业的必要条件（但不是充分条件）。例如，"智能"制造过程控制装置；用传感器、采样器、分析仪与智能诊断软件相配合，对制造过程进行闭环监视，等等。

（2）敏捷制造的组织方式

敏捷制造企业必须具有高度柔性的动态组织结构。根据产品的不同，采取内部团队、外部团队（供应商、用户均可参与）与其他企业合作或虚拟公司等不同形式，来保证企业内部信息的瞬时沟通，又能保证迅速抓住企业外部的市场，而进一步做出灵敏反应。

（3）敏捷制造的管理手段

以灵活的管理方式达到组织、人员与技术的有效集成，尤其是强调人的作用。敏捷制造在人力资源上的基本思想是，在动态竞争环境中，最关键的因素是人员，柔性生产技术和柔性管理要使敏捷制造企业的人员能够实现他们自己提出的发明和合理化建议，这就需要提供必要的物质资源和组织资源，支持人们的行动，充分发挥各级人员的积极性和创造性。有知识的人是敏捷制造企业最宝贵的财富。不断对人员进行培训，进行素质提高，是企业管理层的一项长期任务。

5.4 生产能力及其规划

5.4.1 生产能力的概念及其度量

1．生产能力的概念

生产能力指在计划期内，企业参与生产的全部固定资产，在既定的组织技术条件下，所能生产的产品数量，或者能够处理的原材料数量。生产能力是反映企业所拥有的加工能力的一个技术参数，它也可以反映企业的生产规模。

2．生产能力的度量（计量单位）

由于企业种类的广泛性，不同企业的产品和生产过程差别很大，在计算生产能力之前，必须确定本企业的生产能力计量单位。

（1）以产出量为计量单位

生产能力同投入量和产出量密切相关，不同的企业可以根据自身的性质和其他情况选择投入量确定本企业的生产能力计量单位。

当企业以产出量作为计量单位时，则需要考虑企业生产的产品种类有多少，如果只有一种主要产品，则可以以该产品作为计量单位。例如调制型和合成型生产类型的制造企业的生产能力以产出量表示就十分确切、明了，其中钢铁厂、水泥厂都以产品吨位作为生产能力计量单位，家电生产厂以产品台数作为生产能力计量单位。这类企业的产出数量越大，能力也越大。如果生产多种产品，则很难以其中某一种产品的产出量作为整体的计量单位，这时可采用代表产品计量法。选择出代表企业专业方向、产量与工时定额乘积最大的产品作为代表

产品,其他的产品可利用换算系数换算成代表产品。换算系数 k_i 由下式求得:

$$k_i = \frac{t_i}{t_0}$$

式中:

  k_i——i 产品的换算系数;

  t_i——i 产品的时间定额;

  t_0——产品的时间定额。

  有时企业用产出量计算生产能力准确度不高,不能很好地反映生产能力,则可以用投入量作为计量单位,如总设备数、装机容量等。

  (2) 以原料处理量为计量单位

  有的企业使用单一的原料生产多种产品,这时以工厂年处理原料的数量作为生产能力的计量单位是比较合理的,如炼油厂以一年加工处理原油的吨位作为它生产能力计量单位。这类企业的生产特征往往是分解型的,使用一种主要原料,分解制造出多种产品。

  (3) 以投入量为生产能力计量单位

  有些企业如果以产出量计量它的生产能力,则会使人感到不确切,不易把握。例如发电厂,年发电量达几十亿度,巨大的天文数字不易比较判断,还不如用装机容量来计量更方便。这种情况在服务业中更为普遍,如航空公司以飞机座位数量为计量单位,而不以运送的客流量为计量单位;医院以病床数而不是以诊疗的病人数为计量单位;零售商店以营业面积,或者标准柜台数来计量,而不能用接受服务的顾客数计量;电话局以交换机容量表示,而不用接通电话的次数表示。这类企业的生产能力有一个显著特点,就是能力不能存储,服务业往往属于这种类型。

5.4.2 生产能力计算

1. 成批加工生产类型企业的生产能力计算

  成批加工生产类型的企业,生产单位的组织采用工艺专业化原则。产品的投料与产出有较长的间隔期,有明显的周期性。它们的生产能力计算与按工艺专业化原则划分车间和班组有密切关系,有自己的特点,具体如下所述。

  (1) 单台设备及班组生产能力计算

  在这类企业中,车间内班组是最小生产单位,每个班组配备一定数量的加工工艺相同的设备,但它们的性能与能力不一定相同,所以班组生产能力的计算也从单台设备开始。由于加工的零件不是单一品种的,而是多对象、多品种的,数量可达上百数千种。所有零件的形状大小不同,加工的工艺步骤不同,加工的时间长短不一,这时不能用产出量计算,而只能采用设备能提供的有效加工时间来计算,称为机时。计算公式如下:

$$F_e = F_0 \times h = F_0(1-q) = F_0 - d$$

式中:F_0——年制度工作时间;

    h——设备制度工作时间计划利用率;

    q——设备计划修理停工率;

    d——设备计划修理停工时间。

如果班组内全部设备的加工技术参数差异不大,则全部设备的机时之和就是班组的生产能力。如果技术参数相差很大,以车床为例,床身长度和回转半径两个参数规定了设备可以加工的工件尺寸,这时有必要分别统计不同参数设备的机时,着重查看某些大工件的设备加工能力能否满足。

(2)车间生产能力的确定

由于班组的加工对象是零件,它们的能力用机时计量是合理的;而对于车间,它的生产对象往往是产品或零部件配套数,所以它的生产能力应该用产量计量。工时与产量之间的换算是很容易的,换算后可能会发现,各设备组(班组)的生产能力是不平衡的。车间的生产能力可以按关键设备能力来确定。能力不足的设备组,可以通过能力调整措施来解决。

(3)工厂生产能力的确定

工厂生产能力可以参照主要生产车间的能力来确定,能力不足的车间,可以用调整措施解决。

需要指出的是,关于车间、工厂生产能力的确定,并没有严格的规定。有的人认为应该以最小设备组生产能力或最小车间生产能力来确定,即遵循所谓的"水桶原理"。也有观点认为,应该以关键设备能力来确定,理由是关键设备价值高,企业不可能有备用的,也难以找到外协者,购置新的又可能因能力利用不足而不经济,所以生产能力受制于关键设备的能力。因此,具体问题需要具体分析。

2. 流水线企业的生产能力计算

在大量生产企业,总装与主要零件生产都采用流水线生产方式,因此,企业生产能力是按每条流水线检查的。先计算各条零件制造流水线的能力,再确定车间的生产能力,最后通过平衡,求出全厂的生产能力,具体如下所述。

(1)流水线生产能力的计算

流水线的生产能力取决于每道工序设备的生产能力,所以,计算工作从单台设备开始。计算公式如下:

$$M_{单} = \frac{F_e}{t_i}$$

式中:$M_{单}$——单台设备生产能力;

F_e——单台设备计划期(年)有效工作时间(小时);

t_i——单位产品在该设备上加工的时间定额(小时/件)。

工序由一台设备承担时,单台设备的生产能力即为该工序的生产能力。当工序由 S 台设备承担时,工序生产能力为 $M_{单}' S$。这种由设备组成的流水生产线,各工序的生产能力不可能相等,生产线能力只能由最小工序的生产能力确定。

(2)车间生产能力的确定

车间生产能力的确定需要分几种情况讨论。如果仅是零件加工车间,每个零件有一条专用生产线,而所有零件又都是本厂的产品配套,那么该车间的生产能力应该取决于生产能力量小的那条生产线的能力;如果是一个部件制造车间,它既有零件加工流水生产线,又有部件装配流水线,这时它的生产能力应该由装配流水线的能力决定。即使有个别的零件加工能力低于装配流水线能力,也应该按照这个原则确定,零件生产能力不足时可以通过其他途径补充。

(3) 工厂生产能力的确定

在确定了车间生产能力的基础上，通过综合平衡的方法来确定工厂的生产能力。第一步，对基本生产车间的能力进行平衡。由于各车间之间加工对象和加工工艺差别较大，选用的设备是不一样的，性能差别很大，生产能力很难做到一致，因此，基本生产车间的生产能力通常按主导生产环节来确定。所谓主导生产环节，指产品加工的关键工艺或关键设备，这些生产环节的能力决定了某些基本生产车间的能力，同时也基本限定了工厂的生产能力。第二步，对基本生产车间与辅助生产部门的能力进行平衡。当两者的能力不一致时，一般来说，工厂的生产能力主要由基本生产车间的能力决定。如果辅助部门的能力不足，可以采取各种措施来提高它的能力，以保证基本生产车间的能力得到充分利用。

5.4.3 生产能力规划

1. 生产能力规划的概念

生产能力规划就是提供一种方法来确定由资本密集型资源——设备、工具、设施和总体劳动力规模等——综合形成的总体生产能力的大小，从而为实现企业的长期竞争战略政策提供有力的支持。生产能力规划所确定的生产能力对企业的市场反应速度、成本结构、库存策略及企业自身管理和员工制度都将产生重大影响。生产能力规划具有时间性和层次性。

2. 生产能力规划的步骤

不同企业进行生产产能力规划的程序各有不同，但是，一般来说，企业进行生产能力规划时，都必须遵循以下几个步骤。

(1) 估计未来的能力需求

在进行生产能力规划时，首先要进行需求预测。由于能力需求的长期计划不仅与未来的市场需求有关，还与技术变化、竞争关系及生产率提高等多种因素有关，因此必须综合考虑。还应该注意的是，所预测的时间段越长，预测的误差就越大。

对市场需求所做的预测必须转变为一种能与能力直接进行比较的度量。在制造业企业中，企业能力经常以可利用的设备数来表示，在这种情况下，管理人员必须把市场需求（通常是产品产量）转变为所需的设备数。

(2) 计算需求与现有能力之间的差

当预测需求与现有能力之间的差为正数时，很显然，就需要扩大产能，这里要注意的是，当一个生产运作系统包括多个环节或多个工序时，能力的计划和选择就需要格外谨慎。一个典型的例子是：20世纪70年代，西方发达国家的航空工业呈供不应求的局面，因此，许多航空公司认为，所拥有的飞机座位数越多，就可以赢得越多的顾客，因而竭力购入大型客机。但事实证明，拥有小飞机的公司反而获得了更好的经营绩效。原因是满足需求的关键因素在于航班次数的增加，而不是每一个航班所拥有的座位数。也就是说，顾客需求总量可用"座位数×航班次数/年"来表达，只扩大前者而忽视后者则遭到了失败。在制造企业中，能力扩大同样必须考虑各工序能力的平衡。当企业的生产环节很多、设备多种多样时，各个环节所拥有的生产能力往往不一致，既有富裕环节，又有瓶颈环节。而富余环节和瓶颈环节又随着产品品种和制造工艺的改变而变化。从这个意义上来说，企业的整体生产能力是由瓶颈环节的能力所决定的，这是制订能力计划时必须注意的一个关键问题，否则，就会形成一种恶性循环，即，某瓶颈工序能力紧张—增加该工序的能力—未增加能力的其他工序又变为瓶颈工序。

（3）制订候选方案

处理能力与需求之差的方法有多种，最简单的一种是：不考虑能力扩大，任由这部分顾客或订单失去。其他方法包括扩大规模和延长时间的多种方案，包括积极策略、消极策略和中间策略，还包括新设施地点的选择及是否考虑使用加班、外包等临时措施等，这些都是制订能力计划方案所要考虑的内容。所考虑的重点不同，会形成不同的候选方案。一般来说，至少应给出 3~5 个候选方案。

（4）评价每个方案

评价包括两方面：定量评价和定性评价。定量评价主要从财务的角度出发，以所要进行的投资为基准，比较各种方案给企业带来的收益及投资回收情况。这里，可使用净现值法、盈亏平衡分析法、投资回收率法等不同方法。定性评价主要考虑不能用财务分析来判断的其他因素，如是否与企业的整体战略相符、与竞争策略的关系、技术变化因素、人员成本等，这些因素的考虑，有些实际上仍可进行定量计算（如人员成本），有些则需要用经验来判断。在进行定性评价时，可对未来进行一系列的假设。例如，给出一组最坏的假设：需求比预测值要小、竞争更激烈、建设费用更高等；也可以给出一组完全相反的假设，即最好的假设，用多组这样的不同假设来考虑投资方案的好坏。

5.5 生产计划

5.5.1 生产计划的定义和内容

1．生产计划的定义

生产计划指关于企业生产运作系统总体方面的计划，是企业在计划期应达到的产品品种、质量、产量和产值等生产任务的计划和对产品生产进度的安排。它反映的并非某几个生产岗位或某一条生产线的生产活动，也并非产品生产的细节问题及一些具体的机器设备、人力和其他生产资源的使用安排问题，而是指导企业计划期生产活动的纲领性方案。

2．生产计划的内容

生产计划是企业为了生产出符合市场需要或顾客要求的产品，所确定的在什么时候生产、在哪个车间生产及如何生产的总体计划。企业的生产计划是根据销售计划制订的，它又是企业制订物资供应计划、设备管理计划和生产作业计划的主要依据。

生产计划的主要内容包括：调查和预测社会对产品的需求、核定企业的生产能力、确定目标、制定策略、选择计划方法，以及正确制订生产计划、库存计划、生产进度计划和计划工作程序，另外还有计划的实施与控制工作。

5.5.2 生产计划的指标

生产计划指标是企业生产计划的重要内容之一。企业生产计划的主要指标有：产品品种、产品质量、产品产量和产值。企业生产计划的主要指标从不同侧面反映了企业生产产品的要求。

1．产品品种指标

产品品种指标包含两方面的内容：①企业在计划期内生产的产品名称、规格等的规定性；②企业在计划期内生产的不同品种、规格产品的数量。产品品种指标能够在一定程度上反映企业适应市场的能力。一般来说，品种越多，越能满足不同的需求，但是，过多的品种会分散企业的生产能力，难以形成规模优势。因此，企业应综合考虑，合理确定产品品种，加快产品的更新换代，努力开发新产品。

2．产品质量指标

产品质量指标指企业在计划期内生产的产品应该达到的质量标准，这包括内在质量与外在质量两个方面。内在质量，指产品的性能、使用寿命、工作精度、安全性、可靠性和可维修性等因素；外在质量，指产品的颜色、样式、包装等因素。在中国，产品的质量标准分为国家标准、部颁标准和企业标准三个层次。产品的质量标准是衡量一个企业的产品满足社会需要程度的重要标志，是企业赢得市场竞争的关键因素。

3．产品产量指标

产品产量指标，指企业在计划期内应生产的合格的工业品实物数量或应提供的合格的工业性劳务数量。产品产量指标常用实物指标或假定实物指标表示，如钢铁用"吨"，发电量用"千瓦·时"等表示。产品产量指标是表明企业生产成果的一个重要指标，它直接来源于企业的销售量指标，也是企业制定其他物量指标和消耗量指标的重要依据。

4．产品产值指标

产值指标，指用货币表示的企业生产产品的数量，它解决了企业生产多种产品时不同产品产量之间不能相加的问题。企业的产品产值指标有商品指标、总产值和净产值三种表现形式。

1）商品产值，指企业在计划期内生产的可供销售的产品或工业劳务的价值。其内容包括用自备原材料生产的可供销售的成品和半成品的价值、用订货者来料生产的产品的加工价值、对外完成的工业性劳务价值。

2）总产值，指用货币表现的企业在计划期内应该完成的产品和劳务总量。它反映企业在计划期内生产的总规模和总水平，其内容包括商品产值、订货者来料的价值，以及在制品、半成品、自制工具的期末期初差额价值，它是计算企业生产发展速度和劳动生产率的依据。

3）净产值，指企业在计划期内新创造的价值。它一般按现行价格计算工业净产值，可采用生产法与分配法。

按生产法计算净产值是以总产值为基础的，其计算公式为

$$净产值 \times 总产值 + 物质消耗价值$$

物质消耗价值指原材料、燃料、辅助材料、外购动力、固定资产折旧价值及其他物质消耗费用。

按分配法计算净产值，是从国民收入的初次分配出发，将构成净产值的各项要素，如工资、利润、税金等直接加总。其计算公式为

净产值×工资+税金+利润+其他属于国民收入初次分配性质的支出

其他属于国民收入初次分配性质的支出主要包括：差旅费、市内交通费、员工培养费、利息支出、罚金支出等。

5.5.3 生产计划的分类

生产计划可以根据时间、内容和适应性来分类。

1. 根据时间划分

根据计划时间的长短，可以把生产计划分为以下几种。

1）长期生产计划。长期生产计划必须在生产资料采购开始前制订好，这是因为长期生产计划需要考虑在一个较长的时间过程中生产能力可能发生的较大变化。

2）中期生产计划。通常，中期生产计划是需求调查和材料采购的基础。中期生产计划必须在材料采购到生产开始这段时间内制订好，关键是要看其在整个材料采购期间是否完成。

3）短期生产计划。短期生产计划必须在生产开始之前制订好，还应考虑车间能够接受的所有进度计划。

长期、中期和短期生产计划的比较如表 5.3 所示。

表 5.3 长期、中期、短期生产计划比较表

分类 特点	长期（战略层）	中期（管理层）	短期（作业层）
计划层总任务	制定总目标及获取所需的资源	有效利用现有资源，满足市场需求	最适当地配置生产能力，执行厂级计划
管理层次	高层	中层	基层
时间期	3～5 年或更长	1～1.5 年	小于 6 个月
详细程度	非常概括	概略	具体、详细
不确定性程度	高	中	低
决策变量	产品线 工厂规模 设备选择 供应渠道 劳工培训 生产与库存管理系统类型选择	工厂工作时间 劳动力数量 库存水平 外包量 生产速率	生产品种 生产数量 生产顺序 何处生产 何时生产 物料库存控制方式

2. 根据适应性划分

根据不同的适应种类，生产计划可分为以下几种。

1）修正式计划。修正式计划就是制订两个以上时期的计划并且相应地加以适应。修正的依据：①需求，但由于计划的有效性，根据需求修正计划常常有不透彻和不安全的缺点；②固定的修正时间，即计划在一定的时间内保持不变，除非有特殊情况。可以肯定的是，现有的生产计划是作为生产文件使用的。

一旦发现客观现实发生变化，还是需要修正计划的。

2）选择式计划。由于未来的不确定性，可以制订许多不同的生产计划，以便针对不同的情况加以选择。对于短期计划来说，可以在相关的生产计划中说明在什么情况下选择使用什么样的计划。

3）滚动式计划。这种方法适用于所有的生产计划，包括长期、中期和短期生产计划。滚动式计划通过检查和修正后在下一阶段实施。这种滚动修正可以是针对整个计划的，也可是针对每一个计划期间过程的。

5.5.4 总体计划与制订

1. 总体计划的定义

总体计划是生产制造活动的前期工作，它属于企业一级管理层的业务活动，主要内容包括计划期的总产量计划与进度计划。计划期的长度一般为一年，具体视生产的特点而定，生产周期与需求波动周期较长者，计划期相对要长一些，反之，则短一些。该计划的主要目的是合理利用企业生产资源。

2. 总体计划制订的基本思路

制订总体计划时需要确定合乎逻辑的抽象产品和计划单位，如彩电，不考虑什么型号规格，以"台"为计划单位，钢铁厂以"吨"为计划单位，等等。确定的原则是能够以它为单位做计划期长度内的预测，又能够将有关的生产成本分离开来。这些原则是必要的，有了这两条，就可以对计划进行利润和成本的判定。

首先，需要能使利润最大化的生产计划，即在一定的生产资源条件和市场约束下，如何计划才能使利润最大。

其次，做进度计划，这时确定的计划目标是成本最低。当市场需求波动较大时，做进度计划时往往需要大幅度地调整各种生产资源，而不同资源的价格是不同的，对成本会有很大影响。

3. 总体计划的信息来源

总体计划是对企业未来较长一段时间内资源和需求之间的平衡所进行的概括性的设想，它要根据企业所拥有的生产能力和需求预测对企业的产出内容、产出速度、劳动力水平、库存投资等问题进行概括性的决策。这些决策必须在与企业生产经营有关的多种信息基础上做出。这些信息需要企业不同的部门来提供。企业总体计划所需的信息及其来源如表 5.4 所示。

表 5.4　企业总体计划所需的信息及其来源

所 需 信 息	信 息 来 源
新产品开发情况 主要产品和工艺改变（对投入资源的影响） 工作标准（人员标准和设备标准）	技术部门
成本数据 企业的财务状态	财务部门
劳动力市场状况；现有人力情况；培训能力	人事管理部门
现有设备能力；劳动生产率；现有人员水平；新设备计划	制造（生产）部门
市场需求预测；经济形势；竞争对手状况	市场营销部门
原材料供应情况；供应商、承包商的能力； 现有库存水平；仓储能力	物料管理部门

由于总体计划对一个企业来说是非常重要的，因此各种信息应尽量正确，并保证及时提供。所以，每一个部门应有一个级别较高的人来负责此事，提供信息，并参与总体计划的制订。

4．生产管理中总体计划的决策

由于总体计划的主要目标之间存在着相悖关系，那么，就需要对这些相悖关系的目标进行平衡。在对这些具有相悖关系的目标进行平衡时，首先需要提出一些初步的候选方案，然后综合考虑，进行最后的决策。那么，第一步，如何制订初步的候选方案？一般来说，有两种基本的决策方式：稳妥应变型和积极进取型。

（1）稳妥应变型

基本思路是根据市场需求制订相应的计划，即将预测的市场需求视为给定条件，通过改变人员水平、加班加点、安排休假、改变库存水平、外协等方式来对付市场需求。在这种基本的思路之下，常用的应变方法有以下几种。

1）调节人力水平。通过聘用和解聘人员来实现这一点。当人员来源充足且主要是非熟练工人或半熟练工人时，采用这一方法是可行的，但是，对于很多企业来说，符合其技能要求的人员来源是非常有限的，新工人需要加以培训，培训是需要时间的，一个企业的培训设施能力也是有限的。此外，对于很多企业来说，解聘工人是很困难的，或者说在很特殊的情况下才有可能（如社会制度的不同、工会强大与否、行业特点、社会保险制度的特点），而对于某些产业来说，解聘再聘则是很平常的事（如旅游业、农场等）。

2）加班或部分开工。另一个方法是加班或减少工作时间（部分开工）。当正常工作时间不足以满足需求时，可考虑加班；反过来，正常工作时间的产量大于需求量，可部分开工，只生产所需的量。但是，加班需要付出更高的工资，通常为正常工资的 1.5 倍，这是生产运作管理人员经常限制加班时间的主要原因。工人有时候也不愿意加班。此外，加班过多还会导致生产率降低、质量下降等。部分开工是在需求不足但又不解聘人员的情况下才使用的方法。

在许多采取工艺对象专业化组织方式的企业，对工人所需技能的要求较高，再聘请具有相当技能的人不容易，就常常采用这种方法。在有些情况下，这只是一种不得已而为之的方法，如根据合同或有关法规不能解聘人员。这种方法的主要缺点是生产成本升高（单位产品中的人工成本增加），人力资源、设备效率低下。

3）安排休假。即在需求淡季时只留下一部分基本人员进行设备维修和最低限度的生产，大部分设备和人员都停工，在这段时间内，可使工人全部休假或部分休假。例如，西方企业经常在圣诞节期间使用这种方案，它们不仅利用这段时间进行设备维修、安装等，还借此减少库存。这种方案可有几种使用方法，如由企业安排工人的休假时间和休假长度（按需求）；或企业规定每年的休假长度，由工人自由选择时间。前者容易操作，而后者需要考虑在需求高峰时如何对应工人的休假要求。此外，还有有偿休假、无偿休假等方式。

4）利用调节库存。可在需求淡季储存一些调节库存，在需求旺季时使用。这种方法可以使生产速率和人员保持在一定水平，但需要耗费相当大的成本。成品的储存是最费钱的一种库存投资形式，因为它所包含的附加劳动最多。因此，如果有可能的话，应该尽量储藏零部件、半成品，当需求到来时，再迅速组装。

5）外协。这是用来弥补生产能力短期不足的常用方法。可利用承包商提供服务、制作零部件，在某些情况下，也可以让它们承包完成品。

总而言之，稳妥应变型的决策最终要决定不同时间段的不同生产速率，无论上述哪一种应变方法或哪几种应变方法被考虑，都意味着在该事件段内的产出速率被决定了。换言之，生产速率是上述这些因素的函数。

（2）积极进取型

用稳妥应变型的思路来处理季节性需求或其他波动较大的需求往往需要花费较高成本，与之相反，积极进取型则力图通过调节需求模式，影响、改变需求，调节对资源的不平衡要求来达到有效的、低成本地满足需求的目的，常用的方法如下。

① 导入互补产品。也就是说，使不同产品的需求"峰""谷"错开。例如，生产拖拉机的企业可同时生产机动雪橇，这样其主要部件——发动机的年间需求则可基本保持稳定（春、夏季主要装配拖拉机，秋、冬季主要装配雪橇）。关键是找到合适的互补产品，它们既能够充分使用现有资源（人力、设备），又可以使不同需求的峰、谷错开，使产出保持均衡。

② 调整价格，刺激淡季需求。在需求淡季，可通过各种促销活动或降低价格等方式刺激需求。例如，夏季削价出售冬季服装；冬季降价出售空调；航空货运业在需求淡季出售廉价飞机票等。

一般来说，基于稳妥应变型思路的候选方案主要由生产运作管理人员来审查合适与否，给予积极进取型思路的方案主要由市场营销人员来考虑。重要的是这两种基本思路的有机结合及这两个部门人员的密切合作，只有这样，才能使一个综合计划达到最优或次优。

5.5.5 主生产计划

主生产计划（Master Production Schedule，MPS）用来确定每一个具体的最终产品在每一个具体时间段的生产数量。这里的时间段通常以周为单位，有时也可能是日、旬或月。

1. 主生产计划的意义

主生产计划按时间分段方法去计划企业将生产的最终产品的数量和交货期。主生产计划是一种先期生产计划,它给出了特定的项目或产品在每个计划周期的生产数量。一个有效的主生产计划是对客户需求的一种承诺,它充分利用企业资源,协调生产与市场,实现生产计划大纲中所表达的企业经营目标。主生产计划在计划管理中起"龙头"模块作用,它决定了后续的所有计划及制造行为的目标,在短期内作为物料需求计划、零件生产计划、订货优先级和短期能力需求计划的依据,在长期上作为估计本厂生产能力、仓储能力、技术人员、资金等资源需求的依据。

2. 主生产计划的编制原则

在编制主生产计划时,应遵循如下一些基本原则。

(1) 最少项目原则

用最少的项目数进行主生产计划的安排。如果主生产计划中的项目数过多,就会使预测和管理都变得困难。因此,要根据不同的制造环境,选取产品结构不同的级,进行主生产计划的编制。使得在产品结构这一级的制造和装配过程中,产品(或)部件选型的数目最少,以改进管理评审与控制。

(2) 独立具体原则

要列出实际的、具体的可构造项目,而不是一些项目组或计划清单项目。这些产品可分解成可识别的零件或组件。主生产计划应该列出实际的要采购或制造的项目,而不是计划清单项目。

(3) 关键项目原则

列出对生产能力、财务指标或关键材料有重大影响的项目。对生产能力有重大影响的项目指那些对生产和装配过程起重大影响的项目,如一些大批量项目、造成生产能力的瓶颈环节的项目或通过关键工作中心的项目。对财务指标而言,指的是与公司的利润效益最为关系密切的项目,如制造费用高、含有贵重部件、昂贵原材料、高费用的生产工艺或有特殊要求的部件项目。还包括那些作为公司主要利润来源的相对不贵的项目。而对于关键材料而言,是指那些提前期很长或供应厂商有限的项目。

(4) 全面代表原则

计划的项目应尽可能全面代表企业的生产产品。MPS 应覆盖被该 MPS 驱动的 MRP 程序中尽可能多的组件,反映关于制造设施特别是瓶颈资源或关键工作中心的尽可能多的信息。

(5) 适当裕量原则

留有适当余地,并考虑预防性维修设备的时间。可把预防性维修作为一个项目安排在 MPS 中,也可以按预防性维修的时间,减少工作中心的能力。

(6) 适当稳定原则

在有效的期限内应保持适当稳定。主生产计划制订后在有效的期限内应保持适当稳定,那种只按照主观愿望随意改动的做法,将会引起系统原有的、合理的、正常的优先级计划的破坏,削弱系统的计划能力。

5.6 生产作业计划

5.6.1 生产作业计划的概念与依据

1. 生产作业计划的概念

生产作业计划是把生产年度计划中规定的月度生产任务具体分配到各车间、工段、班组乃至每个工作地和个人，规定他们在月、旬、周、日乃至轮班和小时内的具体生产任务，并按日历顺序安排生产进度，从而保证按品种、质量、数量、期限和成本完成企业的生产任务。

2. 生产作业计划的编制依据

生产作业计划是协调企业日常各项生产工作的中心环节。

1) 生产任务方面的资料。生产计划、订货合同及协议、新产品试制任务；厂外协作任务、车间之间协作的任务。

2) 设计工艺方面的资料。产品零部件的图样、加工验收技术条件、工艺规程；产品装配图、工艺路线、自制或外购零件清单。

3) 生产能力方面的资料。人员配备；设备情况、厂房生产面积情况；产品工(台)时定额。

4) 生产准备方面的资料。工装目录；原材料的供应情况，能源情况，材料定额；运输的能力。

5) 前期计划完成情况资料。各种产品、零件的工时消耗定额及其分析资料；产品质量分析材料；配套缺件及在制品期末结存量；工(台)时利用率、工人出勤率。

6) 主要产品的期量标准及其变动情况的资料。

5.6.2 生产作业计划标准

1. 生产作业计划标准的概念

生产作业计划标准又称期量标准，是指为制造对象在生产期限和生产数量方面所规定的标准数据，它是编制生产作业计划的重要依据。先进合理的期量标准是编制生产作业计划的重要依据，它是保证生产的配套性、连续性、充分利用设备能力的重要条件。制定合理的期量标准，对于准确确定产品的投入和产出时间、做好生产过程各环节的衔接、缩短产品生产周期、减少企业在制品占用有重要的作用。

2. 期量标准的类型

期量标准严格地规定了各种产品的生产和投入时间。各环节的期限和数量随着企业生产类型、生产组织形式的不同而产生不同的联系方式，因而形成不同的期量标准。

1) 大量生产的期量标准主要有：节拍、节奏、在制品储备量定额和流水线标准工作指示图表等。

2）成批生产的期量标准有：批量、生产间隔期、生产周期、提前期和在制品定额。
3）单件小批生产的期量标准有：产品生产周期和生产提前期等。
4）成批生产企业的期量标准。

3．期量标准的制定

期量标准的制定涉及批量和时间间隔两个方面。

批量是花费一次准备结束时间投入生产的同种产品的数量。准备结束时间指生产开始前熟悉图样、领取工具、调整设备工装等工作所花费的时间。

生产间隔期指前后两批相同制品投入（或出产）的间隔时间。生产间隔期和批量有密切的关系，可用下式表示：

$$生产批量=计划期平均日产量×生产间隔期$$

确定批量和生产间隔期的方法：以量定期法和以期定量法。

（1）以量定期法

基本原理是根据提高经济效益的要求先确定一个最初批量，然后据此计算生产间隔期并修正最初批量。

1）最小批量法。

要求批量能保证设备调整时间损失与一批制品加工时间的比值不超过允许的数值。计算公式如下：

$$Q_{\min}=t_{ad}/K_{调}\times t$$

式中，$Q_{\min}$ 为最小批量（件）；t_{ad} 为设备调整时间（min、h）；$K_{调}$ 为设备调整的时间损失系数；t 为工序单件时间（min、h）。

设备调整时间损失系数根据企业实际生产情况进行确定。影响因素有生产类型、零件大小和设备负荷系数等。

最小批量法适用于对关键设备和贵重设备的批量决策。

2）经济批量法。

经济批量法指根据单位产品支付费用最小原则确定批量的方法，又称"最小费用法"。生产批量的大小对成本影响较大。批量大，可以减少设备调整费用，而在制品费用却相应增大；批量小，虽可减小在制品费用，但要增大设备调整费用。其计算公式为：

$$Q=\sqrt{\frac{2N\times A}{C\times i}}$$

式中，Q 为经济批量；N 为年度计划生产任务（件、套）；A 为设备调整一次所需费用（元）；C 为单位产品成本（元）；i 为年保管费率。

例如：某产品全年生产任务为20000件，设备调整一次费用为1500元，单位产品成本为120元，年平均保管费用率为20%，则经济批量为

$$Q=\sqrt{2\times 20\,000\times 1500/120\times 20\%}=1852（件）$$

无论是最小批量法还是经济批量法，求出的批量都是初步的，还要根据以下几方面进行适当的调整和修正：

① 批量应与月产量相等或成倍数关系；
② 供应车间的批量要与需求车间的批量成倍数关系；

③ 批量应尽可能与工装、设备容量和相适应；

④ 批量应不低于半个班的产量。

在批量确定后，即可据之确定生产间隔期。在平均日产量不变的情况下，批量越大，生产间隔期就越长。

（2）以期定量法

以期定量法的基本原理是根据工艺特点、零件复杂程度等因素凭经验确定生产间隔期，然后据以计算批量，使批量与其相适应。为了管理上的方便，企业都事先制定好标准生产间隔期，数值通常取月工作日（20天）的约数，如1天、2天、4天、5天（一周）、10天、20天（1月）等。采用这种方法使生产间隔期和相应的批量规范化了，便于管理。

4．生产作业计划编制

不同生产类型企业选择不同的编制方法，主要有生产周期法、生产提前期法、在制品定额法等，随着科学技术的发展，网络法等新的生产作业计划编制方法也得到了广泛运用。

（1）生产周期法

生产周期指从原材料投入生产开始到成品出产为止所经过的全部日历时间。对于机械产品而言，它包括零件的毛坯制造、机械加工、部件装配、总装配等工艺阶段的生产周期。生产周期是确定产品各零件和毛坯的投入出产时间、编制生产作业计划的重要依据，对于提高劳动率、加速资金周转等都有重要意义。

1）一批零件生产周期的计算。在成批生产条件下，一批零件的生产周期在很大程度上取决于零件在各道工序上制造的移动方式。通常先按顺序移动方式计算出一个生产周期，然后用平行系数进行修正。

2）产品生产周期的计算。产品的生产周期是整批产品各工艺阶段的生产周期与保险期之和。

$$T_{产品}=T_{毛}+T_{毛保}+T_{加}+T_{加保}+T_{部装}+T_{总装}$$

式中，$T_{产品}$为产品生产周期；$T_{毛}$为毛坯生产周期；$T_{毛保}$为毛坯保险期；$T_{加}$为加工生产周期；$T_{加保}$为加工保险期；$T_{部装}$为部件装配生产周期；$T_{总装}$为产品总装配生产周期。

确定成批生产条件下的生产周期，需要考虑每批零部件在各工艺阶段的移动方式，以及零件在各车间的成套周期等诸多因素。用公式计算不但复杂，而且和实际脱节，因此在生产实践中一般采用图表法，即用反工艺顺序绘制出各工艺阶段的衔接关系及各工艺阶段的生产周期指示图表。

（2）生产提前期法

生产提前期指产品（毛坯、零部件）在生产过程的各工艺阶段投入(或产出)的日期比成品出产的日期要提前的时间。

生产提前期可以分为投入提前期和出产提前期。

生产提前期是从产品装配出产日期开始，按各工艺阶段的生产周期和出产间隔期反工艺顺序推算的。

1）前后工序车间的生产批量相等。

① 投入提前期。每一个车间的投入提前期都比该车间出产提前期提早一个该车间的生产周期，所以其计算公式为：

$$T_{投}=T_{出}+T_{周}$$

式中，$T_{投}$为车间投入提前期；$T_{出}$为本车间出产提前期；$T_{周}$为本车间生产周期。

② 出产提前期。提前期的计算是按反工艺顺序进行的。

$$T_{出}=T_{后投}+T_{保}$$

式中，$T_{出}$为某车间出产提前期；$T_{后投}$为后车间投入提前期；$T_{保}$为两车间之间的保险期。

2）前后工序车间的生产批量不等。前后工序车间的生产批量不等，但是前工序车间的批量是后工序车间批量的倍数时，生产提前期的计算如下：

① 车间投入提前期的计算公式与上述方法相同；

② 出产提前期的计算公式如下：

$$T_{出}=T_{后投}+T_{保}+(T_{生}-T_{后生})$$

式中，$T_{出}$为车间出产提前期；$T_{后投}$为后车间投入提前期；$T_{保}$为两车间之间的保险期；$T_{生}$为本车间生产间隔期；$T_{后生}$为后车间生产间隔期。

（3）在制品定额法

在制品定额指从原材料投入到成品入库为止，处于生产过程各环节尚未完工的产品(毛坯、零件、部件)的总称，即生产过程各环节所需占用的最低限度的在制品数量。

在成批生产条件下，在制品定额分为车间内部在制品储备量（周转储备量）和车间之间储备量（库存储备量）。

1）车间内部在制品储备量（周转储备量）：指在制品成批投入车间到出产入库以前在车间内部占用的数量。

成批生产条件下，周转储备量指月末的在制品数量，这是由于在制品成批投入到月末尚未完工而形成的。公式如下：

$$Z_{平}=T_{周}N_{平}=\frac{T_{周}Q}{R}$$

式中，$Z_{平}$为平均周转储备量；$T_{周}$为批零件的生产周期；Q为零件批量；R为该零件在该车间的生产间隔期；$N_{平}$为平均日产量。

当$T_{周}<R$时，月末在制品可能有一批，也可能没有，有无在制品取决于月末最后一批投入出产的日期。

当$T_{周}=R$时，任何时间都有一批在制品。

当$T_{周}>R$时，$T_{周}/R$即为月末车间在制品的批数。

2）车间之间储备量（库存储备量）：指车间之间的毛坯库或零件库中的半成品储备量。由于前后车间生产率不同、工作班次、批量、间隔期不同或投入生产的时间不协调而形成的在制品。

其最大储备量计算公式如下：

$$Z_{max}=NT=NR_{前}=Q_{前}$$

式中，N为平均日需量；T为库存天数；$R_{前}$为前车间出产间隔期；$Q_{前}$为前车间出产批量。

5.6.3 大批量生产作业计划的制订

1. 厂级生产作业计划的编制

（1）规定车间生产任务的计划单位

在大量生产条件下一般采用零件计划单位。零件计划单位以产品的每种具体零件作为计划单位规定车间的生产任务。

零件计划单位的优点是零件在各车间之间紧密衔接,生产周期较短,资金占用较少,厂部对生产情况的掌握比较清晰,当生产情况出现变动时,便于对作业计划进行调整。

零件计划单位的缺点是产品零件繁多,作业编制计划较为复杂,工作量大,权力集中在厂部,不利于调动车间生产的积极性和主动性。

(2) 规定车间生产任务

在大批生产条件下,企业各个车间生产任务和工艺稳定,生产的产品品种少、产量大,车间之间联系紧密。只要前车间的半成品能满足后车间的生产和车间之间库存半成品的需要,生产即可协调、均衡地进行。

大批量生产作业计划的编制主要解决各车间之间生产数量协调的问题。一般采用在制品定额法来规定车间的生产任务。

2. 车间内部生产作业计划的编制

车间内部生产作业计划将厂部下达的生产任务进一步具体化,将其分配至工段、小组并为其制订作业任务。

具体编制方法要考虑车间规模、工段和小组的专业化程度。

(1) 工段和小组的生产作业计划

在大批量生产条件下,各车间的工段和小组生产任务比较稳定,执行的工艺比较固定,因此,只要确定每个工作地和每个工人的生产任务,即可编制生产计划。

如果工段和小组是按对象原则组成的,可以将生产任务直接分配给它们。

如果工段和小组是按工艺原则组成的,可以按反工艺顺序进行平衡计算,然后将生产任务分配给它们。

(2) 工作班计划

工作班计划要规定每个工作地、每个工人在一个轮班内的产量任务。

5.6.4 成批生产作业计划的编制

1. 厂级生产作业计划的编制

(1) 车间生产任务的计划单位

1) 台份计划单位。台份计划单位就是以装配所需的全套零件作为统一的计划单位。各车间、工段根据自己的零件明细表按规定组织生产。

同一种产品的一台份对各车间所包含的内容是不同的。厂部负责列出计划生产任务的产品名称、规格、型号、数量。

台份计划单位的优点是厂部编制计划简单,车间生产机动性大,有利于加强车间成套出产的责任心;台份计划单位的缺点是厂部不容易掌握车间的生产情况,零件要积压很长时间,占用了流动资金。

台份计划单位一般适用于生产周期较短、加工劳动量较小的多品种成批生产企业。

2) 零件组计划单位。零件组计划单位就是以产品中具有相同特点的零件作为计划单位。

厂部按零件组下达任务，只需列出零件组名称、数量、进度。各车间按照事先编制好的零件组的分组明细表安排生产。

零件组计划单位的优点是既满足了同类零件归类的要求，又满足了零件的批量、生产间隔期、生产周期的特点；零件组计划单位的缺点是增大了计划的工作量。

零件组计划单位一般适用于产品系列化、零部件标准化程度较高、品种较稳定的成批生产企业。

（2）车间生产任务的制订

在多品种成批生产条件下，产品定期轮番成批生产，车间生产任务的制订一般使用提前期法。提前期法就是将预先制定的提前期转化为提前量，确定各车间计划期应完成的投入和产出数。通常用累计编号法来表示车间的投入与出产任务。在累计编号法中，各车间投入生产的数量常用累计数表示。累计数是从计划年度开始生产某种产品的第一台算起，对每一台产品顺序地编上号码。产品越接近装配车间，累计数越小；产品越接近开始阶段，累计数越大。累计编号法的主要环节是规定各车间投入和出产的累计数，以此来联系和调节各车间之间的衔接关系，掌握各车间生产进度和确定计划月任务量。计算公式如下：

$$L_{出}=L_{装出}+T_{出}\times q$$
$$L_{投}=L_{装出}+T_{投}\times q$$

式中，$L_{出}$为某车间出产累计数；$L_{装出}$为装配车间成品出产累计数；$T_{出}$为某车间出产提前期日数；q为装配车间平均日产量；$L_{投}$为某车间投入累计数；$T_{投}$为某车间投入提前期日数。

各车间在计划期内应完成的出产量和投入量的计算公式如下：

$$Q_{出}=L_{出}-L_{出初}；\quad Q_{投}=L_{投}-L_{投初}$$

式中，$L_{出初}$为该车间计划期初已达到的出产累计数；$L_{投初}$为该车间计划期初已达到的投入累计数。

在逐月产量比较稳定的大量生产条件下才适宜以平均日产量来计算各车间累计数。

在逐月产量不稳定的大量生产条件下或间断生产的多品种成批轮番生产中，应按产品出产的时间要求，根据提前期和数量、批量等来确定各车间提前生产零部件的时间和累计数。

经过上述公式计算出的计划任务还应根据批量加以修正。

2. 车间内部生产作业计划的编制

车间内部生产作业计划一般包括工段、工作地月度生产计划或旬生产作业计划。

根据厂部下达的生产任务编制车间的月度和旬（周）作业计划，旬（周）作业计划是月度计划的具体化。当厂部下达的计划单位与工段不同时，车间根据工段的生产能力将厂部下达的任务直接分发给相关的工段；当厂部下达的计划单位与各工段相同时，车间需要将零部件分解，再按各工段的专业分工进行分配；如果个别工序需要跨工段加工，车间则需要编制协作加工计划。如果工段按照对象原则组成，则其月度计划只需从车间月度生产任务中提出即可。

如果工段按照工艺原则组成，可以按照在制品定额法或累计编号法通过在制品定额、提前期定额标准安排任务，并相应地编制生产作业计划。

5.6.5 单件小批生产作业计划的编制

1. 厂级生产作业计划的编制

（1）车间生产任务的计划单位

1）成套部件计划单位。成套部件计划单位就是以产品的某一工艺部件的全套零件作为计划单位。它是按照产品装配的工艺顺序，根据各车间、工段负责生产该部件零件分工明细表确定的。按此计划单位规定各车间生产任务时，厂部负责列出应生产的部件名称、数量及生产进度。

成套部件计划单位的优点：一是减少了装配的等待时间，从而减少资金占用，缩短生产周期；二是能够保证部件生产的成套性。成套部件计划单位的缺点是限制了同类零件成批生产的可能性，影响劳动生产率和经济效益的提高。

2）订货计划单位。订货计划单位就是以一项订货的全部产品作为计划单位。适用于按订货生产、产品品种繁多的单件小批生产类型的企业。

（2）规定车间生产任务

车间生产任务的规定取决于车间的生产组织形式和生产类型。单件小批生产任务一般都是一次性的，或者是不定期重复的，此时可以选择生产周期法规定生产任务。生产周期法根据产品的装配系统和工艺过程、工时定额、车间生产能力等资料，绘制出产品生产周期图表，工作程序如下：

1）根据各项订货的生产周期制定出各种产品的生产周期表；
2）根据各种产品的生产周期图表编制全厂各种产品投入出产综合进度计划。

2. 车间内部生产作业计划的编制

先对其中主要零件、主要工种安排计划，以此来指导生产过程中各工艺阶段的衔接。其余零件可以根据产品生产周期图表中规定的各工艺阶段的提前期类别，或按厂部计划规定的具体日期，以旬或周为单位，按各零件的生产周期规定投入时间和出产时间。

【小故事】

"如果 Toyota 能够在 24 小时内装配一部汽车、Dell 能够在 4 小时内装配一部计算机，为什么你要用 40 小时去装配一张床？难道你认为一张床会比一部汽车复杂吗？"唐博士的这句话让陈先生陷入疑惑与兴奋的挣扎。

陈先生在珠三角地区有一家 100 多人的工厂，生产一种可调节的床，他对该产品一直非常有信心。产品的国内市场售价很高，订单仍纷至沓来，应接不暇，市场前景一片喜人。然而，几个月前该厂不得不停止接新单。究其原因，其一，国内客户付款期拖长导致资金周转失灵，没钱购买原材料；其二，厂房有限和熟练工人大批流失致使产能难以及时跟上。

分析了工厂的处境后，陈先生自己认为，寻求海外投资可解燃眉之急。但是，实际的融资操作并非一帆风顺，海外投资者挑剔的眼光让融资需求难以在短期内得以满足。这让陈先生一时无计可施。长期担任世界知名公司管理顾问的香港优质管理顾问公司的唐伟国博士则认为，解决此等问题更为现实的方案应该从大幅度提升生产力空间下手。唐博士在实地考察了生产车间后，为陈先生的工厂做了初步诊断并开出了药方：突破传统思维，引入精益生产的先进管理模式，改善整个生产流程的设计，培养决策层及管理层的公司全局发展观念。

思考：

一张床从进料生产到出厂的全过程耗掉全厂 100 多名员工的时间，效率极其低下，如果通过初步改善生产流程的某些环节，完全能将时间缩短 1/2；如果全面实施精益生产，控制到 10 小时甚至更短时间的可能性是非常大的。缩短 1/2 的生产流程，意味着现金流压力将随之大力缓解；再进一步提升 4 倍生产能力，可减少本来用于扩建厂房的大笔资金，同时劳工短缺等棘手问题也可得以解决。假设一旦成立，陈先生完全可以不用这么迫切地寻求外资加盟。

引入精益生产并非易事，具体怎样令企业拥有一整套近乎完美的生产流程、训练员工培养"从一开始就把事情做对"的观念呢？这个问题留给同学思考。

企业管理实训

【实训主题】生产系统

【实训过程设计】

1）阅读下面的故事，结合教学内容，按每组 5~6 人进行讨论。

2）请小组长代表小组意见，说明大发快餐店的竞争优势在哪里？它的生产系统有何问题？

3）假设你是大发快餐店的老板，你认为麦当劳的优势在哪？如何确立自己的优势、获得市场份额？

4）请你提出改进大发快餐店生产系统的建议。

【实训目的】

1）理论联系实际，培养学生解决实际问题的能力，提高学生的学习兴趣。

2）培养学生的团队合作能力，培养团队精神。

【背景材料】大发快餐店

大发快餐店是一个典型的中国式快餐店，经营的品种很多，包括中国人习惯食用的如面粉类、饭菜类、包子、水饺等 20~30 种款式，却没有特色，任何一个馆子都可供应。但该店位于繁华地段，人流量大，加上该店有适当的设施和装饰，环境较为适宜，因此每到就餐时段，就门庭若市、应接不暇，就餐座次周转率也很高，从而为该店带来了较丰厚的利润，使该店的投资者兼总经理孙先生笑逐颜开。

但是，上个月末，全球闻名的麦当劳在不太远的地方开了一间快餐店。虽然对本店营业无太大影响，但也人来人往、座无虚席。

孙先生怀着一种难以表白的心情来到麦当劳店。他发觉，麦当劳主要是制作几种款式的汉堡包和若干种饮料、冰淇淋，品种比较单一，价格也贵一些，但食品的制作质量与服务确实别具特色，设施完备（如有自动记录和收款机），而且制作食物和服务标准化，服务迅速，态度良好，加上灵活的促销手段，如赠送小玩具、开业时广为宣传等，给人留下了深刻印象。

孙经理回来后，参看了国外书籍上介绍的麦当劳服务流程图，想起自己快餐店的服务流程与其不同。大发快餐店是顾客先到柜台上订购食品并付款，只有一个柜台，两名服务员，手工操作，人多了就得排队。然后，顾客自己拿着订单到各个食物制作点等候加工和取得食品，再到座位上就餐。各个制作点对食物加工的数量与质量虽有规定，但未标准化，制作人员有一定的随意性，也未经常严格检查。各个制作点有时繁忙，有时又太空闲。顾客一般吃完就走，除特殊情况外很少留下意见，服务质量很难衡量。顾客因排队订购付款和等候取食物要花费一定时间，有时会等10分钟以上，顾客流较长。

近来，孙先生参加了工商管理学习班，学到了一些有关竞争优势、生产系统管理等知识，觉得要"大发"，就得如管理理论所说的保持和发展自己的竞争优势。同麦当劳快餐店比较，各自的竞争优势在哪里？生产系统在定位、能力及设施、服务方式方法、服务流程、人员培训等方面有哪些要研究和改进？孙经理正在思考这些问题。

资料来源：中国科学技术大学MBA生产运作管理案例库

综合练习

一、单项选择题

1. 运营管理的目的是建立一个高效率的生产制造系统，为企业制造（　　）的产品。
   A. 有效益　　　B. 质量高　　　C. 有竞争力　　　D. 有需求
2. 运营战略是企业设计的一套运用自己资源的政策和计划，用以支持（　　）的长期竞争战略。
   A. 企业　　　B. 企业组织　　　C. 生产系统　　　D. 制造系统
3. 生产管理是关于企业生产系统的（　　）、运行与改进工作的总称。
   A. 计划　　　B. 组织　　　C. 控制　　　D. 设计
4. 产品竞争力指企业生产的产品或提供的服务适合（　　）的能力，该能力可以决定企业在市场上的位置。
   A. 外部环境　　　B. 内部条件　　　C. 宏观政策　　　D. 市场需要
5. 企业内部基本生产单位指直接从事企业（　　）的生产单位。
   A. 劳务　　　B. 工业性作业　　　C. 辅助产品　　　D. 产品加工
6. 按产品专业化组成的生产单位的主要缺点之一是对产品变化的（　　）比较差。
   A. 生产能力　　　B. 应变能力　　　C. 竞争能力　　　D. 查定能力
7. 构成企业生产过程的最基本单位是（　　）。
   A. 班组　　　B. 工作地　　　C. 工序　　　D. 工步
8. 辅助生产过程指为保证（　　）正常进行所必需的辅助性生产活动，如供电、供气、工具模具制造、设备维修等活动。
   A. 毛坯生产过程　　　　　　B. 基本生产过程
   C. 零件生产过程　　　　　　D. 产品装配过程

9. 工作设计的目的是使工作分配能符合（　　）的技术要求及能符合承担工作任务的员工的个人要求。
    A．组织　　　　B．班组　　　　C．车间　　　　D．工作地
10. 批量指一次投入生产的同种（　　）的数量。
    A．商品　　　　B．制品　　　　C．产品　　　　D．部件
11. 生产能力指在计划期内，企业参与生产的全部（　　），在既定的组织技术条件下，所能生产的产品数量或能够处理的原材料数量。
    A．厂房　　　　B．机械设备　　C．固定资产　　D．流动资产
12. 企业在年度计划中规定本年度要达到的实际生产能力称为（　　）。
    A．设计能力　　B．查定能力　　C．计划能力　　D．竞争能力
13. 企业总体计划的主要目的是（　　）企业生产资源。
    A．增产节约　　B．合理利用　　C．努力降低　　D．合理分配
14. 线性规划是（　　）的一个最重要的分支，理论上最完善，实际应用得最广泛。
    A．概率论　　　B．线性代数　　C．运筹学　　　D．数理统计
15. 流水线作业指示图表是根据流水线的（　　）和工序时间定额来制定的。
    A．类型　　　　B．工作量　　　C．节拍　　　　D．长度
16. 在大量流水加工生产中，确定各车间生产任务的方法有（　　）和订货点法。
    A．提前期法　　　　　　　　　B．生产周期法
    C．在制品定额法　　　　　　　D．以期定量法

二、多项选择题

1. 影响产品竞争力的主要因素有（　　）。
    A．价格　　　　　　　　　　　B．包装
    C．性能　　　　　　　　　　　D．质量
    E．品牌
2. 按产品的生产数量不同可把企业划分成（　　）等生产类型。
    A．大量生产　　　　　　　　　B．单件小批生产
    C．合成型生产　　　　　　　　D．成批生产
    E．分解型生产
3. 总体计划的主要内容包括计划期的（　　）等方面。
    A．作业计划　　　　　　　　　B．总产量计划
    C．生产能力计划　　　　　　　D．进度计划
    E．物料需求计划
4. 生产系统在运行中主要执行（　　）等职能。
    A．计划　　　　　　　　　　　B．指挥
    C．控制　　　　　　　　　　　D．协调
    E．组织
5. 企业成本控制应按（　　）步骤进行。
    A．实施控制措施　　　　　　　B．偏差分析与控制决策

  C. 制定成本控制目标   D. 核算成本控制绩效
  E. 原材料成本控制
6. 企业在制定期量标准时，都应遵循（   ）的原则。
  A. 科学性   B. 合理性
  C. 先进性   D. 专业性
  E. 稳定性
7. 常用的制定劳动定额的方法有（   ）等几种。
  A. 经验估工法   B. 比较类推法
  C. 统计分析法   D. 工程技术计算法
  E. MOD法
8. 企业的生产过程由（   ）组成。
  A. 生产技术准备过程   B. 基本生产过程
  C. 辅助生产过程   D. 生产服务过程
  E. 工艺准备过程

三、简答题

1. 编制生产作业计划主要依据哪些资料？
2. 精益生产方式具有哪些基本的管理思想？
3. 在单一对象流水线组织设计过程中，主要包括哪些内容？

第 6 章

现代企业新产品开发与设备管理

 课前阅读：尚磁卫浴——重视新产品研发提高核心竞争力

尚磁卫浴最新研发的 UD-1667-D 座便器设计概念以"东情西韵"的魅力出发。在外观方面，高雅竹节设计，散发着中国独有的竹韵文化之美，传递出回归自然、享受健康的设计理念；而含金量达到 9% 的镶金边条，更使得这款新品座便器傲然出众，闪耀着欧式高贵气质，彰显不凡生活品质。除了功能上具有免刷及防溅设计之外，人性化细节设计也是这款座便器的亮点。配置 360° 旋转安装法兰，便于不同坑距的安装，满足客户不同的需求，为客户带来很大的便利。大排按钮设在座便器侧边，相对于水箱上方按钮来说使用更加方便，无须弯腰，可坐享轻松冲洗；而小排按钮则设在水箱右侧，避免双钮同按而浪费水源，充分体现了创新设计带来的人文关怀。可以看出，在研发设计中，"注重消费者的感受"这一原则已经嵌入尚磁卫浴的基因。

尚磁卫浴拥有先进的设备和多达 196 名专业研发人员，在技术研发上，与华南师范大学建立深度合作伙伴关系，共同攻关，取得技术的飞跃性突破，建成行业内独一无二的技术研发体系标准。在产品设计上，与意大利的 THUN、美国的 HOBBY LOBBY、英国的 HOAAROS 等国际领先品牌保持长期合作关系，双方结合国际级设计与研发优势，强强联手，始终引领卫浴产品设计的潮流；在生产上，采用先进工艺技术及管理模式和科学规范的程式化管理，产品内控标准严于国际标准和欧洲标准，国际领先水平的全自动计算机隧道窑生产线为产品质量提供品质保障。

尽管"后金融危机"时代市场变化莫测，经济持续低迷，品牌之间的竞争日趋激烈，尚磁卫浴始终以"技术创新，精益求精"为座右铭，产品研发经费都逐年递增。

资料来源：http://www.jieju.cn/News/20121012/Detail238284.htm。

 思考

没有设备就无法将新技术应用到企业的生产经营活动中，设备是技术的重要载体。尚瓷卫浴依靠先进的设备和专业的研发团队在产品研发、技术水平上的过硬内功，在全球客户心目中树立起了科技领先的品牌形象。尚磁卫浴以专业的精神、专业的态度致力于卫浴产品的研发、制造及销售，把掌握核心技术作为企业立身之本，锐意创新，不断完善和升级产品，努力提高产品性价比，为消费者提供更多样、更优质的产品选择，实现从"中国制造"到"中国创造"的目标，在可持续发展的道路上走得更远。

6.1 新产品开发管理

6.1.1 新产品的概念与分类

1. 新产品的概念

现有产品给企业带来的是目前的市场占有率和利润，而新产品代表的是企业将来的市场竞争力，它反映了企业长远的发展潜力。因此，现代企业都非常重视新产品的研究开发，将其作为生存和发展的战略重点，并且通过营销策略等的配合，适时地推出已经开发的新产品，从而给企业创造最佳竞争地位、有利的市场形势及最佳利润。

那么，对于企业而言，什么是新产品呢？

目前关于新产品还没有完全统一的定义，但可以这样来理解新产品：在一定地域内从未被生产过的具有一定新质的产品。

新产品在结构、性能、材质、技术特征、制造工艺等方面比老产品有显著改进或提高，或具有独创性、先进性、实用性，能为企业带来新的经济效益。对于那些在产品结构、性能等方面没有改变，只是外观装潢或包装等方面改进的产品，不是新产品。

2. 新产品的分类

按照与老产品的对比，可将新产品分为全新产品、换代新产品、改进新产品等；按照地区可分为国际新产品、国家新产品、省市自治区新产品等。

6.1.2 新产品的开发

1. 新产品的开发方式

新产品的开发通常以满足顾客的需要为出发点，并根据企业自身的资金、技术、设备等条件为前提，以经济效益为核心来进行。新产品的开发方式一般有以下几种。

（1）自行研制

自行研制指从产品的构思设计到试制成功并投放市场的全过程，都是由企业独立研究和制造的。这种方式的优点是：企业对该产品在各个方面（如技术专利等）都拥有绝对的权力，可以自由地决定有关产品的各项策略。缺点是：要求企业拥有比较强大的技术力量、资源及资金等开发和生产要素，一般用于开发国内外从未生产过的新型产品。

（2）技术引进

技术引进指引进国外或国内其他地区已有的新技术、成熟经验或设计图纸等，将其用于自己的新产品开发。这种方式的优点是：可以大大节约企业的研制费用和时间，尽快将新产品研发出来并投放到市场中。缺点是：企业在获得其他方面的新技术和成熟经验时，可能要付出比较大的代价，同时比较被动。

（3）自行研制与技术引进相结合

自行研制与技术引进相结合指企业在总结引进的技术和经验的基础上，将其与本企业新产品研发活动结合起来，不断创新，进而开发出完全具有自主产权的新产品。

2．新产品的开发程序

企业新产品开发的一般程序如下。

（1）调查研究

根据企业的经营目标、产品开发策略和企业各方面的资源条件，通过调查研究，确定新产品开发的方向和目标。

一般情况下，调查的内容有两个方面：一是要对市场状况进行调查，了解顾客对现有产品的意见和改进要求，以及顾客需求的变化趋势和影响因素；二是要对目前科学技术状况和发展趋势进行调查，掌握关于企业可以利用的科学技术状况，特别是新技术、新工艺、新材料、新设备等的发展状况，这对企业进行新产品开发非常有帮助。

（2）构思

利用调查到的信息，充分考虑顾客需求和竞争对手的情况，提前提出开发新产品的初步设想和构思创意并形成多个构思创意方案。

一般情况下，新产品研发人员可从下列途径获得一些灵感：顾客的需求和建议、博览会、展览会、企业内部员工的建议、专业情报资料等。

（3）筛选

对市场和企业实际状况及趋势的分析，对形成的构思创意方案进行筛选，从中剔除没有必要或没有可能的构思创意方案。

（4）产品设想

根据确定下来的构思创意方案对新产品进行具体化和形象化处理。

（5）可行性分析

从技术、经济、市场条件、社会环境等方面对产品进行可行性分析，最终判断开发某一种新产品是否可行。

（6）新产品设计研制

通过可行性分析选定最佳产品设想之后，要制作样品，经过从设计研制到试验，再改进，再设计研制，再试验，发展成为各方面可行的现实产品。

（7）试销

制造少量正式产品，经过周密筹划和精心组织，投放到一定范围内的市场进行试销。以检验在正常销售条件下新产品的市场反映。当然，并非所有的新产品都需要试销。

（8）正式投放市场

经过试销，如果证实新产品比较成功，就可以进行批量生产，并批量投放市场，这就是新产品的商业化，同时，通过对技术、设备等的投资，提高新产品产量、降低新产品成本，通过广告、促销等功能手段，在短时间内唤起并刺激顾客的购买欲望，并逐步由扩大产品的知名度转向提高产品的美誉度；通过适当的市场策略，形成对竞争对手的威胁，并抢占市场份额。

3. 新产品的开发管理

新产品开发是一项艰巨而复杂的工作，不仅要求企业投入大量资金，还要承担一定的风险。根据有关调查资料，新产品的开发，从构思到投入市场，平均成功率大约只有1%。相当多的企业在推出一个新产品的同时，更多的新产品在开发过程的某个环节就被否定了。因此，为了提高新产品开发的效率和效果，企业必须重视新产品开发管理。

一般而言，企业新产品开发管理包括以下四个方面的内容。

（1）制订新产品开发计划

企业进行各项工作之前都会制订相应的计划，新产品开发管理也不例外。

新产品开发计划一般包括新产品研究计划、新产品试制计划、新产品技术准备计划三个部分，通过这些计划确定开发方式、安排开发进度、明确各项工作的具体内容及职责。

（2）加强新产品设计管理

产品设计工作保证产品质量，实现新产品目标的重要手段是投产后企业有良好的生产秩序。企业对新产品设计管理的基本要求是：尽量实现高新产品标准化、系列化、通用化等。

（3）加强新产品工艺管理

所谓工艺，指生产者利用生产工具，对原材料、半成品进行加工或处理，最后使之成为产品的方法。

工艺管理是保证新产品试制和正式生产时达到设计要求、指导工人操作、保证产品质量的重要基础性工作。工艺管理一般包括工艺准备工作、工艺装备准备工作、日常工作工艺管理等。

（4）新产品试制与鉴定

新产品试制一般有样品试制和小批试制两种方式，许多现代企业都建有配备了数控机床或加工中心的专门试制车间和试制部门。试制完成后，要对新产品进行鉴定，包括检验新产品是否符合各种技术标准、工艺工装是否合理、产品质量是否达到要求、技术经济效果如何等。鉴定中发现问题要及时解决改进，以作为新产品定型和正式投产的基础。

6.1.3 新产品开发中的知识产权问题

企业的新产品开发一般与技术创新密切相关，同时，新产品会形成企业未来的市场竞争力。在新产品开发过程中，企业应注意以下一些与知识产权有关的问题。

1. 专利技术

企业在新产品开发前可能会引进其他企业的专利技术，或企业的新产品开发完成后可形成自己的各种专利技术，对于专利技术的利用和保护是企业需要注意的一个问题。

（1）专利权

所谓专利权，指发明创造人对其依法授予专利的发明，实用新型和外观设计享有的权利。发明创造者在规定的时间内对其享有独占使用权，在这一规定的时间内，任何自然人、法人、其他组织，未经其许可，均不得使用其发明创造。

(2) 专利权的分类

依照《中华人民共和国专利法》的规定，我国国务院专利行政管理部门授予的专利有以下三种。

1) 发明专利，指因对产品、方法或其改进所提出的新的技术方案而获得的专利。发明专利包括"产品发明专利"和"方法发明专利"两大类，同时也可以是因对现有产品或方法进行改进而获得的专利。

2) 实用新型专利，指因对产品的形状、构造提出的适于实用的技术方案而获得的专利，也专指由具有一定形状、构造的产品设计方案而获得的专利。

3) 外观设计专利，指由对产品形状、图案或其结合及色彩与形状、图案的结合所做出的富有美并适于工业应用的新设计而获得的专利。它具有以下特点：是与产品相结合的外观设计；能在工业上应用的外观设计；能给人以美的享受的外观设计。

(3) 专利权的期限

专利权的期限依不同的专利分为下列两种，期限届满时均不得续展。

1) 发明专利：期限为 20 年。

2) 实用新型专利和外观设计专利：期限为 10 年。

在下列三种情况下专利权会失效，这时企业可以考虑无偿使用该专利。

1) 当专利权到期时。

2) 当专利持有者未按规定缴纳年费时。

3) 当专利持有者书面声明放弃其专利权时。

2. 专有技术

专有技术指未申请专利的技术知识、技巧和经验等，也称为技术诀窍。

专有技术必须具备以下几个条件：能在一定范围内应用，并有良好的应用效果；能够进行鉴别和鉴定，并能用文字、资料或图表来表达、传授和转让；技术引进方使用该项专有技术能够制造出新产品，并达到规定的技术质量要求；具备新颖性、实用性、保密性等特点。

专有技术和专利技术的相同之处在于：技术持有者都拥有技术的所有权。其他个人或机构都要经过技术持有者同意方能使用该技术。不同之处在于：专利技术是公开的，而专有技术是保密的；专利技术在专利期内是受法律保护的，而专有技术不受法律保护。相比较而言，企业获得专有技术比获得专利技术要难，因为企业很容易知道专利的内容及持有者是谁，而专有技术往往是保密的，外界很难获知其内在本质内容。例如，可口可乐的配方就是最典型的专有技术的例子。

3. 商标

(1) 商标的重要性

企业在市场上推广其产品时，一般通过商标使顾客区别自己的产品与其他企业的同类产品。商标是与产品相关的重要内容。例如，看到"Celeron"时，就知道这是 Intel 公司的赛扬处理器的标志，这是因为已经将这个标志符号和 Intel 公司的产品赛扬处理器紧密地联系在一起了。

许多现代企业在进行新产品开发时，为了突出自己新产品的特色，会给批量投放市场的新产品注册一个新的商标。例如，2004年国内著名的联想集团、厦新电子、金碟软件都将自己的商标进行了重新的设计，并配合新上市的产品进行了广泛的宣传，使自己的新产品形成了不同于其他企业同类产品的鲜明个性。因此，商标在一定程度上是"穿"在新产品外面的"盛装"，它能让顾客很容易地识别出不同的产品，甚至能刺激购买某种产品的欲望。

（2）商标的含义

我国对商标的定义为：商标（trademarks）指生产者、经营者为使自己的商品或服务与他人的商品或服务相区别，而使用在商品及其包装上或服务标记上的由文字、图形、字母、数字、三维和颜色组合，以及上述要素的组合所构成的一种可视性标志。

世界知识产权组织（World Intellectual Property Organization，WIPO）对商标的定义为：商标是用来区别某一工业或商业企业或这种企业集团的商品的标志。

（3）常见的商标标志

经常使用在商标上的符号如下。

1）R——注册符。这是日常生活中最常见的商标标志，是当商标持有者向国家商标司或其他国际商标申请机构提出申请并获得核准注册的商标。

商标经向有关部门注册后成为注册商标，一次注册的有效期只有10年，但权利人可以通过申请续展使权利无限延长。如果无正当理由连续3年不使用，就有可能被撤销注册。

注册商标在一定期限内是允许争议的，根据我国现行的《商标法》，争议可以在该商标经核准注册之日起一年内提出。对于违反禁用条款或以欺骗手段及其他不正当手段取得注册的，则有可能因注册不当被撤销，且一般不受时间限制。

在地域方面，对注册商标权的保护限于注册国，如果权利人想在其他国家得到保护，就必须到相应的国家去注册。在使用范围方面，注册商标需要在同一类的其他商品上使用时，应当另行提出注册申请。此外，注册商标需要改变文字、图形时，应当重新提出注册申请；需要变更注册人名称、地址或其他注册事项时，也要提出变动申请。

在我国，一般注册标记为"注"或"R"。其中，"注"是汉语"注册"的简称，而"R"是英语"Registration"（注册）一词的字头，这一标记在世界范围内通用。一般来讲，"注册商标"四字常常置于商标的下方，也可以将四字分开置于商标的两边，即一边标注"注册"二字，另一边标注"商标"二字。而注册标记"注"或"R"在使用时通常置于商标的右下角或右上角。由于注册标记具有简洁的特点，因此使用在文字商标上是最适宜的。尤其是当文字商标出现在说明性文字中间时，是受法律保护的，也有利于防止公众将商标误认为商品名称。

2）TM——商标符。商标符指已经向商标局登记（申请注册），或持有人声明拥有权利的商品商标，常用于实体产品商标。

如果未注册商标不想让人误认为是商品名称或装潢，可以使用"TM"标记。字母"TM"是英文"Tradew Mark"（商标）的缩写。

3）SM——同TM，商标符，但常用于服务商标。

(4）企业对商标的利用

企业对商标的利用，有下列三种策略。

1）企业可以为自己的新产品设计或注册新的商标，使其成为市场上具有独一无二标志的产品，以同竞争对手的同类产品区别开来，从而形成自己的品牌，便于顾客选购。

2）企业也可直接利用现有的商标，利用已有商标的市场知名度或美誉度来推广新产品。例如，贴牌生产就是一个企业将自己的产品贴上其他企业的商标（一般是著名商标），然后投放到市场。例如，大唐手机就是由 SHARP 提供元件、深圳天时达公司生产、大唐公司贴牌销售的。

3）企业还可以和其他企业形成战略联盟，借助其他同类企业的美誉度较高的商标品牌来推广自己的新产品。例如，中国的 TCL 集团为了避开美国对中国家电企业贸易壁垒和反倾销制裁，和美国的汤姆逊公司建成战略联盟。由 TCL 生产的在美国本土销售的家电产品全部冠以汤姆逊的商标标志，从而使企业成功地避开了贸易壁垒，为企业赢得了有利的市场地位。

6.2 价值工程

6.2.1 价值工程的产生和发展

价值工程（Value Engineering，VE）是现代被广泛采用的一种思想方法，同时也是一种技术经济方法，产生于 20 世纪 40 年代后期的美国。

第二次世界大战时期，美国的军事工业迅速发展起来，并成为美军及同盟军武器装备的主要供应地，为了适应战时需要，美国国防部负责监控其军工企业的生产、供应状况，并对武器装备提出质量、技术性能和交货期等方面的要求，即强调武器装备性能第一、交货期第二、成本第三。在当时的环境下，这种做法使得军工企业忽略生产过程中的成本控制，造成严重浪费，进而造成物资大量短缺，生产供应十分紧张。例如，在当时企业需要的百余种矿物资源中有 88 种需要依靠进口满足生产需要。这给当时的军工企业的采购工作带来了极大的困难，影响了产品的设计、生产和按时交货。

麦尔斯（L. D. Miles）是当时美国通用电气公司（GE）负责物资采购工作的电气工程师，他的采购工作也受到了很大的影响。但是，麦尔斯并没有像其他采购人员那样为了采购到短缺物资四处奔波，而是通过对需要采购的物资的功能进行认真分析，进而去寻找与物资功能相同或相似，但货源充足、价格低廉的材料作为"代用品"，用这些代用品来取代物资。这样，GE 在保证产品质量的前提下，既满足了生产需要，又降低了成本，使企业获得更好的效益。

当时曾有一个非常著名的"石棉板事件"。当时美国的《消防法》规定，在生产军工产品的企业里，为了保证安全，必须在车间地面铺上石棉板，因此 GE 公司要用到大量的石棉板，而当时石棉板作为一种新型防火材料供应非常紧张，且价格高昂。麦尔斯就分析：为什么需要石棉板？它的功能是什么？通过实际研究，麦尔斯发现地面铺上石棉板实际是为了防止喷刷油漆时玷污地面而引起火灾，所以麦尔斯就把石棉板的功能归纳为"防污"和"防火"。同时麦尔斯进一步分析：有没有与石棉板具有同样功能的其他材料呢？通过对市场的调查，他找到了一种同时具有"防污"和"防火"功能的不燃烧的纸，货源充足，而价格只有石棉板的 1/4。经过努力，这种材料获得了消防部门的认可，被广泛应用于 GE 公司，成功地解决了石棉板采购困难的问题，并且为公司节约了大笔资金。

麦尔斯从材料代用品的事例中得到了极大的启发，总结出产品之所以有用是因为它具有一定的"功能"，用户购买这种产品，实质上是为了获得这种产品所具有的"功能"。

麦尔斯用代用品的方法获得了极大的成功，并在 GE 公司内部推广开来，公司也对他的这种做法表示了肯定，并投资 80 万美元，由麦尔斯负责，组织一批工程师共同研究这项工作。麦尔斯进一步把这一思想应用到了产品改进设计，不再像过去那样简单地设想用什么物品替代某一物品，而是把"以最低费用向用户提供所需功能"作为产品设计的依据。通过新的改进方案，在确保用户所要求功能的前提下，大幅度降低了成本，取得了极大的成功。

在实践的基础上，麦尔斯经过综合、整理和归纳，使其方法更加系统化、科学化、规范化，进一步提出了"价值分析（VA）"的基本理论和科学方法，并于 1947 年在《美国机械师》杂志上发表了一篇题为《价值分析》的文章。在文章中，麦尔斯指出，用户购买某种物品，不是购买物品本身，而是要获得该物品所具有的功能。不同物品只要具有人们需要的相同功能，就可以相互替代。麦尔斯还把物品所具有的功能和实现该功能所消耗的资源数量具体化为可以测定的"价值"。强调以最低的资源消耗生产能够充分满足用户功能需求的产品，即向用户提供高价值的产品。

从 1947—1952 年，GE 公司先后投资 300 万美元，使价值分析技术更加成熟完善，进入广泛应用的新阶段。这项工作也给 GE 公司带来了良好的经济效益，仅在应用了价值分析的前 17 年中公司就获得了 2 亿美元以上的经济效益。

之后，这项技术进一步在 GE 公司之外推广开来。1959 年，美国成立了全国性学术组织"美国价值工程协会（SAVE）"，作为价值工程学术研究、交流和推广应用的学术组织，并由麦尔斯出任首届主席。

1962 年，麦尔斯出版了第一本专著《价值分析与价值工程技术》，使价值工程发展成为一门专门学科，被美国列为战后工业管理领域出现的六种新技术之一，编入 1971 年版美国的《工业管理工程手册》。

在 1992 年 5 月召开的第 32 届国际会议上成立了"价值工程协会世界联盟（WFVS）"，有 20 多个国家和地区的代表参加。

由于麦尔斯在创建和发展价值工程理论和方法及推广应用价值工程实践中的杰出贡献，美国 GE 公司将其最高奖励"柯芬奖"授予了他，美国海军部也授予他"杰出公共服务奖"。麦尔斯曾先后到日本、加拿大及欧洲各国讲学，被推崇为"价值工程之父"。

价值工程于 1978 年引入我国。当年 6 月，上海复旦大学沈胜白教授在国内首次做了"价值工程概论"的学术报告；同年 12 月，长春汽车研究所的戴俊波在《国外机械工业消息》上发表了《价值分析在日本企业的应用情况》一文，从此揭开了我国研究、推广、应用价值工程的序幕。我国党和国家领导人及学术人士大力推广价值工程，1984 年 1 月，我国农业用地经济委员会下发我国第一次《企业管理现代化座谈会纪要》，将价值工程列为在全国推广的 18 种现代管理方法之一，获得了很好的经济效益和社会效益。

6.2.2 价值工程的概念和基本原理

1．价值工程的含义

我国 1987 年制定了关于价值工程的国家标准《价值工程的基本术语和一般工作程序》(GB 8223—1987)，对价值工程定义如下："价值工程是通过各相关领域的协作，对对象功能与费用进行系统分析，不断创新，旨在提高研究对象价值的思想方法和管理技术。"

这个定义指出了价值工程的研究对象、目的、内容、特征和方法及价值工程与相关领域的合作关系。下面就定义中涉及的几个主要问题加以简要说明。

价值工程的对象指为获取功能而发生费用的事物。例如，工程项目、产品、设备、工艺、工作、服务等，具体而言，第一产业、第二产业、第三产业都是价值工程的研究对象。

价值工程的目的是以研究对象的最低寿命周期成本可靠地实现使用者所需的功能，以获取最佳的综合效益。

价值工程的基本思想在于：在可靠地实现使用者所需功能的前提下，努力寻求寿命周期成本最低的创新方案，以达到合理、有效地利用资源及提高对象价值的目的。

企业降低成本，过去主要采用工业工程（IE）和质量管理（QC）等传统方法。IE 是在已有产品图纸的基础上，通过制造方法、加工方法、作业方法等进行改进，降低加工费用，以减少或消除由不合理加工手段带来的机会损失。QC 则是按照产品图纸规定的技术条件将产品生产出来，并尽量减少或消除残次品及废品，以消除制造过程中产品的材料及加工费用等方面的损失。由于 IE 和 QC 均以产品图纸所规定的技术条件为依据，所以降低成本是有一定限度的。当产品接近现有设计的最低成本时，如果不改进设计，这些方法就很难进一步降低成本了。而价值工程侧重于在设计阶段开展工作，在保证用户功能满足的前提下进行产品开发或改进设计，消除现有设计中对用户毫无意义的功能，减少在材料选用、零部件结构和工艺方法等方面由于不合理而造成的浪费，这样就可以使现有设计成本进一步降低。经过 VE 改进设计的产品，在制造过程中还可以通过 IE 和 QC 降低成本。因此，为了降低成本和有效地利用资源，将 VE、IE 和 QC 结合起来应用将会取得最佳的经济效果。

2．价值工程中的功能与成本

（1）功能

以下从两个方面对价值工程的功能予以介绍。

1）功能的概念。价值工程研究的功能指对象满足用户某种需求的一种属性。具体而言，所谓功能就是对象的作用和能力。任何产品（有形和无形）都具有功能。例如，钟表的功能是显示时间、钢笔的功能是书写、音乐的功能是精神享受等。

功能是价值工程的一个重要概念。以企业产品为例，正是因为具有一定的功能才得以存在和被使用。功能是产品最本质的内容，没有功能的产品是毫无意义的。从这个角度看，企业生产某种产品，实质就是生产某种功能；企业将产品销售出去，就是在销售某种功能。而从用户的角度看，在购买和使用一种产品时，实质上是购买和使用这个产品所具有的功能；而且用户并不关心产品采用什么样的结构，以及如何实现这种功能，而是要求产品必须可靠地实现其功能,并且购置费用和使用费用之和越低越好。

2)必要功能。所谓必要功能,指研究对象为满足用户的需求而必须具备的功能,也就是使用者所要求并承认的功能。必要功能是从用户的角度出发考虑的。如果对现有各种产品进行认真分析,就可以发现有些产品中实际存在的某些功能与满足用户需求无关,这就是不必要功能,则产品成本中就必然有一部分是无用的,因而造成资源的浪费,最终会通过销售转移到用户的支出上。例如,20世纪90年代中期,我国许多城市居民在富裕之后大量选购组合音响,音响功能齐全,面板上的按键就有数十个,但实际上许多人根本不会用,而且也用不上,造成购置费用很高,而其中有些支出浪费了。价值工程研究的重点之一就是对产品实际存在的不必要功能在改进设计时予以分析和消除,进而为用户提供更好的必要功能。

(2)成本

下面从两个方面对价值工程中的成本予以介绍。

1)寿命周期。为了便于研究,将产品拟人化,认为产品也有寿命,并将产品的寿命分为自然寿命和经济寿命。

自然寿命指产品从构思设计开始,经过生产制造、销售到用户手中,在使用过程中产生物质磨损,经修复、再使用、再磨损、再修复,直到完全报废而不能再修复使用所经历的全部时间。

经济寿命是从经济上考虑的产品寿命。产品从构思设计开始,直至使用中产生磨损,虽经修复还能使用,但由于其生产效率降低、加工质量差、能耗高等原因,不如更换成其他新型产品在经济上更合适,用户决定停止使用并用新型产品替代该产品,这样的一段时间称为经济寿命。在现代技术条件下,产品更新速度加快,有些特殊产品在库存中就已失去了使用价值。例如,退役的军用装备常用出现未曾使用即已报废的现象,此时产品的经济寿命也就宣告结束。

随着科技的进步、经济的发展、观念的变化,人们越来越重视产品的经济寿命,并用适当的方法对其进行预测和计算,价值工程常以经济寿命来计算和确定产品的寿命周期。即将从产品构思设计、生产制造、销售、用户使用到产品退出使用为止的整个时期称为产品的寿命周期,一般分为生产和使用两个阶段。

2)寿命周期成本。产品在寿命周期内所需的全部费用称为寿命周期费用或寿命周期成本。与寿命周期相对应,产品的寿命周期成本包括生产成本和使用成本。

生产成本是发生在企业内部的成本、包括研究设计,生产制造等所需的费用,也称为厂内成本。对用户而言,生产成本是其购置产品所需购置费用的主要部分。使用成本是用户在使用产品过程中所支付费用的总和,包括产品的运输、安装、调试、管理、维修、能耗、人工费用、停止使用时的拆除费用等。

产品寿命周期成本(C)生产成本(C_1)与使用成本(C_2)之和,即

$$C=C_1+C_2$$

由于人们习惯上把成本称为费用,所以从用户角度考虑,上述公式可表示为

$$寿命周期费用=购置费用+使用费用$$

3. 价值工程的目的

价值工程研究和应用的目的是在可靠地实现用户要求的必要功能的前提下,努力寻求最

低的寿命周期成本,即追求高价值,其主要理由如下。

1)从国家和社会利益考虑,寻求最低的寿命周期成本可以有效地利用社会资源。因为从实践中可以知道,在某些产品的寿命周期成本中,其使用成本远远大于生产成本。即使用产品所消耗的资源远远大于生产该产品所消耗的资源。从合理、有利用资源的角度出发,必须寻求最低的寿命周期成本,以尽量少的资源消耗,为社会提供更多的功能和利润,使资源得到合理、有效的利用。

2)从企业利益考虑,寻求最低的寿命周期成本是企业得以生存的保证。企业生产的产品除了必须满足用户的功能要求外,还应达到寿命周期成本最低,即不但要考虑降低生产成本,还要考虑降低使用成本,使产品物美价廉,这样产品才更具竞争力。

3)从用户利益出发,寻求最低的寿命周期成本是用户利益的要求。现代用户在购买某种产品时考虑的问题越来越全面。例如,在购买日用消费品时,总是考虑购买既买得起又用得起的产品。例如,我国近年来提出汽车家庭化,但实际上多数人仍有些望车兴叹,出现这种情况的原因并不是买不起车,而是用不起车,因为在我国的经济要求下,购置一辆汽车,用户须缴纳的车辆购置税、保险、养路费等的数额是很巨大的,这是制约汽车家庭化发展的很重要的因素之一。

总之,价值工程追求最低的寿命周期成本,兼顾了国家、社会、企业、用户等各方面的利益。同时,应该注意到,随着科技的发展进步,如大量新技术、新工艺、新材料的出现,使得产品的寿命周期成本呈现逐步降低的趋势,计算机就是一个很典型的例子。研究价值工程的任务就在于不断地追踪新的、最低的寿命周期成本。

4. 价值工程中的价值及提高价值的途径

(1)价值

价值工程中的"价值"不同于政治经济学中的"价值",其实人们在日常生活中经常不自觉地运用到它。例如,人们购买所需要的物品时,总是会考虑"合算不合算"、"值得不值得"等问题,其实这就是价值在起作用,也就是人们要考虑这个物品价值的高低。

那么,什么是价值工程中的"价值"呢?所谓价值(V),就是对象所具有的功能(F)与获得该功能的全部费用(C)之比。这里所说的全部费用即寿命周期费用。价值可用公式表示为

$$V = \frac{F}{C} \tag{6.3}$$

由式(6.3)可以看出,企业产品价值的大小取决于公式中的比值。比值越大,价值越高;反之,价值越小。产品价值的高低表明产品合理、有效利用资源的程度和产品"物美价廉"的程度。

价值作为功能与费用的综合反映,既可用来对二者的关系进行定量分析,又可用来对二者的关系进行定性分析。

(2)提高价值的途径

由式(6.3),可以得到提高产品价值的五种途径,如表6.1所示。

表 6.1 提高价值的途径

序号	表达式	说明	举例
1	$\dfrac{F\uparrow}{C\downarrow}=V\uparrow\uparrow$	提高功能，降低成本	计算机 CPU 的发展
2	$\dfrac{F\uparrow}{C\rightarrow}=V\uparrow$	提高功能，成本不变	家电产品的促销，如买一送一
3	$\dfrac{F\uparrow\uparrow}{C\uparrow}=V\uparrow$	成本稍有提高，功能大幅提高	企业产品技术改造
4	$\dfrac{F\rightarrow}{C\downarrow}=V\uparrow$	功能不变，降低成本	产品采用廉价的新材料，如建筑门窗用塑钢取代木材
5	$\dfrac{F\downarrow}{C\downarrow\downarrow}=V\uparrow$	功能稍有降低，成本大幅下降	经济型轿车

上述提高产品价值的五种途径可根据不同的具体情况灵活应用。

5．价值工程的基本原理

原理是客观事物发展变化内在规律的本质反映。价值工程的基本原理反映的是价值工程活动中最具普遍意义的本质的规律，是价值工程活动客观规律在人们头脑中的反映。价值工程的基本原理有三条：价值准则性原理、功能本质性原理和功能费用动态相关原理。

（1）价值准则性原理

价值准则性原理指价值工程以提高价值为目的，以获取更大价值为一切活动的准则。在提高价值的五种途径中，功能与成本可以有升有降，只要两者的结合能达到提高价值的目的就符合价值工程追求的目标。

（2）功能本质性原理

功能本质性原理指功能作为事物满足人们需求的一种属性，与实现功能的载体、途径、方式、方法相比，是本质的东西，而实现功能的手段是非本质的，是可替代的。例如，对产品而言，用户需要它是为了获得该产品所具有的功能属性，如果某种手表的表针根本不动或根本不准确，那么正常情况下是没有人会购买这种手表的。

（3）功能费用动态相关原理

功能费用动态相关原理指工程对象的功能实现与费用支出是同一过程相互关联的两个侧面，在功能与费用在自然资源、生产技术、经营管理和社会经济条件下大致相同或相对稳定的情况下，存在一定的数量相关关系，当这些条件变动时，则会打破原有数量相关关系，形成新的数量相关关系。

这三条基本原理相互联系、相互依托，构成对价值工程活动内在规律的本质反映。

6.2.3 价值工程的工作程序

开展价值工程的过程实际上是一个发现问题、分析问题和解决问题的过程，一般采用提问法，即针对价值工程对象逐步深入地提出合乎逻辑的问题，并通过回答问题寻找答案。

价值工程的工作程序分为 4 个阶段、12 个步骤，如表 6.2 所示。

表 6.2 价值工程的工作程序

阶　　段	工 作 步 骤		价值工程提问
准备阶段	对象选择； 信息搜集		价值工程的对象是什么
分析阶段	功能定义 功能整理 功能计量	功能系统分析	它的功能是什么？ 它的地位如何？ 它的功能是多少？
	功能评价		它的成本是多少？ 它的价值是多少？
创新阶段	方案创新 概括评价 方案具体化和实验研究 详细评价	方案评价	有哪些方面能实施该功能？ 新方案的成本是多少？ 新方案能满足要求吗？
实施阶段	方案实施 成果总评		

6.2.4 价值工程工作程序的重要环节

在价值工程的工作程序中，有以下几个环节需要特别注意。

1．对象选择的方法

企业应用价值工程的重点在产品的开发、设计阶段和生产技术落后准备阶段，即产品寿命周期的前期，尤其应在新产品的开发过程中应用价值工程。所以对象选择的重点首先应放在新产品开发的构思阶段，其次是在产品的设计阶段。

在进行对象选择时，可以具体选择某个或某几个产品、零部件、工序、环节、因素、作业或其他项目的功能，具体选择方法有定性分析方法和定量分析方法两类，常用的方法有以下几种。

（1）经验分析法

经验分析法是一种对象选择的定性分析方法，是目前企业普遍使用的简单易行的价值工程对象选择方法。它实际上利用一些长期在本企业工作、有丰富经验的人员对所存在问题的直接感受，经过主观判断确定价值工程的一种方法。运用该方法进行对象选择时要对各种影响因素进行综合分析，区分主次轻重，以保证对象选择的合理性。所以，经验分析法有时也称为因素分析法。

这种方法的优点是简便易得；缺点是缺乏定量分析，在工作人员经验不足时会导致准确性差。在目标一定、产品不多或问题简单的情况下，使用这种方法在准确性和节约时间方面具有较显著的优越性。该方法也可与定量方法结合应用，相互补充。

（2）百分比分析法

百分比分析法是通过分析各拟选对象对企业的两个或两个以上的技术经济指标的影响程度大小（百分比）来确定对象的方法。

【例 6.1】　某企业有五种产品，它们各自的成本和利润占总成本和总利润的百分比如

表 6.3 所示。

表 6.3　企业产品的成本、利润百分比

产　　品	A	B	C	D	E	合计
成本（万元）	265	70	25	100	50	510
百分比%	52.0	13.7	4.9	19.5	9.8	100
利润（万元）	120	20	12	15	32	199
百分比%	60.3	10.1	6.0	7.5	16.1	100

从表 6.3 中可以看出，产品 D 的成本占产品总成本的 19.6%，而利润只占总利润的 7.5%，显然应该作为价值工程分析的重点对象。

（3）同量纲价值比较法

根据式（6.3），在产品成本已知的基础上，一旦产品功能定量化，就可以计算产品价值。功能定量化可用产品的某个主要的、具有一定量纲的产品功能参数，定量表示功能水平的高低，如功率、载重量、流量等。产品功能参数和产品的成本之比称为价值指数，如单位成本功率、单位成本载重量、单位成本流量等。

一定量纲的价值指数计算公式为

$$价值指数 = \frac{产品某个主要功能参数}{产品成本}$$

将系列产品按功能参数从小到大的顺序排列，计算各产品价值指数。比较各产品同量纲价值指数大小，观察其是否随着产品功能参数的递增而递增，如果不是，表明该产品存在问题，应选为改进对象。

【例 6.2】　某机械企业生产 3 种型号的搅拌机，主要参数如表 6.4 所示。

表 6.4　某机械企业搅拌机的相关参数

产 品 型 号	A 型	B 型	C 型
功能参数（m^3/h）	8	30	60
生产成本（万元）	0.8	1.9	5.7
价值参数（$m^3/h \cdot 万元$）	1.0	15.8	10.5

从表 6.4 中可以看出，从 A 型到 B 型价值指数从低到高，正常。而从 B 型到 A 型，随着功能参数的提高，价值指数反而降低，表明 C 型搅拌机价值指数不合理，应优先选择 C 型搅拌机作为改进对象。

为了保证上述判断的正确性，要求同类系列产品中功能参数最小的那个产品的价值指数应该是合理的，这些方法一般适用于同一企业生产的、主要功能单一的、产品结构原理和生产技术条件可比的系列产品或零部件的对象选择。

（4）ABC 分析法

ABC 分析法是一种寻找主要因素的方法，运用这种方法进行对象选择时将产品成本构成逐项进行统计，将每一种零部件占产品成本的多少从高到低排列出来，分成 A、B、C 三类，找出少数成本比重大的零部件，作为价值工程的重点分析对象，其中 A 类零部件是重点分析对象。

ABC 分析法的优点是抓住重点、突出主要矛盾，在将复杂产品的零部件作为对象选择时常用此方法进行主次分类。但要注意的是，对于成本比重不大而功能重要性大的对象，该法是无能为力的，此时，可用功能重要性比重法对 ABC 分析法进行补充修正，使对象选择更加准确。

价值工程对象选择的方法很多，应当指出，在实际进行对象选择时，要根据具体情况采用不同的方法，并配合运用对象选择检查提问法等方法，以保证选择对象，为后续工作取得成效提供最大可能。

2．功能定义

功能是产品及其他一切研究对象存在的依据。价值工程改变了传统的以实物为中心研究问题的方法，实行以功能为中心来研究问题。因此，功能分析的第一步就是从研究对象的实体中抽象出"功能"这一本质。

（1）功能定义的含义

功能定义是在对研究对象整体及其组成部分的本质属性即功能充分认识的基础上，用语言给予结论上的表述。这一认识与表述的过程就是功能定义。

（2）功能定义的目的

通过功能定义，可能明确用户的要求，即用户希望通过产品得到哪些需求的满足；便于进行定性的功能分析，以建立功能系统图；便于选择替代方案，即寻找同一功能的替代实现手段；便于进行功能价值评价。

（3）功能定义的方法

在给功能下定义时，首先明确对象整体的功能定义；然后自上而下逐级地给各构成要素一一明确功能定义。定义时一般要求言简意赅，通常采用两词法。具体可根据功能分类中的使用功能与美学功能的差异、基本功能与辅助功能的差异，将功能定义的方法划分为如下三大类别。

1）使用功能的定义方法。使用功能基本以一定的动作行为作用于某一特定的对象，因此可采用动词和宾语构成的动宾词组，所以使用功能的定义称为动宾词组型功能定义。

例如，车床的使用功能，所表现的动作行为是"车削工件"，其中，"车削"陈述的是车床的动作，而"工件"则是被作用的对象。因此，"车削工件"就是一个动宾词组。

2）美学功能的定义方法。美学功能的定义是对产品某些外观特性的艺术水平，采用定性的叙述方法进行表述，一般采用一个名词加形容词，是陈述与被陈述关系的主谓词组，因此可把这样表述外观艺术水平的定义方法称为主谓词组型功能定义。

例如，自行车的外观功能，一般用户要求有如下特征：造型大方、结构新颖、色泽美观等，均属于主谓词组型功能定义。

3）辅助功能的定义方法。辅助功能的定义是对产品使用功能及其在制造或使用过程中的辅助性要求所进行的限定与描述。它既可以选择动宾词组型功能定义，又可以选择主谓词组型功能定义，因此称之为综合型的定义方法。

例如，收音机的使用功能或基本功能是"发出音响信息"，辅助性的功能要求如"收台清晰"、音质优美、性能稳定、携带方便等，其中有些属于动宾词组，有些属于主谓词组。

综上，功能定义要求既要准确简练又要全面系统。

3. 价值工程的成果评价

价值工程的成果评价就是将改进方案的各项技术经济指标与原设计进行比较，以明确方案所取得的实际综合效益。

一个完整的价值工程成果评价指标体系一般应包括技术评价指标经济评价指标和社会评价指标三方面的内容。在进行评价时，要全面考虑定性、定量指标，明确哪些是价值工程创造的效益，并及时进行总结，做出成果报告。

6.3 设备管理

设备是现代生产的物质基础，是一个企业生产技术水平的重要标志。设备技术状态的好坏不仅直接影响企业产品的质量、产量和成本水平，而且关系到安全生产问题，关系到企业财产、人员甚至企业周围居民的安全，最终直接影响企业的市场竞争力和企业的赢利能力，影响企业的生存和发展。本节主要阐述设备管理的任务和基本原则，设备的前期管理，设备的使用、维护与修理，设备的改造与更新等。

6.3.1 设备管理的任务和基本原则

设备是企业固定资产的重要组成部分，是在生产中可长期使用并基本保持原有实物形态的机械、装置和设施等，随着现代科学技术的发展，工业计量、检测、信息处理及控制设备都属于工业设备的范畴。

1. 设备管理的任务

1）保持设备完好。通过正确使用、精心维护、适时维修使设备保持完好状态，随时可以根据企业经营的需要投入正常运行，完成生产任务。设备完好一般包括：设备零部件、附件齐全、运转正常；设备性能良好，加工精度、动力输出符合标准；原材料、燃料、能源、润滑油消耗正常三方面的内容。行业、企业应当制定关于完好设备的具体标准，使操作人员与维修人员有章可循。

2）改善和提高技术装备素质。技术装备素质指在技术进步的条件下，技术装备适合企业生产和技术发展的内在品质。技术装备素质通常可以用以下几个标准来衡量：

① 工艺适用性；
② 质量稳定性；
③ 运行可靠性；
④ 技术先进性（包括生产效率、物料与能源消耗、环境保护等）；
⑤ 机械化、自动化程度。

改善和提高技术装备素质的主要途径有两条：一是采用技术先进的新设备替换技术陈旧的设备，二是应用新技术改造现有设备。后者通常具有投资少、时间短、见效快的优点，应该成为企业优先考虑的途径。

3）充分发挥设备效能。设备效能指设备的生产效率和功能。设备效能的含义不仅包括单位时间内生产能力的大小，还包含适应多品种生产的能力。

充分发挥设备效能的重要途径有三条：一是合理选用技术装备和工艺规范，在保证产品质量的前提下，缩短生产时间，提高生产效率；二是通过技术改造，提高设备的可靠性与维修性，减少故障停机和修理停歇时间，提高设备的可利用率；三是加强生产计划与维修计划的综合平衡，合理组织生产与维修，提高设备利用率。

4）取得良好的投资效益。设备投资效益指设备一生的产出与其投入之比。取得良好的设备投资效益是企业以提高经济效益为中心的方针在设备管理工作上的体现，也是设备管理的出发点和落脚点。

提高设备投资效益的根本途径在于推行设备的综合管理。首先，要有正确的投资决策，采用优化的设备购置方案。其次，在寿命周期的各个阶段，一方面，要加强技术管理，保证设备在试用阶段充分发挥效能，创造最佳的产出；另一方面，要加强经济管理，实现最经济的寿命周期费用。

2. 设备管理的基本原则

设备管理指以设备为研究对象，为追求设备综合效率与寿命周期费用的经济性，应用一系列理论、方法，通过一系列技术、经济、组织措施，对设备从规划、设计、制造、选型、购置、安装、使用、维修、改造、报废直至更新的全过程所进行的科学决策、计划和控制，以保证安全地进行生产，不断提高企业的经济效益。

1）技术管理与经济管理相结合的原则。设备存在物质形态与价值形态两种运动。针对这两种形态的运动而进行的技术管理和经济管理是设备管理不可分割的两个方面，也是提高设备综合效益的重要途径。

技术管理的目的在于保持设备技术状态完好，不断提高它的技术素质，从而获得最好的设备输出（产量、质量、成本、交货期等）；经济管理的目的在于追求寿命周期费用的经济性。技术管理与经济管理相结合就能保证设备取得最佳的综合效益。

从技术上看，设计制造阶段决定了设备的性能、结构、可靠性与维修性的优劣；从经济上看，设计制造阶段占设备寿命周期费用的90%以上，只有从设计、制造阶段抓起，从设备一生着眼，实行设计、制造与使用相结合才能达到设备管理的最终目标——在使用阶段充分发挥设备效能，创造良好的经济效益。为克服设计制造与使用脱节，应加强对设备的设计、制造与使用相结合的全过程管理。

2）依靠技术进步的原则。设备是技术的载体，只有不断将先进的科学技术成果注入设备，提高设备的技术水平，才能保证企业生产经营目标的实现，保持企业的持久发展。

坚持依靠技术进步的原则，首先，要提高设备本身的技术素质。一方面要用技术先进的设备替换技术落后的陈旧设备，实行技术更新；另一方面，应采用新技术对现有设备进行技术改造，提高技术水平，延长技术寿命。其次，在提高设备技术水平的同时，还要重视教育培训，不断提高设备管理人员和维修人员的技术水平与业务能力，采用先进的管理方法和维修技术、状态检测和诊断技术，不断提高设备管理和维修的现代化水平。

在一定条件下，修理能够恢复设备在使用中局部丧失的功能，补偿设备的有形磨损，它具有时间短、费用少的优点。但是，如果长期原样修复，将会阻碍设备的技术进步，而且使修理费用大量增加。设备技术改造就是采用新技术来提高现有设备的技术水平，设备更新则是用技术先进的新设备替换原有的陈旧设备。通过设备更新和技术改造，能够补偿设备的无形磨损，提高技术装备的水平，推进企业的技术进步。

3) 预防为主的原则。设备管理工作的根本目的在于保护和发展社会生产力。对于使用设备的企业，在设备管理工作中要树立"预防为主"、"防重于治"的指导思想。在购置设备阶段，要注重设备的可靠性与维修性；在使用中严格遵守设备操作规程，加强日常维护，防止设备非正常劣化；开展预防性的定期检查、试验和设备状态管理，掌握设备故障征兆与发展趋势，及时制定有效的维修对策，尽可能地把无计划的事后修理变为有计划的预防性修理，消灭隐患，减少意外停机，充分发挥设备效能。

坚持预防为主的原则，就是要正确处理企业生产与设备管理之间的辩证关系。例如，安排设备的维修要占用生产时间，暂时减少产量与利润。这时，生产与设备维修之间出现了矛盾。如果不及时进行必要的设备维修，甚至采用"驴不死不下磨"的做法，必将酿成设备事故，使生产陷于瘫痪，甚至造成不可弥补的损失，这是两者矛盾的激化。

因此，在安排、检查生产计划的同时，要安排、检查设备维护、检修计划，自觉维护设备完好。

4) 群众参与设备管理原则。设备管理是一项综合性工程，涉及的技术很多——机械、电子、电气、化工、仪表等，环节长——从设计制造、安装试调、使用维修到改正更新，部门多——牵涉计划、财务、供应、基建、生产、工艺、质量等部门，人员广——涉及广大操作工、维修工、技术人员、管理干部等；因此必须有广大职工参与的群众管理，才能收到良好的成效。群众参与管理有利于真正把设备管理搞好，充分发挥设备效能。

6.3.2 设备的前期管理

1. 设备前期管理的重要性

设备的前期管理又称设备的规划工程，指从设备投资规划开始到设备投产之前这一阶段的管理。设备前期管理是设备整个寿命周期管理的重要环节，对设备前期各个环节进行有效的管理，将为设备后期管理打下良好的基础，这对提高设备技术水平和提高设备投资技术经济效果都具有十分重要的作用。

虽然设备使用期的维护保养、修理和使用管理都是非常重要的，但设备前期管理是使用期管理的基础。设备前期管理水平的高低直接影响设备使用的经济效果。设备的前期管理对于企业保持设备完好、改善和提高企业技术装备水平、充分发挥设备效能、取得良好的投资效益等具有重要作用。设备前期管理对企业的影响主要表现在以下三个方面。

1) 设备投资阶段决定了几乎全部寿命周期费用，影响着企业产品成本。

2) 设备投资阶段决定了企业装备的技术水平和系统功能，影响着企业生产效率和产品质量。

3) 设备投资阶段决定了装备的适用性、可靠性和维修性，影响企业装备效能的发挥和可利用率。

总之，设备的前期管理不仅决定了企业技术装备的素质、关系着企业战略目标的实现，也决定了费用效率和投资效益。因此，企业仅依靠对设备使用阶段的局部过程进行管理已不适应现代设备管理发展的要求。一个以设备一生为对象、以追求设备寿命周期费用最经济为目的的完整的管理理论和管理体系正在逐步形成。

设备的前期管理包括：设备规划方案的调研、制订、论证和决策；设备市场货源调查和信息的搜集、整理、分析；设备投资计划的编制、费用预算、实施程序；设备采购、订货、合同管理；自制设备的设计、制造；设备安装、调试运转；设备使用初期管理；设备投资效果分析、评价和信息反馈等。

2．外购设备的选型

外购设备的选型指通过技术与经济方面的分析、评价和比较，从可以满足相同需要的多种型号、规格的设备中选择适宜设备的决策。设备选型是十分关键的，设备选型不当往往造成设备长期不能发挥作用，给企业造成巨大的浪费甚至造成难以挽回的损失。因此，合理地选择设备对提高设备投资的经济效益具有非常重要的意义。

（1）设备选型应遵循的原则

1）生产上适用。生产上适用指选择的设备适合企业现有产品和待开发产品生产工艺的实际需要。只有生产上适用的设备才能发挥其投资效果，创造出较好的经济效益。

2）技术上先进。设备选型以生产使用为前提，以获得最大经济效益为目的。既不需要脱离我国的国情和企业的实际需要而一味追求技术上的先进，也要防止因选择技术上落后的设备而影响企业的竞争力。

3）经济上合理。经济上合理指所选择的设备应是经济效果较好的设备，使设备寿命周期的总费用最低。

实际中，通常将生产上适用、技术上先进和经济上合理三者统一权衡，不能片面地强调某一方面。

（2）设备选型需考虑的主要因素

1）生产率。设备的生产率一般用设备在单位时间（分、时、班、年）的产品产量表示。例如，锅炉的生产率以每小时蒸发的蒸汽吨数表示、空气压缩机的生产率以每小时输出压缩空气的体积表示、发电机的生产率以功率表示。但是，有些设备无法直接估计产量，这时则可用主要参数来衡量。例如，车床的中心高、主轴转速，以及压力机的最大压力等。设备生产率要与企业的经营方针、工厂的规划、生产计划、运输能力、技术力量、劳动力、动力和原材料供应等相适应，不能盲目要求生产率越高越好，否则生产不平衡，服务供应工作跟不上，不仅不能发挥设备的全部效率，反而会造成损失。这是因为生产率高的设备一般自动化程度高、投资多、能耗大、维护复杂，如果不能达到设计产量，平均单位产品的成品就会增高。

2）工艺性。机器设备选型最基本的一条是符合产品工艺的技术要求，设备满足生产工艺要求的能力叫工艺性。例如，金属切机床应能保证所加工零件的尺寸精度、几何形状与位置精度及表面质量的要求，加热设备要满足产品工艺的最高和最低温度要求、温度均匀性和温度控制精度等。除上述基本要求外，设备操作控制的要求也很重要，一般要求设备操作轻便、控制灵活。对产量大的设备，要求其自动化程度高；对于进行有毒、有害作业的设备，则要求能自动控制或远距离监控。

3）可靠性。机器设备不仅要求其有合适的生产率和满意的工艺特性，而且要求其不发生故障，这样就产生了可靠性的概念。可靠性只有在工作条件和工作时间相同的情况下才能进行比较，所以可靠性定义为：系统、设备、零件、部件在规定的时间内、在规定的条件下完成规定功能的能力。

定量测量可靠性的标准是可靠度。可靠度指系统、设备、零件、部件在规定的条件下、在规定的时间内能毫无故障地完成规定功能的概率。可靠度是时间的函数。

要认识到设备故障可能带来的重大经济损失和人身事故，尤其在设备趋向大型化、高速化、自动化、连续化的情况下，故障造成的后果将更严重。选择设备可靠性时，要求设备平均故障间隔期越长越好，可以具体地从安全系数、储备设计（又称冗余设计，指为完成规定功能而设计的额外附加系统或手段，即使设备部分出现了故障，但整台设备仍能正常工作）、耐环境（日晒、温度、砂尘、腐蚀、振动等）设计、元器件稳定性、故障保护措施、人机因素（不易造成操作差错，发生操作失误时可防止设备发生故障）等方面进行分析。

4）维修性。维修性指通过维修和维护保养手段预防和排除系统、设备、零件、部件等故障的难易程度。与可靠性一样，对维修性也引入一个定量测定的标准——维修度。维修度指能维修的系统、设备、零件、部件等按规定的条件进行维修时，在规定时间内完成维修的概率。

影响维修性的因素有易接近性、易检查性、坚固性、易装拆性、零部件标准化和互换性、零件的材料和工艺方法、维修人员的安全、特殊工具和仪器、备件供应、生产厂的服务质量等。设备的可靠度达到一定程度后，再继续提高就非常困难了，这时，提高设备的可靠度会造成设备的成本费用呈指数规律增长。因此，提高设备可靠性的程度有限的。提高维修性、减少设备从故障修复到正常工作状态的时间和费用相当重要。于是，广义可靠度的概念包括设备不发生故障的可靠度和排除故障难易的维修度两个方面。

5）经济性。选择设备时考虑的经济性所指的范围特别大，若用一句话对经济性加以定义，那就是设备寿命周期内的整体费用。同时在考察设备的经济性时不能忽视设备所生产产品的单位成本和所生产产品的质量，也不能忽视提高产品质量所增加的收益。在考察设备的经济性时，必须把设备的最初投资、生产效率、耐久性、能耗及原材料消耗、维修和管理费用、消耗的劳动力费用等与设备产品的收益、未来科学技术的发展、企业的规模及企业未来长远发展的要求等结合起来综合考虑，不能片面地追求某一方面的最优。

最初投资包括购置费、运输费、安装费、辅助设施费等。耐久性指零件、部件在使用过程中物质磨损允许的自然寿命，对于由很多零部件组成的设备，则以整台设备的主要技术指标（如工作精度、速度、效率、生产率等）达到允许的极限数据的时间来定义。自然寿命越长，每年分摊的购置费用越少，平均每个工时费用中设备投资费所占比重越少，生产成本越低。但设备技术水平在不断提高，设备可能在达到自然寿命周期以前由于技术落后而被淘汰。因此，要求不同类型的设备具有不同的耐久性。例如，精密、重型设备最初投资大，但寿命长，其全过程的经济效果就好；简易专用设备随工艺发展而改变，就不必有太长的自然寿命。能耗是单位产能源的消耗量，是一个很重要的指标。上述因素有些相互影响，有些相互矛盾，不可能保证各项指标同时都是最优的，企业应根据具体情况以某几个因素为主，参考其他因素来进行分析，综合平衡对这些指标的要求。

6）安全性。安全性指设备对生产安全的保障性能，设备应具有必要的和可靠的安全防护设施，避免带来人身事故和经济损失。

7）环保性。环保性指设备的噪声和排放的有害物质对环境污染的程度。环境保护越来越受到社会和国家的重视，因此在选择设备时必须选择符合国家规定的环保标准的设备。

前面介绍的是选择设备时应考虑的主要因素，除此之外，还应考虑制造厂的产品质量、交货期、价格和信誉及今后的服务等因素。

由于企业的具体情况不同，上述各种因素对企业的影响程度也不同，因此，企业在选择设备时对各个因素考虑的程度也不同。

除了购置设备外，企业还可以根据对所需设备的使用情况或企业的资金状况，通过租赁方式获得设备的使用权。设备租赁是设备的所有人（出租方）将其财产定期出租给需要这种设备的人（承租方）使用，并由后者向前者按期支付一定数额的租金作为报酬的经济行为。设备租赁可分为融资租赁、经营租赁和服务性租赁三大类。企业采用租赁的办法有时比购置设备更经济，这种方式在国外已被广泛采用。

需要说明的是，对于通用设备，企业可以采用外购或租赁的方式取得。为提高企业的竞争力，并将新技术应用到企业的生产经营活动当中，企业还可以对外购新设备进行必要的改选和改装，也可以自己设计和制造设备以满足生产经营的需要。自制设备的设计与制造也应满足生产上适用、技术上先进、经济上合理的原则。

6.3.3 设备的使用、维护与修理

设备的正确使用和维护是设备管理工作的重要环节。正确使用设备可以防止发生非正常磨损和避免突发性故障，能使设备保持良好的工作性能和应有的精度；而精心维护设备则可以保持设备技术状态，延缓劣化进程，消灭隐患于萌芽状态，保证设备的安全运行，延长使用寿命，提高使用效率。

1. 设备的合理使用

设备在负荷下动作并发挥其规定功能的过程即为使用过程。设备在使用过程中，由于受到自然力的作用，加之使用等因素的影响，其技术状况会不断发生变化，逐渐降低工作能力。要控制这种技术状态的变化、延缓设备工作能力的下降过程，就必须根据设备的工作环境及设备的结构和性能特点，分析并掌握设备劣化的规律；就必须保证适合设备工作的环境条件，遵守设备的使用规范，控制设备的负荷和持续工作时间；就必须精心维护设备。只有这样才能保持设备良好的工作性能，充分发挥设备效率，延长设备的使用寿命。只有操作者正确使用设备，才能减少和避免突发性故障。正确使用设备对于控制技术状态变化和延缓工作能力下降具有重要意义。

合理使用设备，应该做好以下几方面的工作：合理配置设备；建立健全必要的规章制度，如设备的操作使用制度、设备的维护保养制度等；为设备提供良好的工作环境；配备合格的操作者，调动操作工人的积极性。

2. 设备的维护保养

设备的维护保养是管、用、修等各项工作的基础，也是操作工人的主要责任之一，是保

持设备经常处于完好状态的重要手段,是一项积极的预防工作。设备的保养也是设备运行的客观要求,马克思说:"机器必须经常擦洗。这里说的是一种追加劳动,没有这种追加劳动,机器就会变得不能使用"。陈云同志也指出:"企业一定要维护设备,特别是关键设备,必须做到万无一失"。设备在使用过程中,由于设备的物质运动和化学作用,必然会因技术状况的不断变化和难以避免的不正常现象及人为因素造成损耗,如松动、干摩擦、腐蚀等。这是设备的隐患,如果不及时处理,就会造成设备过早磨损,甚至发生严重事故。做好设备的维护保养工作、及时处理所发生的各种问题。保持设备的运行条件,就能防患于未然,减少不应有的损失。实践证明,设备的寿命在很大程度上取决于维护保养的程度。因此,对设备的维护保养工作必须强制进行并严格督促和检查。

1)设备完好的标准。保持设备完好是企业设备管理的主要任务之一,正确、合理地使用设备是保持设备完好的基本条件。因此应制定设备完好的标准,为设备技术状态是否良好规定一个合适的尺度。

① 设备性能良好。机械设备能稳定地满足生产工艺要求,使动力设备的功能达到原设计或规定标准,运转时无超温、超压现象。

② 设备运转正常。零部件齐全,安全防护装置良好,磨损、腐浊程度不超过规定的标准,控制系统、计量仪器、仪表和润滑系统工作正常。

③ 设备消耗正常。原材料、燃料、润滑油,动能等消耗正常,无漏油、漏水、漏气(汽)、漏电现象,外表清洁整齐。

2)设备的三级保养制度。设备的三级保养制度是我国从20世纪60年代中期开始实行的,在总结苏联计划预修制度在我国实践经验的基础上逐步完善和发展起来的一种保养修理制度。它体现了我国设备维修管理工作的重心由修理向保养转变,反映了我国设备维修管理的进步和以预防为主的维修方针。设备的三级保养制度内容包括:设备的日常维护保养、一级保养和二级保养。三级保养制度是以操作者为主对设备进行以保为主、保修并重的强制性维护保养制度。三级保养制度是依靠群众,充分发挥群众的积极性,实行群管群修、专群结合,搞好设备维护保养的有效办法。

设备的日常维护保养一般有日保养和周保养,又称日例保和周例保。日例保是由设备操作工人当班进行的保养,应认真做好以下几方面的工作。

① 班前四件事:
- 消化图样资料,检查交接班记录;
- 擦拭设备,按规定加润滑油;
- 检查手柄位置和手动运转部位是否正确、灵活,安全装置是否可靠;
- 低速运转,检查传动装置是否正常,润滑、冷却是否正常。

② 班中五注意:
- 注意运转声音;
- 注意设备的温度、压力、液位、电气参数;
- 注意液压、气压系统;
- 注意仪表信号;
- 注意安全保险是否正常。

③ 班后四件事：
- 关闭开关，所有手柄放到零位；
- 清除铁屑、污物，擦净设备导轨面和滑动面上的油污并加油；
- 清扫工作场地，整理附件、工具；
- 填写交接班记录和运转台时记录，办理交接班手续。

周例保由设备操作总管在每周末进行，保养时间为：一般设备 2 小时，精、大、稀设备 4 小时，具体保养要求如下。

① 外观保养方面的要求：擦净设备导轨、各传动部位及外露部分，清扫工作场地。达到内洁外净无死角、无锈蚀、周围环境整洁。

② 操纵传动保养方面的要求：检查各部位的技术状况，紧固松动部位，调整配合间隙，检查互锁、保险装置。达到传动声音正常、设备安全可靠。

③ 液压润滑保养方面的要求：清洗油线、防尘毡、滤油器，油箱添加油或换油，检查液压系统。达到油质清洁、油路畅通、无渗漏、无硬伤。

④ 电气系统保养方面的要求：擦拭电动机、蛇皮管表面，检查绝缘、接地。达到完整、清洁、可靠。

设备一级保养以操作工人为主，维修工人协助，按计划对设备局部进行拆卸和检查，清洗规定的部位，疏通油路、管道，更换或清洗油线、毛毡、滤油器，调整设备各部位的配合间隙，紧固设备的各个部位。一级保养所用时间为 4~8 小时，一级保养完成后应进行记录并注明尚未清楚的缺陷，车间机械员组织验收。一级保养的范围是企业全部在用设备，对重点设备应严格执行。一级保养的主要目的是减少设备磨损、消除隐患、延长设备使用寿命，为完成到下次一级保养期间的生产任务提供保障。

设备二级保养以维修工人为主且有操作工人参加。二级保养列入设备的检修计划，对设备进行部分解体检查和修理，更换或修复磨损件，清洗、换油、检查并修理电气部分，使设备的技术状况全面达到完好标准的要求。二级保养所用时间为 7 天左右。二级保养完成后，维修工人应详细填写检修记录，由车间机械员和操作者验收，验收单交设备动力科存档。二级保养的主要目的是使设备达到完好标准，提高和巩固设备完好率，延长大修周期。

实行"三级保养制度"，必须使操作工人对设备做到"三好"、"四会"、"四项要求"，并遵守"五项纪律"。

三好：管好、用好、修好。

四会：会使用、会保养、会检查、会排除故障。

四项要求：整齐、清洁、润滑、安全。

五项纪律：遵守设备安全操作规程或作业标准，遵守设备清扫和清洁管理规定，遵守交接班检查规定，遵守设备事故报告规定，遵守设备管理标准。

三级保养制度突出了维修保养在设备管理与计划检修工作中的地位，把对操作工人"三好"、"四会"的要求具体化，提高了操作工人维护设备的知识和技能。三级保养制在我国企业取得了很好的效果。三级保养制度的贯彻实施有效地提高了企业设备的完好率，降低了设备事故率，延长了设备大修周期，降低了设备大修费用，取得了较好的技术经济效果。

3. 设备故障管理

（1）设备故障

设备或系统在使用过程中因某种原因丧失了规定功能或降低了效能时的状态，称为设备故障。在企业生产活动中，设备是保证生产的重要因素，而设备故障直接影响产量、质量和企业的经济效益。在设备的设计、制造质量尚未达到很高水平的情况下，若管理不善，设备在运作过程中往往故障频繁，造成长时间的停机以及修理工作量和修理费用的膨胀，所以加强故障管理愈发成为亟待解决的问题。

设备故障的产生受多种因素的影响。例如，设计、制造的质量，安装调试水平，使用的环境和条件，维护保养，操作人员的素质，以及设备的老化、腐蚀和磨损等。为了减少甚至消除故障，必须了解、研究故障发生的宏观规律，分析故障形成的微观机理，采取有效的措施和方法，控制故障的发生，这就是设备的故障管理。故障管理，特别是对生产效率极高的大型连续自动化设备的故障管理，在管理工作中占有非常重要的地位。

（2）设备故障管理的重要性

现代化设备的特点是高速、大型、自动化。生产率较高的设备，故障停机会带来很大的损失。在大批量生产的流程式机械工厂，如汽车制造厂等，防止故障、减少故障停机、保持生产均衡是非常重要的。它不仅能减少维修工作的人力、物力、费用和时间，更重要的是能保持较高的生产率，创造出每小时数万元甚至数十万元产值的经济效益。对化工、石油、冶金等流程工业，设备的局部异常会导致整机停转或整个自动生产线停产，甚至局部的机械、电气故障或泄漏可能导致重大事故的发生，以致污染环境、破坏生态平衡，造成不可挽回的损失。因此，随着设备现代化水平的提高，加强设备故障管理，对于防止故障的发生、保持设备高效地正常运作，有着重要的意义。

（3）设备故障管理的内容

设备故障管理必须树立预防为主的思想。为将预防为主的思想落到实处，对于重要的设备企业必须明确管理责任，责任到人。管理者必须对设备的性能、使用和运行特点、维修保养情况做到心中有数；必须对设备的操作人员进行培训；必须根据设备的特点制订科学的保养、维修计划；必须建立预防关键重要设备发生故障的制度和机制，必须根据这些重要设备可能发生的各种故障与问题制订周密、可行的故障处理预案。

为做好设备管理，管理者在日常工作中应做好设备运行状况基本数据的搜集和分析工作，包括设备的使用时间、运行状况、维修计划的执行情况等，为预防管理提供依据。

4. 设备维修

设备维修是设备使用期管理的主要内容之一。设备在使用过程中，零部件会逐渐发生磨损、变形、断裂、锈蚀等现象。设备维修就是对发生故障的设备通过更换或修复磨损失效的零件，对整机或局部进行拆装、调整的技术活动。其目的是恢复设备的功能或精度，保持设备完好。换言之，设备维修是设备技术状态劣化到某一临界状态时为恢复其功能而进行的技术活动。

设备维修必须贯彻预防为主的方针，根据企业的生产性质、设备特点及设备在生产中所起的作用，选择适当的维修方式。采取日常检查、定期检查、状态检测和诊断等各种手段，切实掌握设备的技术状态，加强修理的计划性，充分做好修前的技术及生产准备工作。修理中，应积极采用新工艺、新技术、新材料和现代科学方法，以保证修理质量、缩短停歇时间和减少修理费用。同时，应结合维修情况对设备进行必要的改善维修，提高设备的可靠性，充分发挥设备的效能。

（1）设备维修方式

设备维修方式具有维修策略的含义。现代设备管理强调对不同类型的设备采用不同的维修方式，就是强调设备维修应遵循设备物质运动的客观规律，在保证生产的前提下，合理利用维修资源，达到寿命周期费用最经济的目的。

1）事后维修。事后维修就是对一些生产设备，不将其列入预防维修计划，发生故障后或性能、精度降低到不能满足生产要求时再进行修理。采用事后修理策略（坏了再修）可以发挥主要零件的最大寿命，使维修经济性更好。事后维修不适用于对生产影响较大的设备，一般适用于下述三种设备：对故障停机后再修理不会给生产造成损失的设备；修理技术不复杂而又能及时提供备件的设备；一些利用率低或有备用设备的设备。

2）预防维修。为了防止设备性能、精度劣化或为了降低故障率，按事先规定的修理计划和技术要求进行的维修活动称为预防维修。对重点设备和重要设备实行预防维修是贯彻《设备管理条例》规定的"预防为主"方针的重要工作。

预防维修主要有以下两种维修方式。

① 定期维修。定期维修是按规定时间执行的预防维修活动，具有周期性特点。定期维修根据零件的失效规律，事先规定修理间隔期、修理类别、修理内容和修理工作量。苏联的计划预修制度是定期维修的典型形式。定期维修主要适用于掌握设备磨损规律且生产稳定、连续生产的流程式生产设备和动力设备，以及大量生产的流水作业和自动生产线上的主要设备及其他可以统计开动台时的设备。

② 状态监测维修。状态监测维修是一种以设备技术状态为基础，按实际需要进行修理的预防维修方式。状态监测维修在状态监测和技术诊断的基础上，掌握设备劣化发展规律，适时安排预防性修理，所以又称为预知维修。

这种维修方式的基础是各种检查、维护、使用、修理及诊断和监测提供的大量信息，通过统计分析，正确判断设备的劣化程度、发生（或将要发生）故障的部位、技术状态的发展趋势，从而采取正确的维修类别。这样能充分掌握维修活动的主动权，做好维修前的准备，并且可以和生产计划协调安排，既能提高设备的可利用率，又能充分发挥零件的最大寿命。由于受到诊断技术发展的限制，它主要适用于重点设备，以及利用率高的精、大、稀类设备等，即值得花费诊断与监测费用的设备，以使设备故障后果影响最小并避免盲目安排检修。状态检测维修是今后企业设备维修的发展方向。

③ 改善维修。为了消除设备先天性缺陷或频发故障，对设备局部结构和零件设计加以改进，结合修理进行改装以提高其可靠性和维修性的措施称为改善维修。

设备的改善维修与技术改造的概念是不同的，主要区别为：前者的目的在于改善和提高局部零件（部件）的可靠性和维修性，从而降低设备的故障率和减少维修时间和费用；而后者的目的在于局部补偿设备的无形磨损，从而提高设备的性能和精度。

（2）设备维修类别

1）设备大修。设备大修是工作量最大的一种计划性修理。它是因设备基准零件磨损严重，主要精度、性能大部分丧失，必须经过全面修理才能恢复其效能时使用的一种修理形式。设备大修需对设备进行全部解体，修理基准件，更换或修复磨损件；全部研刮和磨削轨面。修理、调整设备的电气系统；修复设备的附件及翻新外观等，从而全面消除修理前存在的缺陷，恢复设备的规定精度和性能。为了补偿设备的无形磨损，还应采用新技术、新工艺、新材料进行改造、改进和改装，提高设备效能。

2) 项目修理。项目修理（简称项修）是对设备精度、性能的劣化缺陷进行有针对性的局部修理。项修时，一般要进行局部拆卸、检查，更换或修复失效的零件，必要时对基准件进行局部修理和修正坐标，从而恢复所修部分的性能和精度。项修的工作量视实际情况而定。

项修是在总结我国过去实行设备计划预修制正反两方面经验的基础上，随着状态检测维修的推广应用，在实践中不断改革而产生的。在实行计划预修制中，往往忽视具体设备的出厂质量、使用条件、负荷率、维护优劣等情况的差异，而按照统一的修理周期或修理间隔期安排计划性修理。这样，通常产生两种弊病：一是设备的某些部件技术状态尚好，却到期安排了大修，造成过剩修理；二是设备的技术状态劣化已难以满足生产工艺要求，因未到修理期而没有安排计划修理，造成失修。采用项修可以避免上述弊病，并可缩短停修时间和减少修理费用。特别是对于关键设备、流水线生产的专用设备，可以利用生产间隙时间（节日、假日）进行修理，从而保证生产的正常进行。

3) 设备小修。设备小修是维修工作量最小的一种计划性修理。对于实行状态（监测）维修的设备，小修的工作内容主要是针对日常检查和定期检查发现的问题，拆卸有关的零部件进行检查、调整，更换或修复失效的零件，以恢复设备的正常功能；对于实行定期维修的设备，小修的内容主要是根据掌握的磨损规律更换或修复在修理间隔期内失效或即将失效的零件，并进行调整，以保证设备的正常工作能力。

4) 定期精度调整。定期精度调整就是对精、大、稀机床的几何精度进行定期调整，使其达到（或接近）规定标准。精度调整的周期一般为一年或两年。调整时间适宜安排在气温变化较小的季节。实行定期精度调整有利于保持机床精度的稳定性，保证产品质量。

5) 定期预防性试验。定期预防性试验是对动力设备、压力容器、电气设备、起重运输设备等安全性要求较高的设备，由专业人员按规定期限和规定要求进行的试验，如对耐压、绝缘、电阻器、接地、安全装置、指示仪表、负荷、限制器、制动器等的试验。通过实验可以及时发现问题，消除隐患或安排修理。

6.3.4 设备的改造与更新

1. 设备的磨损形式及补偿

设备的磨损指设备随着时间的推移，在使用或闲置过程中，由于物理作用（如冲击、摩擦、振动等）和化学作用（如腐蚀、老化）及技术进步的影响，使其使用价值下降或价值下降的过程。磨损是设备陈旧落后的主要原因，是影响企业生产能力、经济效益和企业市场竞争力的重要因素。根据设备产生磨损的原因及其后果可将设备磨损分为有形磨损和无形磨损。

（1）设备的磨损形式

1) 设备的有形磨损。设备在使用（或闲置）过程中发生的实体的磨损称为有形磨损（也称物质磨损)。有形磨损可分为下列两种。

① 第一种有形磨损指设备在使用过程中,由于外力的作用,设备的零件因摩擦冲击、振动和疲劳使其实体发生了磨损。这种有形磨损的后果通常表现为:机器设备的零件原始尺寸、形状、公差配合性质等发生改变。这种有形磨损与设备的使用时间和强度有关。其结果是使设备的精度、可靠性及生产率降低,不能继续正常使用甚至丧失工作能力。

② 第二种有形磨损指自然力的作用使设备产生的磨损。例如,金属件产生锈蚀、橡胶件老化等,这种有形磨损与设备的使用无关(甚至在一定程度上与使用程度成反比),而与设备闲置的时间及所处的环境有关。其结果可能使设备丧失精度和工作能力,甚至彻底损坏而报废。

2) 设备的无形磨损。设备的无形磨损也称为精神磨损。无形磨损不是由于生产使用或自然力的作用造成的,所以它不表现为设备实体的变化。设备的无形磨损是由技术进步引起的,表现为设备原始价值的贬值。正如马克思所指出的:"机器除了有形磨损外,还有无形磨损。只要同样的结构的机器能够更便宜地再生产出来,或者出现更好的机器同原有的机器相竞争,原有机器的交换价值就会受到损失。在这两种情况下,即使原有机器还十分年轻和富有生命力,它的价值不再由实际物化在其中的劳动时间来决定,而由它本身的再生产或更好的机器再生产的必要劳动时间来决定了。因此,它或多或少地贬值了。"

随着科学技术发展速度的加快及产品更新换代的需要,设备更新换代的进程必然加快,因而设备无形磨损的速度也将加快。设备无形磨损按其形成原因可分为以下两种。

① 第一种无形磨损。由于科学技术的进步,使设备制造工艺不断改进、劳动生产率不断提高、成本不断降低,生产同样结构、性能的设备所需的社会必要劳动逐渐减少,因而设备的市场价格必然降低,这就会使原设备相应地贬值,但设备本身的技术特性和功能并未发生变化,因而不会影响现有设备的继续使用。

② 第二种无形磨损。由于科学技术的进步,在原有设备正常使用期间出现了结构更先进、技术更完善、生产率更高、耗费原材料和能源更少的新型设备,从而使原有设备在技术上显得陈旧落后。其后果不仅使原有设备的价值降低,还会使原有设备局部或全部丧失其使用价值。在这种情况下,即使原有设备仍可继续使用,但其生产率已低于社会生产率的平均水平,社会必要劳动耗费相对增加,继续使用原设备就会使成本高于社会平均成本。在这种情况下,使用新设备比使用原有设备在经济上更为合算,即及时地进行设备更新是促进技术进步、提高劳动生产率的重要保证。

(2) 设备磨损补偿

为了恢复已磨损设备的生产能力并保证企业生产活动的正常运行,必须对设备的磨损及时进行补偿。由于设备遭受磨损的形式和程度不同,其磨损补偿方式也不同。磨损补偿方式可分为局部补偿和完全补偿。除遭受第一种无形磨损的设备无须进行补偿仍可继续使用外,其他形式的磨损均须进行补偿。

当设备遭受可消除性磨损时,可采用维修的方式进行补偿;当设备遭受不可消除性有形磨损时,采用完全补偿(包括设备原型更换或新型设备更新)的方式进行补偿。

当设备遭受第二种无形磨损时,根据磨损的程度及企业的具体情况,可采用设备的技术改造或新型设备更新进行补偿。

2．设备的更新

（1）设备的寿命

设备的寿命指设备从以全新状态投入使用开始，经受有形磨损和无形磨损，直至在技术上不能再继续使用或在经济上不宜再继续使用，而必须更新所经历的时间。设备的寿命可分为物理寿命、技术寿命和经济寿命。设备更新的时机一般取决于设备的技术寿命和经济寿命。

1）设备的物理寿命。设备的物理寿命也可称为自然寿命或使用寿命，它由设备的有形磨损决定。设备的物理寿命指设备从以全新状态投入使用开始，经受有形磨损，直至在技术性能上不能按原有用途继续使用为止所经历的时间。

2）设备的技术寿命。设备的技术寿命是从技术角度考虑的设备最合理的使用期限，它由设备的第二种无形磨损决定，即从设备开始使用到技术落后被淘汰所延续的时间。所以设备的技术寿命与科学技术进步的速度有关，科学技术进步越快，设备的技术寿命越短。当更先进的设备出现时，现有设备在其物理寿命尚未结束前就可能被淘汰。

3）设备的经济寿命。设备的经济寿命是年平均使用总费用最低的使用期限，它由有形磨损和无形磨损共同决定。年均使用总费用（或称年均使用总成本）包括购置费年分摊额和设备年运行费用（维修费、操作费、材料费、能源消耗费等）。随着设备使用年限的延长，设备购置费年分摊额逐年减少，而设备年运行费却逐年增加。所以设备平均使用总费用第一年较高，而后逐年降低，当达到最低值后又逐年增加。设备年均使用总费用达到最低值的年份数即为设备的经济寿命。

（2）设备更新的方式

设备更新是设备磨损的重要补偿方式。设备更新方式有两种：一种是设备的原型更换，即使用相同的设备去更换有形磨损严重、不能继续使用的旧设备，这种更新不具有更新技术的性质，不能促进技术进步，只能解决设备的有形磨损问题；另一种是用较经济和较完善的新设备（用技术更先进、结构更合理、效率更高、性能更好、耗费能源和原材料更少的新型设备）更换那些技术上不能继续使用或经济上不宜继续使用的旧设备。技术进步要求主要采用后一种方式更新设备，以解决设备磨损和技术落后的问题，这是当今设备更新的一种主要形式。

目前，由于科学技术进步的速度越来越快，提高设备性能和降低寿命周期成本是设备制造商开发新设备重点考虑的问题。因此适时地进行设备更新，优先采用先进技术，提高企业综合素质，是企业在市场经济条件下始终保持竞争优势的重要手段。

英国是老牌的资本主义国家，曾是世界上首先进行工业革命的国家。从 19 世纪 80 年代到 20 世纪初这段时间内，整个资本主义世界的科学技术发展很快，而英国未能及时对已经陈旧落后的设备进行更新改造，致使美国、德国等国家在不长的时间内赶上和超过英国。日本在第二次世界大战后非常重视先进设备的开发，及时学习和掌握世界先进制造技术，并对企业的设备进行及时的更新，提高企业的综合创新能力和经济效益，最终成为世界经济强国。我国的一些企业，尤其是 20 世纪 50～60 年代建设的一些大型骨干企业，不少设备已经陈旧落后，只有加速设备的更新、促进技术进步，才能真正实现经济增长方式的转变。

3. 设备的技术改造

设备的技术改造又称为设备的现代化改装。所谓设备的技术改造，指为适应企业生产发展的具体需要，应用新的科学技术成果和先进经验，通过改变现有设备的结构（给旧设备更换或增加新部件、新装置、新附件）来提高现有设备的技术性能的技术管理活动。设备的技术改造是克服现有设备技术陈旧、消除第二种无形磨损、促进技术进步的非常重要、易于实现的方法之一，也是扩大设备的生产能力、提高设备技术水平的重要途径。

设备的技术改造具有很强的针对性和适应性。经过技术改造的设备更能适应生产的具体要求，在某些情况下，进行技术改造之后的设备适应具体生产需要的程度甚至可以超过新设备。有的设备经过现代化改装后，其技术性能比新设备水平还高。所以，在特殊情况下，甚至可以对新设备进行改装。

在多数情况下，通过设备的技术改造提高陈旧设备的技术水平所需的投资往往比购买新设备的投资少。因此，设备的技术改造往往在经济上有很大的优越性。

4. 设备更新改造的技术经济评价

设备更新改造的技术经济评价，实质上就是对原有设备继续使用、用原型新设备更换旧设备、用新型设备更换旧设备、对原有旧设备进行技术改造这四种可能的互斥方案的经济性进行分析比较的过程。技术经济评价的关键是确定各种方案的费用与收益。

如果在设备使用期内没有更先进的新型设备出现，只是在使用过程中由于有形磨损的作用引起维修费用特别是大修费用及其他运行费用不断增加，这时用原型新设备替换旧设备，在经济上往往是可行的。但需要说明的是：用原型新设备替换旧设备的关键是确定更新的时间，即确定旧设备的经济寿命，旧设备的经济寿命到期之时就是设备更新之日。

根据是否考虑资金的时间价值，设备经济寿命可以有两种计算方法，其计算结果也略有差异。本书主要介绍在不考虑资金时间价值时设备经济寿命的计算方法。

计算设备寿命主要考虑设备的使用成本。设备的使用成本一般由设备的年运行成本和设备购置费的年分摊额两部分组成。

（1）运行成本

运行成本指设备在使用过程中发生的费用，它包括能源费、保养费、修理费（包括大修理费用）、停工损失、废次品损失等。一般情况下，随着设备使用期限的增加，运行成本每年以某种速度递增，这种运行成本的逐年递增称为设备的劣化。为简单起见，假定每年运行成本的劣化增量是均等的，即设备运行成本的增加额为 λ，设备使用了 T 年，第 T 年的运行成本为

$$\bar{C}_T = C_1 + (\frac{T-1}{2})\lambda \tag{6.2}$$

式中，C_1 是设备运行成本的初始值，即第一年的运行费用；C_T 是设备第 T 年的总运行费用。

如果设备运行了 T 年，运行成本的增加额均为 λ，则每年的平均运行成本为

$$\bar{C}_T = C_1 + (\frac{T-1}{2})\lambda \tag{6.3}$$

(2) 设备购置费的年分摊额

若设备 K_0 表示设备的原始价值,用 V_L 表示设备报废的残值(假设设备报废时的残值与使用时间无关,固定不变),则设备使用 T 年后,年平均总成本 AC_T 为年平均运行成本和购置费的年分摊额之和,即

$$\mathrm{AC}_T = \overline{C}_T + \frac{K_0 - V_L}{T} \tag{6.4}$$

综合考虑这两个因素,一般来说,随着使用时间的延长,设备使用的平均总成本的变化规律为先降后升。

设备的经济寿命是使设备年平均总成本最小的使用年限,设备的使用寿命也是设备原型更新的最佳时机。显然,使设备的年平均使用总成本 AC_T 最小的使用年限 T 为

$$T = \sqrt{\frac{2(K_0 - V_L)}{\lambda}} \tag{6.5}$$

企业管理实训

【实训主题】

新产品开发。

【实训地点】

教室。

【实训目的】

1)理论联系实际,训练学生对产品内涵的正确认识,能够正确分析产品组合策略,培养学生解决实际问题的能力。

2)加深对品牌策略、品牌形象的认识,使学生充分贴近品牌文化,提升学生的综合素质。

【背景材料】

1)某洗衣机厂经过3年研制,开发出一款新型洗衣机,这是目前唯一通过国家检测的既不用洗衣粉又符合洗净标准的洗衣机。这款洗衣机采用先进的技术,不受水质及衣物脏污程度等条件的限制。它使自来水进入洗衣机后,通过化学、物理反应,破坏水的原有表面张力,使水能够真正亲和衣物纤维,从而不仅彻底洗净衣物,还可以自动实现杀菌消毒,使衣物更加柔顺。

2)美国派克公司的高档金笔被视为身份与气度的象征。为扩大市场,该公司在1984年推出一种每支仅3美元的低档笔,而低端市场的消费者根本不接受派克低档笔。结果它不但没有打入低端笔市场,反而丧失了部分高端笔市场,最终以失败告终。

【实训过程设计】

1）指导教师布置学生课前预习阅读案例。
2）将全班同学分成小组，按每组 5~6 人进行讨论，各组选择一个案例进行讨论。
3）指导教师对小组讨论过程和发言内容进行评价总结，并讲解本案例的分析结论。（先评定小组成绩，在小组成绩中每一个人参与讨论占小组成绩的 40%，代表发言内容占小组成绩的 60%）。
4）根据背影资料 1 中介绍的新型洗衣机设计商标策略。
5）根据背影资料 2 分析美国派克公司运用了什么产品组合调整策略。
6）根据背影资料 2 分析各种策略的优缺点，在实践中应该采取什么策略？
7）从品牌策略的选择角度分析派克笔在低端笔市场失败的原因，由此可得到什么启示？

综合练习

一、问答题

1. 请结合自己经历的一些事件，谈谈对现代企业在知识产权保护方面的体会和认识。
2. 谈谈你对价值工程中的寿命周期成本和价值的理解。
3. 如何应用价值工程的思想和方法来提升和改善自己日常工作和生活的价值。
4. 设备管理的基本原则有哪些？设备管理的任务是什么？
5. 什么是设备的前期管理？前期管理包括哪些内容？
6. 设备完好的标准主要从哪三个方面衡量？
7. 设备的维修方式有哪些？各有什么利弊？选择维修方式应结合哪些具体情况？
8. 举例说明哪类设备可采用事后维修，哪类设备必须采用事先维修。
9. 简述设备磨损的形式和发生的原因。
10. 什么是设备的经济寿命？影响设备经济寿命的因素有哪些？

二、案例分析

汽车改装公司的新产品开发

某企业是一家改装专用汽车的企业，2012 年生产任务不足。工厂在面临亏损的情况下，组织了几十个人的调查组，对全国专用汽车市场进行了调查，结果发现环卫和石油领域是具有发展专用汽车潜力的两大部门。就环卫车而言，全国有 1.4 亿人口，人均日产生垃圾 2 kg，按每 5000 人配备一辆环卫车计算，全国需要 2.8 万辆；即使不算工矿区在内，全国按 200 多个城市的 9000 多万人口计算，也需要 1.9 万辆。当时，全国环卫系统中各种环卫车的总量仅为 8000 辆左右。石油专用车在国内早有厂家生产，但品种不齐全。环卫部门和石油部门都是国家重点发展的部门，资金充足，市场相对稳定。尤其是环卫系统，亟待改善作业条件，所以销售不成问题。另外，旅行车也是市场急需的产品。从企业自身条件看，该厂具有 20 多年生产专用汽车的经验，拥有一批长期从事专用汽车设计、制造的人才，有着从事多品种、小批量生产的条件和经验；但是，对于装饰性要求较高的旅行车来说，生产和技术水平都还不足。根据上述分析，企业决定，除继续生产国家需要的原有各种专用车外，还要依靠自己的力量，加速研制开发环卫和石油领域需要的各种专用车辆。

问题：
（1）新产品开发要注意什么问题？
（2）新产品开发的首要步骤是什么？

第 7 章 现代企业质量管理

 课前阅读：割草的男孩

一个替人割草打工的男孩打电话给一位陈太太说："您需不需要割草？"

陈太太回答说："不需要了，我已有了割草工。"

男孩又说："我会帮您拔掉花丛中的杂草。"

陈太太回答："我的割草工也做了。"

男孩又说："我会帮您把草与走道的四周割齐。"

陈太太说："我请的那个人也已经做了，谢谢你，我不需要新的割草工人。"

男孩便挂了电话，此时男孩的室友问他说："你不就在陈太太那割草吗？为什么还要打这个电话？"

男孩说："我只是想知道我做得有多好！"

资料来源："割草的男孩（哲理故事）"，《MBA 智库资讯》

 思考

这个故事是否反映了 ISO 的思想？如何体现出质量管理八项原则中持续改进的原则？

7.1 质量与质量管理

7.1.1 质量与质量概念的发展

1. 质量的相关概念

人类社会自从有了生产活动，特别是以交换为目的的商品生产活动，便产生了质量的活动。质量是构成社会财富的关键内容，是经济发展的战略问题。质量的概念最初仅用于产品，以后逐渐扩展到服务、过程、体系和组织，以及以上几项的组合。

（1）质量的概念

质量是一组固有特性满足要求的程度，对质量的概念可以从以下方面来看。

1）质量可以存在于各个领域或任何事物中。质量不仅指产品质量，也可以是某项活动或过程的工作质量，还可以是质量管理体系运行的质量。"质量"可用形容词，如差、好或优秀来形容。

2）特性指可区分的特征。可以有各种特性，如物的特性（如机械性能）；感官的特性（如气味、噪声、色彩等）；行为的特性（如礼貌）；时间的特性（如准时性、可靠性）；人体工效的特性（如生理的特性或有关人身安全的特性）；功能的特性（如飞机飞行的最快速度）。

3）关于"要求"。要求指明示的、通常隐含的或必须履行的需求或期望。"明示的"可以理解为规定的要求，如在文件中阐明的要求或顾客明确提出的要求。"隐含的"指组织、顾客和其他相关方的惯例或一般做法，所考虑的需求或期望是不言而喻的，如化妆品对顾客皮肤的保护性等。

4）质量具有经济性、广义性、时效性、相对性。质量的经济性是人们要求的物美价廉、物有所值。顾客对经济性的考虑是一样的。质量的广义性是质量不仅指产品质量，也指过程和体系的质量。质量的时效性是由于组织的顾客和其他相关方对组织和产品、过程和体系的需求和期望是不断变化的，因此，组织应不断地调整对质量的要求。质量的相对性是组织的顾客和其他相关方可能对同一产品的功能提出不同的需求，也可能对同一产品的同一功能提出不同的需求，需求不同，质量要求也不同，只有满足需求的产品，才会被认为是质量好的产品。

（2）质量特性

质量特性指产品、过程或体系与要求有关的固有特性。将"要求"转化为有指标的特性，作为评价、检验和考核的依据。它包括：性能、适用性、可信性（可用性、可靠性、维修性）、安全性、环境、经济性和美学性。质量特性有些是可定量的，有些是不能够定量的，只能定性。实际工作中，可将不定量的特性转换为可定量的代用质量特性。质量的适用性就是建立在质量特性的基础之上的。产品质量特性分为以下几种。

1）内在质量特性：如结构、性能、精度、化学成分等。

2）外在质量特性：如外观、形状、色泽、气味、包装等。

3）商业特性：交货期、保修期等。

4）其他特性：安全、环境、美观等。

服务质量特性是服务产品所具有的内在的特性，可分为五种类型。

1）可靠性：准确地履行服务承诺的能力。

2）响应性：帮助顾客并迅速提供服务的愿望。

3）保证性：员工具有的知识、礼节及表达出自信与可信的能力。

4）移情性：设身处地为顾客着想和对顾客给予特别的关注。

5）有形性：有形的设备、设施、人员和沟通材料的外表。

根据对顾客满意的影响程度不同，通常将质量特性划分为关键、重要和次要三类。

关键质量特性：指若超过规定的特性值要求，会直接影响产品安全性或产品整机功能丧失的质量特性。

重要质量特性：指若超过规定的特性值要求，将造成产品部分功能丧失的质量特性。

次要质量特性：指若超过规定的特性值要求，暂不影响产品功能，但可能会引起产品功能的逐渐丧失。

2．质量概念的发展

随着经济的发展和社会的进步，人们对质量的需求不断提高，质量的概念也随之不断深化、发展。具有代表性的质量概念主要有："符合性质量"、"适用性质量"和"全面质量"。

1）符合性质量：以技术标准作为产品规格要求，评价质量时以技术规范和规格要求作为标准。符合性质量表述比较具体、直观。不足之处在于只是从生产者的立场出发，静态地反映产品质量的水平，而忽视了最重要的另一方——顾客的需求。

2）适用性质量：符合设计要求就必定能为顾客所接受吗？随着市场竞争的加剧和顾客的日益成熟，质量的评判权逐渐移交给顾客。企业必须通过市场调查，生产适合顾客实际使用要求的产品，适用性质量观和以市场为导向的营销观念相一致。对企业而言，也要追求"成本的适用"，所以在20世纪70年代强调产品适用与成本的平衡。

3）魅力性质量：在20世纪80年代，日本形成了一种从"理所当然质量"向"魅力质量"进军的思潮，针对顾客潜在需求，研制生产具有"魅力质量"的产品。

4）全面质量：美日一批专家提出"全面质量"，涵盖了一切与产品相关的过程的质量，并纳入以人为本、节约资源、保护环境等内容。

7.1.2 质量管理的概念和重要性

1．质量管理的概念

2000版ISO 9000族标准将质量管理（Quality Management）定义为：在质量方面指挥和控制组织的协调的活动，包括制定质量方针和质量目标及质量策划、质量控制、质量保证和质量改进。

1）质量方针：由组织的最高管理者正式颁布的、该组织总的质量宗旨和方向。

2）质量目标：与质量有关的、所追求或作为目的的事物，应建立在质量方针基础上，比较具体，尽量能够量化。

3）质量策划：质量管理中致力于设定质量目标并规定必要的作业过程和相关资源以实现其质量目标的一系列活动。管理者应对企业的质量方针、目标和要求进行质量策划，如产品策划、管理和作业策划、编制质量计划等。

4）质量保证：为了提供足够的信任，表明产品实体满足质量要求而进行的有计划、有系统的活动。质量保证分为内部保证和外部保证。内部质量保证的目的是向企业最高管理者提供信任，外部质量保证的目的是向用户或第三方提供信任。

5）质量控制：这是致力于满足质量要求的活动，包括产品形成过程的一系列作业、技术、组织和管理活动。质量保证与质量控制是相互联系的，质量控制活动是质量保证的基础。

6）质量改进。致力于提高有效性和效率的部分。有效性指完成所策划活动并达到策划结果的程度。效率指所达到的结果与所使用的资源之间的关系。质量改进的目的是为用户提供更高的效用，以更低的消耗、更低的成本来获得更高的收益。

2. 质量管理的重要性

新世纪的质量管理重要性主要体现在以下六个方面。

（1）质量创新

当今，知识已经成为生产力要素中最具活力、最富能量的要素，成为生产力发展的核心和基础。企业发展不再是简单的有形资产的扩张，而是在深刻的知识创新的基础上，把知识转化为财富。大质量观将以知识丰富其内涵，质量管理的理念也将进一步提升，6西格玛和零缺陷等理念将得到进一步推广。

（2）质量人才

质量管理的深入与创新，最关键的因素是人。质量人才培养要树立大教育、大培训的观念。大力提高全面素质才能保证质量工作的全面改进。质量人才资源建设就是要以能力建设为核心，重点培养质量人才的"学习能力、实践能力和创新能力"——质量管理科学是一门应用科学，只有实践才能创造价值和效益。企业应努力成为质量方面的学习型组织。

（3）质量战略

对于一个企业的战略决策而言，不能不把质量决策置于一个核心的地位，这是因为质量是竞争力的最具威慑力和震撼力的要素，是克敌制胜的强大武器。在当代，顾客对产品的追求是一种多元化价值，从而质量战略中的质量方针和目标及实施的各种活动，必须致力于实现企业内部向国际市场的跨越，实现企业当前利益向可持续发展的长远利益的跨越，实现企业质量管理模式从局部改进向整体变革的跨越，实现企业综合竞争力从部分提升到创新构建式的跨越，最终赢得市场和社会。

（4）质量系统

知识经济最重要的成果之一是互联网的构建。互联网对企业的组织形式和管理机制产生的影响是十分深刻的，如果说过去企业追求利润最大化，表现为对企业生产的整个过程的控制和管理，那么，现今企业追求利润最大化则是把整个经营过程分解为环环相扣的链条，并把某些链条的职能转至能以更高效率、更低成本、更短时间完成的外部企业及组织去完成，从而企业与外部组织间建立了具有相同利益及价值追求的共同体，其发展前景是具有同一命运的"生态系统"。此时，质量管理的重要使命和职责将是建立一个与之相适应的质量管理体系，它的运作将对该"生态系统"的构建质量和运作质量提供最强有力的保证和监控。

（5）个性质量

由于需求的个性化趋势，企业在相对稳定的细分目标市场中确定消费群体的基础上，需要附加新的个性化的并能超越竞争对手的特质以满足"每一位顾客"的需求，由此企业才能成功。"顾客满意理论"、"顾客价值管理"、"顾客关系管理"等思潮的兴起就说明了这样一种趋势，但其实质还是满足顾客的差异性、动态性、层次性的需求。互联网的深入发展及企业与顾客的互动交流，使企业为顾客"度身定制"成为可能，并进入可以操作的层面。质量管理的对象和模式发生变革是不可避免的。

（6）质量文化

质量文化是一个企业质量及质量管理的理论和实践的历史沉淀和环境氛围的产物，质量文化的核心思想与企业的核心价值标准密切相关，这种价值标准对企业的质量决策与行为将产生重大影响。根据日本企业的启示，必须吸取国际优秀企业质量文化的宝贵财富，必须密切结合中国实际，创建中国企业的质量文化。

质量文化在当代呈现如下的价值取向：以满足顾客个性化需求为导向，并且顾客的概念已经泛化；质量管理成为企业最高决策层的首要职责，制定质量方针和目标成为企业战略决策的重大任务。质量文化要营造人人参与质量管理、人人具有强烈质量意识的氛围，强调持续改进及用数据展示改进成果。

7.1.3 质量管理的发展过程

质量管理（Quality Control，QC）思想与实践早在三千多年前就有，不过当时基本上都属于经验式管理。真正把质量管理作为科学管理的一个组成部分，在企业中有专人负责质量管理工作则是近百年来的事。按照质量管理在工业发达国家实践中的特点，质量管理的发展一般分为三个阶段：质量检验阶段、统计质量控制阶段、全面质量管理阶段。

1. 质量检验阶段

20世纪初到20世纪30年代末，是质量管理的初级阶段。这一阶段的主要特点是以事后检验为主体。随着科技进步和生产力的发展，企业的生产规模不断扩大，在管理分工概念的影响下，企业中逐步产生了专职的质量检验岗位、专职的质量检验员和专门的质量检验部门，使质量检验的职能得到了进一步的加强。质量检验阶段从操作者质量管理发展到检验员质量管理，对提高产品质量有很大的促进作用。但随着社会科技、文化和生产力的发展，质量检验阶段逐渐显露出许多不足：如事后检验、全数检验、破坏性检验。"事后检验"、"全数检验"存在的不足引起了人们的关注，一些质量管理专家、数学家开始注意质量检验中的弱点，并设法运用数理统计的原理来解决这些问题。

2. 统计质量控制阶段

20世纪40～60年代，质量管理的特点从单纯依靠质量检验事后把关发展到工序控制，突出了质量的预防性控制与事后检验相结合的管理方式。从质量检验阶段发展到统计质量控制阶段，质量管理的理论和实践都发生了质的飞跃，从"事后把关"变为预先控制，并很好地解决了全数检验和破坏性检验的问题。但是，由于过多地强调了统计方法的作用，忽视了其他方法和组织管理对质量的影响，使人们误认为质量管理就是统计方法，而且这种方法又高深莫测，让人们望而生畏，质量管理成了统计学家的事情，限制了统计方法的推广发展，也限制了质量管理的范畴。

3. 全面质量管理阶段

20世纪50年代以来，社会对产品的质量从一般性能发展到讲究产品的耐用性、可靠性和经济性，这对质量管理提出了新的课题。社会进步带来了观念变革——质量责任，许多国家发起了"保护消费者权益"运动，这就迫使企业更加强化质量管理，该运动成为质量管理理论发展和实践推行的巨大动力。同时，系统理论和行为科学理论等管理理论的出现和发展，系统分析的观念和方法日趋成熟并广泛应用于生产和管理中，于是人们认识到质量管理问题不能同外部环境相隔离，只能把其作为企业管理系统乃至社会大系统的一个子系统，于是联系的观点、制约的观点、沟通的观点在质量管理中被广泛应用。并且，以人为本的观念被充分强调，于是重视人的积极因素、调动人的积极因素、组织员工的广泛参与成为质量管理中被广泛接受的理念，并付诸实施。另外，国际市场竞争不断加剧，随着国际贸易的发展，市场竞争尤其是国际市场竞争的加剧，质量已成为企业竞争的核心要素，各国企业都十分重视产品责任和质量保证问题，强化质量管理，以确保用户可靠地使用产品。基于此，美国通用电气公司（GE）质量总经理 A. V. Feigenbaum 和著名的质量管理专家 J. M. Juran 等人在 20 世纪 60 年代先后提出了"全面质量管理"的概念，开创了质量管理的新纪元。

1961 年，A. V. Feigenbaum 出版了《Total Quality Control》一书，指出"全面质量管理是为了能够在最经济的水平上及考虑充分满足用户要求的条件下进行市场研究、设计、生产和服务，将企业各部门的研制质量、维持质量和提高质量的活动构成一体的有效体系。TQC 强调，质量管理仅靠检验和统计控制方法是不够的，解决质量问题的方法和手段是多种多样的，而且必须有一整套的组织管理工作；质量职能是企业全体人员的责任，企业全体人员都应具有质量意识并承担质量责任；质量问题不限于产品的制造过程，解决质量问题也是如此，应该在整个产品质量产生、形成、实现的全过程中实施质量管理；质量管理必须综合考虑质量、价格、交货期和服务，而不能只考虑狭义的产品质量。

朱兰提出全面质量管理有三个环节：质量策划、质量控制和质量改进，这就是"朱兰三部曲"，并于 1951 年首次出版了《质量控制手册》，这成为质量管理领域的权威著作。日本在推进全面质量管理过程中进行创新探索，提出开展 QC 小组活动，使质量管理工作扎根于员工之中，使其具有广泛的群众基础，并且提出了"质量改进七种工具"，在日本被称为"全公司的质量控制（CWQC）"或一贯质量管理。日本著名专家石川馨提出的"广义的质量"及"因果图"、田口玄一提出的"质量损失函数概念"、赤尾洋二提出的 QFD 等方法，都对质量管理的发展做出了卓越贡献，在世界各国得到了推广。

7.1.4 我国质量管理的发展

新中国成立后，我国的质量管理在国有企业中曾创造了鞍钢宪法的"两参一改三结合"、大庆精神的"三老四严"等管理理念和模式。20 世纪 70 年代，我国邀请日本专家石川馨来华讲授全面质量管理。之后在 ISO 9000 认证贯标方面展开了积极的工作，取得了显著成效。

两参一改三结合：干部参加劳动，工人参加管理；改革不合理的规章制度；领导干部、技术人员和工人群众三结合。

三老四严：当老实人、说老实话、办老实事；严格的要求、严格的组织、严肃的态度、严明的纪律。

总体上看，新中国成立后至 20 世纪 70 年代末，我国质量管理基本处于质量检验阶段，沿用的是前苏联 20 世纪 40~60 年代使用的百分比抽样方法。直到 20 世纪 80 年代初，我国计数抽样检查标准制定贯彻后，才逐步跨入了统计质量管理阶段。1979 年，全国性的质量管理群众团体——中国质量管理协会成立。1985 年，随着《工业企业全面质量管理办法》的颁布，全面质量管理在全国被普遍推广，逐步从工业企业推广到交通运输、商贸企业，甚至部分金融、卫生等方面的企事业单位。1992 年我国颁布了 GB/T 19000－ISO 9000 系列标准，等同于采用了质量管理和质量保证国际标准；1994 年颁布了 1994 版国际标准；2000 年颁布了

2000 版新标准。

目前,我国处于市场经济体制逐步建立和完善之中,尽管质量总体水平稳步上升,但是市场上的产品质量良莠不齐,面临着如下问题:① 假冒伪劣产品屡禁不止,充斥市场,严重危害消费者的生命财产安全;② 产品合格率较低,售后服务得不到保证;③ 产品制造过程浪费严重,效率低下;④ 企业质量管理基础薄弱,员工质量意识淡薄等。为了保障消费者利益,政府陆续出台了一些质量法律和法规,如《产品质量法》《消费者权益保护法》《计量法》《标准化法》等,使我国的产品质量管理走上了法制轨道。企业质量认证认可制度也在完善过程中,统一规范的质量认证体系逐步建立。2001 年,中国质量管理协会重新启动了全国质量管理奖评审工作。

所有这些工作都极大地推动了我国质量管理工作的发展,有利于我国产品质量水平的整体提高,增强了我国产品的国际竞争力。目前,我国已经出现了一批企业,它们凭借性能先进、质量过硬的名优产品与完善的顾客服务,不但赢得了国内消费者的青睐,并且成功进入了国际市场,起到了很好的示范作用。

值得注意的是,在推行质量管理的过程中,必须鼓励"百花齐放",不可能也没有必要在全国强制推行一种质量管理模式。相反,要倡导适合各行业、各企事业单位特点的先进、实用、有效的质量管理方法。

7.2 全面质量管理

7.2.1 全面质量管理的概念、特点和原则

1. 全面质量管理的概念

现代的、科学的质量管理大体经历过三个阶段,即质量检验阶段、统计质量控制阶段和全面质量管理阶段。国内外的实践经验证明,要保证和提高质量,更好地满足顾客和社会的需要,必须推行全面质量管理。

所谓全面质量管理,指一个组织以质量为中心,以全员参与为基础,目的在于通过让顾客满意及实现本组织所有成员及社会收益,而达到长期成功的管理途径。全面质量管理并不等同于质量管理,它是质量管理的更高境界。质量管理只是作为组织所有管理职能之一,与其他管理职能(财务管理、人事管理、后勤管理等)并存。

2. 全面质量管理的八个特点

全面质量管理与传统的质量管理相比有以下几个特点。

(1) 全员参加的质量管理

上至经理,下至每一位员工,人人关心产品(或服务)质量,人人做好本职工作,广泛开展质量管理小组活动,经过全体人员的努力,为顾客提供满意的产品或服务。

(2) 全过程的质量管理

它包括从市场调查研究,产品的开发设计、生产制造、销售直到售后服务的全过程的质

量管理。把产品质量形成全过程的各个环节和有关因素控制起来，做到以预防为主、防检结合、重在提高。

（3）全社会推动的质量管理

所谓全社会推动的质量管理，指的是要使全面质量管理深入持久地开展下去，并取得好的效果，就不能把工作局限于企业内部，而需要全社会的重视。需要质量立法、认证、监督等工作，进行宏观上的控制引导，即需要全社会的推动。全面质量管理的开展要求全社会推动。这一点之所以必要，一方面，是因为一个完整的产品往往是由许多企业共同协作完成的，例如，机器产品的制造企业要从其他企业获得原材料及各种专业化工厂生产的零部件等。因此，仅靠企业内部的质量管理无法完全保证产品质量。另一方面，来自全社会宏观质量活动所创造的社会环境可以激发企业提高产品质量的积极性和认识到它的必要性。例如，通过优质优价等质量政策的制定和贯彻，以及实行质量认证、质量立法、质量监督等活动以取缔低劣产品的生产，使企业认识到，生产优质产品无论对社会和对企业都有利，否则企业将无法生存和发展，从而认真对待产品质量和质量管理问题，便全面质量管理得以深入持久地开展下去。

（4）运用多种科学方法的质量管理

根据实际情况，广泛、灵活地运用多种多样的科学方法来分析和解决质量问题，其中特别要注意把专业技术、组织管理、统计方法有机地结合起来，以使质量管理建立在科学的基础上。

（5）采用科学的系统的方法

在全面质量管理中"用户至上"是十分重要的指导思想，"用户至上"就是树立以用户为中心，使产品质量和服务质量全面地满足用户需求，产品质量的好坏最终以用户的满意程度为标准。

（6）预防性增强

预防性质量管理是全面质量管理区别于质量管理初级阶段的特点之一。20 世纪 90 年代以后，新的生产模式，包括适时生产（JIT）、精良生产（LP）、敏捷制造（AM）等对事先控制提出了更高的要求，在产品的生产阶段，除了统计过程控制（SPC）外，新的基于计算机的预报、诊断技术及控制技术受到越来越广泛的重视，使生产过程的预防性质量管理更加有效，同时，80%的产品质量问题是在产品设计阶段发生的。

（7）信息技术的支持

及时、正确的质量信息是企业制定质量政策、确定质量目标和措施的依据，质量信息的及时处理和传递也是生产过程质量控制的必要条件，信息技术、计算机集成制造的发展为企业实施全面质量管理提供了有力的支持。

（8）强调人的因素

与质量检验阶段和统计质量管理阶段相比，全面质量管理阶段格外强调调动人的积极因素的重要性。实现全面质量管理必须调动人的积极因素，加强质量意识，发挥人的主观能动性。

3．全面质量管理的八大原则

如前所述，20 世纪 80 年代后期以来，全面质量管理得到了进一步的扩展和深化，其含义远远超出了一般意义上的质量管理的领域，而成为一种综合的、全面的经营管理方式和理念。质量不再仅被看成产品或服务的质量，而是整个组织经营管理的质量。因此，全面质量管理已经成为组织实现战略目标的最有力武器。在此情况下，全面质量管理的理念和原则相对于 TQC 阶段而言都发生了很大的变化。

ISO 9000 族国际标准是各国质量管理和质量保证经验的总结，是各国质量管理专家智慧的结晶。可以说，ISO 9000 族国际标准是一本很好的质量管理教科书。在 2000 版 ISO 9000 标准中提出了质量管理八项原则。这八项原则反映了全面质量管理的基本思想。

（1）以顾客为关注焦点

"组织依存于顾客。因此，组织应当理解顾客当前和未来的需求，满足顾客要求并争取超越顾客期望。"顾客是决定企业生存和发展的最重要因素，服务于顾客并满足他们的需要应该成为企业存在的前提和决策的基础。为了赢得顾客，组织必须首先深入了解和掌握顾客当前的和未来的需求，在此基础上才能满足顾客要求并争取超越顾客期望。为了确保企业的经营以顾客为中心，企业必须把顾客要求放在第一位。

（2）领导作用

"领导者确立组织统一的宗旨及方向。他们应当创造并保持使员工能充分参与实现组织目标的内部环境。"企业领导能够将组织的宗旨、方向和内部环境统一起来，并创造使员工能够充分参与实现组织目标的环境，从而带领全体员工一道去实现目标。

（3）全员参与

"各级人员都是组织之本，只有他们的充分参与，才能使他们的才干为组织带来收益。"产品和服务的质量是企业中所有部门和人员工作质量的直接或间接的反映。因此，组织的质量管理不仅需要最高管理者的正确领导，更重要的是全员参与。只有成员的充分参与，才能利用他们的才干为组织带来最大的收益。为了激发全体员工参与的积极性，管理者应该对职工进行质量意识、职业道德、以顾客为中心的意识和敬业精神的教育，还要通过制度化的方式激发他们的积极性和责任感。在全员参与过程中，团队合作是一种重要的方式，特别是跨部门的团队合作。

（4）过程方法

"将活动和相关的资源作为过程进行管理，可以更高效地得到期望的结果。"质量管理理论认为：任何活动都是通过"过程"实现的。通过分析过程、控制过程和改进过程，就能够将影响质量的所有活动和所有环节控制住，确保产品和服务的高质量。因此，在开展质量管理活动时，必须要着眼于过程，要把活动和相关的资源都作为过程进行管理，才可以更高效地得到期望的结果。

（5）管理的系统方法

"将相互关联的过程作为系统加以识别、理解和管理，有助于组织提高实现目标的有效性和效率。"开展质量管理要用系统的思路，这种思路应该体现在质量管理工作的方方面面。在建立和实施质量管理体系时尤其如此。其系统思路和方法一般应该遵循以下步骤：确定顾客的需求和期望；建立组织的质量方针和目标；确定过程和职责；确定过程有效性的测量方法并用来测定现行过程的有效性；寻找改进机会，确定改进方向；实施改进；监控改进效果，评价结果；评审改进措施和确定后续措施等。

（6）持续改进

"持续改进总体业绩应当是组织的一个永恒目标。"质量管理的目标是顾客满意。顾客需要在不断地提高，因此，企业必须要持续改进才能持续获得顾客的支持。另一方面，竞争的加剧使得企业的经营处于一种"逆水行舟，不进则退"的局面，要求企业必须不断改进才能生存。

（7）以事实为基础进行决策

"有效决策建立在数据和信息分析的基础上。"为了防止决策失误，必须以事实为基础。为此必须广泛收集信息，用科学的方法处理和分析数据和信息。不能够"凭经验，靠运气"。为了确保信息的充分性，应该建立企业内外部的信息系统。坚持以事实为基础进行决策就是要克服"情况不明决心大，心中无数点子多"的不良决策作风。

（8）与供方互利的关系

"组织与供方是相互依存的，互利的关系可增强双方创造价值的能力。"在目前的经营环境中，企业与企业已经形成了"共生共荣"的企业生态系统。企业之间的合作关系不再是短期的、甚至一次性的合作，而是要致力于双方共同发展的长期合作关系。

4. 全面质量管理与实施 ISO 9000 族标准的关系

从本质上讲，全面质量管理与实施 ISO 9000 族标准是有许多共同点的。它们都以保证满足顾客需要为基本目标；都强调领导的作用；都认为建立质量体系是核心；都要求全过程、全要素、全员的管理；都重视审核与评审；都强调不断改进，并且是按照 PDCA 的科学程序进行改进。标准具有一致性，在一定时期内保持相对稳定，是企业质量管理的基本要求；而全面质量管理则始终不断地寻求改进机会，达到更高的要求。两者是静态和动态、基础和发展的关系。因此，在实践中，开展全面质量管理和实施系列标准不是相互对立的，而是相互补充、相互促进的。在不断深化改革、强化科学管理的同时实施系列标准，不是要把已有的质量体系推翻，一切从头开始建立一个新的体系；而是根据系列标准的要求，对现行的质量体系进行改造和完善，从而使质量管理更加规范、有效。

7.2.2 PDCA 循环

质量体系的实施与运行指执行质量体系文件、实施质量方针和质量目标，在生产全过程中使影响产品质量的全部因素始终处于受控的状态，保持质量体系持续、有效地运行。企业主要通过人员培训、组织协调、信息反馈、评审与评价和反复改进来达到这个目的。质量保证体系的运行方式通常是按照 PDCA 循环展开的。

1. PDCA 循环的概念

PDCA 循环又叫戴明循环，是美国质量管理专家戴明博士首先提出的，它是全面质量管理应遵循的科学程序。全面质量管理活动的全部过程就是质量计划的制订和组织实现的过程，这个过程就是按照 PDCA 循环，不停顿地周而复始地运转的。

PDCA 是英语单词 Plan（计划）、Do（执行）、Check/Study（检查）和 Action（处理）的第一个字母，PDCA 循环就是按照这样的顺序进行质量管理，并且循环地进行下去的科学程序，如图 7.1 所示。

在 PDCA 循环中，将质量管理的全过程分为四个阶段：计划（P，Plan）阶段就是要制定质量目标、管理项目、技术经济指标及达到目的的措施和方法。同时，通过市场调查，进行产品设计和研制，力求满足用户的要求，并使企业取得良好的经济效益。执行（D，Do）阶段指将所制订的计划和措施并付诸实践。检查（C，Check）阶段指对照计划检查执行的情况和效果，及时发现计划执行过程中的经验和问题。处理（A，Action）阶段指在检查的基础上，把成功的经验加以肯定，形成标准，同时也吸取教训，以免重犯错误。对于还没有解决的问题，留到下一个循环解决。

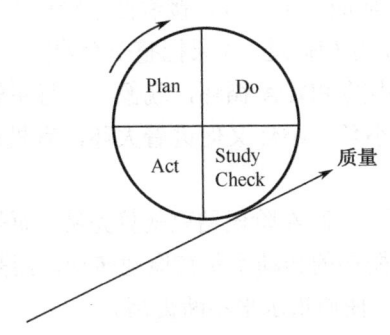

图 7.1　戴明循环图

全面质量管理活动的运转离不开管理循环的转动，这就是说，改进与解决质量问题、赶超先进水平的各项工作，都要运用 PDCA 循环的科学程序。无论是提高产品质量，还是减少不合格品，都要先提出目标，即质量提高到什么程度，不合格品率降低多少？就要有个计划；这个计划不仅包括目标，也包括实现这个目标需要采取的措施；计划制订之后，就要按照计划去执行；按计划执行之后，就要对照计划进行检查，看是否实现了预期效果，有没有达到预期的目标；通过检查找出问题和原因；最后进行处理，将经验和教训制订成标准，形成制度。

2．PDCA 循环的步骤

将 PDCA 循环四个阶段的工作程序具体化，则可以分为八个步骤。

P（计划）阶段有四个步骤。

1）分析现状，找出存在的质量问题，对找到的问题要提三个问题：

① 这个问题可不可以解决？

② 这个问题可不可以与其他工作结合起来解决？

③ 这个问题能不能用最简单的方法解决而又能达到预期的效果？

2）找出产生问题的原因或影响因素。

3）找出原因（或影响因素）中的主要原因（影响因素）。

4）针对主要原因制订解决问题的措施计划。措施计划要明确采取该措施的原因（why）、执行措施预期达到的目的（what）、在哪里执行措施（where）、由谁来执行（who）、何时开始执行和何时完成（when），以及如何执行（how），通常简称为要明确 5W1H 问题。

D（执行）阶段有一个步骤。

5）按制订的计划认真执行。
C（检查）阶段有一个步骤。
6）检查措施执行的效果。
A（处理）阶段有两个步骤。
7）巩固提高，就是把措施计划执行成功的经验进行总结并整理为标准，以巩固提高。
8）把本工作循环没有解决的问题或出现的新问题提交下一工作循环去解决。

3．PDCA 循环的特点

1）PDCA 循环一定要顺序形成一个大圈，接着四个阶段不停地转。
2）大环套小环，相互衔接，互相促进。如果把整个企业的工作作为一个大的 PDCA 循环，那么各个部门、小组还有各自小的 PDCA 循环，就像一个行星轮系一样，大环带动小环，一级带一级，大环指导和推动着小环，小环又促进着大环，有机构成一个运转体系，如图 7.2 所示。
3）循环上升。PDCA 循环不是到 A 阶段结束就算完结，而是又要回到 P 阶段开始新的循环，就这样不断旋转。PDCA 循环的转动不是在原地转动，而是每转一圈都有新的计划和目标，犹如爬楼梯一样逐步上升，使质量水平不断提高。

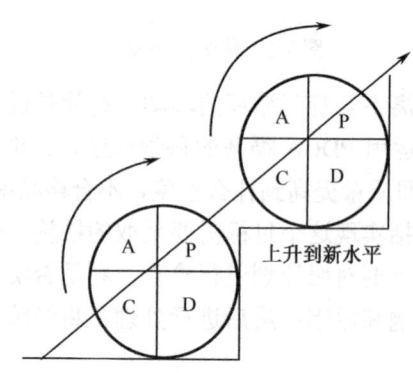

图 7.2　PDCA 循环的步骤和方法

PDCA 循环实际上是有效进行任何一项工作的合乎逻辑的工作程序。在质量管理中，PDCA 循环得到了广泛的应用，并取得了很好的效果，因此有人称 PDCA 循环是质量管理的基本方法。之所以将其称为 PDCA 循环，是因为这四个过程不是运行一次就完结的，而是周而复始地进行。一个循环完了，解决一部分问题，可能还有其他问题尚未解决，或者又出现了新的问题，再进行下一次循环。

在解决问题的过程中，常常不是一次 PDCA 循环就能完成的，需要将 PDCA 循环持续下去，直到彻底解决问题。问题=标准-现状。每经历一次循环，需要将取得的成果加以巩固，也就是修订和提高标准，按照更高的新标准衡量现状，必然会发现新的问题。每经过一个循环，质量管理能达到一个更高的水平，不断坚持 PDCA 循环，就会使质量管理不断取得新成果。

4．PDCA 循环在质量管理中的应用

PDCA 循环在质量管理中的应用更为广泛，为了改进和解决产品质量问题，在进行 PDCA

循环时还可以利用相关的数据和资料及质量管理中常用的统计分析方法做出科学的分析判断。

下面结合解决某一车间不合格品的案例来说明 PDCA 循环在质量管理中的应用，特别是如何利用质量管理中常用的统计分析方法，见表 7.1 所示。

表 7.1　某车间加工某工件的不合格品统计情况

原　因	数量/件	比率/%	累计百分比/%
包边不良	5207	10.8	10.8
小头破裂	6557	13.6	24.4
壳体开裂	34856	72.3	96.7
自检废品	1253	2.6	99.3
其他	337	0.7	100
总计	48210	100	

1）分析现状，找出存在的问题。本案例主要存在的问题是不合格品数量较多，需要找出相应的方法来解决。

2）分析产生问题的各种原因或影响因素。根据这个统计资料，就可以画出它的排列图（如图 7.3 所示），从排列图中明显地可以看出，壳体开裂是影响产品质量的主要原因，如果解决了这个质量问题，就可以降低不合格品率 72.3%。

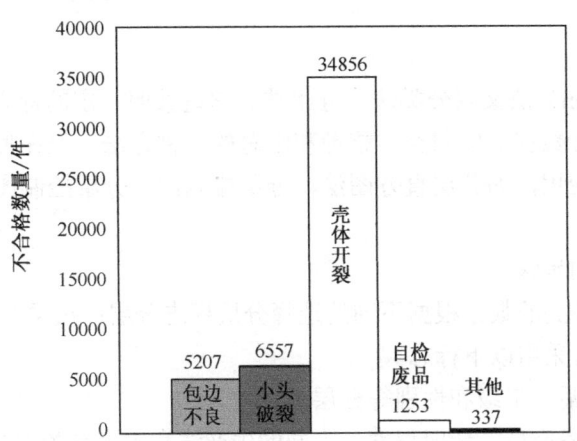

图 7.3　不合格品排列图

3）找出主要影响因素。可以利用因果分析图对壳体开裂这个质量问题进行分析。根据统计资料知道构成工序的六大因素（人、机器、材料、方法、测量和环境）同时对产品质量发生作用、产生影响，也就是说，它们决定着产品质量。对产生壳体开裂质量问题的因素逐步进行分析，画出因果分析图（如图 7.4 所示），从而找出主要原因。还可以应用分层法来分析，办法是把搜集的数据按照不同的目的加以分类，并把性质相同、在同一生产条件下搜集的数据归集在一起。这样，可以使数据反映的事实更明显、更突出，便于分析问题、找出原因，从而对症下药找出主要原因。根据 QC 小组的分析，假设壳体开裂的主要原因为材料的原因。

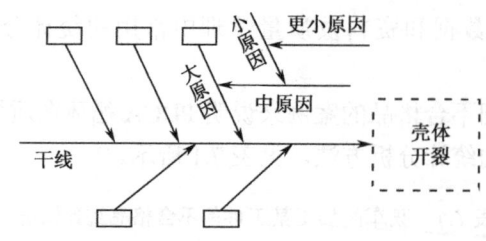

图 7.4　因果关系图

4）制定解决措施。针对质量原因可以采取更换原材料、采用各种方法对材料进行处理等措施来解决。

5）执行措施计划。

6）调查和评价阶段。采取措施后，还应再用排列图等方法检查并与最初的设想对比，从而评价实施效果。

7）将工作结果标准化、制度化。

8）提出尚未解决的问题并进行新的 PDCA 循环。

总之，PDCA 循环在企业管理中有很广泛的用途，是工作中经常使用的好方法。

7.2.3　全面质量管理常用统计分析方法

1．分层法

分层（Stratification）法又叫分类法、分组法。它是按照一定的标志，把搜集到的大量有关某一特定主题的统计数据加以归类、整理和汇总的一种方法。但在使用中，分层法常与其他统计方法结合起来应用，如分层直方图法、分层排列法、分层控制图法、分层散布图法和分层因果图法等。

（1）应用分层法的步骤

收集数据；将采集到的数据根据不同的选择分层标志分层；按层分类；画分层归类图。

（2）应用分层法可采用以下标志。

1）人员：可按年龄、工级和性别等分层。

2）机器：可按设备类型、新旧程度、不同的生产线和工夹具类型等分层。

3）材料：可按产地、批号、制造厂、规格、成分等分层。

4）方法：可按不同的工艺要求、操作参数、操作方法、生产速度等分层。

5）测量：可按测量设备、测量方法、测量人员、测量取样方法和环境条件等分层。

6）时间：可按不同的班次、日期等分层。

7）环境：可按照明度、清洁度、温度、湿度等分层。

8）其他：可按地区、使用条件、缺陷部位、缺陷内容等分层。

总之分层方法很多，可根据具体情况灵活运用，也可以在质量管理活动中不断创新，创造新的分层标志。

2. 排列图法

排列图（Pareto Diagram）又叫帕累托图，它是将质量改进项目从最重要到最次要顺序排列而成的一种图表。排列图由一个横坐标、两个纵坐标、几个按高低顺序（"其他"项例外）排列的矩形和一条累计百分比折线组成。

（1）排列图的主要用途

1）按重要顺序显示出每个质量改进项目对整个质量问题的影响；

2）识别进行质量改进的机会；

3）区分最重要的和最次要的项目，可以用最少的人力、物力、财力的投入获得最大的质量改进效果。

（2）应用排列的步骤

1）选择要进行质量分析的项目。

2）选择用来进行质量分析的度量单位，如出现的次数（频数、件数）、成本、金额或其他。

3）选择进行质量分析的数据的时间间隔。

4）画横坐标。按度量单位值递减的顺序自左至右在横坐标上列出项目，将量值最小的一个项目或几个项目归并成"其他"项，放在最右端。

5）画纵坐标。在横坐标的两端画两个纵坐标，左边的纵坐标按度量单位标定，其高度必须与所有项目的量值和相等；右边的纵坐标与左边的纵坐标等高，并从 0~100%进行标定。

6）在每个项目上画长方形，它的高度表示该项目度量单位的量值，显示出每个项目的影响大小。

7）由左到右累加每个项目的量值（以%表示），并画出累计频率曲线（帕累托曲线），用来表示各个项目的累计影响。

8）利用排列图确定对于质量改进最重要的项目。

（3）作排列图的注意事项

1）一般来说，关键的少数项目应是质量管理小组有能力解决的最突出的一个项目，否则就失去找主要矛盾的意义，要考虑重新进行项目的分类。

2）纵坐标可以用"件数"或"金额"等表示，原则是以更好地找到"主要项目"为准。

3）当不太重要的项目很多时，横轴会变得很长，通常都把这些列入"其他"栏内，因此"其他"栏总是在最后。

4）确定了主要因素，采取了相应的措施后，为了检查"措施效果"，还要重新画出排列图。

5）频数总数与累计频率 100%两纵轴等高。

3. 因果分析法

因果图（cause—and—effect Diagram）又叫石川图、特性要因图、鱼刺图等，它表示质量特性波动与其潜在（隐含）原因的关系，即为表达和分析因果关系的一种图表。

（1）应用因果图的步骤

1）简明扼要地规定结果，即规定需要解决的质量问题（如屋面漏水、噪声超标等）。

2）规定可能的原因的主要类别（如人员、机设、方法、环境、材料等）。

3）开始画图。把"结果"画在右边的矩形框中，然后把各类主要原因放在它的左边，作为"结果"框的输入。

4）寻找所有下一个层次的原因并画在相应的枝上；继续一层层地展开下去，一张完整的展开层次至少应有两层。

（2）应用因果图需要注意的问题

1）只能针对一个问题画一张因果图。

2）与会者充分发表意见，找出可能存在的全部原因。

3）将每人分析的每条原因按因果关系图用箭线连接，形成原因层级，直到找到可直接采取对策的具体原因（末端原因）为止。

4）对所有末端原因逐个到现场确认。

5）受图形限制，一般只能分析到3层或4层。

4．频数法直方图

直方图（Histogram）是频数直方图的简称，它是用一系列宽相等、高度不等的长方形表示数据的图。长方形的宽度表示数据的范围的间隔，长方形的高度表示在给定间隔内的数据数。

（1）直方图的作用

1）显示质量波动的状态；

2）较直观地传递有关过程质量状况的信息；

3）当人们掌握上述常见的状况后，可确定在什么地方集中力量进行质量改进工作。

（2）直方图形状分析与判断

1）正常型直方图。中部有一顶峰，左右两边逐渐降低，近似对称。在这种情况下，可判定工序运行正常，处于稳定状态。

2）偏向型直方图。偏向型直方图又分左偏型直方图和右偏型直方图。如孔加工习惯造成的特性值分布常呈左偏型，而轴加工习惯造成的特性值分布常呈右偏型。

3）双峰型直方图。直方图出现两个顶峰，是由于数据来自不同的总体。如两批原材料或两台设备生产的产品混在一起造成的。

4）孤岛型直方图：是因测量工具有误差或原材料一时的变化等造成的。

5）平顶型直方图：是因生产过程有缓慢因素作用引起的，如操作者疲劳等。

6）锯齿型直方图：是因直方图分组过多或测量数据不准等原因造成的。

5．控制图法

控制图（Control Chart）又叫管理图。它主要用来区分由异常原因引起的波动，或由过程固有的随机原因引起的偶然波动。若偶然波动，一般在预计的界限内随机重复，则是一种正常波动；异常波动则表明需要对其影响因素加以判别、调查，并使之处于受控状态。

控制图建立在数理统计学的基础上，利用有效数据建立控制界限，一般分为上控制界限（UCL）和下控制界限（LCL），当该过程不受异常原因影响时，则进一步得到的观测数据将不会走出控制界限。

6. 相关图法

1）折线图。折线图又叫波动图，常用于表示质量特性数据随着时间推移而波动的状况。

2）柱状图。柱状图用长方形的高低来表示数据大小，并对数据进行比较分析。

3）饼分图。饼分图又叫圆形图，它是把数据的构成按比例用圆的扇形面积来表示的图形，各扇形面积表示的百分率加起来是100%，即整个圆形面积。

4）雷达图。雷达图是模仿电子雷达机图像形状的一种图形，主要是用来检查工作成效（包括自我检查和别人检查）。

5）散布图。散布图（Scatter Diagram）又名叫相关图法，是研究成对出现的两组数据之间关系的简单图示技术。

散布图可以用来发现、显示和确认两组相关数据之间的相关程度，并确定其预期关系，常在质量改进活动中得到应用。

7. 调查表分析法

调查表（Data-collection Form）又叫检查表、核对表、统计分析表，是主要用来系统地收集资料和积累数据、确认事实并对数据进行粗略整理和分析的统计图表。

（1）调查表分类

1）不合格项目调查表——主要用来调查生产现场不合格品项目频数和不合格品率，以便继而用排列图等分析研究。

2）缺陷位置调查表——用来记录、统计、分析不同类型的外观质量缺陷所发生的部位和密集程度，进而从中找出规律，为进一步调查或找出解决问题的办法提供事实依据。

3）质量分布调查表——对计量数据进行现场调查的有效工具。根据以往的资料，将某一质量特性项目的数据分布范围分成若干区间而制成表格，用以记录和统计每一质量特性数据落在某一区间的频数。

4）矩阵调查表——一种多因素调查表，把产生问题的对应因素分别排列成行和列，在其叉点上标出调查到的各种缺陷、问题和数量。

（2）应用调查表的步骤

1）先明确收集资料的目的；

2）确定为达到目的所需搜集的资料；

3）确定对资料的分析方法（采用哪种统计方法）和负责人；

4）考虑不同的目的，设计用于记录资料的调查表格式，其内容应包括调查者、调查时间、地点和方式等栏目；

5）对收集和记录的部分资料进行预先检查，目的是审查表格设计的合理性；

6）在特殊情况下，调查表可设计成多种多样的形式。

8. 矩阵数据分析法

矩阵图上各元素间的关系如果能用数据定量化表示，就能更准确地整理和分析结果。这种可以用数据表示的矩阵图法叫做**矩阵数据分析法**。

如何进行矩阵数据分析法呢？

1）确定需要分析的各个方面。通过亲和图得到以下几个方面，需要确定它们相对的重要程度：易于控制、易于使用、网络性能、和其他软件可以兼容、便于维护。

2）组成数据矩阵。用 Excel 或手工做，把这些因素分别输入表格的行和列，如表 7.2 所示。

3）确定对比分数。自己和自己对比的地方都打 0 分。以"行"为基础，逐个和"列"对比，确定分数。"行"比"列"重要，给正分。分数范围从 9 到 1 分。打 1 分表示两个重要性相当。例如，第 2 行"易于控制"分别和 C 列"易使用"比较，重要一些，打 4 分。和 D 列"网络性能"比较，相当，打 1 分……如果"行"没有"列"重要，则给出重要分数的倒数。例如，第 3 行的"易于使用"和 B 列的"易控制"前面已经对比过了。前面是 4 分，现在取倒数，1/4=0.25。与 D 列"网络性能"比，没有"网络性能"重要，反过来，"网络性能"比"易于使用"重要，打 5 分。现在取倒数，就是 0.20。实际上，可以围绕以 0 组成的对角线对称填写对比的结果就可以了。

表 7.2 矩阵数据分析法

	A	B	C	D	E	F	G	H
1		易控制	易使用	网络性能	软件兼容	便于维护	总分	权重%
2	易于控制	0	4	1	3	1	9	26.2
3	易于使用	0.25	0	0.20	0.33	0.25	1.03	3.0
4	网络性能	1	5	0	3	3	12	34.9
5	软件兼容	0.33	3	0.33	0	0.33	4	11.6
6	便于维护	1	4	0.33	3	0	8.33	24.2
	总分之和				34.37			

4）加总分。按照"行"把分数加起来。在 G 列内得到各行的"总分"。

5）算权重分。把各行的"总分"加起来，得到"总分之和"。再把每行"总分"除以"总分之和"得到 H 列每个"行"的权重分数。权重分数越大，说明这个方面越重要，"网络性能"34.9 分；其次是"易于控制"，26.2 分。

7.3 质量成本

7.3.1 质量成本的概念

质量成本的概念是由美国质量专家 A.V.菲根堡姆在 20 世纪 50 年代提出来的。他将企业中质量预防和鉴定成本费用与产品质量不符合企业自身和顾客要求所造成的损失一并考虑，形成质量报告，为企业高层管理者了解质量问题对经济效益的影响，进行质量管理决策提供重要依据。此后人们充分认识了降低质量成本对提高企业经济效益的巨大影响，从而进一步明确了质量在企业经营战略中的重要性。

质量成本又称质量费用,是指企业为了保证和提高产品或服务质量而支出的一切费用,以及因未达到产品质量标准,不能满足用户和消费者需要而产生的一切损失。质量成本一般包括:为确保与要求一致而做的所有工作称为一致成本,由于不符合要求而引起的全部工作不一致成本,这些工作引起的成本主要包括预防成本、鉴定成本、内部损失成本和外部损失成本。

ISO 9000 系列国际标准对质量成本的定义是:将产品质量保持在规定的质量水平上所需的有关费用。根据国际标准(ISO)的规定,质量成本由两部分构成,即运行质量成本(工作质量成本或内部质量成本)和外部质量保证成本。

7.3.2 质量成本的构成

根据国际标准(ISO)的规定,质量成本可由两部分构成,即运行质量成本(工作质量成本或内部质量成本)和外部质量保证成本,如图 7.5 所示。

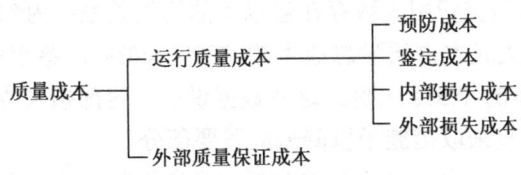

图 7.5 质量成本的构成

1. 运行质量成本

运行质量成本指企业为保证和提高产品质量而支付的一切费用及因质量故障所造成的损失费用之和。它又分为四类,即企业内部损失成本、鉴定成本、预防成本和外部损失成本等。

(1)企业内部损失成本

企业内部损失成本(又称内部故障成本)指产品出厂前因不满足规定的质量要求而支付的费用,主要包括废品损失费用、返修损失费用和复试复验费用、停工损失费用、处理质量缺陷费用、减产损失及产品降级损失费用等。

(2)鉴定成本

鉴定成本指评定产品是否满足规定的质量水平所需要的费用,主要包括进货检验费用、工序检验费用、成品检验费用、质量审核费用、保持检验和试验设备精确性的费用、试验和检验损耗费用、存货复试复验费用、质量分级费用、检验仪器折旧费及计量工具购置费用等。

(3)预防成本

预防成本指用于预防产生不合格品与故障等所需的各种费用,主要包括质量计划工作费用、质量教育培训费用、新产品评审费用、工序控制费用、质量改进措施费用、质量审核费用、质量管理活动费用、质量奖励费、专职质量管理人员的工资及其附加费等。

(4)外部损失成本

外部损失成本指成品出厂后因不满足规定的质量要求而导致索赔、修理、更换或信誉损失等而支付的费用,主要包括申诉受理费用、保修费用、退换产品的损失费用、折旧损失费用和产品责任损失费用等。

2. 外部质量保证成本

外部质量保证成本指为用户提供所要求的客观证据所支付的费用。
1）为提供特殊附加的质量保证措施、程序、数据所支付的费用。
2）产品的验证试验和评定费用。
3）满足用户要求，进行质量体系认证所发生的费用。

其中，预防成本指为预防质量缺陷的发生所支付的费用；鉴定成本指为评定产品是否具有规定的质量而进行试验、检验和检查所支付的费用；内部缺陷成本指交货前因产品未能满足规定的质量要求所造成的损失（全过程中）；外部缺陷成本指交货后因产品未能满足规定的质量要求所造成的损失；外部质量保证成本指为满足合同规定的质量保证要求提供客观证据、演示和证明所发生的费用。

质量成本的各部分费用之间存在着一定的比例关系，探讨这些费用的合理比例关系，以最大限度降低质量总成本，即实现质量成本的优化，这是质量成本管理的一项重要任务。统计资料表明，质量成本的四类费用大致存在着以下的比例关系：内部损失成本占质量总成本的 25%~40%，外部损失成本占质量总成本的 20%~40%，鉴定成本占总成本的 10%~50%，预防成本占总成本的 0.5%~5%。这些数据说明：内部损失成本和外部损失成本占了总成本的大部分，是应着重采取措施予以降低的重要部分。

必须指出，上述四类成本之间并不是彼此孤立和毫无联系的，而是相互影响、相互制约的。当企业放松检查后，鉴定成本可能很少，但将造成大量不合格品出厂，一旦在使用中被用户发现，将产生显著的外部损失成本，这就导致质量总成本的上升。反之，如果在企业内部严格质量管理，加强质量检查，从而使鉴定成本和内部损失成本增加、外部损失成本减少，使得质量总成本降低。因此增加预防成本，加强工序控制，则会使内部损失成本和外部损失成本，甚至鉴定成本都可能大大降低，而使质量成本大幅度下降。在实践中，对于一个组织而言是很有益的。当然，这也取决于管理的注意力是否集中在质量和可靠性上。例如，如果公司希望通过更好的产品设计和流程设计来提高质量水平，而不是通过解决原有产品设计和流程设计中的质量问题来提高质量，则生产管理人员要做的主要工作则是在产品的质量、反应时间和灵活性等竞争因素上下工夫，以期在市场竞争中取得优势。在这种情况下，有关质量的其他成本的减少并不能弥补预防成本的增加。所以，管理人员通常不得不提高产品或服务的价格，从而采取以质取胜而不是以价格取胜的生产运作策略。例如，一辆奔驰车比一量夏利车贵、四星级宾馆的住宿费比普通旅馆的住宿费高就是这个道理。

从我国当前企业的情况来看，普遍的问题是预防成本偏低，结果使内外损失居高不下，从而使质量总成本过高。因而，在质量成本管理中，如何判明和掌握四类质量成本的合理比例关系及它们之间的变化规律，针对具体的问题采取措施，减低质量成本，是质量成本管理的一项重要任务。

7.3.3 质量成本特性曲线

质量成本中四类成本费用的多少与产品合格质量水平（合格率或不合格率）之间存在一定的变化关系，反映这种变化关系的曲线称为质量成本特性曲线，它的基本形式如图 7.5 所示。

图中的曲线 C_1 表示预防成本与鉴定成本之和,它随着合格品率的增加而增加;曲线 C_2 表示内部损失与外部损失之和,它随着合格品率的增加而减少;曲线 C 为上述四项成本之和的质量总成本曲线,即质量成本特性曲线。由图 7.6 可知,质量成本特性曲线 C 左右两端的质量成本都很高(理论上无穷大),中间有一个最低点,即 A 处,它就是质量成本的最低值,A 处的质量成本称为最佳质量成本。

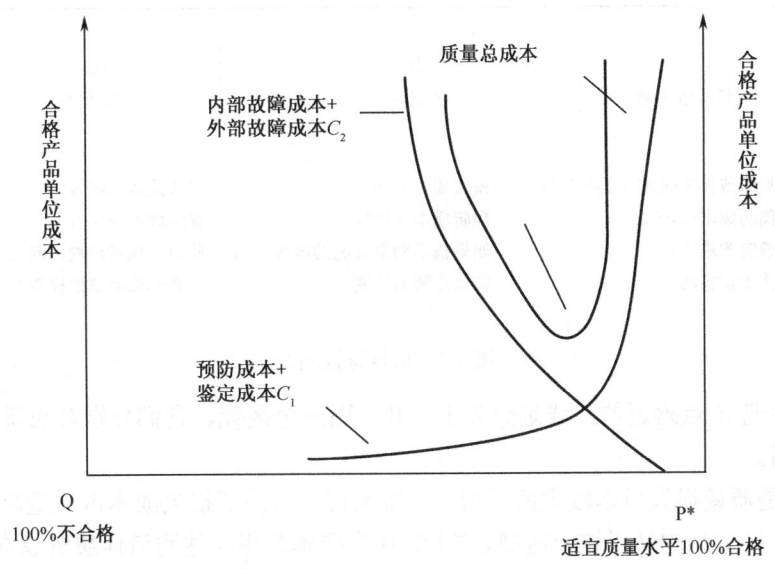

图 7.6　质量成本特性曲线图

曲线 C 所表现的变化趋势与质量成本构成关系是一致的。当不合格品率很高,即处于曲线 C 左端时,内外损失成本都很大,质量总成本当然也很大;当逐步加大预防和鉴定成本后,不合格品率降低,内外损失成本与质量总成本将随之降低。但如果继续增加预防成本,达到接近 100%的预防成本,则不合格品率趋于 0,此时内外损失成本虽然可以接近于 0,但这时的预防成本会非常高,而导致总成本的急剧增加。从图中还可以看出,曲线 C_1 上面部分的变化趋势比较平缓,这说明当符合性质量水平低时,即不合格品率高时,略微增加一些预防和鉴定成本就可使不合格品率大幅度降低,即这时采用加强预防和鉴定的措施会取得十分显著的效果。可是,当超过某个限度后,再要提高质量水平,即要求不合格品率进一步降低时,即使稍有一点变化,也要在预防和鉴定成本上付出很大的代价,如图 C_1 曲线的右面部分,在过了 A 点后急剧上升。

曲线 C_2 则是另外的一种情况。当不合格品率为 0 时,曲线交于横轴,即内外损失成本也为 0。但随着不合格品率的增加,这部分成本急剧上升。可以认为,内外损失成本的上升速度快,是由于产品质量恶化,使其信誉下降而造成的严重损失,这方面的损失往往比材料报废和维修费用的支出要大得多。

7.3.4　质量成本的优化

质量成本优化就是要确定质量成本各项主要费用的合理比例,以便使质量总成本达到最低。为此可利用质量特性曲线(见图 7.7)来进行。

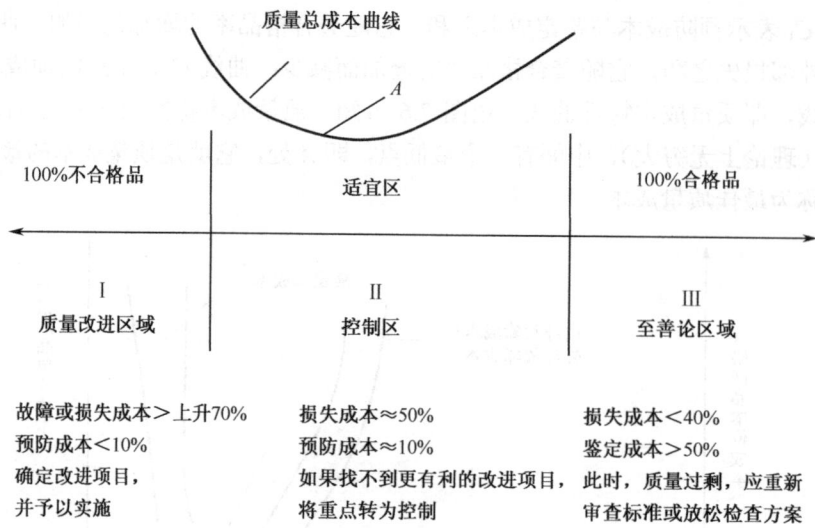

图 7.7 质量特性曲线

图 7.7 中把 A 点附近的曲线划分为Ⅰ、Ⅱ、Ⅲ三个区域，它们分别对应质量成本各项费用的不同比例。

1）Ⅰ区是质量损失成本较大的区域。一般来说，内外部损失成本占质量总成本的 70%，而预防成本不足 10%的属于这个区域。这时，损失成本是影响达到最佳质量成本的主要因素。因此质量管理工作的重点应放在加强质量预防措施、加强质量检验上，以提高质量水平、降低内外部损失成本，这个区域称为质量改进区。

2）Ⅱ区是质量成本处于最佳水平的区域。这时内外损失成本约占总成本的 50%，而预防成本占总成本的 10%。如果用户对这种质量水平表示满意，认为已达到要求，而进一步改善质量又不能给企业带来新的经济效益，则这时质量管理的重点应是维持或控制现有的质量水平，使总成本处于最低点 A 附近的区域，这个区域称为质量控制区。

3）Ⅲ区是鉴定成本较大的区域。鉴定成本成为影响质量总成本的主要因素。这时质量管理的重点在于分析现有的标准，降低质量标准中过严的部分，减少检验程序和提高检验工作效率，使质量总成本趋于最低点 A，这个区域称为质量至善区或质量过剩区。

根据上述分析，可以大致归纳出质量成本达到优化的几项措施。

1）处于最佳点 A 的左面时，即当质量总成本处于质量改进区时，应增加预防费用，采取质量改进措施，以降低质量总成本；当处于质量最佳区时，应维持现有的质量措施，控制住质量水平的最佳状态；若处于最佳点 A 的右面，即处于质量过剩区时，则应撤销原有的过严质量要求措施，减少一部分鉴定和预防费用，使质量总成本退回到最低点 A 处。

2）增加预防成本，可在一定程度上降低鉴定成本。

3）增加鉴定成本，可降低外部损失，但可能增加内部损失成本。

另外还要注意的是，为了实现质量成本优化，不能孤立地去降低质量成本构成中的每项成本，还应考虑各项成本之间的相互关系。因此为了确定某项质量成本的最佳水平，还应考虑其他成本的情况。

7.4 ISO 9000 系列标准与质量认证体系

7.4.1 ISO 9000 质量标准体系

1. ISO 9000 族标准简介

国际标准化组织（the International Organization for Standardization，ISO）由来自世界上 100 多个国家标准化团体组成，代表中国参加 ISO 的国家机构是中国国家质量监督检验检疫总局（CSBTS）。ISO 与国际电工委员会（IEC）有密切的联系，中国参加 IEC 的国家机构也是国家质量监督检验检疫总局。ISO 与 IEC 作为一个整体担负着制定全球协商一致的国际标准的任务，ISO 和 IEC 都是非政府机构，它们制定的标准实质上是自愿性的，这就意味着这些标准必须是优秀的标准，它们会给工业和服务业带来收益，所以它们自觉使用这些标准。ISO 和 IEC 不是联合国机构，但是它们与联合国的许多专门机构保持技术联络关系。ISO 与 IEC 有约 1000 个专业技术委员会（TC）和分委员会（SC），各会员国以国家为单位参加这些技术委员会（TC）和分委员会（SC）。ISO 和 IEC 还有约 3000 个工作组（WG），ISO、IEC 每年制定和修订 1000 个国际标准。标准涉及信息技术、交通费用、农业、保健和环境等。每个工作机构都有自己的工作计划，该计划列出需要制订的标准项目（试验方法、术规格、性能要求等）。ISO 的主要功能是为人们制订国际标准达成一致意见提供一种机制。其主要机构及运作规则都是在名为 ISO/IEC 技术工作导则的文件中予以规定的，其技术机构在 ISO 中有 800 个技术委员会和分委员会，它们各有一个主席和秘书处，秘书处是由各成员国分别担任的。目前承担秘书处工作的成员团体有 30 个，各秘书处与位于日内瓦的 ISO 中央秘书处保持直接联系。

2. ISO 9000 族标准的产生和发展

1979 年英国标准化学会（BSI）向 ISO 递交了一份建议，要求制定有关质量保证技术和实践的国际标准，以便对管理活动的通用特性进行标准化。ISO 根据 BSI 的建议于 1979 年成立了质量管理和质量保证技术委员会即"TC 176"，专门研究国际质量保证领域内的标准化问题，并从事制定质量管理和质量保证标准的工作。加拿大是 ISO/TC 176 的秘书国，正式成员国有美、英、法、德等 209 个国家，并由一些国家作为观察员参加该委员会。我国于 1981 年参加 TC 176 技术委员会，现已成为正式成员国。TC 176 的组织机构根据工作内容的需要几经变化，目前 ISO/TC 176 下设 3 个分委员会和 10 多个工作组。

经过各国质量管理专家的努力工作，ISO 于 1986 年至 1987 年正式颁布了以下 ISO 9000 系列标准。

ISO 8402: 1986《质量术语》。
ISO 9000: 1987《质量管理和质量保证标准——选择和使用指南》。
ISO 9001: 1987《质量体系——设计、开发、生产、安装和服务质量保证模式》。
ISO 9002: 1987《质量体系——生产和安装质量保证模式》。
ISO 9003: 1987《质量体系——最终检验和实验的质量保证模式》。

ISO 9004: 1987《质量管理和质量体系要素——指南》。

其中，ISO 9000 为该系列标准的选择和使用提供原则、指导；ISO 9001、ISO 9002、ISO 9003 是三个质量保证模式；ISO 9004 是指导企业内部建立质量体系的指南。

ISO 9000 系列标准颁布后，得到了各国工业界的广泛认同和推广，并将其作为质量认证的依据。随着国际贸易和国家交流的发展，世界范围内市场竞争的加剧促进了 ISO 9000 系列标准的发展与完善。

1987—1994 年期间，ISO 9000 系列标准已发展成为一个大家族，即 ISO 9000 族，包容了 21 个标准。ISO/TC 176 在 1996 年广泛征求标准使用者意见，了解顾客对标准修订的要求，比较各种修改方案后，相继提出了"2000 版 ISO 9001 标准结构和内容的设计规范"和"ISO 9001 修改草案"，作为 1994 版修订的依据。

1997—1999 年间，ISO/TC 176 先后提出了工作组草案的第一稿（WD1）、第二稿（WD2）和第三稿（WD3）；技术委员会草案的第一稿（CD1）、第二稿（CD2），并在广泛征求各方意见的基础上提出了 ISO/DIS 9000、ISO/DIS 9001、ISO/DIS 9004 国际标准草案。

在对国际标准草案（DIS）稿进一步修改后，2000 年 9 月 14 日 ISO/TC 176 发出了 ISO/FDIS 9000、ISO/FDIS 9004 最终国际标准草案，并提请会员团体在 2000 年 11 月 14 日之前对其进行最终表决。2000 年 11 月 15 日 ISO 正式颁布 ISO/9000、ISO/9004 国际标准。

7.4.2　ISO 9000: 2000 族标准的构成、特点及我国采用的情况

1. ISO 9000: 2000 族标准的构成

（1）2000 版 ISO 9000 族标准及支持性文件

1999 年 9 月召开的 ISO/TC 176 第 17 届年会提出了 2000 版 ISO 9000 族标准的文件结构（详见表 7.3）。

表 7.3　2000 版 ISO 9000 族标准的文件结构

核 心 标 准	
ISO 9000	质量管理体系　基础和术语
ISO 9001	质量管理体系　要求
ISO 9004	质量管理体系　业绩改进指南
ISO 19011	质量和（或）环境管理体系审核指南
支持性标准和文件	
ISO 10012	测量控制系统
ISO/TR 10006	质量管理——项目管理质量指南
ISO/TR 10007	质量管理——技术状态管理指南
ISO/TR 10013	质量管理体系文件指南
ISO/TR 10014	质量经济性管理指南
ISO/TR 10015	质量管理——培训指南
ISO/TR 10017	统计技术指南
	质量管理原则
	选择和使用指南
	小型企业的应用

由表可看出，2000 版 ISO 9000 族标准由核心标准和其他支持性的标准和文件组成。在 2000 版 ISO 9000 族标准中，包括 4 项核心标准：ISO 9000、ISO 9001、ISO 9004、ISO 19011。1994 版 ISO 9000 族其他标准的主要内容被纳入上述 4 项核心标准之中。

（2）ISO 9000 族核心标准介绍

1）ISO 9000: 2000《质量管理体系基础和术语》。

此标准表述了 ISO 9000 族标准中质量管理体系的基础知识，并确定了相关的术语。该标准取代了 ISO 8402: 1994 和 ISO 9000-1: 1994 的一部分。

标准首先明确了质量管理的八项原则（详见第 2 章）是组织改进其业绩的框架，能帮助组织获得持续成功，也是 ISO 9000 族质量管理体系标准的基础。标准还表述了建立和运行质量管理体系应遵循的 12 个方面的质量管理体系基础知识。

标准给出了有关质量的术语共 80 个词条，分成 10 个部分（详见第 4 章），并用较通俗的语言阐明了质量管理领域所用术语的概念。在提示的附录中，用概念图表达了每一部分要领中各术语的相互关系，帮助使用者形象地理解相关术语之间的关系，系统地掌握其内涵。

2）ISO 9001: 2000《质量管理体系要求》。

标准规定了对质量管理体系的要求，供组织需要证实其具有稳定地提供顾客要求和适用法律法规要求产品的能力时应用。组织可通过体系的有效应用，包括持续改进体系的过程及确保符合顾客与适用法规的要求，增强顾客满意度。

此标准取代了 1994 版 ISO 9001、ISO 9002、ISO 9003 三个质量保证模式标准，成为用于审核和第三方认证的唯一标准。它可用于证实内部和外部（第二方和第三方）评价组织提供满足组织自身要求和顾客、法律法规要求的产品的能力。由于组织及其产品的特点对此标准的某些条款不适用，可以考虑对标准中的要求进行删减，但是删减仅限于该标准的第 7 章"产品实现"中那些不影响组织提供满足顾客和适用法律法规要求产品的能力或责任的要求，否则不能声称符合此标准。

与 1994 版标准相比，标准的名称发生了变化，不再有"质量保证"一词，这反映了标准规定的质量管理体系要求除了产品质量保证之外，还旨在增强顾客的满意度。

标准应用了以过程为基础的质量管理体系模式的结构，鼓励组织在建立、实施和改进质量管理体系及提高其有效性时采用过程方法，通过满足顾客要求增强顾客满意度。过程方法的优点是对质量管理体系中诸多单个过程之间的联系及过程的组合和相互作用进行连续的控制，以达到质量管理体系的持续改进。

3）ISO 9004: 2000《质量管理体系业绩改进指南》。

此标准以八项质量管理原则为基础，帮助组织用有效和高效的方式识别并满足顾客和其他相关方的需求和期望，实现、保持和改进组织的整体业绩，从而使组织获得成功。

该标准提供了超出 ISO 9001 要求的指南和建议，不用于认证或合同的目的，也不是 ISO 9001 的实施指南。标准强调一个组织质量管理体系的设计和实施受各种需求、具体目标、所提供的产品、所采用的过程及组织的规模和结构的影响，无意统一质量管理体系的结构或文件。

标准也应用了以过程为基础的质量管理体系模式的结构，鼓励组织在建立、实施和改进质量管理体系及提高其有效性和效率时采用过程方法，以便通过满足相关方要求来提高相关方的满意度。

标准还给出了自我评价和持续改进过程的示例，用于帮助组织寻找改进的机会；通过 5

个等级来评价组织质量管理体系的成熟程度;通过给出的持续改进方法提高组织的业绩并使相关方受益。

4) ISO 19011: 2000《质量和(或)环境管理体系审核指南》。

标准合并了1994版ISO 10011-1《质量体系审核指南 第一部分:审核》、ISO 10011-2《质量体系审核指南 第二部分:质量体系审核员的评定准则》、ISO 10011-3《质量体系审核指南 第三部分:审核工作管理》三个分标准,并取代了1996版的ISO 14010《环境审核指南 通用原则》、ISO 14011《环境审核指南 审核程序环境管理体系审核》和ISO 14012《环境审核指南 环境审核员资格要求》。遵循"不同管理体系可以有共同管理和审核要求"的原则,该标准对于质量管理体系和环境管理体系审核的基本原则、审核方案的管理、环境和质量管理体系审核的实施及对环境和质量管理体系审核员的资格要求提供了指南。它适用于所有运行质量和/或环境管理体系的组织,指导其内审和外审的管理工作。

该标准在术语和内容方面兼容了质量管理体系和环境管理体系的特点。在对审核员的基本能力及审核方案的管理中,均增加了了解及确定法律和法规的要求,该标准于2001年正式发布。

2. 我国采用 ISO 9000 族标准的情况

采用国际标准是我国一项重要的技术经济政策。我国采用国际标准分为等同采用和修改采用两种。等同采用通常用"IDT(identical)"或符号"≡"表示,指国家标准在采用国际标准时,在技术内容和编写方法上和国际标准完全相同。修改采用通常用"mod"或符号"="表示,指国家标准在采用国际标准时,其技术内容根据我国的实际情况做了某些变动,但性能和质量水平与采用国际标准相当,在通用互换、安全卫生等方面与国际标准协调一致。ISO标准的两种采用程度在我国国家标准和首页上表示方法如下:GB××××--××××(IDTISO×××:××××)和GB××××--××××(MOTISO×××:××××)。

1986年我国颁布了参照采用ISO/DIS 8402《质量——术语》的国家标准GB 6583.1—1986《质量管理和质量保证术语》第一部分。1988年我国颁布了等效采用ISO 9000系列标准的国家标准GB/T 10300.1—5《质量管理和质量保证系列标准》。GB/T 10300.1—5系列标准颁布后,我国的贯彻标准工作基本上是有组织、有规划地进行,各级质量监督局、质量管理部门及许多学术组织在培训教育、学术研究、企业贯标试点、指导推动方面开展了一系列工作。

随着我国改革开放的深入进行和发展,等效采用ISO 9000系列标准已经不能满足我国国际间贸易往来和技术交流的需要。为使我国质量管理与国际接轨,提高我国产品在国际市场上的竞争力,国家质量监督局于1992年10月决定等同采用ISO 9000系列标准,正式颁布了双标号系列国家标准GB/T 19000—1992IDT ISO 9000:1987质量管理和质量保证系列标准。

1994年7月1日,ISO颁布的1994版ISO 9000系列标准取代了1987版相应的标准,同年11月国家质量技术监督总局领导下的全国质量管理和质量保证标准化技术委员会(CSBTS/TC 151)组织进行国家标准的修订工作,并于1994年12月24日正式颁布了1994版的国家标准GB/T 19000-1994IDT ISO 9000:1994质量管理和质量保证系列标准。1994版的国家标准等同采用了1994年版的ISO 9000族标准和ISO8402术语标准。

2000年11月15日,ISO颁布2000版ISO 9000族标准,同年9月在国家质量技术监督局的领导下,成立了GB/T 19000族国家标准的修订起草工作组,并着手起草等同采用2000

版 ISO 9000 国际标准的国家标准草案。在标准起草的各个阶段，国家标准起草工作组尽可能广泛地征求有关方面专家的意见，通过分析研究，采纳正确的意见和建议，及时对国家标准草案做出相应的修改。CSBT/TC 151 于 2000 年 12 月召开了国家标准审定会，三项国家标准得到全体委员的一致表决通过。2000 年 12 月 28 日国家质量监督总局批准颁布 GB/T 19000—2000《质量管理体系基础和术语》（IDTISO 9000:2000）、GB/T 19001—2000《质量管理体系要求》（IDTISO 9001:2000）《质量管理体系业绩改进指南》（IDTISO 9004:2000）三项国家标准。

7.4.3 质量认证体系

1. 现代质量认证制度的由来

质量认证是随着现代工业的发展作为一种外部质量保证的手段逐步发展起来的。在现代质量认证产生之前，供方为了推销产品，往往采取"合格声明"的方式，以取得买方对产品质量的信任。所谓"合格声明"就是供方单方面通过有关的产品说明文件或"合格"标记等形式，表明所供产品的全部特性能够符合买方购买信心的有效手段。随着科学技术的发展，产品的结构和性能日趋复杂，仅凭买方的知识和经验很难判断产品是否符合要求，加之供方的"合格声明"并不总是可信，于是供方单方面的"合格声明"的作用逐渐下降。在这种情况下，顺应供方树立其产品信誉，以及考虑到社会保障、消费者利益及安全和法律的需要，由第三方证实产品质量的现代质量认证制度便应运而生。

为了协调和推动认证工作，国际标准化组织于 1970 年建立了认证委员会，1985 年又改名为合格评定委员会（CASCO），其主要任务是研究评定产品、过程、服务和质量体系符合使用标准或其他技术规范；制定有关认证方面的国际指南；促进各国和各地区合格评定制度的相互承认。

2. 质量认证的概念

质量认证指由一个公认的、权威的认证机构（第三方的机构）对产品或服务是否符合规定和要求（如标准、技术规范和有关法规）等进行鉴别，以及提供合格证明（认证证书和认证标志，并予以注册登记）的活动。

3. 质量认证的分类

（1）按质量认证对象进行分类

按质量认证对象的不同，分为产品认证、质量体系认证和认证机构的认可。产品认证指依据产品标准和技术要求，经认证机构确认并提供合格证明，证明某一产品符合相应标准和相应技术要求的活动；质量体系认证指由公正、权威的第三方认证机构派出审核员，对企业的质量体系依据国际通用的质量管理和质量保证系列标准进行鉴别，并对符合标准要求者给予注册并颁发合格证书的活动，又称为质量体系注册；认证机构的认可指由权威性组织依据程序对某一个团体具有从事特定任务的能力予以正式认可。为了确保产品认证和质量认证的客观性、公正性和科学性，应对认证机构的资格进行评价和认可。需认可的认证机构包括：产品认证机构、体系认证机构、检验和鉴定机构、培训机构，还包括审核员的资格注册等。

(2) 按质量认证作用进行分类

按质量认证作用的不同，分为合格认证和安全认证。前者指判断其是否符合国际标准、国家标准或行业标准要求的认证活动；后者指判断其是否符合规定的强制性标准的认证活动。目前，大多数认证制度为合格认证，而安全认证越来越受到重视，如美国的 UL 认证和欧盟的 CE 认证都是世界著名的产品安全认证，它们作为消除国际贸易技术壁垒的有效手段，为促进国际贸易的发展发挥着积极的作用。欧盟的 CE 认证被视为制造商打开并进入欧洲市场的"护照"，凡是贴有"CE"标志的产品均可在欧盟各成员国内销售，表示符合每个成员国的要求，从而实现了商品在欧盟成员国范围的自由流通。

(3) 按申请要求进行分类

按申请要求的不同，分为强制性认证和自愿认证。前者指企业必须申请的认证活动（如安全认证）。未经认可不准销售和进口，销售的产品有指定认证标志。强制性认证适应于关系人身安全、身心健康和具有重大经济价值的产品。后者又称为非强制性认证，指企业自愿申请的认证活动，并可按规定使用认证证书和标志。自愿认证适用于一般性产品。

4．认证的要素

认证的基本要素包括以下 4 项。

1）型式试验

型式试验指为了证明产品质量符合产品标准的全面要求而对产品进行的抽样检验，它是许多类型认证的基础。

2）质量体系检查

质量体系检查指对产品生产企业的质量保证能力进行检查和评定。

3）监督检验

监督检验是对获取认证后的产品进行的一项监督措施。它从企业最终产品中或市场上抽取样品，由认证独立检验机构进行检验。如果检验结构证明其符合标准的要求，则允许继续使用认证标志；如果不符合，则采取必要的措施。

4）监督检查

监督检查是对取得认证资格的企业的质量保证能力进行定期复查。这是保证产品的质量持续符合标准的又一项监督措施。

5．产品质量认证与质量体系认证的区别

产品质量认证与质量体系认证虽然都是第三方认证机构从事的认证活动，但在许多方面有很大的差异，具体如表 7.4 所示。

表 7.4 产品质量认证和质量体系认证的比较

项 目	产品质量认证	质量体系认证
认证对象	特定产品	企业的质量体系
评定依据	产品质量符合指定的标准要求；质量体系满足国际通用的质量管理和质量保证系列标准及特定产品的补充要求	质量体系满足认证机构认可的质量保证标准和必要的补充要素

续表

项　目	产品质量认证	质量体系认证
认证证明方式	产品认证证书和认证标志	质量体系认证证书和认证标志，并予以注册
证明的使用	认证标志可用在产品及其包装上	认证证书和认证标志都不能用在产品或包装上
认证性质	自愿性和强制性都有	一般属于自愿性

(1) 质量认证工作程序

1) 提出申请。由企业向认证机构申请，按规定格式填写申请书。

2) 初步审查。认证机构收到申请书后，做出是否接受申请的答复。若接受申请，认证机构派检查人员对企业产品质量或质量体系进行初步检查，并提出检查报告，把检查结果通知申请企业。

3) 检验评定。认证机构派检查人员在申请企业进行随机取样检验、提出检验报告，把评定结果通知企业。

4) 颁发证书和标志使用许可证。认证机构根据检查人员的报告进行研究，对符合条件的企业，核准后发给证书和使用认证标志许可证，并在刊物上公布认证企业或产品。

5) 监督检查。凡获准使用认证标志的企业，都要接受认证机构定期或不定期的监督复查。认证有效期为3年，期满后企业应申请复查，复查合格可延长证书有效期。

(2) 强制性产品认证制度

强制性产品认证制度是各国政府为保护广大消费者人身和动植物生命安全、保护国家安全，依照法律法规实施的一种产品合格评定制度，它要求产品必须符合国家标准和技术法规。强制性产品认证通过制定强制性产品认证的产品目录和实施强制性产品认证程序，对列入目录中的产品实施强制性的检测和审核。凡列入强制性产品认证目录内的产品，没有获得指定机构的认证证书的，以及没有按规定施加认证标志的，一律不得进口、不得出厂销售、不得在经营服务场所使用。

强制性产品认证制度在推动国家各种技术法规和标准的贯彻、规范市场经济秩序、打击假冒伪劣行为、促进产品的质量管理水平和保护消费者权益等方面，具有其他工作不可替代的作用和优势。认证制度由于其科学性和公正性，已被世界大多数国家广泛采用。实行市场经济制度的国家，政府利用强制性产品认证制度作为产品市场准入的手段，这正在成为国际通行的做法。

长期以来，我国的强制性产品认证制度存在着政出多门、重复评审、重复收费及认证行为与执法行为不分的问题。尤其突出的是国内产品和进口商品存在着对内、对外两套认证管理体系。原国家质量技术监督局对国内产品和进口商品实施安全认证，即长城认证（CCEE），并强制监督管理；原国家出入境检验检疫局对进口商品实施进口商品安全质量许可制度（CCIB）。这两种制度将一部分进口商品共同列入强制认证的范畴，因而导致了由两个主管部门对同一种进口商品实施两次认证、贴两个标志、执行两种标准和程序。随着我国加入WTO，根据世贸协议和国际通行规则，要求我国将这两种认证制度统一起来，对强制性产品认证制度实施"四个统一",即统一目录,统一标准、技术法规、合格评定程序,统一认证标志,统一收费标准。2001 年成立的国家质检总局和国家认监委已建立了新的国家强制性产品认证制度。

新的强制性产品认证标志名称为"中国强制认证",英文名称为"China Compulsory Certification",英文缩写为"CCC"(3C)。按照新制度的规定,从 2003 年 8 月 1 日起,凡列入《第一批实施强制性认证产品目录》(以下简称《目录》)内的产品未获得指定机构的认证证书或未按规定施加认证标志,不得进口、出厂销售和在经营性活动中使用。列入《目录》中的产品包括电信电缆、电路开关及保护或连接用电气装置、低压电器、小功率电动机、电动工具、电焊机、家用和类似用途装备、音视频装备、信息技术装备、照明装备、电信终端装备、消防产品、安全技术防范产品等 19 大类 132 种。3C 认证替代来原来的 CCEE 和 CCIB 认证,也替代了生产许可证。原来的 CCEE 和 CCIB 认证只有安全方面的限制,而 3C 认证除了安全以外,还兼管环保和电磁干扰等方面的问题。

管理实训

【实训主题】

对照全面质量管理的要求对质量目标进行改善

【实训过程设计】

1)阅读下面的故事,结合教学内容,按每组 5~6 人进行讨论。

2)请小组长代表小组意见,将惠普改善质量目标的十项宗旨与全面质量管理的基本要求进行比照,分析惠普公司实际做法与理论吻合之处。

3)假设你是惠普公司的总裁,你会如何处理 2010 年年初的"惠普门"事件?

4)你认为我国企业推行全面质量管理的最大障碍是什么?

【实训目的】

1)理论联系实际,培养学生解决实际问题的能力,提高学生的学习兴趣。

2)培养学生的团队合作能力,培养团队精神。

【背景材料】

惠普公司曾做过一项内部研究,表明 25%的生产成本是应付不合格质量造成的。John Young 为惠普前总裁,他分析后认为:无论是产品的实物转移、发货信息的传递、复杂的组织计划体系的设计,还是对电话投诉的处理方式,每一个过程中都蕴藏着改善质量的机会。问题的关键在于如何对这种改善进行管理。

为此,John Young 为公司建立了一套改善质量的目标,该目标作为"全面质量控制"的结构性程序,由一套基本管理原则组成:无论是产品的实物转移、发货信息的传递、复杂的组织计划体系的设计，还是对电话投诉的处理方式，第一过程中都蕴藏着改善质量的机会。问题的关键在于如何对这种改善进行管理。就惠普而言，它挑选了一种称为"全面质量控制"的结构性程序。它的宗旨是一套基本管理原则。

1）产品及服务。

2）对待下一道工序中的后续者的需求和期望及其对服务的衡量标准，就像对待外部用户一样。

3）定期检查用户的满意程度。用户对产品性能的意见是衡量改善程度的标准。一项研究结果表明，如果有了问题，只有4%的用户会投诉，剩下10%的用户还会继续购买这家公司的产品。第一个不满意的顾客又会向另外十个人倾诉自己的不满。

4）努力排除造成用户不满的根本原因。把问题掩盖起来只会加大成本和降低生产率。曾经有几个工人把不属于他们工作范围的零件和用户手册保留在身边。当问他们为什么要这样做时，他们解释说，送到这里来的产品经常有缺零件的情况，为了保证按期出运，就不得不自存一部分零件。但是这样做的结果是管理层无法看到存在于制造系统中的更重大的缺陷。

5）保持目标的稳定性，如"始终如一地向用户提供足以超出他们不断变化着的需求和期望的产品和服务"等。改善质量不是一个项目，它是一种经营方式。惠普质量管理的早期，经常有人把全面质量控制作为一个项目。但也有许多人看到了这种方法的威力，并把它作为工作方式的一部分。

6）实行标准化以保持成果。当一个工序发生变化时，应当对有关流程、衡量标准和人员培训进行相应的调整，确保所做的改进能够巩固下去。

7）从上游开始，确保全过程每个环节的质量。从供货商提供的产品和服务开始保证高质量。

8）打破部门障碍。如果对一道工序的改进会造成对另一工序的损害，那么对双方都不会有好处。各部门需要建立有利于各方的内部供货商/顾客关系。如果一个部门采纳了全面质量控制，另一部门却不执行，全面质量控制只会给整个企业造成"疲劳"。

9）消除企业上下的畏惧情绪。鼓励有效的双向交流，以便各方愿意无所顾忌地表达意见；人们应该不怕承认错误，在出现问题的时候，人们往往很自然地找出是哪个人的问题，而不注意是哪个抽象过程的毛病，这么做既不准确，也于事无补。

10）不断地对员工进行教育、培训，以便发挥并保持员工的最大潜力。在技术日新月异的环境中，企业只有依靠知识才能在竞争中立于不败之地。

随着经验的不断积累，惠普注意到无论是在设立战略目标和经营计划的过程中，还是在纠正缺陷的过程中，全面质量控制在每个环节都十分有用。它反映了在企业持续渗透的各种变化，虽然这些变化的发生并不总是一帆风顺的。

资料来源：Business Quarterly 杂志 1993 年春季号。The University of Western Ontario 大学（London, Ontario N6A3K7）1993 年版权所有。李秉勤译。作者 George B.Cobbe 是惠普（加拿大）公司主席、总裁和首席行政总监。

综合练习

一、名词解释

质量　　　　PDCA 循环　　　全面质量管理　　　ISO 9000 质量认证

二、简答题

1．如何看待质量变异的几个因素？
2．质量成本由哪些内容构成？
3．如何看待质量成本和效益的关系？

第 8 章

企业财务管理

 课前阅读：长江投资物流资源整合效应显现

长江投资披露 2012 年年报，2012 年公司实现营业收入 13.86 亿元，同比增长 35.19%；归属于上市公司股东的净利润达 3282.41 万元，同比增长 76.38%，扣非后净利润为 1536.31 万元，同比增长 215.78%；每股收益 0.11 元。收入和业绩增速均超预期。此外，公司拟每 10 股派息 0.70 元，占归属于上市公司股东净利润的 65.56%。

点评：2012 年度业绩增长原因分析。2012 年公司收入和利润增长主要是由于子公司经常性收益增加。其中物流板块企业贡献净利润 1052 万元，同比增长 722.49%（2011 年为-169 万元）。

2011 年以来公司赢利能力和质量获得改善，2012 年 4 季度单季扣非业绩创历史新高。公司历史以来颇受诟病的是经常性赢利能力较差。按季度看，2006 至 2010 年（共 20 个季度），公司扣除非经常性损益的归属于母公司的净利润为正的季度仅为 6 个，为负的季度数为 14 个，其中最高点是 2007 年的 4 季度，单季赢利约 766 万元，最低点在 2009 年 3 季度，亏损额达到 4835 万元，亏损幅度超过 1000 万元的季度达到了 5 个，分别是 2006 年 2 季度、2007 年 3 季度、2008 年 1 季度、2009 年 1 季度及 2009 年 3 季度。2011 年以来公司经常性业绩改善，扣非后净利润从 2011 年 2 季度开始转正，2012 年 4 季度单季净利创历史新高。

公司控股的"陆路货运交易中心"打造陆路运输的平台经济服务模式，2012 年上半年开始增幅放量。公司控股 72.85%的"陆路货运交易中心"以建设物流货运公共信息平台为中心，依托电商平台，组织物流线上、线下交易，提供对物流交易前和交易后的全程跟踪管理和配套服务。目前陆交中心下属有 56135.com 平台、货物公共中转配送中心、上海市内公共货物配送网络等一系列配套设施。2012 年"陆路货运交易中心"因实盘担保交易额的增长实现扭亏为盈，共实现营业收入约 3.33 亿元，净利润为 2.43 万元；上年同期营业收入为 1.34 万元，净利润为-955.39 万元。

风险提示：（1）在线平台竞争激烈，公司收费标准存下调风险；（2）如何提升中小客户的黏度是不小的难题；（3）如果不能投资开发新的 BT 项目，在现有项目履约完成后，公司该板块业务销售额将会出现较大的负面波动。

资料来源：http://stock.huagu.com/jgnc/jmnc/1303/781447.html。

 启示

开展财务预警分析是企业在发展过程中应该注意的问题。通过年报分析，看到公司经过

跨域转型和资源整合，依托于"陆路货运交易中心"项目的物流主业基本成形。该项目的商业模式契合平台经济发展趋势和国家经济转型要求及对物流产业发展的引导方向。公司正顺利地从传统物流服务转向平台经济服务的模式创新，而且商业模式在持续完善中，公司未来经常性赢利能力和质量有望获得持续提升。那么，企业财务预警有哪些指标呢？本章着重对此进行介绍。

8.1 企业财务管理概述

8.1.1 财务与财务管理

1. 企业财务的概念

企业财务指企业在生产经营过程中的财务活动及其与各方发生的财务关系，它包括两个方面。

1) 企业财务活动，又称企业理财活动，是企业为了生产经营需要而进行的资金筹集、资金运用和资金分配及日常资产管理等活动。企业资金从货币资金形态开始，顺序通过供应、生产、销售三个阶段，分别表现为货币资金、生产储备资金、在产品资金、产成品资金等各种不同形态，然后又回到货币资金。

2) 企业财务关系，即企业财务活动中，与有关各方面发生的一定的经济关系，如企业与投资者、企业与债权人、企业与债务人、企业与税务机关、企业与被投资单位、企业内部各部门之间及企业与员工之间的经济关系。从本质上说，体现的是人与人之间的关系。

2. 财务管理

财务管理是企业组织财务活动、处理企业财务关系的经济管理工作。具体地说，财务管理是以价值形式对企业的生产经营活动进行综合管理，它利用资金、成本费用、收入利润等价值形式来反映企业经济活动中的劳动占用量、劳动消耗量和劳动成果，进而反映企业经济效益的好坏。

财务管理的目标：即企业要做到以收抵支、按时还债；现金流入大于现金流出；合理筹资和投资，并有效地使用资金实现增值，创造财富。

 小资料

财务管理目标的两种观点

利润最大化。强调资本的有效利用，存在几点不足：第一，没有考虑获得的时间，是当年利润最大化，还是更长时间的利润最大化？管理者可以限制研发提高当年年利润，但对于公司长期发展不利。仅以此目标进行财务决策不够精确；第二，它忽略了企业决策中所面临的复杂问题，包括不确定性和资金的时间价值。不确定性与风险相联系，即投资者对于额外的风险会要求更高的投资收益，这一点与财务决策密切相关。而且，不同时点上，等额的投资价值是不一样的，越早时点的资金时间价值越大。

> 股东财富最大化。它包含了所有影响财务决策的因素,包括资金时间价值、股东投入机会成本、报酬与不确定性所带来的风险的匹配,认为企业的价值能给股东带来未来的报酬,包括获得股利和出售股权的溢价收入等。因此,股东财富最大化或企业价值最大化就是财务管理的目标。

8.1.2 财务管理的内容

企业财务管理是以企业资金运动为对象,利用货币形式对企业经营活动实行的一项综合性管理工作。它既要管理各项财务活动,又要处理企业与投资者之间,企业与其他企业之间,企业与国家税务、工商行政管理部门、金融、审计、物价部门之间及企业内部的各种财务关系,是现代企业管理中极为重要的组成部分。

1. 资金筹集

从资金的运动形态来看,企业理财的第一步就是筹集资金,企业可以通过多种渠道筹集资金,形成自有资金和企业负债。企业从投资者、债权人那里筹集的资金可以是货币资金形态,也可以是实物、无形资产形态。

2. 资金投入和使用

企业筹集资金要合理地投放到生产经营活动的各个方面,通过购买、建造等过程,将各种生产资料、货币资金转化为固定资产和流动资产等。

3. 资金收入和分配

企业通过销售过程把生产经营的商品销售出去,按照商品的价值取得销售收入,实现产品的价值,不仅可以补偿产品成本,而且可以实现企业利润。税后利润分别用于弥补亏损、职工福利、扩大投资等。

4. 成本费用管理

企业通过生产经营过程中发生的成本费用进行预测、计划、控制、核算、分析与考核,并采取降低成本费用等措施,以保证企业生产经营活动的最终成果,即目标利润的实现。

8.1.3 财务管理的原则和任务

在市场经济条件下,工商企业面临着日益广泛的资金运动和复杂的财务关系,这就需要企业财务管理人员正确地、科学地加以组织和处理。财务管理原则就是组织调节资金运动和协调处理财务关系的基本准则。

1. 资本金保全原则

资本金保全原则指企业要确保投资者投入企业资本金的完整,确保所有者的权益。企业资本金是企业进行生产经营活动的本钱,是所有者权益的基本组成部分。企业的经营者可以自主使用投资者依法投资的任何财产，有责任使这些财产在生产经营中得到充分利用，实现保值和增值。投资者在生产经营期间，除在相应条件和程序下依法转让资本金外，一般不得抽回投资。

2. 价值最大化原则

企业财务管理的目标是使资产所有者的财富最大化。在企业财务管理中，价值最大化原则应贯彻到财务管理工作的各个环节中。

在筹资决策阶段，要根据这一原则，对各种筹资渠道进行分析、比较，选择资金成本最低、风险最小的筹资方案。

在进行投资决策时，也要贯彻这一原则，在长期投资和短期投资之间进行选择。短期投资有利于提高企业的变现能力和偿债能力，能减少风险；长期投资会给企业带来高于短期投资的回报，但风险较大。通过对不同投资项目进行可行性研究，选择一个收益最大的方案。

3. 风险与所得均衡原则

在市场经济条件下，企业的生产经营活动具有不确定性，企业的生产量、销售量都将随着市场需求的变化而变化。因此，企业生产经营的风险是不可避免的，其资金的筹措、运用和分配的风险也是客观存在的，所以财务管理人员应意识到风险，并通过科学的方法预测各种生产经营活动及资金筹集和分配方案风险的大小。风险越大，其预期收益越高；风险越小，其预期收益越低，做到风险与收益的平衡。

4. 资金合理配置原则

资金的合理配置是由资源的有限性和企业追求价值最大化所决定的。在企业财务管理中贯彻这一原则体现在合理配置资金：在筹集资金时，要考虑资产负债的比例（负债总额比全部资产总额），做到既能举债经营、提高资金利润率，又能防止举债过多、加大企业财务风险；在资金运用时，要考虑资产结构，即各类资产在全部资产中所占比重，防止出现某类资产占用过多而另一类资产占用不足的情况。企业要把有限的资金用在刀刃上，并经常考核其资金配置结构的合理性和有效性。

5. 成本——效益原则

企业在生产经营过程中，为了取得收入，必然会发生相应的成本费用。如筹资会发生资金成本；生产产品会有直接材料、直接人工、制造费用的支出；销售商品会有商品购进成本和经营费用支出；从事生产经营管理工作，会发生管理费用；等等。在收入一定的情况下，成本费用越多，企业利润越少。因此，降低成本费用是企业提高经济效益、增加利润的有效途径。但是，企业的收入随着成本的增大而增大，随着成本的减少而减少，此时按成本-效益原则，在充分考核成本的基础上，如果收入的增量大于成本的增量，则可提高企业的效益；反之则使企业的效益下降。

企业财务管理的基本任务是：做好各项财务收支的计划、控制、核算、分析和考核工作，依法合理筹集资金，有效利用企业各项资产，努力提高经济效益。

8.2 资金筹集管理

8.2.1 企业资金筹集的原则和方式

企业的资金筹集是资金周转的起点，也是企业财务管理的首要问题。它指企业根据生产经营、对外投资和调整资金结构的需要，以及筹资渠道和资金市场，运用筹资方式，经济有效地筹措资金的过程。在企业整个资金筹集过程中，首先要预测、衡量企业各项资金的需要量，再确定相应的筹资渠道和方式。

1．企业筹资的基本原则

企业筹资是一项重要而复杂的工作，为了有效地筹集企业所需资金，必须遵循以下基本原则。

（1）规模适当原则

不同时期企业的资金需求量并不是一个常数，企业财务人员要认真分析科研、生产、经营状况，采用一定的方法，预测资金的需要数量，合理确定筹资规模。

（2）筹措及时原则

企业财务人员在筹集资金时必须熟知资金时间价值的原理和计算方法，以便根据资金需求的具体情况，合理安排资金的筹集时间，适时获取所需资金。

（3）来源合理原则

资金的来源渠道和资金市场为企业提供了资金的源泉和筹资场所，它反映资金的分布状况和供求关系，决定着筹资的难易程度。不同来源的资金，对企业的收益和成本有不同影响，因此，企业应认真研究资金来源渠道和资金市场，合理选择资金来源。

（4）方式经济原则

在确定筹资数量、筹资时间、资金来源的基础上，企业在筹资时还必须认真研究各种筹资方式。企业筹集资金必然要付出一定的代价，不同筹资方式条件下的资金成本有高有低。为此，就需要对各种筹资方式进行分析、对比，选择经济、可行的筹资方式以确定合理的资金结构，以便降低成本、减少风险。

2．筹集资金的方式

（1）吸收投资者直接投资

吸收直接投资指企业按照"共同投资、共同经营、共担风险、共享利润"的原则直接吸收国家、法人、个人投资资金的一种筹资方式。

吸收投资的种类主要有：吸收国家投资、吸收法人投资和吸收个人投资三种。

吸收投资中的出资方式主要有：现金投资、实物投资、工业产权投资和土地使用权投资。

吸收投资的程序是：确定筹资数量；寻找投资单位；协商投资事项；签署投资协议；共享投资利润。

吸收直接投资的优点表现为：增强企业信誉；能尽快形成生产能力；有利于降低财务风

险。缺点表现为：资金成本较高；容易分散企业控制权。

(2) 发行普通股

股票指股份公司为筹集自有资金而发行的有价证券，是投资人投资入股及取得股利的凭证，它代表了股东对股分公司的所有权。

股票按股东权利和义务分为普通股和优生股；按股票票面是否记名分为记名股票和无记名股票；按股票票面有无金额分为面值股票和无面值股票；按发行对象和上市地区分为 A 股、B 股、H 股、N 股。

普通股股东的权利如下。①公司管理权：包括投票权、查账权、阻止越权的权利。②分享盈余权：按出资比例分取红利。③出售或转让股分权：依照国家法规和公司章程出售或转让股票。④股优认股权：原有股东有权按持有公司股票的比例，优先认购公司新增发股票。⑤股剩余财产要求权：依法分取公司解散清算后的剩余财产。

普通股筹资的优点为：没有固定的利息负担；没有固定的到期日；筹资风险小；能增强公司的信誉；筹资限制少。

普通股筹资的缺点为：资金成本较高；容易分散公司的控制权；可能降低普通股的每股净收益，从而引起股价下跌。

3. 发行优先股

优先股指股份公司发行的优先于普通股分派股利和公司剩余财产的股票。优先股是一种特别股票，它与普通股有许多相似之处，但又具有债券的某些特征。从法律的角度来讲，优先股属于自有资金。

优先股按不同的标准可分为：累积优先股和非累积优先股；可转换优先股和不可转换优先股；参加优先股和不参加优先股；可赎回优先股和不可赎回优先股。

优先股股东的权利为：优先分配股利权；优先分配剩余资产权；管理权。

优先股是一种具有双重性质的证券，它虽属自有资金，但兼有债券性质。

优先股筹资的优点为：没有固定的到期日，无须偿还本金；股利的支付固定，且有一定的弹性；可适当增加公司信誉，加强公司借款能力。

优先股筹资的缺点为：筹资成本较高；筹资限制较多；财务负担较重。

4. 银行借款

银行借款指企业根据借款合同从有关银行或非银行金融机构借入的需要还本付息的各种借款。

银行借款按借款期限分为短期借款、中期借款、长期借款；按借款用途分为基本建设借款、专用借款、流动资金借款；按提供贷款的机构分为政策性银行贷款和商业银行贷款。银行借款的程序主要包括：企业提出借款申请；银行审查借款申请；签订借款合同；企业取得借款；借款的归还。

银行借款的信用条件为：信用额度、周转信贷协定、补偿性余额、借款抵押、偿还条件、以实际交易为贷款条件。

借款利息的支付方式有：利随本清法和贴现法。

银行借款的优点有：借款速度较快；筹资成本较低；借款弹性好。

银行借款的缺点有：筹资风险高；限制条款较多；筹资数量有限。

5．发行债券

债券指企业为筹集资金而发行的承诺按期向债权人支付利息并偿还本金的一种有价证券。债券的基本要素包括：面值、期限、利率与利息、债券的价格。

债券按发行主体分为政府债券、金融债券、公司债券；按有无抵押担保分为信用债券、抵押债券、担保债券；按是否记名分为记名债券和无记名债券；其他分类还有可转换债券、无息债券、浮动利率债券、收益债券。

债券的发行方式主要有：公募发行和私募发行。债券的发行价格有：等价发行、溢价发行、折价发行。

债券筹资的优点：资金成本较低；保障控制权；发挥财务杠杆作用。缺点：筹资风险高；限制条件严格；筹资数量有限。

6．融资租赁

租赁指出租人在承租人给予一定报酬的条件下，授予承租人在约定期限内占有和使用财产权利的一种契约性行为。

租赁主要有经营租赁和融资租赁两类。

经营租赁通常为短期租赁，其特点有：可随时提出租赁资产要求；租赁期短；租赁合同灵活；租赁期满后，租赁的资产一般归还给出租人；由出租人提供设备保养、维修、保险等专门服务。

融资租赁又称财务租赁，通常为长期租赁。可解决企业对资产的长期需要，故有时也称为资本租赁。其特点有：要提出正式申请；租期较长；租赁合同稳定；租约期满后，一般将设备作价转让给承租人；在租赁期间内，出租人一般不提供维修和设备保养服务。

融资租赁可细分为售后租回、直接租赁、杠杆租赁三种。

融资租赁的程序包括：选择租赁公司；办理租赁委托；签订购货协议；签订租赁合同；办理验货与股保；支付租金；租赁期满的设备转让。

租赁筹资的优点：筹资速度快；限制条款少；设备遭淘汰风险小；到期还本负担轻；税收负担轻；可提供一种新的资金来源。

租赁筹资的缺点：资金成本较高；固定的租金支付构成较重的负担；不能享有设备残值。

7．商业信用

商业信用指商品交易中延期付款或延期交货而形成的借贷关系，是企业之间的一种直接信用关系。

商业信用融资的优点：筹资便利；筹资成本低；限制条件少。缺点：期限一般较短；筹资成本高。

8.2.2 短期资金和长期资金筹集管理

企业资金按占用期限的长短可以分为短期资金和长期资金。

1. 短期资金的筹集管理

短期资金指占用时间在一年以内的一个营业周期内的资金。

（1）短期资金筹集的特点

短期筹资的特点：筹资速度快、容易取得；筹资富有弹性；筹资成本较低；筹资风险高于长期筹集等。

（2）短期资金的筹集方式

1）短期借款。

① 短期借款指企业向银行和其他非银行金融机构借入期限在1年以内（含1年）的借款。

② 短期借款的特点：筹资速度快，筹资成本低，借款弹性好；但财务风险较大，限制条款较多，筹资数额有限。

2）商业信用。

① 商业信用指商品交易中的延期付款或延期交货所形成的借贷关系，是企业之间的一种直接信用关系。

② 利用商业信用融资的主要方式有：赊销商品、预收货款、商业汇票。

③ 商业信用融资的特点：筹资便利，筹资成本低，限制条件少；但信用期限较短，资金成本较高。

2. 长期筹资的管理

（1）长期筹资的特点

长期筹资具有筹资数额大、影响时间长、发生次数较少、资金成本较高等特点。

（2）长期筹资的主要方式

1）吸收直接投资。

① 企业采用吸收直接投资方式筹集的资金一般可分为三类：吸收国家投资、吸收法人投资和吸收个人投资。

② 吸收直接投资的特点：有利于增强企业信誉，有利于尽快形成生产能力，有利于降低财务风险；但资金成本较高，容易分散企业控制权。

2）发行普通股票。

① 普通股是股份有限公司依法发行的具有管理权、股利不固定的股票。普通股具有股票的最一般特征，是股份有限公司资本的最基本部分。

② 普通股股东一般具有如下基本权利：公司管理权、分享盈余权、出售或转让股份权、优先认股权、剩余财产要求权。

③ 普通股筹资的特点：没有固定的利息负担，没有固定到期日，筹资风险小，能增加公司信誉；但普通股筹资的资金成本较高，容易分散控制权。

3）长期借款。

① 长期借款指企业向银行或其他非银行金融机构借入的使用期限在1年以上（不含1年）的借款。

② 长期借款按是否需要担保分为信用借款和担保借款等。

③ 长期借款的偿还方式包括：定期支付利息、到期一次性偿还本金的方式；定期等额偿

还方式;平时逐期偿还小额本金和利息,期末偿还余下的大额部分方式。

④ 与其他长期筹资方式相比,长期借款的特点为:筹资速度快,筹资成本较低,借款弹性较大,但限制条款较多。

4)发行债券。

① 债券是一种发行人承诺在某一特定的时日将利息与本金付给债券持有人的债权债务凭证。

② 债券的基本要素包括:债券的面值、债券的期限、债券的利率和利息、债券的价格。

③ 债券按发行主体不同分为政府债券、金融债券和企业(含公司)债券;按有无抵押担保分为信用债券和有担保债券;按是否可转换成股份分为公司债券(不可转换债券)和可转换公司债券等。

④ 债券筹资的特点:资金成本较低,保证控制权,发挥财务杠杆的作用;但债券筹资的筹资风险高,限制条件多,筹资额有限。

5)发行认股权证和认沽权证。

① 认股权证是一种权利,指持有人有权在一定的期限内或某一特定日期以指定的价格购买一定数量的普通股股票,但它不必承担购入股票的义务。

② 认沽权证是看跌期权,具体指在行权的日子,持有认沽权证的投资者可以按照约定的价格卖出相应的股票。

③ 认股权证和认沽权证的区别:认股权证通过标的股份的上涨获利,而认沽权证通过标的股份的下跌而获利。

6)融资租赁。

① 租赁指出租人在承租人给予一定报酬的条件下,授予承租人在约定的期限内占有和使用财产权利的一种契约性行为。

② 融资租赁又称财务租赁,具体有直接租赁、杠杆租赁和售后租回三种形式。

③ 融资租赁的特点:筹资速度快,限制条款少,设备淘汰风险小,到期还本负担轻,税收负担轻等;但融资租赁的资金成本较高。

7)企业自身积累。

8.3 资金运用管理

企业资金从占用形态上看可以分为流动资金和固定资金两种基本形态。为了使企业的资金发挥最大的效力,应针对流动资金和固定资金的特点实施有效的管理。

8.3.1 流动资金的管理

1. 流动资金管理的概念

流动资金是流动资产的货币表现,又称营运资金。具体地说,流动资金就是垫支在材料、能源、备品备件和低值易耗品等方面,并准备用于支付工资和其他费用方面的资金。

2. 流动资金的形态

流动资金在周转中表现为储备资金、生产资金、成品资金、货币资金、结算资金等占有形态。它的价值周转是一次进行的，经过一个生产周期就完成一次循环。资金的瞬间占用与周而复始的循环相结合是流动资金的主要特点。

3. 流动资金管理

（1）现金管理

现金管理的目标是在资产流动性和赢利性之间做出抉择，以获取最大的利润。

（2）现金收支管理策略

现金是处于货币形态的资金，它是企业中流动性最强的资产。企业经营过程中持有一定量的现金是为了满足交易性、预防性和投资性的需要。现金管理的目标就是在资产的流动性和收益性之间做出抉择，以获取最大的长期利润。为了实现现金收支管理的目的，提高现金的使用效率，通常可以采取以下策略。

力争现金流量同步：即尽量使它的现金流入量与现金流出量发生的时间趋于一致，就可以使其所持有的交易性现金余额降到最低水平。

使用现金浮游量。从企业开出支出，收款人收到支票并存入银行，至银行将款项划到企业账户，中间需要一段时间，现金在这段时间的占用量即为现金浮游量。

加速收款：主要是指缩短应收款的时间。

推迟付款：在不影响企业信誉的情况下，尽可能推迟应付款的支付期，充分运用供货方所提供的信用优惠。

（3）最佳现金持有量的确定

最佳现金持有水平下既能满足企业日常业务的需要，又能最大限度地减少因持有现金而丧失的潜在收益。最佳现金持有量可采用成本分析模式和随机模式来确定。最佳现金持有量确定是现金收支管理的重点内容之一。

1）成本分析模式。在成本分析模式下，首先要考虑与持有现金有关的成本，包括机会成本（持有成本）、管理成本、短缺成本，寻找使持有成本最低的现金持有量。

① 资金成本。现金作为企业的一项资金占用是有代价的，这种代价就是它的资金成本。

② 管理成本。企业持有现金，会发生管理费用，这些费用就是现金的管理成本。

③ 短缺成本。企业因缺乏必要的现金，不能应付业务开支所需而使企业蒙受的损失或付出的代价。现金持有量越大，机会成本越高，它与现金持有量成正比；管理成本是一种固定成本，不随现金持有量的变化而变化；短缺成本是因现金持有量不足而产生的损失，它与现金持有量成反比。然后按照不同的现金持有量方案确定总成本，上述三个成本之和最小的方案即为最佳方案。

2）随机模式。随机模式是在现金需求难以预知的情况下进行现金持有量控制的方法。企业可以根据历史经验和现实需要测算出一个现金持有量的控制范围，即制定出现金持有量的上限和下限，将现金量控制在上、下限之内。当现金量达到上限或下限时，应调整。

（4）应收账款管理

企业发生应收账款的主要原因是扩大销售、增强竞争力，那么其管理的目标就是求得利润。应收账款是企业的一项资金投放，是为了扩大销售和赢利而进行的投资。而投资肯定要发生成本，需要在应收款信用政策所增加的赢利和这种政策的成本之间做出权衡。只有当应收账款所增加的赢利超过所增加的成本时，才应实施应收账款赊销政策；如果应收款赊销有着良好的赢利前景，就应当放宽信用条件，增加赊销量。

应收账款赊销的效果依赖于企业实行的信用政策。信用政策包括：信用期间、信用标准和现金折扣政策。往往一项信用政策的变化会导致销售和成本双方的变化，因此应在各要素变动中权衡得失，寻求最优方案。

信用期间的决策分析。信用期间是信用政策的内容之一，指允许顾客从购货到付款之间的时间。延长信用期间对企业固然有利，它可以扩大销售量、刺激生产、提高市场占有率和竞争地位、增加销售额、扩大赢利等。但它同时也会产生一些不利影响，使得应收账款占用增加、收账费用增加、坏账损失增加、影响正常的资金周转等。因此是否延长信用期间，应周全考虑、慎重研究，不能以改变信用期间后所获利润多少去进行直接的绝对比较，而应采取增量比较形式，从而做出合理的选择。增量决策法的原理如下。

先确定信用期间改变后的增量收益：增量收益=（改变后销售量-改变前销售量）×单位边际贡献。

再确定信用期间改变后的增量成本，包括：

增量收账费用=（改变后收账费用-改变前收账费用）

增量坏账损失=（改变后坏账损失-改变前坏账损失）

增量利息费用=（改变后利息发生额-改变前利息发生额）

利息费用=销售额/360×信用期间×变动总成本/销售额×100%×资金成本率

增量成本=增量收账费用+增量坏账损失+增量利息费用

最后，确定信用期间改变后的净损益：净损益=增量收益-增量成本。若为净收益，延长信用期间有利；若为净损失，则不能延长信用期间。

信用标准的确定。信用标准指顾客获得企业的交易信用所应具备的条件，如果顾客达不到信用标准，便不能享受企业的信用优惠，或只能享受较低的信用优惠。企业在设定某一顾客的信用标准时，往往先要评估他赖账的可能性。这可以通过"5C"系统来进行。所谓"5C"系统指评估顾客信用品质的五个方面，即品质、能力、资本、抵押、条件。

现金折扣政策的确定。现金折扣政策是企业对顾客在商品价格上所做的扣减，向顾客提供这种价格上的优惠，主要目的在于吸引顾客为享受优惠而提前付款，缩短企业的平均收款期。另外，现金折扣也能招揽一些视折扣为减价出售的顾客前来购货，借此扩大销售量。 在确定现金折扣时还应考虑由此产生的成本和收益，两者比较以确定政策。因为现金折扣是与信用期间相结合采用的，所以确定折扣程度的方法与过程同信用期间的确定一致。只不过把提供延期付款时间和折扣综合起来，看各方案的延期与折扣能取得多大的收益增量，再计算各方案带来的成本变化，最终确定最佳方案。

应收账款的收账包括以下几方面。

应收账款收回的监督：实施对应收账款回收情况的监督可通过编制账龄分析表进行。

收账政策的制定：在确定收账政策过程中，同样面临成本与收回账款的比较问题。收账款要发生很多费用，一般来说，收账费用越多，收账措施越有力，可收回的账款越多，发生坏账的可能性越小。

因此，制定收账政策时要在收账费用和坏账损失间进行权衡。

（5）存货管理

任何一个企业都会有一定的存货，存货管理的好坏往往决定了企业资产的流动性，如何以最低的成本获得最高的流动性是存货管理的核心问题。存货管理的目标就是要尽量在各种存货成本与存货效益之间做出权衡，达到两者的最佳结合。

与存货有关的成本主要包括取得成本、储存成本、缺货成本三种。

1）取得成本。取得成本指为取得某种存货而支出的成本。它又分为订货成本和购置成本。订货成本指取得订单的成本。其中有一部分与订货次数无关，称为订货固定成本；另一部分与订货次数有关，称为订货的变动成本。

2）储存成本。储存成本指为保持存货而发生的成本。

3）缺货成本。缺货成本指由于存货供应中断而造成的损失。

加强存货管理，一要建立健全存货的检验、收发、领退、保管的清查盘点制度，保证存货的安全完整；二要合理确定存货量，节约资金；三要提高存货的利用效果，加速存货的周转。

8.3.2　固定资产的管理

1. 固定资产的概念

固定资产指使用期限超过一年、单位价值在规定标准以上，并在使用过程中保持原有物质形态的资产。它包括机器设备、厂房建筑物、运输工具等。

2. 固定资产的分类

固定资产可以按其经济用途、使用情况、产权归属、实物形态和使用期限进行分类核算。

按经济用途分为生产经营用和非生产经营用两类。生产经营用固定资产指直接服务于生产经营全过程的固定资产，如厂房、机器设备、仓库、销售场所、运输车辆等。非生产经营用固定资产指不直接服务于生产经营，而是为了满足职工物质文化、生活福利需要的固定资产，如职工宿舍、食堂、托儿所、幼儿园、浴室、医务室、图书馆及科研等其他方面使用的房屋、设备等固定资产。

按使用情况分为使用中固定资产、未使用固定资产、不需用固定资产三类。使用中固定资是指企业正在使用的各种固定资产，包括由于季节性和大修理等原因暂时停用及存放在部门以备替换的机器设备。未使用固定资产指尚未投入使用的新增固定资产和经批准停止使用的固定资产。不需用固定资产指企业不需用、准备处理的固定资产。

按产权归属分为自有、接受投资和租入三类。

按实物形态分为房屋及建筑物、机器设备、电子设备、运输设备及其他设备五大类。

按固定资产最短使用期限分为 5 年、10 年、20 年。最短使用期为 5 年的如电子设备和火车、轮船以外的运输工具，以及与生产经营有关的器具、工具、家具等固定资产；最短使用期限为 10 年的如火车、轮船、机器、机械和其他生产设备；最短使用期为 20 年的如房屋、建筑物等固定资产。企业在对固定资产最短使用期限分类时，不能将不同使用年限的固定资产划为一类，以免影响固定资产折旧计提的正确性。

3. 固定资产管理方法

第一，应根据生产任务、经营规模、生产经营发展方向、正确确定固定资产的需要量，合理配置固定资产。

第二，正确计提折旧，及时补偿固定资产损耗价值。固定资产的损耗包括有形损耗和无形损耗两种类型。有形损耗提取的折旧是在物质寿命期限内的直线折旧，其特点是折旧时间长、在折旧年限内平均提取。无形损耗是由劳动生产率提高或技术进步，固定资产由更先进、更便宜的设备取代而引起的价值磨损，提取的折旧是在技术寿命期限内的快速折旧。

第三，做好固定资产投资（包括基本建设投资和更新改造投资）预测与决策、提高投资效益。与流动资产相比，固定资产具有投资数量大、投资回收期间长、投资影响大等特点。为了获得固定资产投资的最佳经济效果，要在投资项目落实之前论证投资项目在技术上的可行性、先进性和经济上的合理性、效益性，通过比较，选择最佳方案。

第四，加强固定资产综合管理，提高固定资产的利用效果。在进行固定资产价值核算的同时，还要进行固定资产的实物管理。企业财务部门应与固定资产管理部门和使用部门相配合，严密组织固定资产的收发、保管工作，正确、及时、全面地反映各项固定资产的增减变化，定期进行实物清查，以保证固定资产完整无缺；加强固定资产的维护、维修工作，使之处于良好的状态并在使用中充分发挥作用，从而提高固定资产的利用效果。

此外，无形资产也是企业的一项重要的经济来源。所谓无形资产，指企业长期使用的、具有一定价值但不具有实物形态的资产，一般包括专利权、商标权、著作权、非专利技术、土地使用权、声誉等。

8.4 成本利润管理

8.4.1 成本管理

1. 成本的概念

产品成本指企业在一定时期内为生产和销售一定的产品而发生的全部费用的总和。从财务管理与分析的角度讲，产品成本也是企业在一定时期内为生产和销售一定的产品所发生的资金耗费量。企业生产经营中发生的全部费用可分为制造成本和期间费用两大类。广义的成本包括制造成本和期间费用，狭义的成本则是指制造成本。

2. 成本的构成

（1）产品制造成本

制造成本是工业企业生产过程中实际消耗的直接材料、直接工资、其他直接支出和制造费用。

1）直接材料。直接材料包括生产经营过程中实际消耗的原材料、辅助材料、备品配件、外购半成品、燃料、动力、包装物及其他直接材料等。

2）直接工资。直接工资包括企业直接从事产品生产人员的工资、奖金、津贴和补贴等。

3）其他直接支出。它是指直接从事产品生产人员的职工福利费等。

4）制造费用。它是企业在生产车间范围内为生产产品和提供劳务而发生的各项间接费用，包括车间管理人员工资、折旧费、维修费、办公费、水电费、物资消耗、劳动保护费、季节性及修理期间的停工损失等。

直接费用直接计入制造成本，间接费用则需要按一定的比例计入制造成本。

（2）期间费用

期间费用（period cost）指企业本期发生的、不能直接或间接归入营业成本而是直接计入当期损益的各项费用，包括销售费用、管理费用和财务费用等。

1）销售费用。企业在销售过程中所发生的费用。对于工业企业而言，销售费用是指企业在销售产品、自制半成品和工业性劳务等过程中发生的各项费用及销售本企业产品而专设销售机构的各项费用。具体包括应由企业负担的运输费、装卸费、包装费、保险费、展览费、销售佣金、委托代销手续费、广告费、租赁费和销售服务费用，专设销售机构人员工资、福利费、差旅费、办公费、折旧费、修理费、材料消耗、低值易耗品摊销及其他费用。但企业内部销售部门属于行政管理部门，所发生的经费开支不包括在销售费用之内，而应列入管理费用。

2）管理费用。企业管理和组织生产经营活动所发生的各项费用。管理费用包括的内容较多，以工业企业为例，具体包括：公司经费，即企业管理人员的工资、福利费、差旅费、办公费，以及折旧费、修理费、物料消耗、低值易耗品摊销和其他经费；工会经费，即按职工工资总额的一定比例计提拨交给工会的经费；职工教育经费，即按职工工资总额的一定比例计提，用于职工培训学习以提高文化技术水平的费用；劳动保险费，即企业支付离退休职工的退休金或按规定交纳的离退休统筹金、价格补贴、医药费或医疗保险费、退职金、6个月以上病假人员工资、职工死亡丧葬补助费及抚恤费、按规定支付离休人员的其他经费；待业保险费，即企业董事会或最高权力机构及其成员为执行职能而发生的差旅费、会议费等；咨询费，即企业向有关咨询机构进行科学技术经营管理咨询所支付的费用；审计费，即企业聘请注册会计师进行查账、验资、资产评估等发生的费用；诉讼费，即企业因起诉或应诉而支付的各项费用；税金，即企业按规定支付的房产税、车船使用税、土地使用税、印花税等；土地使用费，即企业使用土地或海域而支付的费用；土地损失补偿费，即企业在生产经营过程中破坏土地而支付的土地损失补偿费；技术转让费，即企业购买或使用专有技术而支付的技术转让费用；技术开发费，即企业开发新产品、新技术所发生的新产品设计费、工艺规程制定费、设备调整费、原材料和半成品的试验费、技术图书资料费、未获得专项经费的中间试验费及其他有关费用；无形资产摊销，即场地使用权、工业产权及专有技术和其他无形资产的摊销；递延资产摊销，即开办费和其他资产的摊销；坏账损失，即企业年末应收账款损失；业务招待费，即企业为业务经营的合理需要在年销售净额一定比例之内支付的费用；其他费用，即不包括在上述项目中的其他管理费用，如绿化费、排污费等。

3）财务费用。企业为进行资金筹集等理财活动而发生的各项费用。财务费用主要包括利息净支出、汇兑净损失、金融机构手续费和其他因资金而发生的费用。利息净支出包括短期借款利息、长期借款利息、应付票据利息、票据贴现利息、应付债券利息、长期应付融资租赁款利息、长期应付引进国外设备款利息等，企业银行存款获得的利息收入应冲减上述利息支出；汇兑损失指企业在兑换外币时因市场汇价与实际兑换汇率和不同形成的损失或收益，以脱离因汇率变动期末调整外币账户余额而形成的损失或收益，发生收益时应冲减损失；金融机构手续费包括开出汇票的银行手续费等。

3．成本管理的概念

成本管理就是对企业的成本费用进行预测、计划、控制、核算、分析和考核，并采取降低成本费用措施等管理工作。

成本预测是成本管理的起点。成本预测就是通过对企业成本的形成进行实现的估计和预测，并与国内国外、行业内外进行对比分析，从而确定企业的成本目标、成本降低目标及相关的保证条件。成本预测既是成本控制的目标，又是成本分析与考核的目标。

成本控制从技术、生产、经营各个角度出发，采用一定的标准，对产品成本的形成过程进行经常的监督，发现问题，及时采取措施，对产品成本进行全面管理，以达到降低成本、求得最佳经济效益的目的。

成本分析根据成本核算资料及其他有关资料，全面分析、了解成本费用变动情况，系统研究成本费用升降的各种因素及其形成原因，挖掘企业内部潜力，寻找降低企业成本费用的途径。

8.4.2 利润管理

利润是企业在一定时期内生产经营活动的最终财务成果，是企业生产经营活动的效率和效益的最终体现。企业的利润主要指利润总额和净利润。

1．企业利润总额的构成

企业的利润总额包括营业利润、投资净收益、补贴收入和营业外收支净额四大部分。计算公式为：

利润总额=营业利润+投资净收益+补贴收入+营业外收入-营业外支出

式中：

营业利润=主营业务利润+其他业务利润

主营业务利润=主营业务收入-主营业务成本-期间费用-营业税金

其他业务利润=其他业务收入-其他业务成本-营业税金

2．净利润的形成

净利润又称税后利润，指企业缴纳所得税后形成的利润，是企业进行利润分配的主要依据。其计算公式为：

净利润=利润总额-应交所得税

3. 利润分配

企业实现的利润总额要在国家、企业所有者和企业法人之间分配，形成国家的所得税收入，分给投资者的利润和企业的留用利润（包括盈余公积金、公益金和未分配利润）等不同项目。企业所得税后利润分配顺序为：

1）用于弥补被没收的财产损失、支付各项税收的滞纳金和罚款；

2）弥补以前年度的亏损；

3）按税后利润扣除前两项后的10%提取法定盈余公积金。法定盈余公积金已达注册资本的50%时可不再提取。提取的法定盈余公积金用于弥补以前年度亏损或转增资本金。但转增资本金后留存的法定盈余公积金不得低于注册资本的25%。

4）提取任意盈余公积金。任意盈余公积金计提标准由股东大会确定，如确因需要，经股东大会同意后也可用于分配。

5）向股东（投资者）支付股利（分配利润）。企业以前年度未分配的利润可以并入本年度分配。公司股东会或董事会违反上述利润分配顺序，在抵补亏损和提取法定公积金之前向股东分配利润的，必须将违反规定发放的利润退还公司。

8.5 企业经济效益分析与评价

8.5.1 经济效益的内涵

经济效益就是经济活动中投入与产出之间的比例关系。也就是说，经济效益就是要以尽量少的劳动消耗和资源占用，取得更多的符合社会需要的有用成果。

劳动消耗：包括物化劳动消耗和活劳动消耗。物化劳动消耗指经济活动中实际消耗的燃料、原材料、机器设备的磨损等。活劳动消耗指在劳动力使用过程中，脑力劳动和体力劳动消耗的总和。

资源占用：指生产过程中所占用的人力、物力、财力等资源，主要是物化劳动的占用，如使用的房屋、机器设备及为保证劳动正常进行所需要的其他劳动条件和必要的物资储备。资源占用还包括占用的人力、土地和自然资源等。

8.5.2 企业经济效益评价的标准

评价企业经济效益的标准有质和量的规定性。所谓质的规定性，指企业生产的产品要适销对路，满足社会需要。所谓量的规定性，有以下五个评价标准：企业现实指标与上一年同期实际水平相比较；与本企业历史最高水平相比较；与同行业的先进水平相比较；与国际同行业先进水平相比较；上述五种评价标准由低到高一共五个档次，在实际工作中应结合起来进行评价。

8.5.3 企业经济效益评价的指标

企业经济效益的评价指标有三类，即生产经营成果指标、消耗及消耗效果指标、资金占用及占用效果指标。每一类指标又包括若干具体的绝对指标和相对指标。

1) 生产经营成果指标：包括资产报酬率、所有者权益报酬率、销售利税率、销售收入及其增长率、税前利润及其增长率、税金及其增长率、人均销售收入及其增长率、人均税前利润及其增长率、人均税金及其增长率。

2) 消耗及消耗效果指标：包括销售利润率、成本利润率、单位产品成本、单位产品人工成本率、单位产品材料成本率、单位产品费用成本率。

3) 资金占用及占用效果指标：包括总资产周转率、固定资产周转率、流动资产周转率、资产报酬率、存货周转率。

8.5.4 企业经济效益综合指标

分析企业经济效益可以从企业收益性、成长性、流动性、安全性、生产性等五个方面进行。

1. 收益率比率

收益率比率是反映企业的获利情况和获利能力的指标，它是一个全面反映与评价企业经营情况的综合性指标。其主要指标有以下几个。

1) 销售利润率。它是用来衡量企业销售收入的收益水平的，其计算公式如下：

$$销售利税率 = \frac{净利润}{销售净收入} \times 100\%$$

2) 资产报酬率，又称资产报酬率或投资收益率，指企业运用全部资产的收益率，它反映企业对所有经济资源的利用效率，其计算公式如下：

$$资产报酬率 = \frac{净利润}{资产总额} \times 100\%$$

在市场经济比较发达、各行业间竞争比较充分的情况下，各行业的资产报酬率将趋于一致。如果某些企业资产报酬率偏低，说明该企业资产利用效率较低，经营管理存在问题，应调整经营方针，加强经营管理。

3) 所有者权益报酬率。简称权益报酬率，该指标用来反映企业投入资本每一元所赚取的净收益，其计算公式为：

$$所有者权益报酬率 = \frac{净利润}{所有者权益} \times 100\%$$

4) 毛利率。毛利率是企业毛利与净销售收入的比率，其计算公式为：

$$毛利率 = \frac{毛利}{净销售收入}$$

式中，毛利是企业净销售收入与销售成本的差额，毛利率越大，说明在净销售收入中销售成本所占的比重越小,企业通过销售获得利润的能力越强。

5)净利润率。净利润率也称销售利润率或销售净利率,是净利润与净销售收入的比率,其计算公式为:

$$净利润率=\frac{净利润}{净销售收入}\times 100\%$$

净利润率表明企业每一元销售收入可实现的净利润是多少。净利润率越高,说明企业的获利能力越强。

6)成本费用利润率。它是利润总额与成本费用总额的比率,其计算公式为:

$$成本费用利润率=\frac{利润总额}{成本费用总额}\times 100\%$$

成本费用是企业为了取得利润而付出的代价。成本费用利润率越高,说明企业为了获得利益而付出的代价越小,企业的获利能力越强。因此,通过这个比率逼近可以评价企业获利能力的高低,也可以评价企业对成本费用的控制能力和经营管理能力。

7)每股利润,也称每股收益,主要针对普通股股东而言。每股利润指股份公司发行在外的普通股每股所获得的利润,反映了股份公司获利能力的大小,其计算公式为:

$$普通股每股利润=\frac{净利润-优先股股利总额}{普通股发行在外的股数}$$

8)每股股利又称每股股息,指普通股每股获得的普通股利,其计算公式为:

$$每股股利=\frac{支付普通股的现金股利}{普通股发行在外的股数}$$

9)股利发放率是每股股利与每股利润的比率。它表明股份公司在净收益中有多少用于股利的分派,其计算公式为:

$$股利发放率=\frac{每股股利}{每股利润}\times 100\%$$

10)股利报酬率。它是普通股每股股利与每股市价之间的比率,反映股票投资在股利方面所获得的报酬。

$$股利报酬率=\frac{每股股利}{每股市价}$$

11)市盈率又称价格应与率或价格与收益比率,指普通股每股市价与每股利润率的比率,其计算公式为:

$$市盈率=\frac{普通股每股市价}{普通股每股利润}$$

2. 流动性比率

分析企业流动性指标的目的在于观察企业在一定时期内的资金周转状况,是对企业资金活动的效率分析,为此要计算出各种资产的周转率和周转期。

(1)总资产周转率

总资产周转率=销售收入总额/总资产平均余额

总资产平均余额=(期初总资产余额+期末总资产余额)/2

总资产周转率反映了公司总资产在一定时期内(通常是1年)周转的次数,总资产周转率越高，表明公司总资产周转率的速度越快，资产的利用效率越高，公司的赢利能力、偿债能力越强。

(2) 固定资产周转率

$$固定资产周转率=销售收入总额/固定资产平均余额$$

$$固定资产平均余额=（期初固定资产余额+期末固定资产余额）/2$$

固定资产周转率是反映企业运用固定资产效率的指标。固定资产周转率越高，表明公司在一定时期内固定资产的周转次数越多，说明固定资产的利用效率越高，单位固定资产创造的销售收入越多。

(3) 流动资产周转率

$$流动资产周转率=销售收入总额/流动资产平均余额$$

$$流动资产平均余额=（期初流动资产余额+期末流动资产余额）/2$$

流动资产周转率越高，说明流动资产周转次数越多，周转速度越快，单位流动资产创造的销售收入越多，流动资产利用效率越高。

(4) 应收账款周转率

$$应收账款周转率=赊销净额/应收账款平均净额$$

$$应收账款平均净额=（期初应收账款净额+期末应收账款净额）/2$$

$$赊销净额=销售收入-现金销售收入-销售折扣、销售退回和折让$$

一般来说，应收账款周转率越低，说明公司短期偿债能力越低；反之，说明应收账款的收回越快。影响该指标正确计算的因素有：第一，季节性经营的企业使用这个指标时不能反映实际情况；第二，大量使用分期付款结算方式；第三，大量使用现金结算的销售；第四，年末销售大量增加或年末销售大幅度下降。这些因素都会对该指标计算结果产生较大的影响。财务报表的外部使用人可以将计算出的指标与该企业的前景指标、行业平均水平或其他类似企业的类似指标相比，判断该指标的高低。

有时无法将销售收入全部分解成赊销和现金两部分，也可以用销售收入代替赊销净额，即：

$$应收账款周转率=销售收入/应收账款平均余额$$

也可以用应收账款平均回收天数来判断。

$$应收账款回收天数=360/应收账款周转率$$

应收账款回收天数越多，说明公司回收货款所需时间长，利用营运资金偿还短期债务的能力越弱，反之亦然。

合理的应收账款周转率和回收天数，说明企业产品销售后收款迅速、坏账损失少、资产流动性高、偿债能力越强，同时收账费用也相应较低。

(5) 存货周转率

$$存货周转率=销售成本/平均存货余额$$

公司中的销售成本来自利润表，平均存货来自资产负债表中的"期初存货"与"期末存货"的平均数。

$$平均存货余额=（期初存货余额+期末存货余额）/2$$

存货周转率是存货周转一次平均所需的时间，存货周转率越高，表明存货的使用效率越高、存货积压风险小、公司偿债能力越强。

也可以用存货平均周转期进行分析。

$$\text{存货平均周转期} = 360/\text{存货周转率}$$

一般来讲，存货周转速度越快，存货的占用水平越低，流动性越强，存货转换为现金、应收账款等的速度就越快。提高存货周转率可以提高企业的变现能力，而存货周转速度越慢则变现能力越差。存货周转率指标的好坏反映存货管理水平，它不仅影响企业的短期偿债能力，也是整个企业管理的重要内容。企业管理者除了分析批量因素、季节性生产的变化等情况外，还应对存货的结构及影响存货周转速度的重要项目进行分析，如分别计算材料周转率和某种存货的周转率等。

存货周转分析的目的是从不同的角度和环节找出存货管理中的问题，使存货管理在保证生产经营连续性的同时，尽可能少地占用经营资金，提高资金使用效率，增强企业短期偿债能力，促进企业管理水平的提高。

3. 安全性比率

安全性指的是企业经营的安全程度，或者说资金调度的安全性。分析企业安全性指标的目的在于观察企业在一定时期内的偿债能力状况。企业收益性好，安全性也高，但在有的情况下，收益性好，资金调度却不顺利。

（1）流动比率

$$\text{流动比率} = \text{流动资产}/\text{流动负债}$$

一般认为，流动比率越高，流动负债的获偿能力越强。短期债权人越有保障，公司应付风险的能力越强。流动比率也不能过大，过大则说明公司存在资金闲置或存货过多，一般最低不少于1:1，以2:1的比率为佳。这是因为流动资产中变现能力最差的存货金额约占流动资产总额的一半，剩下的流动性较大的流动资产至少要等于流动负债，这样企业的短期偿债能力才会有保证。人们长期以来的这种认识，因其未能从理论上证明，还不能成为一个统一的标准。

计算出来的流动比率只有和同行业流动比率、本企业历史的流动比率进行比较，才能知道这个比率是高还是低。这种比较通常并不能说明流动比率为什么高或低，要找出过高或过低的原因，还必须分析流动资产和流动负债所包括的内容及经营上的因素。一般情况下，营业周期、流动资产中的应收账款和存货的周转速度是影响流动比率的主要因素。

（2）速动比率

流动比率虽然可以用来评价流动资产总体的变现能力，但人们（特别是短期债权人）还希望获得比流动比率更进一步的比率指标。这个比率为速动比率，也称为酸性测试指标。

$$\text{速动比率} = \text{速动资产}/\text{流动资产} = (\text{流动资产} - \text{存货})/\text{流动负债}$$

速动资产包括现金、银行存款、应收票据、应收账款和有价证券，这些资产可以立即用来偿付流动负债。

速动比率越高，短期偿债能力越强，应付突发事件的能力越强，一般以1:1以上为佳，过低表示公司资金使用和安排不合理，过高则表明公司低收益资产数量过多或应收账款中坏账较多，将影响公司的赢利能力。

如果公司预收账款高导致速动比率偏低，并不能够说明公司没有短期偿债能力，反而是产品销路好、企业效益好的标志；相反，如果公司预付账款比重大造成速动比率高，并不能表明企业短期偿债能力强，说明原材料供应上有问题，企业可能不预付货款就无法及时足量购买所需要的原材料，应该引起足够重视。

与速动比率相关的另一个指标是现金比率。

$$现金比率=现金余额/流动负债$$

现金比率达到1或超过1，说明公司用现金就可以偿付债务，公司现金比较多。

（3）负债比率

负债比率指债务和资产、净资产的关系。它反映企业偿付到期长期负债的能力。

$$资产负债比率=负债总额/资产总额×100\%$$

公司中的负债总额不仅包括长期负债，还包括短期负债。公司中的资产总额是扣除累计折旧后的净额。

这个指标反映债权人所提供的贷款占债务人全部资产的比例，也称为举债经营比率。它有以下几个方面的含义。

第一，从债权人的立场来看，他们最关心的是贷给企业的款项的安全程度，也就是能否按期收回本金和利息。如果股东提供的资本与企业资本总额相比只占较小的比例，则企业的风险将主要由债权人负担，这对债权人来讲是不利的。因此，他们希望债务比例越低越好，企业偿债有保证，贷款不会有太大的风险。

第二，从股东的角度来看，由于企业通过举债筹措的资金与股东提供的资金在经营中发挥同样的作用，所以，股东所关心的是全部资本利润率是否超过借款人款项的利率，即借入资本的代价。在企业所得的全部资本利润率超过因借款而支付的利息率时，股东所得到的利润就会加大；反之，则对股东不利，因为借入资本的多余的利息要用股东所得的利润份额来弥补。因此，从股东的立场来看，在全部资本利润率高于借款利息率时，负债比率越大越好，否则反之。

第三，从经营者的立场来看，如果举债过大，超过债权人心理承受程度，企业就借不到钱。如果企业不举债，或负债比例很小，说明企业畏缩不前，对前途信心不足，利用债权人资本进行经营活动的能力很差。从财务管理的角度看，企业应当审时度势，全面考虑，在利用资产负债率制定借入资本决策时，必须充分估计预期的利润和增加的风险，在二者之间权衡利害得失，做出正确的决策。

负债比率越低，公司长期偿债能力越强；负债比率越高，公司长期偿债能力越弱。

公司的负债比率应控制在50%左右为宜。

（4）权益比率

权益比率又称净值比率。

$$权益比率=股东权益总额/资产总额×100\%$$

权益比率越高，表明公司长期偿债能力越高；权益比率越低，表明公司长期偿债能力越低。

（5）长期负债比率

$$长期负债比率=长期负债/资产总额×100\%$$

长期负债比率越高，公司对长期负债的负担越重，对外来长期资本的依赖性越强，债权人风险越高。

值得注意的是，长期偿债能力并非越强越好，过强则股东所占比重过大，股东权益的报酬率可能相对降低。

4. 成长性比率

成长性比率分析是对上市公司进行分析的一个重要方法。成长性比率一般反映公司的扩展经营能力，同偿债能力比率有密切联系，在一定意义上也可用来衡量公司的扩展经营能力。因为安全是收益性、成长性的基础。公司只有制定一系列合理的偿债能力比率指标，财务结构才能走向健全，才有可能扩展公司的生产经营。这里只是利用利润保留率和再投资率等比率来说明成长性比率。

利润留存率指公司税后赢利减去应发现金股利的差额和税后赢利的比率。它表明公司的税后利润有多少用于发放股利、多少用于保留盈余和扩展经营。利润留存率越高，表明公司越重视发展的后劲，不致因分红过多而影响企业的发展，利润留存率太低，或者表明公司生产经营不顺利，不得不动用更多的利润去弥补损失；或者是分红太多，发展潜力有限。其计算公式是：

利润留存率=（税后利润-应发股利）/税后利润×100%

再投资率又称内部成长性比率，它表明公司用其盈余所得再投资，以支持本公司成长的能力。再投资率越高，公司扩大经营能力越强，反之则越弱。其计算公式是：

再投资率=资本报酬率×股东赢利率=税后利润/股东权益×（股东赢利-股东支付率）/股东赢利

企业管理实训

项目一 融资方案

【实训目标】

1）培养学生初步融资的能力。
2）融资计划书的写作。

【模板】

×××公司（或×××项目）商业计划书
年月
（公司资料）
地址
邮政编码
联系人及职务
电话
传真
网址/电子邮箱
目录

报告目录

第一部分 摘要（整个计划的概括）（文字在2～3页以内）。

一、公司简单描述。

二、公司的宗旨和目标（市场目标和财务目标）。

三、公司目前股权结构。

四、已投入的资金及用途。

五、公司目前主要产品或服务介绍。

六、市场概况和营销策略。

七、主要业务部门及业绩简介。

八、核心经营团队。

九、公司优势说明。

十、目前公司为实现目标的增资需求：原因、数量、方式、用途、偿还。

十一、融资方案（资金筹措及投资方式）。

十二、财务分析。

1．财务历史数据（前3～5年销售汇总、利润、成长）；

2．财务预计（后3～5年）；

3．资产负债情况。

第二部分 综述。

第一章 公司介绍。

一、公司的宗旨（公司使命的表述）。

二、公司简介资料。

三、各部门职能和经营目标。

四、公司管理。

1．董事会；

2．经营团队；

3．外部支持（外聘人士/会计师事务所/律师事务所/顾问公司/技术支持/行业协会等）。

第二章 技术与产品。

一、技术描述及技术持有。

二、产品状况。

1．主要产品目录（分类、名称、规格、型号、价格等）；

2．产品特性；

3．正在开发/待开发产品简介；

4．研发计划及时间表；

5．知识产权策略；

6．无形资产（商标/知识产权/专利等）。

三、产品生产。

1．资源及原材料供应；

2．现有生产条件和生产能力；

3．扩建设施、要求及成本，扩建后生产能力；

4．原有主要设备及需添置设备；

5．产品标准、质检和生产成本控制；

6．包装与储运。

第三章　市场分析。

一、市场规模、市场结构与划分。

二、目标市场的设定。

三、产品消费群体、消费方式、消费习惯及影响市场的主要因素分析。

四、目前公司产品市场状况、产品所处市场发展阶段（空白/新开发/高成长/成熟/饱和）、产品排名及品牌状况。

五、市场趋势预测和市场机会。

六、行业政策。

第四章　竞争分析。

一、有无行业垄断。

二、从市场细分看竞争者市场份额。

三、主要竞争对手情况：公司实力、产品情况（种类、价位、特点、包装、营销、市场占有率等）。

四、潜在竞争对手情况和市场变化分析。

五、公司产品竞争优势。

第五章　市场营销。

一、概述营销计划（区域、方式、渠道、预估目标、份额）。

二、销售政策的制定（以往/现行/计划）。

三、销售渠道、方式、行销环节和售后服务。

四、主要业务关系状况（代理商/经销商/直销商/零售商/加盟者等），各级资格认定标准、政策（销售量/回款期限/付款方式/应收账款/货运方式/折扣政策等）。

五、销售队伍情况及销售福利分配政策。

六、促销和市场渗透（方式及安排、预算）。

1．主要促销方式；

2．广告/公关策略、媒体评估。

七、产品价格方案。

1．定价依据和价格结构；

2．影响价格变化的因素和对策。

八、销售资料统计和销售记录方式，销售周期的计算。

九、市场开发规划，销售目标（近期、中期），预估（3～5 年）销售额、占有率及计算依据。

第六章　投资说明。

一、资金需求说明（用量/期限）。

二、资金使用计划及进度。

三、投资形式（贷款/利率/利率支付条件/转股-普通股、优先股、任股权/对应价格等）

四、资本结构。

五、回报/偿还计划。
六、资本原负债结构说明（每笔债务的时间/条件/抵押/利息等）。
七、投资抵押（是否有抵押/抵押品价值及定价依据/定价凭证）。
八、投资担保（是否有抵押/担保者财务报告）。
九、吸纳投资后股权结构。
十、股权成本。
十一、投资者介入公司管理的程度说明。
十二、报告（定期向投资者提供的报告和资金支出预算）。
十三、杂费支付（是否支付中介人手续费）。

第七章　投资报酬与退出。
一、股票上市。
二、股权转让。
三、股权回购。
四、股利。

第八章　风险分析。
一、资源（原材料/供应商）风险。
二、市场不确定性风险。
三、研发风险。
四、生产不确定性风险。
五、成本控制风险。
六、竞争风险。
七、政策风险。
八、财务风险（应收账款/坏账）。
九、管理风险（含人事/人员流动/关键雇员依赖）。
十、破产风险。

第九章　管理。
一、公司组织结构。
二、管理制度及劳动合同。
三、人事计划（配备/招聘/培训/考核）。
四、薪资、福利方案。
五、股权分配和认股计划。

第十章　经营预测。
增资后3～5年公司销售数量、销售额、毛利率、成长率、投资报酬率预估及计算依据。

第十一章　财务分析。
一、财务分析说明。
二、财务数据预测。
1．销售收入明细表。
2．成本费用明细表。
3．薪金水平明细表。

4. 固定资产明细表。
5. 资产负债表。
6. 利润及利润分配明细表。
7. 现金流量表。
8. 财务指标分析。

（1）反映财务赢利能力的指标。

a. 财务内部收益率；
b. 投资回收期；
c. 财务净现值；
d. 投资利润率；
e. 投资利税率；
f. 资本金利润率；
g. 不确定性分析：盈亏平衡分析、敏感性分析、概率分析。

（2）反映项目清偿能力的指标。

a. 资产负债率；
b. 流动比率；
c. 速动比率；
d. 固定资产投资借款偿还期。

第三部分　附录。

一、附件。

1. 营业执照复本。
2. 董事会名单及简历。
3. 主要经营团队名单及简历。
4. 专业术语说明。
5. 专利证书/生产许可证/鉴定证书等。
6. 注册商标。
7. 企业形象设计/宣传资料（标识设计、说明书、出版物、包装说明等）。
8. 简报及报道。
9. 场地租用证明。
10. 工艺流程图。
11. 产品市场成长预测图。

二、附表。

1. 主要产品目录。
2. 主要客户名单。
3. 主要供货商及经销商名单。
4. 主要设备清单。
5. 市场调查表。
6. 预估分析表。
7. 各种财务报表及财务预估表。

*计划书必须打印出来，隔行打印且页面采用宽边；标题用较大的粗体字，小标题用黑体字；各大章节分页，正文须注明页码。

【成果与检测】

1）根据同学的讨论形成融资方案。
2）最后由同学自行组织人员执笔写出一份商业计划书。
3）由教师根据商讨计划书和讨论情形评估打分。

项目二　情景模拟

1．怎样拉赞助

【实训目标】

1）实践中理解收入、成本、利润等基本财务指标的含义。
2）学会利润计算方法，有理有力地说服企业提供赞助。

【实训内容与要求】

1）以老生即将毕业为背景组织一次全校毕业生篮球比赛，假如你是这个活动的外联人员，主要任务就是寻求企业赞助，试结合财务管理的知识撰写一份合情合理的融资策划书。
2）以模拟公司为单位分成小组，以不同企业为对象各撰写一份赞助方案。

【结果与检测】

1）每组都有赞助方案。
2）检测：按时完成；符合实际情况，具有可行性；方案应符合一定的规范；评估成员在活动中的表现。

2．参观走访

【走访对象与课题】

企业管理者——SAP（企业管理解决方案）软件中 FI\CO\AM 等模块的应用情况介绍。

【实训目的】

通过对企业管理者的访谈与实地参观，使学生了解应收、应付、总账、合并、投资、基金、现金、利润中心、成本中心、产品成本、项目会计、获利能力分析、固定资产、技术资产、投资控制等基本概念；理解 ERP 等软件给企业管理带来的实际便利。

【实训内容】

1）访谈财务管理中对时间价值的认识；
2）访谈借助软件后企业财务管理方法与效果的关系；

3）通过对企业管理者的走访，了解企业所应用的筹资措施和投资、负债管理方式。

【实训考核】

1）各小组写一份走访报告供教师批阅，记入成绩积分卡；
2）学生填写一份实训报告，供教师考察此次实训的实际效果。

3. 辩论

【题目】

诚信是融资的唯一试金石

【实训目的】

1）掌握筹资方式的基本理论；
2）培养学生诚信做人、踏实做事的良好职业操守。

【方法与要领】

1）将全班同学分成正方与反方若干小组（限5人一组）进行辩论。
2）正方坚持"诚信是融资的唯一试金石"立场论述。
3）反方联系企业财务管理基本理论，举例说明企业管理者融资中的作为，确定企业融资成功与否不仅取决于诚信的观点，以反驳正方观点。
4）正反双方在辩论中既要回答对方的提问，也要向对方提出疑难问题，要求答辩。
5）正反双方举例鲜明生动，并形成书面辩论资料，呈报老师或评委。

【成绩测评】

由教师或邀请企业管理方面的专家负责评判辩论结果。

综合练习

一、选择题

1. 资金来源从大类上可以分为所有者权益和负债两大类，包括（   ）。
   A. 资本金 B. 基本金
   C. 留存收益 D. 企业负债
2. 企业社会集资的主要方式有（   ）。
   A. 企业内部积累 B. 发行股票、债券
   C. 融资租赁 D. 国内联营
   E. 商业信用

3. 以下项目中属于流动资产的有（　　）。
   A. 应收款项　　　　　　　　B. 短期投资
   C. 预付款项　　　　　　　　D. 长期投资
   E. 存货　　　　　　　　　　F. 货币资金

4. 某企业本期主营业务利润为 100 万元，其他业务利润为 10 万元，管理费用为 15 万元，投资收益为 30 万元，所得税为 30 万元。假定不考虑其他因素，该企业本期营业利润为（　　）万元。
   A. 65　　　　　B. 95　　　　　C. 100　　　　　D. 110

二、简答题

1. 什么是财务管理，从资金运用的角度来看，财务管理的内容有哪些？
2. 在企业财务管理中应遵循哪些原则？
3. 简述企业财务管理的作用和任务。
4. 企业为什么要加强固定资产的管理？
5. 什么是经济效益，经济效益的评价指标有哪些？

第 9 章
现代企业人力资源开发管理

 课前阅读： 苏宁店面互联网化　90 后大学生当店长

在电子商务发展如火如荼的当下，门店互联网化已势在必行，线下实体零售企业对门店管理人才的要求也在逐步调整。率先尝试线上线下融合的苏宁把目光瞄向大学生，8 月 3 日，苏宁在全国成立第一批"1200 店长工程"，基于门店互联网化，力争 3 年时间培养 500 名大学生店长。

据了解，"1200 店长工程"是苏宁的校园招聘工程，也是中国零售业持续时间最长、投入最多、效果最显著的人才培养工程。自 2002 年启动以来，"1200 店长工程"已累计培养 3 万名应届大学毕业生，他们中的大多数成长为中高层管理干部，并在苏宁全国连锁、信息化建设、国际化拓展的过程中发挥了重要作用。以前"1200 店长工程"培养的大学生多集中在采购、信息、财务、人事等后端岗位。在互联网零售时代，逐步建立起线上线下商品、价格、服务三者融合的购物模式，建立新的门店经营人员考核机制，店长的职能、定位发生显著变化，需要更多大学毕业生加盟。

苏宁已经选拔了一部分人才作为店长，不含福利待遇，店长的平均年薪超过 12 万元，在一线城市的核心门店，店长年薪可能超过 40 万元，加上股权激励、总裁特别奖等，苏宁已经成就了多个身价百万的店长。对于 1200 店长梯队的大学生，不仅有高额的薪资待遇，还有广阔的发展平台，能够从店长岗位走向大区总经理、采购总监等岗位。

一般来讲，一名成熟的店长要经过 3~4 年的磨砺，而借助"1200 店长工程"，这一过程将被缩短至两年。启动仪式上，150 名应届大学毕业生成为首批"1200 店长工程"学员。苏宁相关负责人介绍，经过店面、相关岗位轮岗的系统培养，两年时间这批"1200 大学生"将逐步走上 D4~D6 级店面店长岗位，表现优秀的店长将向 D1~D3 级门店店长岗位培养。

据了解，"1200 店长工程"设置了七级培养体系，分别是实习阶段、营业员阶段、储备督导阶段、在职督导阶段、轮岗阶段、储备店长阶段、任命上岗，并邀请公司内外部优秀高管和讲师对业务知识进行培训。这样的设置能够让 90 后大学生在最短的时间内学习到最有用的知识与技能，并通过终端轮岗弥补经验短板。针对 90 后的特点，苏宁还专门开设了《沟通技巧》、《工作方法基础》、《团队之大雁精神》等课程，并开展户外拓展活动等，加快人才的成长。

资料来源：http://careers.suning.cn/rps-web/ftl/category/showDetail_22.htm.

启示

企业资源中最重要的是人，企业管理最重要的是人的管理。苏宁是国内乃至全球最大规模践行 C2C 融合模式的企业。在转型过程中，人才的转型至关重要，而从固有的优良人才梯队中针对转型战略进行系统性人才培养，则是人才转型战略的捷径。苏宁经营战略的转型和人才培养的模式或将成为后续企业转型的范本。因此，掌握企业人力资源开发与管理，是企业管理人员的重要课程，本章将对现代企业人力资源管理的相关知识进行介绍。

9.1 人力资源开发与管理概述

一个社会的人力资源由适龄就业人口、求业人口等部分组成。每个组织的运作都离不开物力、人力、财力、时间、技术和信息 6 个方面的资源。其中，人力资源是组织各项资源中最根本的资源。组织和人力资源的关系是整体和构成细胞之间的关系。组织对人力资源有着一定的约束和导向；人力资源也对组织产生一定的影响。组织运作绩效高低经济竞争成败的根源都在人力资源上。

9.1.1 人力资源及其特点、重要性

1. 人力资源的含义

人力资源（Human Resources，HR）是与自然资源或物质资源相对应的概念，有广义和狭义两种说法。

广义的人力资源指以人的生命为载体的社会资源，凡是智力正常的人都是人力资源。

狭义的人力资源则是有智力和体力劳动能力的人的总称，包括数量和质量两个指标，也可以理解成为社会创造物质文化财富的人。

因此，人力资源指在一定时期内，一个国家或地区具有或将具有为社会创造物质和文化财富的、从事体力劳动和智力劳动的人们的总称。

人力资源是与自然资源或物质资源相对应的概念，是与人口资源、劳动力资源和人才资源相关的概念。

1）人口资源指一定时期内一个国家或地区的人口总体。人口资源主要表明的是数量概念，劳动力资源、人力资源、人才资源都以其为基础。

2）劳动力资源指在一定时期内一个国家或地区有劳动能力并在劳动年龄范围内（16～60岁）的人口的总和，侧重于劳动者数量。

3）人才资源是一个国家或地区具有较强的管理能力、研究能力、创造能力和专门技术能力的人们的总称，指在一定时期内杰出的、优秀的人力资源，着重强调人力资源的质量。人才资源是企业中优秀的生产、管理、服务人员的总和，即企业骨干与核心员工。

我国人口资源、劳动力资源、人力资源丰富，但是人才资源相当匮乏。这是我国长期以来只重视人力资源的利用、忽略人力资源的开发所造成的。因此，我国必须重视教育和人力资源开发，不断提高人力资源的质量，将我国建设成为世界上人力和人才资源大国。

2. 人力资源的特点

1）生物性。与其他任何资源不同，人力资源属人类自身所有，存在于人体之中，是一种"活"的资源，与人的生理特征、基因遗传等密切相关，具有生物性。

2）时代性。人力资源的数量、质量及人力资源素质的提高，即人力资源的形成受时代条件的制约，具有时代性。

3）能动性。人力资源的能动性指人力资源是体力与智力的结合，具有主观能动性，具有不断开发的潜力。

4）两重性。两重性也称双重性，指人力资源既具有生产性，又有消费性。

5）时效性。人力资源的时效性指人力资源如果长期不用，就会荒废和退化。

6）连续性。人力资源开发的连续性指人力资源是可以不断开发的资源，不仅人力资源的使用过程是开发的过程，培训、积累、创造过程也是开发的过程。

7）再生性。人力资源是可再生资源，通过人口总体内各个个体的不断替换更新和劳动力的"消耗—生产—再消耗—再生产"的过程实现再生。人力资源的再生性除受生物规律支配外，还受到人类自身意识、意志的支配，受到人类文明发展活动的影响和新技术革命的制约。

3. 人力资源的重要性

在知识经济时代，人力资源问题已成为世界各国发展的战略问题。国内外的历史经验证明：人力资源是一种特殊的经济资源，是最重要的资源。尤其是在经济发展主要依靠科学进步的今天，作为科学技术、知识文化载体的人力资源更日益显示出其在经济发展中的特殊作用。人力资源管理已经成为企业管理的一项重要任务。

重视和加强企业人力资源管理，对于促进生产经营的发展，提高企业劳动生产率，保证企业获得最大的经济效益，并使企业的资产保值增值有着重要的作用。

 **管理故事**

史玉柱的人才观：慎用空降兵

我们公司从创业到现在，走的人也非常多，走的人中有优秀的，但留下的人中优秀分子更多，像刘伟这批人。当然，现在能干的人到外面找也能找出来，但能干、人品又好的人就难找了，而且很难有默契，后者是靠多年磨合获得的，我们的有些团队都配合了十几年了。

我的团队主要靠自己培养，我觉得一棵参天大树必须有深扎在地下的根，这种树是不怕大风的。我过去也不赞同空降部队，但不像现在这样坚决，现在除了像CFO这种特别专业的人才外，我会尽量多使用自己公司内部培养起来的员工。用空降部队成功的概率很低。在一个小的天地里容易低估自己，老是想外面的人很"牛"，实际上那个人还不如自己。

公司现在很多高层，如几位副总裁——费拥军、陆永华等也是在公司一步步成长起来的。除了原来巨人的高管，现在巨人网络的高管也都是在进入网络游戏产业后一步一步培养起来的。公司的技术副总袁晖、首席技术官宋仕良、《征途》和《巨人》两个事业部的负责人等，都是这几年在一起摸爬滚打的，他们不断表现出优秀的品质和超强的能力，从很普通的岗位走上管理岗位。严格意义上的空降部队我从来没有用过，但和很多企业家交流时，感受到很多企业用空降部队的问题和矛盾。

在培养团队方面，我想首先要尊重他们，不能因为自己是老板就觉得他们比你低；其次，他们有困难的时候要帮助解决；最后，有利益的时候不要忘记他们，给他们的报酬要超出大部分人的预期。

资料来源：http://news.hrloo.com/it/13227_all.html.

9.1.2 人力资源开发与管理的含义和内容

人力资源是组织各项资源中的主体要素。人力资源的开发与管理帮助组织和个体更全面、系统、客观、有效地分析组织战略与人力资源规划、组织人力资源配置和人力资源的发展。人力资源开发与管理是组织提高绩效、提升竞争力、实现更大发展的源泉。

1. 人力资源开发的含义和内容

人力资源开发指对人力资源进行发掘、培育和强化，提高其创造财富能力和价值的活动。宏观上的人力资源开发指提高人口质量、国民教育投入、促进充分就业，强化社会保障制度，建设企业培训制度等活动。微观上的人力资源开发指改进劳动条件和工作程序，推进"工作生活质量运动"、员工参与管理、员工持股等活动。

人力资源开发的内容主要包括：

1）知识开发：不断更新员工的知识结构和知识领域。
2）技能开发：使员工掌握可用于实际操作的新技术、新工艺、新方法、新设备。
3）态度开发：培养员工正确的工作态度，使员工能自觉地将个人的工作目标与企业目标结合起来。
4）行为开发：使员工的工作行为符合本企业行为准则的要求，并形成良好的企业文化。

2. 人力资源管理的含义和内容

人力资源管理指如何进行人力资源的配置和利用，包括人力资源的预测和规划、人力资源的使用与绩效考核、人力资源的投资、人力资源管理的制度建设和人力资源的保护等活动。

人力资源管理通常包括以下具体内容。

1）职务分析与设计。对企业各个工作职位的性质、结构、责任、流程，以及胜任该职位工作人员的素质、知识、技能等，在调查分析所获取相关信息的基础上，编写出职务说明书和岗位规范等人事管理文件。

2）人力资源规划。把企业人力资源战略转化为中长期目标、计划和政策措施，包括对人力资源现状分析、未来人员供需预测与平衡，确保企业在需要时能获得所需要的人力资源。

3）员工招聘与选拔。根据人力资源规划和工作分析的要求，为企业招聘、选拔所需要的人力资源并录用安排到一定的岗位上。

4）绩效考评。对员工在一定时间内对企业的贡献和工作中取得的绩效进行考核和评价，及时做出反馈，以便提高和改善员工的工作绩效，并为员工培训、晋升、计酬等人事决策提供依据。

5）薪酬管理。包括对基本薪酬、绩效薪酬、奖金、津贴及福利等薪酬结构的设计与管理，以激励员工更加努力地为企业工作。

6）员工激励。采用激励理论和方法，对员工的各种需要予以不同程度的满足或限制，引起员工心理状况的变化，以激发员工向企业所期望的目标努力。

7）培训与开发。通过培训提高员工个人、群体和整个企业的知识、能力、工作态度和工作绩效，进一步开发员工的智力潜能，以增强人力资源的贡献率。

8）职业生涯规划。鼓励和关心员工的个人发展，帮助员工制订个人发展规划，以进一步激发员工的积极性、创造性。

9）人力资源会计。与财务部门合作，建立人力资源会计体系，开展人力资源投资成本与产出效益的核算工作，为人力资源管理与决策提供依据。

10）劳动关系管理。协调和改善企业与员工之间的劳动关系，进行企业文化建设，营造和谐的劳动关系和良好的工作氛围，保障企业经营活动的正常开展。

9.2 人力资源管理开发

9.2.1 人力资源开发的基本途径

1. 构建科学的人力资源发展规划

一是人事部门要根据各部门人力资源状况，制定短、中期相结合的人力资源需求规划，建立人才信息库，定期记录各类人才身体状况、工作特长、突出业绩等基本情况，包括各个层次所需人才数量、素质要求，设计人才资源供给方案，充分利用现有人才资源，减少人力资源浪费。二是整合内部机构设置。基层要以业务发展为中心，打破常规的组织形式和权责分工，优化组合内设机构，尽量满足业务部门人才需求，增强可持续发展能力。

2. 建立有效的绩效考核体系

要建立以创造价值为导向的绩效管理考核体系，提高员工的工作效率，增强员工的事业心和责任心，最大限度地调动员工的工作积极性。实行按岗位定酬、按责任定酬、按业绩定酬的薪酬分配办法。要求全员参与，共同制订绩效考核方案，以客观、真实、公平、公正的态度让员工了解方案步骤、内容和方法。要科学、合理地设置考核指标，针对不同的工作岗位和性质及人员素质设计不同的指标，既要注重目标的分解下达与实际完成能力，又要避免量化分解不当造成目标完成差距。要客观公正，严格考核兑现，防止走过场、流于形式。同时，要耐心、细致地做好员工的思想政治工作，防止因损失员工个人利益而引发矛盾。

3. 营造以人为本的企业文化环境

通过开展宣传、教育活动，形成一种重视人才、尊重人才的浓厚氛围。建立员工个人发展与单位组织目标相协调的机制，让员工理解和了解企业的目标，使员工个人的发展目标与企业经营目标相吻合、相协调，从而将员工自身的利益与企业的利益融合在一起，形成价值趋同、同频共振的合力。建立畅通的沟通渠道，增强内部向心力、凝聚力，培养相互信任与共同协助的团队精神。企业领导要注重与员工沟通交流,倾听员工的意愿、要求和建议,增进理解、化解矛盾,营造以人为本的企业文化建设环境。

4. 搭建不同层次的员工培训平台

人力资源开发的核心途径是培训。一是根据不同层次员工的素质状况,确定培训要求,提高培训的针对性和目的性。二是针对不同类别、不同层面的员工确定不同的培训目标,既要抓好共性的、基础性的全员培训,又要开展分类培训,突出专业知识的培训。三是采取集中培训、实地考察、视频网络、专家讲授等多种形式的培训方式,注重加强新员工培训,使其尽早适应工作需要。四是拟定好培训内容,准备高质量的培训教材,做到理论与实践相结合、适应性与前瞻性相结合,通过各种知识的培训,达到提高整体素质、提高工作效率的目的。

9.2.2 人员选聘

1. 员工招聘与录用的概念

员工招聘与录用又称人力资源吸收,指企业寻找有能力又有兴趣到企业任职的人员,并从中录用合适的人员的过程。

2. 员工招聘与录用的意义

1)员工招聘与录用是企业获取人力资源的重要手段。
2)员工招聘与录用是整个企业人力资源开发与管理的基础工作。
3)员工招聘与录用是协调员工个人目标与企业目标的有效途径。
4)员工招聘与录用可以扩大本企业的知名度,提高企业的影响力。

3. 员工招聘与录用的渠道

员工招聘的来源可以划分为内部来源和外部来源两类。

企业的内部员工通过几个渠道成为招聘的来源,主要包括提升、工作调换、工作轮换和内部人员重新聘用等。

企业从外部招聘员工的主要渠道有媒体广告、职业介绍中介机构、各类学校及他人推荐等几种。

4. 员工招聘与录用的内容

企业员工招聘与录用的内容主要有招募、选拔、录用、评估等。招募是企业为了吸引更多、更好的候选人来应聘而进行的若干工作,主要有:招聘计划的制订与审批、招聘信息的发布、应聘者申请等;选拔则是企业从应聘者中挑选出最合适的人来担当某一职位,具体有资格审查、初选、面试、考试、体验、人员甄选等众多环节;录用主要涉及员工的初始安置、试用、正式录用;评估则是对招聘工作的效益与录用员工质量的综合评价。

5．员工招聘与录用的基本原则

1）公开原则：指员工招聘时，把招考过程和录用结果公开。

2）平等原则：指对所有的应聘者应同等对待，不能设置一些不合理的、不一致的标准要求。

3）择优原则：指通过科学、全面的考核将最优秀人员选拔到本企业中来。

4）竞争原则：有两方面的含义，一方面指企业在招聘员工时应通过竞争的方式，按照考核结果选择员工；另一方面指企业在招聘员工时应尽可能多地吸引人才来应聘。

5）真实原则：指向应聘者表述真实的工作岗位，包括职位的优势和不足，让应聘者比较充分地了解该工作岗位。

6）守法原则。在员工招聘过程中，一切与国家法律、法规相违背的活动都是无效的，甚至要受到法律的制裁。

6．员工招聘与录用的程序

员工招聘与录用一般由以下三个阶段构成。

1）准备阶段。首先，必须对所聘的职务进行完整的调查和分析；其次，根据职务分析有关材料，制订员工选拔的行动方案，包括确定招聘的方式和准备相关的资料等。

2）选拔录用阶段。该阶段大体又可细分为资格审查与初选、面试、测试、征询意见和决定录用五个步骤。测试有认知能力测试、体格测试、性格与兴趣测试、专业技能与知识测试及情景模拟测试等。在决定应聘者是否适合所选工作时，可以采用各式各样的技术，如面谈、求职申请表、推荐函、评价中心等。

3）效果检验阶段。该阶段指通过研究来确定选拔方法的精确性。招聘效果评价一般是通过对新聘员工工作成绩的评价来进行的。

7．员工调配

（1）员工调配的意义

员工调配指经主管部门决定而改变员工的工作岗位职务或隶属关系的人事变动，包括企业之间和企业内部的变动。这种变更应具有以下两个特点：一是经过人力资源管理部门认定并办理相应的手续；二是较长时间的职位或职务改变。

员工调配有五个方面的意义：一是实现企业目标的保证；二是实施企业人力资源战略与规划的重要途径；三是达到人尽其才的手段；四是企业激励员工的有效手段；五是改善企业工作气氛的措施之一。

（2）员工调配的原则

一是因事择人原则。企业用人，必须根据工作的需要，即根据胜任工作的类别与等级，挑选具有担任该种工作学识和才能的员工来担任。

二是人职匹配原则。即员工所具备的能力、知识必须与其履行职务的工作任务所需的能力、知识相适应。

三是用人之长原则。对多数员工来讲，最大的愿望是能充分发挥自己的业务专长。

四是人事动态平衡原则。员工方面，由于学识才能的不断增进，使层次愿望不断升高；

职务方面，由于业务的不断增减及变动，执行工作所需学识才能的不断更新，致使员工与职务间的配合也需不断调整，以保持人与事的动态平衡。

 **管理故事**

招聘选拔

索尼——请吃饭拉家常

SONY面试有时不足10分钟，要求五六个求职者同时参加；有时十分复杂：半个月里可能会约见求职者三四次，面试人经常更换，提很多与工作无关的问题。到了吃饭时间，面试人会像老朋友一样请你到餐厅共进午餐，说说笑笑地聊些家长里短。

前者往往被用于面试市场人员，考验的是他们在大众面前的表现力及"抗压性"；后者一般会用在要求较高的岗位或有一定级别的职位上，通过多角度的接触，营造轻松的沟通环境，从中获取更多信息，建立起信任和感情，为判断的准确性及今后的合作打下良好的基础。

联合利华——盲人布阵游戏

面试的时候，联合利华曾将应聘者分成多组，每组分一根长绳。所有的组员被黑布蒙上眼睛，要求组员在20分钟内将长绳拉成一个正方形，并且每个边上站上数量相等的人。

这个游戏除了考验应聘者是否诚实（绝对不能偷看）外，还能很好地反映出一个人的团队合作精神、领导组织能力和其他特质，如是否善于创新、是否富有执行能力等。每个应聘者在游戏中都担任不同的角色，如果不断有新点子产生，会在"创新、灵活"一栏得到加分；而善于总结经验并协调大家去顺利完成任务的人，在"领导才能"一项可加分；主动实践、积极执行可得"认真分"，甚至最后主动收起长绳的应聘者也可得到"踏实肯干分"。

可口可乐——用热情衡量求职者

在可口可乐公司面试时，每个求职者会经历多次（至少三次）面试，由不同的主管从不同角度来考查。面试主要考核应聘者是否有热情，是否了解可口可乐，对公司从事的行业和产品是否有热情，其次才是考核求职者的团队能力和领导能力。

可口可乐大中华地区人力资源总监郭明说，公司每位招聘人员手中都有一份职位描述，明确了招聘职位所需员工的标准。面试中，招聘人员会围绕职位描述，非常具体地提出问题，希望应聘者以事实为基础与招聘人员沟通。在面试中经常会问求职者的人生目标、是否为自己制作了职业生涯规划、举例说明最喜欢的工作是什么、为什么喜欢等。

9.2.3 人员培训

人员培训指企业为实现自身目标和员工个人发展目标，采取一定的方式，有计划、有目的、系统地对员工进行培养和训练，使员工在知识、技能和工作态度等方面有所改进，达到职位工作的要求，进而使其融入企业文化，促进企业发展的一种活动。

1．人员培训的内容

（1）知识培训

这是员工持续提高和发展的基础，员工只有具备相应的知识才能为其在各个领域的进一步发展提供坚实的支撑。

(2) 技能培训

知识只有转化为技能才能真正产生价值。员工的工作技能是企业生产高质量的产品和提高优质服务的重要条件。因此，技能培训也是企业培训中的重点环节。

(3) 态度培训

员工具备了扎实的理论知识和过硬的业务技能，但如果没有正确的价值观、积极的工作态度和良好的思维习惯，那么，他们给企业带来的很可能不是财富而是损失。对态度培训，企业必须持之以恒，不间断地进行。

2. 人员培训的方式

(1) 岗前培训

这主要是针对新员工而言，一是向他们介绍本企业的企业精神、行为要求、生产与产品等；二是组织他们参观企业，使他们进一步熟悉和了解本企业的情况；三是进行业务知识、操作规程的学习。

(2) 在职培训

在职培训主要指不离开岗位进行的培训。可以利用工余时间、晚上和双休日或利用少部分工作日进行培训。培训内容可以是文化知识普及和提高等，也可以是针对性地对某一专门技术的培训。

(3) 脱产培训

脱产培训指离开工作岗位的专门学习培训，又分为短期和长期两种。短期培训指3个月以内的培训；长期培训指3个月以上的学习培训，如进大学深造、出国进修等，这种形式对培养年轻有为的技术人员和高层管理人员较为有效。

3. 人员培训的工作流程

(1) 培训需求分析阶段

在培训活动中，培训的组织者应该考虑到受训者的培训需求。需求分析关系到培训的质量。一般来说，培训需求分析包括3项内容：组织分析、任务分析和人员分析。

(2) 培训设计阶段

培训设计一般集中在以下几个方面：培训目标、受训者的意愿和准备、学习原则。这里的关键是培训目标，培训需求确定了，就应据此确定培训目标，培训目标可以指导培训内容、培训方法和评价方法的开发。

(3) 培训实施阶段

在确定了培训内容后，应选择适当的培训方法。采用"请进来，走出去"的方法，不断加大培训工作力度，培养企业人才。企业一般采用的培训方法有：授课、学徒制、讨论会、工作轮换、录像、模拟、案例分析、内部网培训、远程教育和自学等。

(4) 培训评估阶段

从员工学习反映、学习效果、行为和结果等方面对培训进行评估。学习反映的具体做法是在培训结束时请受训者填写一份简短的问卷。在问卷中，可以要求受训者对培训科目、教员、自己收获的大小等方面做出评价。学习效果即考查受训者对培训内容的掌握程度，这可以用培训前和培训后所举行的书面考试或操作测试来衡量。行为即考查受训者接受培训后在工作行为上的变化，由受训者自己或上司、同事等进行评定。结果即培训带来的企业产出的变化，如主管参加培训后，其所负责的团队生产效率的变化。

（5）培训反馈阶段

培训结束后，应对培训工作进行总结，吸取经验和教训并反馈给有关部门，以利于指导下次培训工作的开展。

 小资料

"五斗米"的培训模式

在重庆五斗米饮食文化有限公司，强调的是培训的标准化和个性化。

对于标准化，包括两个层次：一是服务人员的服务程序的标准；另一个是技术人员工作的标准化。

每一位服务员在迎接客人时的程序都是一样的，每说的一句话也都是经过培训的，先介绍什么菜品，后介绍什么菜品，甚至什么酒倒在杯里的量也是相同的，这就是培训标准化的结果，在培训前都对这些东西做了量化。餐饮业的技术人员主要是指在厨房里工作的员工，为了标准化，培训全部定量，如某一道菜在锅里的时间，某一种佐料在某一菜品里的量都有标准，让员工按标准操作。

对于个性化，强调整个企业文化的个性化和服务的个性化，在培训的时候，会灌输给员工其独特的经营理念。同时设置多个场合，如顾客喝醉了酒、顾客很挑剔、顾客心情不好等，通过对场景的剖析，制定处理方案，即采取个性化的服务。

个性化还强调员工个人魅力的培养。培训的时候，先通过测试了解每一个员工的个性特点，突出一个人的服务个性，如一个人的服务态度很好，另一个人的交际能力很强、协调能力很强等。通过个性的突出来服务不同的顾客。

在培训员工了解解决问题的程序时，把整个餐饮业的流程详细地分解，然后使受训者融入具体的角色。培训一般是1/3的理论加2/3的操作。在理论方面，主要是一些服务领域的常规要求和工作流程。为了弥补理论的不足，将餐饮行业中可能出现的情况制作成情景案例。这些情景案例也是来自第一线的，每次发现新的情况后，部门都会收集实际案例，制定出典型案例。在培训中，培训师把案例搬出来，针对一个具体的案例进行分析，把员工当成事件的当事者，让他们谈处理的方案。如果还不能解决问题，还会让员工实际去操作这些案例。当然对于处理的方法，也不是只有一个正确的方案，员工要针对不同的情景和不同的人来选择不同的方法。

最后对培训结果进行评估和统计。

资料来源：http://www.51test.net/show/695988.html

9.2.4 员工管理

1. 激励

（1）激励的概念

激励指组织通过设计适当的外部奖酬形式和工作环境，以一定的行为规范和惩罚性措施，借助信息沟通，来激发、引导、保持和归化组织成员的行为，以有效地实现组织及其成员个人目标的系统活动。

（2）激励措施

1）目标激励。通过推行目标责任制，使企业经济指标层层落实，每个员工既有目标又有压力，产生强烈的动力，努力完成任务。

2）示范激励。通过各级主管的行为示范、敬业精神来正面影响员工。

3）尊重激励。尊重各级员工的价值取向和独立人格，尤其尊重企业的小人物和普通员工，达到一种知恩必报的效果。

4）参与激励。建立员工参与管理、提出合理化建议的制度和职工持股制度，提高员工主人翁参与意识。

5）荣誉激励。对员工的劳动态度和贡献予以荣誉奖励，如会议表彰、发给荣誉证书、光荣榜、在公司内外媒体上的宣传报道、家访慰问、游览观光、疗养、外出培训进修、推荐获取社会荣誉、评选星级标兵等。

6）关心激励。关心员工工作和生活，如建立员工生日情况表，总经理签发员工生日贺卡，关心员工的困难和慰问或赠送小礼物。

7）竞争激励。提倡企业内部员工之间、部门之间的有序平等竞争及优胜劣汰。

8）物质激励。增加企业家、员工的工资、生活福利、保险，发放奖金、奖励住房、生活用品、工资晋级。

9）信息激励。交流企业、员工之间的信息，进行思想沟通，如信息发布会、发布栏、企业报、汇报制度、恳谈会、经理接待日制度。

10）文化激励。包括自我赏识、自我表扬、自我祝贺。

11）处罚。对犯有过失、错误、违反企业规章制度、贻误工作，损坏设备设施，给企业造成经济损失和败坏企业声誉的员工或部门，分别给予警告、经济处罚、降职降级、撤职、留用察看、辞退、开除等处罚。

（3）激励策略

企业的活力源于每个员工的积极性、创造性。由于人需求的多样性、多层次性，动机的繁复性，调动人的积极性也应有多种方法。

综合运用各种动机激发手段使全体员工的积极性、创造性、企业的综合活力达到最佳状态。

1）激励员工要从结果均等转移到机会均等，并努力创造公平竞争环境。

2）激励要把握最佳时机。需在目标任务下达前激励的要提前激励；员工遇到困难，有强烈要求愿望时，给予关怀，及时激励。

3）激励要有足够的力度。对有突出贡献的予以重奖；对造成巨大损失的予以重罚。通过各种有效的激励技巧，达到以小搏大的激励效果。

4）激励要公平准确、奖罚分明。健全、完善绩效考核制度，做到考核尺度相宜、公平合理；克服有亲有疏的人情风；在提薪、晋级、评奖、评优等涉及员工切身利益热点问题上力求做到公平。

5）物质奖励与精神奖励相结合，奖励与惩罚相结合。注重感化教育，西方管理中"胡萝卜加大棒"的做法值得借鉴。

6）推行职工持股计划。使员工以劳动者和投资者的双重身份，更加具有关心和改善企业经营成果的积极性。

7）构造员工分配格局的合理落差。适当拉开分配距离，鼓励一部分员工先富起来，使员工在反差对比中建立持久的追求动力。

2. 薪酬管理

广义的薪酬管理是员工为企业付出劳动的回报，是对员工为企业所做的贡献给予的答谢，这实质上是一种公平的交易或交换，也是对员工某种程度的补偿。员工在企业中工作所得到的回报包括企业支付给员工的工资和所有其他形式的奖励，其内容非常复杂，既包括以货币收入形式表现的外在报酬，也包括以非货币收入形式表现的内在报酬。在内在报酬中，包括工作保障、身份标志、给员工更富有挑战性的工作、晋升、对突出工作者成绩的承认、培训机会、弹性工作时间和优越的办公条件等。在人力资源管理中，通常意义上的薪酬指的是外在薪酬，也就是狭义上的薪酬。

（1）薪酬的内容

薪酬是把双刃剑，一方面，薪酬是激励员工卓有成效地工作、达到企业目标的主要手段；另一方面，薪酬又是企业运作的主要成本之一。一旦运用不当，后果极为严重。所以薪酬管理是企业人力资源管理中重要的一环。企业的外在薪酬主要表现为以下几个方面。

1）工资。

工资指根据劳动者所提供的劳动数量和质量，按照事先规定的标准付给劳动者的劳动报酬，也就是劳动的价格。工资包括基本工资、激励工资和成就工资。

基本工资指员工只要仍在企业中工作，就能定期拿到的一个固定数额的劳动报酬。基本工资又分为基础工资、工龄工资、职位工资、技能工资等。在我国按劳动法规定，基本工资在每个地区都会有最低标准。

激励工资指工资中随着员工的工作努力程度和劳动成果的变化而变化的部分。激励工资有类似奖金的性质，可以分为两种形式：投入激励工资，即随着员工的工作努力程度变化而变化的工资；产出激励工资，即随着员工劳动产出的变化而变化的工资，如销售提成。激励工资是一次性与员工现在的表现和成就挂钩的。

成就工资是当员工工作卓有成效，为企业做出突出贡献后，企业以提高基本工资的形式付给员工的报酬。成就工资是对员工过去较长一段时间内取得成绩的追认，是永久性增加的工资。

2）奖金。

奖金指对员工超额劳动的报酬，企业中常见的奖金有全勤奖金、生产奖金、不休假奖金、年终奖金、效益奖金等。

3) 津贴与补贴。津贴与补贴是对员工在特殊劳动条件和工作环境中的额外劳动消耗和生活费用的额外支出的补偿。通常把对工作的补偿称为津贴，把与生活相联系的补偿称为补贴，如岗位津贴、加班津贴、降温补贴等。依据我国劳动法规定，一般每日加班不得超过1小时，特殊原因下也不得超过3小时，并支付不低于150%工资的加班津贴；双休日加班支付200%工资的加班津贴；法定休假日支付不低于300%工资标准的加班津贴。

4) 股权。

股权激励是一种通过经营者获得公司股权形式给予企业经营者一定的经济权利，使他们能够以股东的身份参与企业决策、分享利润、承担风险，从而勤勉尽责地为公司的长期发展服务的一种激励方法。

5) 福利。

福利即间接薪酬，是企业为员工提供的除工资、奖金、津贴之外的一切物质待遇。例如建立食堂、浴室、托儿所、图书馆、俱乐部、运动场、疗养院等集体福利设施，也包括员工个人生活困难补助、养老金、住房津贴、交通费、免费工作餐等个人福利。

6) 社会保险。

社会保险是员工暂时或永久丧失劳动能力后给予的生活上的物质保障，如医疗保险、失业保险、养老保险、伤残保险等。目前，我国大部分保险基金是由国家、企业和员工共同筹集的。

(2) 制定薪酬策略时需要考虑的因素

1) 企业发展战略及发展阶段因素。

在薪酬设计时必须充分考虑企业的发展战略，这与战略导向原则是一致的。如果公司实行差异化战略，对于关键岗位实行竞争力薪酬是必要的；如果企业实行的是成本领先战略，过高竞争力的薪酬是没必要的。企业薪酬设计必须结合公司发展战略来进行，事实上将公司发展战略进行分解得到人力资源战略及实施举措，在这个过程中付酬理念及薪酬策略都将得到反映。

设计薪酬还必须结合企业自身的发展阶段，不同的阶段对薪酬策略的要求是不一样的。例如创立初期企业薪酬政策重点关注的易操作性，成长期的企业更关注激励性，而成熟期企业更关注公平性。

2) 企业文化因素。

企业文化是长期的历史积淀，是集体无意识表现，在制定薪酬策略时要考虑企业核心价值观因素，薪酬水平、薪酬结构、薪酬构成等设计都应体现公司企业文化特征。对于平均主义的企业文化，薪酬构成中固定收入应该占有绝大部分比重，绩效工资和奖金等浮动薪酬应该占有较少的比重，薪酬公平性应更关注内部公平，尽量减少薪酬差距；而业绩导向的企业文化，薪酬构成中固定收入应该占有较少的比重，绩效工资和奖金等浮动薪酬应该占有较大的比重，薪酬结构更应关注外部竞争性，内部薪酬应尽量拉开差距，体现多劳多得的思想。

3) 内部条件因素。

企业制定薪酬策略的时候，要受到企业赢利状况及财务状况的制约，应该使股东、管理层和员工形成多赢的局面。如果企业赢利状况很好，财务现金流充足，实行竞争力薪酬，应当适当拉开内部员工的收入差距；如果企业赢利状况较差，财务现金流紧张，那么就不应该保持过高的薪酬水平，同时内部员工收入差距也不宜过大，以保持员工思想稳定。

(3) 薪酬管理的原则

1) 补偿性原则。要求补偿员工恢复工资精力所必要的衣食住行费用，补偿员工为获得工资能力及身体发育所先行付出的费用。

2) 公平性原则。薪酬分配要全面考虑员工的绩效、能力及劳动强度、责任等因素，考虑外部竞争性、内部一致性要求，达到薪酬的内部公平、外部公平和个人公平。

3) 透明性原则。要求薪酬方案公开。

4) 激励性原则。要求将薪酬与员工的贡献挂钩。

5) 竞争性原则。要求薪酬有利于吸引和留住人才。

9.3 人力资源评价

9.3.1 岗位评价

在企业里，人们常常需要确定一个职位的价值，如客服经理和产品经理相比，究竟谁对企业的价值更大，谁应该获得更好的报酬。那么，究竟如何确定某个职位在企业里的地位呢？对不同职位之间的贡献价值如何进行衡量比较呢？这就需要进行岗位评价。岗位评价（Job Evaluation，也称为职位评估、岗位测评）是在岗位分析的基础上，对岗位的责任大小、工作强度、所需资格条件等特性进行评价，以确定岗位相对价值的过程。是一种职位价值的评价方法。很显然，它的评价对象是职位，而非任职者，这就是通常所说的"对岗不对人"原则。而且，它反映的只是相对价值，而不是职位的绝对价值（职位的绝对价值是无法衡量的）。

1. 岗位评价的具体作用

（1）确定职位级别的手段

职位等级常常被企业作为划分工资级别、福利标准、出差待遇、行政权限等的依据，甚至作为内部股权分配的依据，而岗位评价则是确定职位等级的最佳手段。有的企业仅依靠职位头衔称谓来划分职位等级，而不是依据岗位评价，这样有失准确和公平。举例来说，在某企业内部，尽管财务经理和销售经理都是经理，但他们在企业内的价值并不相同，所以职位等级理应不同。

（2）薪酬分配的基础

在工资结构中，很多公司都有职位工资这个项目。在通过岗位评价得出职位等级之后，就便于确定职位工资的差异了。

（3）员工确定职业发展和晋升路径的参照系

员工在企业内部跨部门流动或晋升时，也需要参考各职位等级。透明化的岗位评价标准便于员工理解企业的价值标准是什么，员工该怎么样努力才能获得更高的职位。

2. 岗位评估方法

常见的岗位评估方法有岗位参照法、分类法、岗位排序法、评分法和因素比较法。其中分类法、岗位排序法属于定性评估，岗位参照法、评分法和因素比较法属于定量评估。

（1）岗位参照法

顾名思义，岗位参照法就是用已有工资等级的岗位来对其他岗位进行评估。具体的步骤如下。

1）成立岗位评估小组；

2）岗位评估小组选出几个具有代表性且容易评估的岗位，对这些岗位用其他办法进行岗位评估；

3）如果企业已经有评估过的岗位，则直接选出被员工认同价值的岗位即可；

4）将所选出的岗位定为标准岗位；

5）评估小组根据标准岗位的工作职责和任职资格要求等信息，将类似的其他岗位归类到这些标准岗位中来；

6）将每一组中所有岗位的岗位价值设置为本组标准岗位价值；

7）在每组中，根据每个岗位与标准岗位的工作差异，对这些岗位的岗位价值进行调整；

8）最终确定所有岗位的岗位价值。

（2）分类法

分类法与岗位参照法有些相似，不同的是，它没有进行参照的标准岗位。它是将企业的所有岗位根据工作内容、工作职责、任职资格等方面的不同要求，分为不同的类别，一般可分为管理工作类、事务工作类、技术工作类及营销工作类等。然后给每一类确定一个岗位价值的范围，并且对同一类的岗位进行排列，从而确定每个岗位的岗位价值。岗位分类法好像一个有很多层次的书架，每一层都代表着一个等级，如把最贵的书放到最上面一层，最便宜的书放到最下面一层，而每个岗位则好像是一本书，目标是将这些书分配到书架的各个层次上去，这样就可以看到不同价值的岗位分布情况。

岗位分类法是一种简便、易理解和操作的岗位评价方法。适用于大型组织对大量的岗位进行评价。同时这种方法的灵活性较强，在组织中岗位发生变化时，可以迅速地将组织中新出现的岗位归类到合适的类别中去。

但是，这种方法也有一定的不足，那就是对岗位等级的划分和界定存在一定的难度，有一定的主观性。如果岗位级别划分得不合理，将会影响对全部岗位的评价。另外，这种方法对岗位的评价也是比较粗糙的，只能得出一个岗位归在哪个等级中，岗位之间的价值的量化关系不是很清楚，因此在用到薪酬体系中时会遇到一定的困难。同时岗位分类法的适用性有点局限，即适合岗位性质大致类似、可以进行明确的分组且改变工作内容的可能性不大的岗位。

（3）岗位排序法

岗位排序法是目前国内外广泛应用的一种岗位评价方法，这种方法是一种整体性的岗位评价方法。岗位排序法根据一些特定的标准（如工作的复杂程度、对组织的贡献大小等）对各个岗位的相对价值进行整体比较，进而将岗位按照相对价值的高低排列出一个次序。

排序时基本采用两种做法：直接排序，即按照岗位的说明根据排序标准从高到低或从低到高进行排序；交替排序法，即先从所需排序的岗位中选出相对价值最高的排在第一位，再选出相对价值最低的排在倒数第一位，然后从剩下的岗位中选出相对价值最高的排在第二位，接下去再选出剩下的岗位中相对价值最低的排在倒数第二位，依此类推。

岗位排序法的主要优点是简单、容易操作、省时省力，适用于较小规模、岗位数量较少、新设立岗位较多、对岗位了解不是很充分的情况。但是这种方法也有一些不完善之处，首先这种方法带有一些主观性，评价者多依据自己对岗位的主观感觉进行排序；其次，对岗位进行排序无法准确得知岗位之间的相对价值关系。

(4) 评分法

评分法指通过对每个岗位用计量的方式进行评判，最终得出岗位价值的方法。评分法是工作评价中较为精确的方法。目前我国一些企业所实行的"岗位技能工资"基本上采取了这种方法。评分法运用的是明确定义的要素，如责任因素、知识技能因素、努力程度因素、工作环境因素等。要素数量可能从几个到十几个不等，这主要看方案的需要。每一个要素被分成几种等级层次，并赋予一定的分数值（这个分数值就表明了每个要素的权数）。然后对岗位的要素逐个进行分析和定分。把各个要素的分数进行加和就得到了一个工作岗位的总分数。这个总分数决定了它在岗位序列中的位置。

(5) 因素比较法

因素比较法是一种量化的岗位评价方法，它实际上是岗位排序法的一种改进。这种方法与岗位排序法的主要区别是：岗位排序法从整体的角度对岗位进行比较和排序，而因素比较法则选择多种报酬因素，按照各种因素分别进行排序。

分析基准岗位，找出一系列共同的报酬因素。这些报酬因素是应该能够体现出岗位之间的本质区别的一些因素，如责任、工作的复杂程度、工作压力水平、工作所需的教育水平和工作经验等。将每个基准岗位的工资或所赋予的分值分配到相应的报酬因素上。

因素比较法的一个突出优点是可以根据在各个报酬因素上得到的评价结果计算出一个具体的报酬金额，这样可以更加精确地反映出岗位之间的相对价值关系。一般在下列条件下因素比较法较为适用：需要一种量化方法，愿花大量的费用引入一种岗位评价体系；这种复杂方法的运用不会产生理解问题或雇员的接受问题，并且希望把工资结构和基准岗位的相对等级或劳动力市场上通行的工资更加紧密地联系起来。

应用因素比较法时应该注意两个问题：一是薪酬因素的确定要慎重，一定要选择最能代表岗位间差异的因素；二是由于市场上的工资水平经常发生变化，因此要及时调整基准岗位的工资水平。但是由于我国处于经济体制的转轨时期，多种薪酬体制并存；同时国内薪酬体制透明度较低，劳动力市场价格处于混沌状态，因而使用因素比较法的基础数据不足。目前因素比较法在国内基本未得到使用。

除了以上介绍的几种方法，目前国际上著名的人力资源咨询公司开发了不少岗位评价体系，如 Hay group、Hewitt Associates（翰威特）、Mercer（美世）、Watson Wyatt（华信惠悦）等。

3. 选择评价方法的主要考虑因素

岗位评价的方法各有特点，不能一概而论说某一评价方法比其他评价方法更为优越，企业需要选择适合自己的岗位评价方法。在前面的论述中，已经分别就各评价方法的优缺点进行了分析和比较。为了更好地选择岗位评价方法，总结了如下一些影响岗位评价方法选择的因素。

（1）岗位的稳定性

岗位的稳定性指岗位随市场环境变化和人员调整而进行调整的可能性，一般来说，新设立岗位的稳定性较差，市场竞争激烈、市场环境变化剧烈、业务稳定性差的公司岗位的稳定性也较差。

（2）岗位职责的清晰程度

岗位职责的清晰程度有两个含义，一是岗位工作本身的清晰程度，如生产工人就往往具有比较好的清晰程度；二是岗位分析工作是否充分和科学，从而能为岗位评价奠定良好的基础。

（3）薪酬体系的特点

不同薪酬体系的特点不同，从而对岗位评价的要求也不太一样，如有些薪酬体系强调外部公平，这就要求岗位评价必须具备外部可比性。

（4）企业文化特征

岗位评价是需要员工接受的，对于老国有企业，花较大的代价进行因素评分法可能是值得的，但是，对于一家新兴IT企业，岗位排序就足够满足需要了。

（5）岗位数量的多少

岗位数量较多的时候，只能采用相对效率较高的评价方法。

（6）岗位评价资源的充分性

岗位评价资源主要指评价委员会成员时间的充裕性，另外还有经费的限制，如果经费充足，最好进行封闭式的评价活动。

9.3.2 人员素质测评

1. 人员素质测评的基本原理

（1）人员素质测评的概念

1）素质。

① 素质与绩效。

素质是内在于人体之中的一种基质，是个体那些完成特定工作或活动所必须具备的基本条件与基本特点，它体现在每个人的行为和绩效之中。

素质是绩效与发展的内在基础，而绩效与发展是素质的外在表现。

② 素质的特征：基础作用性、稳定性、可塑性、表出性、差异性、综合性、可分解性。

③ 素质的构成。

素质包括心理素质、品德素质、能力素质、文化素质、身体素质五大方面（见表 9.1），也有人将它划分德、识、才、学、体五要素。

表 9.1 人员素质构成表

心理素质	人格	气质、需要与动机、兴趣与情感、态度、习惯、意志等	它们相互作用，共同形成内在的精神动力，控制和调节着人员能力发挥的大小和方向、发挥程度和发挥功效
	观念	世界观、人生观、价值观	
	自我意识	自信心、自主性、自知度	
品德素质	政治品质		
	思想品质		
	道德品质		
能力素质	智力	心理年龄、比例智商、离差智商	
	技能	在多种素质基础上，经过实践锻炼形成的工作能力	
	才能		
文化素质	知识素质	（1）知识量；（2）知识结构的合理性；（3）知识的更新程度	它们相互作用，共同形成外在的物质上的牵引力，控制着人员可能发挥的能力
	经验素质	人的特殊的职业感觉力	
	自学能力	掌握学习方法，能独立地提出、分析和解决问题	
身体素质	体质	一部分是先天遗传，一部分是后天获得	
	体力		
	精力		

2）人员素质测评。

① 人员素质测评的定义。

人员素质测评指测评主体从特定的人力资源管理目的出发，运用各种测量技术，收集受测人在主要活动领域的表征信息，对人的素质进行全面、系统的评价，以求对人有客观、全面、深入的了解，从而为人力资源开发和管理提供科学的决策依据。

人员素质测评由两部分组成：一是测评主体采用科学的方法收集被测评者在主要活动领域的表征信息；二是采用科学的方法，针对人力资源管理的某一目标做出量值与价值判断，或者直接从表征信息中引发与推断出某些素质特性。

② 人员素质测评的特点。

人员素质测评主要是心理测量，而不是物理测量；人员素质测评是抽样测评，而不是具体测量；人员素质测评是相对测量，而不是绝对测量；人员素质测评是间接测量，而不是直接测量。

（2）人员素质测评的理论基础

1）岗位差异原理。

岗位差异即不同岗位之间的非一致性，它是对企事业单位内部所有岗位按照工作性质、责任轻重、难易程度、所需资格条件等因素进行区分的结果。

2）个体差异原理。

个体素质是在遗传、环境和个体能动性三个因素共同作用下形成和发展的。个体素质差异是人力资源素质测评存在的客观基础。

3）人岗匹配原理。

所谓人岗匹配就是按照人适其事、事宜其人的原则，根据个体间不同的素质将其安排在各自最合适的岗位上，即保持个体素质与工作岗位的同构性，从而做到人尽其才、物尽其用。

4）量化原理。

人员素质测评量化即用数学形式描述素质测评的过程，即把个体稳定的行为特征空间与某一向量空间建立同态关系，使定性评定中不便综合处理的行为特征得到统一的数学处理。

(3) 人员素质测评的作用

1）为员工招聘提供依据；
2）为员工使用提供依据；
3）为员工培训提供依据；
4）为员工晋升提供依据。

2. 人员素质测评指标体系的构建

(1) 测评指标的构成

人员素质测评指标是受测者素质特征状态的一种表现形式，单个的人员素质测评指标反映人员考评对象某一方面的特征状态，而由反映受测者各个方面特征状态的指标所构成的有机整体或集合，就是人员素质测评指标体系。

人员素质测评指标 ＝ 测评要素 ＋ 测评标志 ＋ 测评标度
人员素质测评要素 ＝ 测评对象的基本单位
人员素质测评标志 ＝ 揭示测评要素的关键可辨特征
人员素质测评标度 ＝ 测评要素或要素标志的程度差异与状态的顺序和刻度

1）测评要素的构成

测评要素反映受测者各个方面的素质内容，它因岗而异。如公务员的测评要素一般采用德、能、勤、绩模式。

2）考评标志的形式

① 评语短句式。它针对所考评的要素做出优劣、好坏、是非、大小、高低等判断与评论的句子。

② 设问提示式。这种指标是以问题形式提示考评者来把握考评要素的特征。从表9.2的示例可以看出设问提示式的主要特点。

表9.2 设问提示式标志示例

考评要素	考评标志	考评标度			
		优	良	中	可	差
协调性	1. 合作意识怎么样？ 2. 见解、想法不固执吗？ 3. 自我本位感不强吗？					

③ 方向指示式。在这种考评标志中，只规定了从哪些方面去考评，并没有具体规定考评

的标志与标度，而是让考评主体自己去把握。显然这是一种方向指示式标志。从表 9.3 的示例可以看出方向指示式的主要特点。

表 9.3 方向指示式考评志示例

考评要素	考评标志	考评标度
业务经验	主要从应聘者所从事的业务年限、熟悉程度、有无工作成果等方面进行考评	根据具体情况把握

3）考评标度的形式
① 量词式标度。
② 等级式标度。
③ 数量式标度。这种标度用分数来揭示考评标志水平变化的一种刻度。它有连续型与离散型点标式两种。表 9.4 是连续型点标式标度示例，表 9.5 是连续区间式标度示例。

表 9.4 连续型点标式标度示例

考评要素	考评标志	考评标度
综合分析能力	能抓住实质，分析透彻	10 分
	接触实质，分析较透彻	5 分
	抓不住实质，分析不透彻	0 分

表 9.5 连续区间式标度示例

考评要素	考评标度				
	5～4.5 分	4.4～4 分	3.9～3.5 分	3.4～3 分	3 分以下
协作性	合作无间	肯合作	尚能合作	偶尔合作	我行我素

（2）确定考评要素的基本方法

1）工作分析法

工作分析是采用科学的方法收集工作信息，并通过对其分析与综合找出主要工作因素，其实质就是从不同个人职业生涯与职业活动的调查入手，顺次分析员工、职务、职位、职责、任务与要素的过程，并由此确定工作的性质要求与任职条件。

2）个案研究法

个案研究法指对某一个体、群体或某一组织在较长时间里连续进行调查研究，并从典型个案中推导出普遍规律的研究方法。

3）专题访谈法

专题访谈的交谈内容主要围绕下述三个问题展开：① 你认为具备什么条件的人最适合担任××职务？② ××职务的工作的主要特点是什么？③ ××职务的工作成效检验的主要指标是什么？

4）问卷调查法

这种方法就是设计者根据需要，把要调查的内容设计在一张调查表上，写好填表说明和要求，分发给有关人员填写，收集和征求不同人员意见的一种方法。

(3) 测评指标体系建构的步骤

人员素质测评指标体系的设计与建构是一个系统工程。

1) 明确测评的客体与目的。
2) 进行需求分析。
3) 理论构思。
4) 要素调查与评判。
5) 确定测评指标的权重。
6) 预试检验修订。测评要素初步设计出来后,在小范围内试验,这叫量表预试。预试后应着重对要素进行分析、论证、检验并不断修订,最后形成一个客观、准确、可行的测评指标体系,以保证大规模测评的可靠性和有效性。

3. 人员素质测评方法

在现代人员素质测评中,心理测验、面试与评价中心是现代人员素质测评的三种主要方法。

(1) 心理测验

1) 心理测验的定义

心理测验就是通过观察个体的少数有代表性的行为,对于贯穿在个体行为活动中的心理特征,依据确定的原则进行数量化分析的一种科学手段。这一程序在测量内容、实施过程和记分三个方面都具有系统性,测量结果具有统一性和客观性。

下面介绍几种主要的心理测验。

2) 智力测验。

① 智力。

智力指人认识世界并运用知识解决实际问题的起基础作用或保障作用的能力总和,包括观察能力、记忆能力、注意能力、思维能力等各个方面。

韦克斯勒认为"智力是个人有目的地行动、理智地思考及有效地应付环境的整体的或综合的能力"。

美国心理学家吉尔福特于 1967 年创立了智力的三维结构模型。

② 智商的计量。

a. 心理年龄。用心理年龄来衡量智商是由比奈首先提出的。80%~90%的同龄人通过的题目数可以作为达到这一年龄的儿童的智力水平的标准,这一水平即智力年龄或心理年龄。

b. 比率智商。用比率智商来衡量智商是由特曼(Lewis Terman)提出的,它为不同年龄的人的智力之间的比较提供了方便,某个体的比例智商为

$$比例智商 = 心理年龄/实际年龄 \times 100$$

c. 离差智商:用离差智商来衡量智商是由韦克斯勒提出的。他认为,如果从人类总体来看人的智力的测验分数是按正态分布的,且平均数为 100,标准差为 15。离差智商将个体的智力放在其同龄人中的相对位置来度量,这就解决了比率智商中个体的智商受年龄增长的影响这一问题。某一人的离差智商为

$$IQ = 100 + 15 \times (X\text{-}M)/S$$

式中,X 为个体的测验分数,M 为团体的平均分数,S 为团体分数的标准差。

③ 韦克斯勒智商分布表,如表9.6所示。

表9.6 不同智力的智商与人口分布

智力类型	智商	占人口百分比
超优	130以上	2.2%
优秀	120~129	6.7%
中上	110~119	16.1%
中等	90~109	50%
中下	80~89	16.1%
低等边缘	70~79	6.7%
智力缺陷	69以下	2.2%

④ 智商测量表的发展。

a. 比奈-西蒙量表(B-S量表),于1905年首次提出,并于1908年和1911年两次修订,题目由原来的30个题目增加到59个,按年龄分组(由3~15岁),每个年龄组的问题各不相同,由此引出实际年龄与心理年龄的概念。

b. 斯坦福-比奈量表。1916年,美国斯坦福大学学者特曼对B-S量表进行修订,制定了斯坦福-比奈量表,第一次提出了智商的概念,强调用人的智力年龄与实际年龄的比值来度量人的智力水平的高低。

c. 特曼-墨利量表(L-M量表)是在斯坦福-比奈量表的基础上经过1937年、1960年、1967年的修订后,发表的第四次修订本。

d. 韦氏量表(简写为WAIS)。韦氏量表由语文量表和操作量表两部分组成。实际测验后便可以得到三种智商,即语文智商、作业智商和平均智商(见表9.7)。

表9.7 韦氏成人智力量表的内容

分测验的名称		所欲测的内容
言语量表	常识	知识的广度、一般学习能力及对日常事物的认识能力
	背数	注意力和短时记忆能力
	词汇	语言理解能力
	算术	数学推理能力、计算和解决问题的能力
	理解	判断能力和理解能力
	类同	逻辑思维和抽象概括能力
操作量表	填图	视觉记忆、辨认能力、视觉理解能力
	图片排列	知觉组织能力和对社会情景的理解能力
	积木图	分析综合能力、知觉组织及视觉协调能力
	图形拼凑	概括思维能力与知觉组织能力
	数字符号	知觉辨别速度下的组织能力

3)行政职业能力倾向测试

① 行政职业能力倾向。

职业能力倾向即指经过适当学习或训练后或被置于一定条件下时,能完成某种职业活动的可能性或潜力，职业能力倾向测验可以有效地测量人的某种潜能，从而预测人在一定职业领域中成功的可能性，或者筛除在该职业领域没有成功可能性的个体。

② 行政职业能力倾向测验的内容结构如表9.8所示。

表9.8 行政职业能力倾向测验的内容结构

部分	内容	考查内容	题型	题数	时间（分钟）
一	知觉速度与准确性	考查对数字、字母和汉字等视觉符号快速而准确地觉察、比较、转换和加工的能力，涉及感觉、知觉、短时记忆和识别、判断等心理过程，是速度测试	1.数字属于的区；2.数字属于的数列；3.字符相同个数；4.在词表中词组的个数；5.字符替换核对；6.字符区间核对；7.字符置换计算与区间核对	60	10（单独计）
二	数量关系	主要考查应试者解决算术问题的能力，对数量关系的理解和计算能力	1.数字推理；2.数学运算	15	10
三	语言理解	对文字材料的理解、分析与运用能力	1.词组替换；2.选词填空；3.语句表达；4.阅读理解	20	25
四	判断推理	涉及对图形、词语概念、事件关系和文字材料的认知理解、比较、组合、演绎、综合判断能力。反映对事物本质及事物间联系的认知能力的高低	1.事件排序；2.常识判断；3.图形推理；4.演绎推理；5.定义判断	40	30
五	资料分析	对图形、表格和文字形式的统计资料进行准确理解与综合分析的能力	1.图形资料；2.文字资料；3.表格资料	15	15

③ 行政能力职业倾向测试的施测。

4）管理人员人格测验

① 目的与功能。

人格是个体所具有的与他人相区别的稳定和独特的思维方式和行为风格，它贯穿于人的整个心理活动过程，是人的独特性的整体写照。

人格测验从正性情绪倾向、负性情绪倾向、乐群性、责任心、广纳性、内控性、自控性、自信心、A型人格、成就动机、权力动机、面子倾向这12个与管理绩效有关的人格特点对人进行描绘。

② 测验的构成。

该测验针对12个人格维度进行考查，测验题目以三择一的选择题形式出现，主要是要求应试者对自我行为和思维方式进行描述、评价，并在三个选项中选择符合自己情况的选项。

③ 管理人员12人格定义如表9.9所示。

表9.9 管理人员12人格维度定义

因素名称	定义	高分特征	低分特征
正性情绪倾向	倾向于体验正性情绪，对自己感觉良好	较社会化，亲切、友善，对工作满意，宜在高社会交往的部门	与他人交往少，较少体验到正性倾向
负性情绪倾向	用负性的眼光看待自我和周围的人格特质	体验到负性情绪，感到工作、时间和环境的压力，对自己要求严，宜在批判性思考和评估的位置	较少感到环境的压力，能承担风险和易受挫的工作

续表

因素名称	定义	高分特征	低分特征
广纳性	有独创性和革新性行为，愿意冒险	对变化大需要创新性的或较为冒险的工作较为适宜	较为保守和谨慎，依赖经验，不愿创新
责任心	认真、审慎和坚忍的倾向	有组织性和纪律性	缺乏方向性和自律性，耐心不足
乐群性	与他人相处融洽的倾向	善于照顾他人，对他人亲善，是好的团队合作者，适宜需要与他人发展良好关系的岗位	不招人喜欢，对人不信任，没有同情心
内控性	反映自己对周围控制力的看法	相信能控制和影响自己的生活和经历，易激励	对环境影响很少，相信外部力量控制命运
自控性	试图控制自己在他人面前的行为方式的倾向	希望自己的行为为社会所接受，并且善于调整自己的行为以适应社会，善于处理他人对自己的印象	不关心他人对自己的看法，由自己的态度、信念、情感和原则所引导
自信心	为自己和自己的能力感到自豪的倾向	能应付大多数情景的人，倾向于挑战性的工作和职业	往往对自我价值提出质疑
A型人格	竞争性人格	有强烈的成就动机和竞争意识，并有强烈的紧迫感，较难相处，适于单独工作	温和、宽容、慢节奏，适合随意性大的工作
成就动机	喜欢接受挑战性任务，希望达到个人的高目标	喜欢将个人的目标定得较高，对所发生的事情负责，有很强的目标方向性	追求个人高目标的愿望不强，能容忍失败
权力动机	希望控制或影响他人的行为和情绪的倾向	有想对他人进行情绪、行为上的控制和影响的强烈愿望	对他人的依赖性较强，希望别人指导工作
面子倾向	看重面子，也维持他人的面子	力求受到他人的重视赞赏推崇，希望能在别人心中占重要地位及留下美好印象	不在意他人对自己的评价

（2）面试

1）面试的理论基础。

人员素质测评中，面试是一种在特定场景下，以面对面的交谈与观察为主要手段，由表及里测评应试者有关素质的一种方式。

2）面试的主要内容如表9.10所示。

表9.10 面试问话提纲示例

面试项目	评价要点	提问示例
仪表风度	体格外貌、穿着举止、礼节风度、精神面貌	目测
工作经验	从被试者所述工作经历中判断其经验丰富程度、职位的升迁情况，判断其在工作经历中的责任心、组织领导力、创新意识	你在这家公司里做出了哪些你认为最值得骄傲的成就？ 你认为该工作的难点或挑战性在于什么地方？ 你在工作中有什么收获和体会？ 在你主管的部门中，遇过什么困难？你是如何处理的
工作动机与愿望	过去和现在对工作的态度，更换工作与求职原因，对未来的追求与抱负，对所求工作的期望，个人发展的打算，个人收入的要求，从中了解本公司所提供的岗位或工作条件能否满足其工作要求和期望	你为何希望来公司工作？你为什么要应聘这个岗位？ 你在工作中追求什么？个人有什么打算？ 你想怎样实现你的理想和抱负？ 你对现在的同事和主管怎么看？你认为他们有什么优缺点？你认为个人事业的成败是由什么决定的

续表

面试项目	评价要点	提问示例
经营意识	判断应聘者是否具有市场、效率观念、竞争意识及是否具备基本的市场知识	通过经营小案例来判断其是否有这方面的观念和意识
知识水平、专业特长	应聘者是否具有应聘岗位所需要的专业知识和专业技能	你在大学学的是什么专业或接受过哪种培训？ 你在大学对哪些课程最感兴趣？哪些课题学得最好？ 询问一些专业领域的案例和专业领域的问题。 你有什么级别的专业资格证书或能力证明？ 近年来你阅读、写作、发表了什么专业文章或书籍
精力活力与兴趣爱好	考查被试者是否精力充沛、充满活力，其兴趣爱好是否符合工作要求，是否有烟、酒、赌等不良嗜好	你喜欢什么运动？经常参加锻炼吗？ 你喜欢什么娱乐活动？有什么爱好？喜欢读什么书籍？ 你业余时间怎么渡过？你喜欢看什么电视节目？ 你每月抽烟、喝酒、打麻将的消费是多少？ 你常和朋友一起玩到很晚才休息吗
思维力、分析力、语言表达力	对主试者所提问题是否能够通过分析判断，抓住事物本质，并且说理透彻，分析全面，条理清晰，是不能顺畅地将自己的思想、观点、意见用语言表达出来	如果让你筹建一个部门，你将从何着手？ 提一些小案例，要求其分析、判断。 你认为怎样适应从学校到社会的转变？ 你认为如何解决我国的下岗待业问题？ 案例：失去监督的权力必然产生腐败，对这句话你如何理解。 谈谈近年来走私贩私屡禁不止的原因
反应力与应变力	头脑的机敏程度，对突发事件的应急处理能力，对主试者提出的问题是否能迅速、准确地理解，并尽快做出相应的回答	我们凭什么录取你？ 案例：你朋友生病，你带了礼物去看他，正好碰上你的领导，他认为你是来看他的，因此他接下礼物连连致谢，这时你如何向你的领导说明你是来看朋友的而又不伤领导的面子
工作态度诚实性纪律性	工作态度如何，谈吐是否实在、诚实，是否热爱工作、奋发向上	你认为单位管得严一些好还是管得松一些好？ 你在工作中看到别人违反规定和制度，你该怎么办？ 如果我们雇佣你，你准备工作多长时间？ 你如何看待加班
自知力、自控力	应聘者是否能够通过经常性的自我检查发现自己的优缺点，同时在遇到批评、遭受挫折及工作有压力时，能够克制，容忍、理智	你自己的长处和短处在哪里？怎样才能扬长避短？ 你认为在自己选择的领域要取得事业成功，要有哪些素质？ 领导和同事批评你时，你如何对待？ 假如这次招聘你未被录取，你今后会做哪些努力
事业心、进取心、自信心	奋斗目标、理想抱负及为之努力的程度，对现状的满意程度，工作的积极性、主动性、创造性，对工作是否严格要求等。而对自信心的判断主要靠身体语言，而并非靠回答的内容，主要依据：① 目光，是否敢于正视主试者，目光是否平视、坦然；② 姿势是否有小动作或不自然的举动，坐立不安或胆怯、拘谨；③ 语言表达是否声音低、弱、颤是否情绪化、表达不流利	你在工作中追求什么？你个人有什么抱负和理想？准备怎样实现自己的理想？ 你认为现在的工作有什么需要改进的地方？ 你怎样看待你们部门中应付工作、混日子的现象？ 你的职业发展计划是什么？如何去实现这个计划？ 你认为这次面试你能通过吗？ 领导交给你一个很重要但又很艰难的任务，你怎么去处理？ 你认为成功的决定因素是什么？ 你对现状满意吗？为什么？ 你经常向领导提合理化建议吗

3）面试的种类。

按面试的标准化程度，将面试分为非结构化面试、结构化面试与半结构化面试。

非结构化面试指在面试中事先没有固定框架结构（指没有预先确定测评要素等），也不对被试者使用有确定答案的固定问题的一种面试。

结构化面试又叫模式化面试。在这种面试中，事先准备好一份问题的清单，这些问题系统、全面地概括了所要了解的情况，面试严格按该清单上所列的问题顺序发问，然后按标准格式记下应聘者的回答。

半结构化面试介于结构化面试与非结构面试两者之间，事先大致规定面试的内容、方式、程序等，允许主试者在具体操作过程中根据实际情况进行调整。

4）面试的六种题型。

① 导入性问题：指在应试者入场，考官做指导性阐述之后，考官提出的一些有关应试者背景的问题。

② 行为性问题：指考官询问应试者过去某种情景下的行为表现。

③ 智能性问题：主要考查应试者的综合分析、言语表达能力。

④ 意愿性问题：主要考查应试者工作的动机是否与岗位相匹配。

⑤ 情景性问题：指设计未来的一种情况，问应试者将会怎么做。

⑥ 应变性问题：主要考查应试者在紧急情况下的快速反应能力、妥当解决问题的能力及情绪的稳定性。

（3）评价中心

1）评价中心的概念。

评价中心是一种以测评被测人员管理素质为中心、标准化的一组评价活动，它是一种程序而不是一种具体的方法，通过创设一种逼真的模拟管理系统或工作场景，将被试者纳入该环境系统中，使其完成系统环境下对应的各种工作，如主持会议、处理公文、进行决策、处理各种日常事务和突发事件等。

2）评价中心测评的主要形式

① 公文筐测验。公文筐测验是对实际工作中管理人员掌握和分析资料、处理各种信息及做出决策的工作活动的抽象和集中。

② 无领导小组讨论。无领导小组讨论是评价中心常用的一种无角色群体自由讨论的测评形式。

③ 管理游戏。在这种测评中，各位被试者置身于一个模拟的环境中，面临一些管理中常常遇到的各种现实问题，并被分配一定的任务，但这些问题必须合作才能较好地完成。

④ 角色扮演。在这种测评活动中，主试者设置了一系列尖锐的人际矛盾与人际冲突，要求被试者扮演某一角色并进入角色情景去处理各种问题和矛盾。

主试人对角色扮演中各种角色的评价一般分为四部分。

① 角色的把握性。被试者是否能迅速地判断形势并进入角色情景，按照角色规范的要求去采取相应的对策行为。

② 角色的行为表现。包括被试者在角色扮演中所表现出的行为风格、价值观、人际倾向、口头表达能力、思维敏捷性、对突发事件的应变性等。

③ 角色的衣着、仪表与言谈举止是否符合角色及当时的情景要求。

④ 其他内容。包括缓和气氛、化解矛盾的技巧，达到目的的程度，行为策略的正确性，行为优化程度，情绪控制能力，人际关系技能等。

4．人员素质测评的实施

（1）实施测评操作的要领

1）采用标准化指示语。

指示语是在测评过程中说明测评进行方式及如何回答问题的指导性语言，一般来说，对被试者的指示语应包括以下内容：

① 如何选择反应方式（画圈、打钩、填数字、口答、书写等）；

② 如何记录这些反应（答卷纸、录音、录像等）；

③ 时间限制；

④ 如果不能确定正确反应，该如何去做（是否允许猜测等），以及计分的方法；

⑤ 当题目形式比较生疏时，应该给出附有正确答案的例题；

⑥ 某些情况下告知被试者测验的目的。

2）确定恰当的测评时限。

大多数测评既要考查被试者反应的速度，又要考查解决有较大难度题目的能力，因此，应确定合适的测评时间。

3）创造适宜的测评环境。

测评的环境条件也是影响测评成绩的一个因素。测评场所必须确保具有良好的物理环境，包括安静而宽敞的地点、适当的光线和通风条件、适宜的温度和湿度等。

4）选派经验丰富的主试者。

主试者是控制测评进程的主要人员，主试经验和知识对测评结果有相当大的影响。

（2）人员素质测评程序

1）确定测评内容；

2）确定测评的基本形式和测评工具；

3）测评的实施与数据采集；

4）分析测评结果；

5）根据分析做出决策或建议；

6）跟踪检验和反馈。

9.3.3 人员绩效考评

1．绩效考评的概述

（1）绩效考评的概念

绩效考评也称绩效管理，是企业人力资源开发与管理工作核心职能之一。绩效考评指企业对所选聘的每位员工的工作成绩进行系统考查，从而确定其工作效果的过程。

（2）绩效考评的意义

首先从企业层面看，绩效考评是提高企业管理效率及改进工作的重要手段。企业通过绩效考评可以达到一系列目的，如了解员工完成工作目标的情况，包括成绩、差距和困难，建立企业和员工之间的沟通渠道，改善上下级关系；还可以表达管理层对员工的工作要求和发展期望，获得员工对管理层、工作及企业的看法、需求和建议，共同探讨员工在组织中的发展和未来的工作目标。

而从另一个视角看，绩效考评是员工改善工作及谋求发展的重要途径。通过绩效考评，员工可以明确自己所担负工作的目标、职责和要求，使自己的工作成就、工作实绩获得企业的赞赏和认可并获得企业的理解和帮助；同时提出自己的发展要求，并了解企业在有关问题上可能予以的支持；此外，员工可以在绩效考评工作中获得参与感。

(3) 绩效考评的基本原则

① 客观评价原则。应尽可能进行科学评价，使之具有可靠性、客观性、公平性。
② 全面考评的原则。就是要多方面、多渠道、多层次、多角度、全方位地进行立体考评。
③ 公开原则。应使考评标准和考评程序科学化、明确化和公开化。
④ 差别原则。考评等级之间应当产生较鲜明的差别界限，才会有激励作用。
⑤ 反馈原则。考评结果一定要反馈给被考评者本人，否则难以起到绩效考评的教育作用。

(4) 绩效评价的过程

员工的绩效考评过程一般可以分成以下若干阶段：第一阶段是建立绩效考评标准。建立绩效考评标准是企业的一项基础工作。绩效考评标准的确定以职务分析为基础，职务分析的结果决定了绩效考评的标准。

第二、第三阶段分别为确定绩效考评的内容和实施绩效考评。一般来说，员工绩效考评的内容主要侧重于工作实绩和行为表现两方面，由有关人员对被考评员工的实际成绩和表现进行客观的记录，并确定在不同的指标上的成绩水平。

绩效考评的第四阶段是确定评语及改进措施。该阶段对被考评员工的工作综合评定，确定最后的评价等级，指出其优缺点并制订改进方案。

2．绩效考评的形式

(1) 按考评时间分类

按考评时间的不同，可分为日常考评与定期考评。日常考评指对被考评者的出勤情况、产量和质量实绩、平时的工作行为所做的经常性考评；定期考评指按照一定的固定周期所进行的考评，如年度考评、季度考评等。

(2) 按考评主体分类

按考评主体的不同，可分为主管考评、自我考评、同事考评和下属考评。

① 主管考评指上级主管对下属员工的考评。这种由上而下的考评，由于考评的主体是主管领导，所以能较准确地反映被考评者的实际状况，也能消除被考评者心理上不必要的压力。但有时主管领导的疏忽、偏见、感情等主观因素的影响也会产生考评偏差。

② 自我考评指被考评者本人对自己的工作实绩和行为表现所进行的评价。这种方式透明度较高，有利于被考评者在平时自觉地按考评标准约束自己。但最大的问题是有"倾高"现象存在。

③ 同事考评指同事间互相考评。这种方式体现了考评的民主性，但考评结果往往受被考评者的人际关系的影响。

④ 下属考评指下属员工对他们的直接主管领导的考评。一般选择一些有代表性的员工，用比较直接的方法，如直接打分法等进行考评，考评结果可以公开或不公开。

⑤ 顾客考评。许多企业把顾客也纳入员工绩效考评体系中。在一定情况下，顾客常常是唯一能够在工作现场观察员工绩效的人，此时，他们就成了最好的绩效信息来源。

（3）按考评结果的表现形式分类

按考评结果的表现形式不同，可分为定性考评与定量考评。定性考评的结果表现为对某人工作评价的文字描述，或者对员工之间评价高低的相对次序以优、良、中、及格、差等形式表示；定量考评的结果则以分值或系数等数量形式表示。

3. 绩效考评的技术与方法

（1）分级法

分级法即根据被考评员工每人绩效相对的优劣程度，通过比较，确定每人的相对等级或名次。分级法又称排序法，即排出全体被考评员工的绩效优劣顺序。排序比较可以按某个单一的特定绩效维度（如产品质量、服务态度等）进行，常见的是对每人的整体工作状况进行比较。

按照分级程序的不同，分级法又具体分为简单分级法、交替分级法、范例对比法、对偶比较法、强制分配法等多种。

（2）行为观察量表法

行为观察量表法是在工作成绩评价中最普遍采用的方法。它包含特定工作的成功绩效所要求的一系列合乎希望的行为。行为观察量表法要求收集关键事件并按维度分类。在使用行为观察量表法时，员工的直接上级作为考评者通过指出员工表现的各种行为的频率来评定工作绩效。

例如，评定工作质量这一指标，直接上级根据对被评员工工作质量的观察，在量表上打一个"×"。如果被评人的工作质量很好，则在数字"5"上打"×"，如果工作质量很差，则在"1"上打"×"，如果工作质量一般，则在"3"上打"×"，以此类推。一个五分的量表被分为"极少或从不是（1）"到"总是（5）"。通过将被考评者的员工在每一项上的行为的得分相加得到总评分，高分意味着该员工经常表现出合乎希望的行为。

（3）关键事件法

关键事件法要求对被评定的对象进行一段时间的观察，对被评人工作中关键行为的出现次数进行记录，并得出结论。

运用关键事件进行评价有以下三个步骤。

1）准备阶段。该阶段的主要工作就是提取关键行为，编制关键行为表。工作中有许多对工作的成功与失败有决定意义的行为，称为关键行为。获取关键行为，可以采用调查法，包括谈话、问卷法等。特别应注意，这些行为既包括最成功的行为，也包括最无效的行为。调查完成，编成关键行为记录表。

2）评定阶段。主管人员直接观察被评者的行为，一旦发现有好的关键行为则在记录表中相应的地方打记号；同样，发现有失败的关键行为，也在记录表中进行记录。

3）分析阶段。汇总一个时期的关键行为记录，根据每个被考评者关键行为的出现次数及程度进行评定，最后得出总体结论。

(4) 考核清单法

1) 简单清单法。此法通常只考核员工的总体状况,不再分维度考核。先找出与某一特定职务占有者工作绩效优劣相关的多种典型工作表现与行为,供考评者逐条对照被考评者实际状况校核,将两者一致的各类勾出,即成为现成的评语。

2) 加权总计评分清单法。事实上,各工作维度对绩效的作用并不相等。例如,"工作敏捷利落"与"人际关系融洽"对一线工人的绩效虽都有影响,但前者比后者重要。此法是要分解为若干维度来分别考核,清点评分后取总计分。此时需按各维度的重要性,分别给予不同的权重。一般每一维度按四级至九级中的某一尺度给分,并乘以权重。考评时各维度条目混排打乱,使考评者不致根据对被考评员工某一方面印象较深而影响对其他方面评分的公正性与客观性。但最后要分别按各维度求得小记分,再加出总分,这样既可知道特定方面的情况,又可知道总体情况。

4. 绩效考评的影响因素

(1) 影响绩效考评的因素

影响绩效考评的因素很多,主要有考评者的判断能力、考评者与被评者的关系、考评标准与方法是否恰当准确等。此外,企业环境尤其是企业文化环境对绩效考评影响极大。特别要指出的是,在绩效考评中,常见的心理弊病很难完全避免,但如果事先了解和提醒,可最大限度地减少其消极影响。这些心理弊病主要有晕轮效应、群体定式、第一印象误差、类己效应、近因效应、对比效应及趋中效应等。

(2) 减少绩效考评误差的措施

由于受绩效考评中各种因素的影响,信度和效度再高的评估体系也会大打折扣。因此,企业应采取有效措施以减小误差,使评估有效性最大化。可采取的措施有以下几条:一是对工作中的每一方面进行评价,而不是只笼统地评价;二是评估员工的重点应放在被评估员工的工作上,而不要太过注重其他方面;三是单个评估者不要一次评估太多员工,以免评估先松后紧或先紧后松,有失公允;四是在评估用语上不要使用概念界定不清的措辞,以防不同的评估者对这些用词有不同的理解。

5. 绩效考评信息的反馈

(1) 绩效考评信息面谈

向员工反馈绩效信息的面谈既是一次机会也可能是一种风险。在这样的谈话中,管理者主要关注的是如何既强调员工表现的积极性方面,同时就员工应如何改进进行讨论。

(2) 绩效面谈的原则

1) 对事不对人,根据绩效考评的结果进行基础谈话。

2) 不仅指出员工的绩效缺陷,更重要的是诊断出原因。

3) 反馈要具体,要拿具体结果说明结论,让员工心服口服。

4) 要保持双向沟通,不能上级单方面说了算。

5) 落实改进的行动计划。上级与下级共同商量出有针对性的改正计划。

案例分析

用洋葱替代胡萝卜的尴尬！

一家制药业的巨无霸刚刚获得了一项评审极其严格的质量产品奖。广大的员工废寝忘食,牺牲了个人的正常的生活,通过半年多的努力,最终赢得了这个奖项。当宣读获得这个奖项的人员及公司的名称的时候,大家都兴奋不已。公司领导很快就召集全体员工开庆祝会。这之前他们先召开了会议,会议并没有宣布嘉奖事宜。然后,他们把员工召集到自助餐厅开庆祝会,由总裁表达对每位员工的感激之情,宣布这个奖项对公司的意义。他总结性地说道:"为了庆祝这次巨大的成功,大家都会得到一份很有意义的礼物。"

此时,从后面传来一句:"现在就发吧!"大家都笑了,这时大家的心情就像过节一样。

CEO点了点头,示意公关部经理揭开罩在神秘礼物上的帷幕。啊!竟是由无数个塑料杯子搭建起的金字塔造型。会场上先是死一般的寂静,接着爆发出震耳欲聋的喊声。员工几乎被这个场面所震晕,就像他们看到的是一个巨大的发了霉的圣诞水果蛋糕一样。

后来,大家排着队领走自己的杯子。在员工摇着头、苦笑着领走奖品时,可怜的CEO好像只剩下最后一点呼吸了。随后的几个星期里,杯子成了公司里新的(令人嘲讽和挖苦的)质量的象征品了。

必须承认,及时公开地召集庆功仪式的创意是好的,通过演讲来赏识和激励员工的努力也是成功的,准备具有纪念意义的奖品的初衷也是无可厚非的,但比起几个月中员工们的投入,尽心和卓越的工作表现和取得的佳绩而言,最终实施的结果确实令人遗憾。

分析: 这个事例的启示就是,要想达到预期的效果,奖品的价值需要和员工的努力及所带来的效益成正比,要能够成为真正体现出员工价值的激励象征。记住:这份回报应该是有形的和实在的,并且具有纪念意义。胡萝卜的管理文化必须有着表彰、鼓励个性需求的内涵。用洋葱类的替代品掩饰没有胡萝卜的尴尬,只会给员工留下食之无味的不良口感,使所谓的奖励变得没有意义,甚至起到适得其反的作用。

企业管理实训

【实训主题】

职位评价

【实训过程设计】

1)阅读下面的故事,结合教学内容,按每组5~6人进行讨论;
2)请小组代表发言。

【实训目的】

1)理论联系实际,培养学生解决实际问题的能力,提高学生的学习兴趣;

2）培养学生的团队合作能力，培养团队精神。

【背景材料】

某公司职位评价案例

A 公司在进行了职位分析、获取职位信息以后，着手进行职位评价，以确定职位的相对价值。

为合理地确定职位相对价值，A 公司成立了以人力资源部经理为首的职位评价小组，并邀请了外部专家参与职位评价过程。在外部专家的建议下，A 公司采用了国际通行的 IPE 码作为职位评价的工具，为保证职位评价工具的科学性，职位评价小组没有对职位评价方案进行修正。

A 公司共有 80 多个岗位，有管理类、技术类、营销类三种职位类别，职位评价小组从中选择了约 30 个岗位作为标杆，标杆岗位的选择是按照纵向的职位等级进行的，没有考虑横向职位类别的因素，这一疏漏为以后的职位评价方案的扩展埋下了隐患。

为保证职位分析的公平性，A 公司采取了三方评价方式：上级评价占 40%、专家评价占 30%、员工个人评价占 30%。职位评价方案下发后，立刻在员工中引起了较大的反响。首先由于事先没有进行培训，员工根本不理解进行职位评价的意义和作用；其次，由于职位评价方案过于专业，员工很难对各种描述准确把握，经过一番争论，大家渐渐对职位评价失去了信任；最后，由于个人对方案中的表述理解不一样，每个人对自己职位的评价都超出了常理，最可笑的是公司行政文员对自己岗位的评价得分居然超过了行政人事总监。通过这种方式收集的职位评价数据当然不能使用，只有放弃这一途径。采取人力资源部门会同直接上级评价和专家评价方式确认职位的价值。在这一评价的过程中，遇到了一个致命的问题：技术类职位的评价结果平均水平低于管理类职位，这一结果显然和公司倡导的薪资分配向技术人员倾斜的导向不符，而按照这一结果所得的薪酬显然不利于留住这些核心人员。经过七拼八凑，终于拿出了职位评价方案的初稿。

职位评价方案一经出台，立刻在员工中引起轩然大波，员工纷纷将自己职位的结果与其他职位进行对比，然后通过正式或非正式渠道向公司反映。职位评价小组经过仔细审查，发现确实有很多职位横向对比有很大出入，在职位评价的各维度上，各职位也缺乏可比性，甚至出现在"沟通"维度上，人力资源部文员的得分比营销部主管还要高，这些有失公平的地方成为本次职位评价最为薄弱的被攻击环节，直接导致了职位评价的最终失败。

【案例讨论】

1）A 公司职位评价过程中出现了哪些问题？为什么本公司的职位评价最终会失败？
2）在职位评价中，员工应有多大的参与程度，是不是应完全公开透明？
3）技术类职位应如何确定其报酬水平？
4）职位评价的适用范围是什么？

资料来源：http://www.360doc.com/content/10/0524/22/867712_29347026.shtml

综合练习

一、名词解释

人力资源　人力资源管理　激励　岗位评价　人员素质测评　绩效评价

二、多项选择题

1. 人力资源的特点有（　　）。
   A. 生物性　　　B. 时代性与时效性　　C. 能动性
   D. 双重性　　　E. 连续性与再生性
2. 人力资源开发的内容包括（　　）。
   A. 知识开发　　B. 技能开发　　　　　C. 态度开发
   D. 行为开发　　E. 人际关系开发
3. 薪酬包括（　　）。
   A. 基本工资　　B. 奖金　　　　　　　C. 津贴与补贴
   D. 股权　　　　E. 福利与社会保险
4. 确定考评要素的基本方法有（　　）。
   A. 工作分析法　B. 个案研究法　　　　C. 专题访谈法
   D. 问卷调查法　E. 抽样法
5. 评价中心测评的主要形式有（　　）。
   A. 公文筐测验　B. 无领导小组讨论　　C. 管理游戏
   D. 角色扮演　　E. 抽签

三、问答题

1. 何为人力资源管理？人力资源管理具有哪些主要职能？
2. 工作分析为什么很重要？工作分析的成果有哪些主要表现形式？
3. 人力资源规划的意义何在？如何科学地进行人力资源规划？
4. 人员招聘需要把握哪些原则？人员招聘需要经过哪些具体环节？
5. 人员培训的具体工作流程有哪些？
6. 绩效考核的意义何在？有哪些常用的考核办法？
7. 假如你作为一个高科技公司的总经理，应该如何设计普通员工的薪酬体系？

第10章 现代企业文化管理

 课前阅读：海尔文化的源泉

哈佛大学商学院教授佩恩把海尔多元化扩张案例引入哈佛课堂时讲述了这番话："海尔成功的关键因素是它的企业文化。它总结了海尔文化中最有魅力、最为重要的几个要素：一是企业员工个人的责任感和主动性；二是持续进步和不断创新的可能性；三是对客户需求的满足；四是对社会的贡献。"

海尔集团总裁张瑞敏以海的胸怀和神奇为比喻，对海尔做了如下描述：海尔像海，因为海尔确立了像海一样宏伟的目标。

敞开海一样的胸怀，广揽五湖四海有用之才；具备海一样的自净化能力，使这种氛围里的每个人的素质都得到提高和升华；海尔人都应是能者，而不应有冗者、庸者。

"敬业报国，追求卓越"的精神把所有海尔人凝聚在一起，迸发出海一样的力量；同心干，不论你我；比贡献，不唯文凭。

海尔将和整个社会融为一个整体，为社会、为人类做出应有的贡献，对社会和人类的爱"真诚到永远"，海尔将像海一样得到永恒的存在：每个人都在为企业创一流效益、为社会做卓越贡献的同时得到了丰厚的回报。

资料来源：http://t.163.com/2747241748#f=topnav.

 启示

作为一种新的企业理论，企业文化正日益引起人们的关注。在企业的动作中，存在着大量非经济的因素，即文化因素。为此，应注重用种种文化的手段来建立一种全新的现代企业管理模式。本章重点对企业文化的含义、作用、内容进行介绍。在此基础上，进一步对企业文化建设的几个方面分别介绍并做出了探讨，进而推动企业文化的进步。

10.1 企业文化概述

10.1.1 企业文化的含义

怎样界定企业文化呢？先从认识企业入手，改变传统的只把企业看成"营利性经济组织"的观点，确立"企业是一个生命体"的新观点；继而，对文化的内涵，从广义和狭义两个方面进行考察；在此基础上，对企业文化的基本概念进行了界定。"企业文化"作为一个新的概念，是于 20 世纪 70 年代末 80 年代初提出的。20 世纪 80 年代初，日本经济的迅速崛起引起了美国管理学界的深刻反思，由此形成了美日比较管理学，而企业文化理论就源于美日比较管理学热潮的兴起。中国海尔集团至今仍引以为荣的一件事情，就是其企业文化被哈佛大学收为案例，作为万千学子的教材。看来文化是永远不能替代的竞争因素，企业靠人才和文化取胜。

那么，应该如何准确地界定企业文化呢？国内外的学者们都有各自的看法，但是从根本上来说，他们对企业文化的内涵的理解还是一致的。总体而言，这些观点可以归纳为以下五类。

1. 五因素说

美国的特雷斯·迪尔和阿伦·肯尼迪在《企业文化——现代企业精神支柱》一书中这样认为：企业文化是由五个因素组成的系统，其中价值观、习俗仪式、文化网络和英雄人物是必要因素，而另一个因素——企业环境则被认为是形成企业文化唯一的而且是最重要的因素。

2. 两种文化总和说

企业文化是企业物质文化和精神文化的总和，物质文化是显性的文化，包括厂房设施、原材料、机器、工具、产品等；精神文化是隐性的文化，包括价值观、信念、作风、习俗、传统等以人的精神为寄托的各种文化现象，以及企业的管理制度和行为方式。

3. 同心圆说

同心圆说认为企业文化包含三个同心圆，外层圆为企业的物质文化，包括企业内部的机器设备、厂房和生产经营的产品等；中间圆为企业的制度文化，包括企业内部的规章制度和人际关系等；内圆是企业的精神文化，包括企业的价值观念和行为规范等。物质层、制度层和精神层三者相结合便形成了企业文化。

4. 精神现象说

精神现象说认为，企业文化是企业在运转和发展过程中形成的包含企业最高目标、共同价值观、作风和传统习惯、行为规范、思维方式等在内的有机整体，是以物质为载体的各种精神现象，是企业的"意识形态"。

5. 群体意识说

群体意识说认为，企业文化指企业员工群体在长期的实践中所形成的群体意识及行为方式。所谓群体意识，指员工共同的认识、情绪情感、意志及性格风貌。

目前，被普遍采用并得到国内外学者广泛认同的观点是：企业文化以人为着眼点，是一种以人为中心的管理方式，强调把企业建成一种人人都具有共同使命感和责任心的组织；是企业在一定的外部环境的影响下，在长期生产经营实践中逐步形成和发展起来的具有本企业特点的、日趋稳定的企业价值观念、人文环境、经营宗旨、企业哲学及与此相适应的思维方式和行为方式的总和。进一步地，可把企业文化分为广义和狭义两种。广义的企业文化指企业物质文化、行为文化、精神文化及制度文化的总和；狭义的企业文化指以企业价值观为核心的企业意识形态。企业文化的核心是一种共有的价值观，是企业职工共同的信仰，是指导企业和企业人行为的哲学。

展望未来，市场竞争正在出现许多新态势，企业模式在创新，企业发展战略在创新，企业文化建设也在创新。今后，企业文化的发展同企业的经营活动和管理创新将更加紧密地结合起来。企业文化将更为突出地表现为一种市场经济中的微观文化、企业经营管理文化。

10.1.2 企业文化的作用

企业是人性化的组织，而人性化的实质是体现多样性和差异性。因此，在企业这样的人群集体里要驱动、引导个体成员沿着一个方向进发，最少也要有两套措施：一是"格式化"——以制度、计划、纲领、文件等约束之；二是"同使命"——以自发一致的使命感导向之。这两种手法一刚一柔，从管理学上讲，二者不可或缺；但从组织发展的角度来看，后者是更高的层次，故而难度系数大一些，其作用主要有以下几个方面。

1. 引导作用

任何一个企业的文化都以概括企业精神、富有哲理性的语言暗示企业的目标与方向，成为其行为准则的组成部分。也就是说，企业文化能够在企业具体的历史环境及条件下将人们的事业心化为具体的奋斗目标、信条和行为准则。因此，即使当企业发展道路上出现一些险阻时，内化在职工心中的企业精神和发展目标丝毫也不会动摇。

2. 凝聚作用

企业文化的形成使企业员工有了共同的价值观，增加了相互间的共同语言和信任，使大家在较好的文化氛围中相互交流和沟通，减少各种摩擦和矛盾，使企业上下左右的关系较为密切、和谐，各种活动更加协调，个人工作心情也比较舒畅。

3. 约束作用

企业文化对员工行为具有无形的约束力。它虽然不是明文规定的硬性要求，但它以潜移默化的方式形成一种群体道德和行为准则以后，某种违背企业文化的言行一经出现，就会受到群体舆论和感情压力的无形约束，同时使员工产生自控意识，达到内在的自我约束。

4．激励作用

"霍桑试验"表明，生产效率的高低还受到工人的工作态度和积极性等社会因素的影响。而企业文化力求把职工的生活和工作统一起来，使之成为职工所愿意、所喜欢从事的工作。员工把企业的兴衰与自己的命运紧紧相连，有一种发自内心的愿望要把工作做好。拥有这种"家气氛"的企业文化将激励员工更加努力地工作。

5．辐射作用

企业文化比较集中地体现了企业的基本宗旨、经营哲学和行为准则。企业员工在社会上的每一次言行，都向社会大众展示着本企业成果的管理风格、良好的经营状态和积极的精神风貌，从而为企业塑造良好的整体形象，树立信誉，扩大影响。

6．教育作用

自从企业文化引起人们重视以来，人们花了大量的时间和精力去研究怎样建设企业文化，但是当企业文化构建之后，却将其遗忘在效益、利润的背后。要将企业文化植根于员工的脑海里，必须对员工进行长期、深入的企业文化教育和培训，让每位员工从深层次上理解企业文化的内涵，从而形成共同的价值观，以增强企业内部的凝聚力和整合力。

7．制度作用

企业文化的贯彻和实施，要有相应的制度作为保障。企业制度保障企业文化的传播，两者相辅相成。企业制度是硬约束，企业文化是软约束，只有将两者有机结合，企业员工才能在双重的监督下积极努力地为企业出谋划策。

8．奖惩作用

企业文化作用的发挥不仅需要教育的感化、制度的约束，更需要奖励和惩罚去引导和加强。奖惩制度是将企业文化植根于企业员工心目中的一种有效手段。

10.2 企业文化的基本内容

根据企业文化的定义，企业文化的内容是十分广泛的，但其中最主要的应包括如下几点。

10.2.1 制度文化

企业制度是企业及其成员共同的行为规范，是企业协调员工的力量、实现企业目标的基本手段。制度作为企业生产经营实践经验的总结，它既是企业的价值观、道德规范、经营哲学的反映，也是企业管理民主化、科学化程度的体现，它既构成企业文化的一个重要内容，也是企业文化的载体之一。

企业规章制度实际上是企业文化规范性的反映，所承载的是企业文化的内容。企业规章制度的权威性、强制性、稳定性、变动性、群众性、有限性等特点都体现了企业文化的要求。

企业的规章制度既是企业文化规范化的反映，也是企业文化得以强化和发展的重要保证。一定的企业文化一旦形成，就对企业的行为起着极大的制约作用。

在企业文化系统结构中，制度文化位于行为文化之后是必然的。制度是任何一个社会组织团体正常运转不可少的因素之一，它是组织为了达到特定目的所制定的行为规范，即一种人为制定的程序化、标准化的行为模式和运行方式。它规定哪些行为应受到肯定和赞扬、哪些行为应被禁止和批评，从而带有鲜明的强制性。

10.2.2 价值文化

所谓价值观念，是人们基于某种功利性或道义性的追求而对人们（个人、组织）本身的存在、行为和行为结果进行评价的基本观点。企业价值观是以企业中的个体价值观为基础、以企业经营管理者价值观为主导的群体价值观念。企业价值观是企业文化的核心，它决定和影响着企业存在的意义和目的。企业各项规章制度的价值和作用、企业中人的各种行为和企业利益的关系，为企业的生存和发展提供基本的方向和行动指南，为企业员工形成共同的行为准则奠定了基础。

企业价值观受企业哲学的影响。企业哲学不同，必须导致企业价值观念不同。例如，以物为本的企业哲学，就会形成一切以有利于物的发展为标准的评价体系；而以人为本的企业哲学，就会形成一切以有利于人的自觉性发挥的评价体系。

根深蒂固的价值观提供了衡量凝聚力的尺度，没有共同价值观的企业无异于一盘散沙，没有正确价值的企业就像大海中失去航向的船只，这种共同的规则体系和评判准则决定了企业全体人员共同的行为取向。企业价值观中还包含价值理想，这种信念赋予企业人以神圣感和使命感，并鼓舞企业人为崇高的信念而奋斗。

 **管理故事**

三个砌砖工人的故事

一名记者到建筑工地采访，分别问了三个建筑工人同一个问题——你在做什么？第一个工人头也不抬地回答："正在砌墙。"第二个工人回答："我正在盖房子。"第三个工人的回答是："我在为人们建造家园。"记者觉得三个建筑工人的回答很有趣，就将其写进了自己的报道。若干年后，记者在整理过去的采访记录时又看到了这三个回答，三个不同的回答让他产生了强烈的欲望，想去看看这三个工人现在的工作和生活怎么样。等他找到这三个工人的时候，结果令他大吃一惊：当年的第一个建筑工人现在还是一个建筑工人，仍然像从前一样砌着墙；而在施工现场拿着图纸的工程师竟然是当年的第二个工人；至于第三个工人，记者没费多少工夫就找到了，他现在成了一家房地产公司的老板，前两个人正在为他工作。

启示：三个砌砖工人从不同的思维方式、不同的人生价值观出发，缔造了不同的人生道路。

10.2.3 人本文化

在剧烈的市场竞争环境里,在决策正确的前提下,哪个企业能够最大限度地调动员工的积极性、开发员工的潜力,哪个企业就能争取主动,就能获得长足发展。"以人为本"即把人作为企业管理的根本出发点,把做人的工作、充分调动人的积极性作为企业管理的根本任务的指导思想。也就是提倡尊重人、相信人、激励人、开发人,使人能动地发挥其无限的创造力。人本文化仍然是未来企业文化的主旨和主旋律其具体内涵如下。

(1) 树立人的生命本位意识

尊重生命、热爱生命、崇拜生命,珍视和放大生命价值。创造有安全保障的工作环境,保护人的生命,提高人的生命质量。

(2) 尊重人的人格与尊严

从管理制度到管理方式,摆脱封建家长制和官僚科层制的束缚,张扬个性,满足人的自尊需求,使人活得有尊严。

(3) 重视人的自我价值

秉承人人是人才的理念,为实现和提升人的自我价值搭建事业平台,为员工的晋升和发展创造更好的条件,寻找员工价值与企业价值的契合点。

(4) 体现人的主体地位

保障人的参与与分享权利,使员工成为企业文化的创造者、实践者和共享者。

(5) 促进人的全面发展

加强对员工的培训,提高人的整体素质,一方面追求人力资本的最大回报,另一方面为社会培养合格乃至高素质的社会公民。

在现代企业生产经营活动中,或者说在生产力的进步中,人是最积极、最活跃、最关键的因素,是创造力的源泉。人的主观能动性发挥得如何直接关系到企业生产经营效率的大小和经济效益的高低。建设企业文化,就是要建设一种环境,使企业中优秀的人才脱颖而出。因此,如何发现人才、团结人才、使用人才是对企业经营管理者的另一个要求。卓越的企业管理者总是深谙用人之道。用人的方法如下。

(1) 尊重知识、尊重人才

人才是企业的第一资源,也是最最宝贵的资源。拥有了人才,企业就拥有了知识技术及先进的经营管理方法,这些都是企业经营发展之本。

管理故事

在许多人眼里,刘邦原来只不过是鸡鸣狗盗之辈、街巷之徒,然而正是因为他物色了统兵百万的韩信、运筹帷幄的张良和善管后勤的萧何,他才能够大败项羽于垓下,从而建立起刘家王朝。

分析:这足以说明刘邦是如何尊重知识、尊重人才的,懂得把许多比自己有才能的人聚集到身边来。

(2) 在实践中发现人才

实践是检验真理的唯一标准。人才是在实践活动中成长起来的，当然也要通过实践活动来识别。考察了解人，不能光靠少数人闭门造车，广泛听取群众正反两方面的意见，才能准确地识别德才兼备的人才。人才考核的要素应当包括：素质结构、智力结构、能力结构、绩效结构。

(3) 知人善任、用人所长

"知人"是"善任"的前提条件，用好人才，必须首先做到知人。所谓"知人"，不仅"知"人才的长处和短处，而且要"知"人才的过去和现在，更要"知"人才的将来。所谓"善任"，就是选拔人才加以重用时，要善于发挥人才的长处、克服其短处，要善于调动人才周围人员的积极性，要善于从各方面为人才充分发挥作用创造条件，要善于为人才的今后发展打下基础。

(4) 疑人不用、用人不疑

领导者要遵循"用人不疑"的原则，用则信、信则放。不可被周围的风言风语所左右，用人不能半信半疑。大多数人都有自信心，都有成就感，都抱有通过自己的努力去完成某项工作或某种事业的心情和愿望。管理者对下级在量才授职之后，就要放手让他们工作，提供一些必要的指导，相信他们的聪明才智，发挥他们的主观能动性，让他们自己努力去实现预定的目标，使其在事业成功后获得成就感。

(5) 唯才是用与唯才是举

企业领导者不仅要有识才的能力，还要有荐才的勇气。"千里马常有，而伯乐不常有"。推荐人才，乐当"伯乐"，是企业各级领导的神圣职责，也是企业文化中应提倡的企业风气。企业中的伯乐精神会有力地促进人才的发掘。向企业推荐人才，实际上就是帮助企业发掘至宝。人才的成长要经过一定的智力投资，付出一定的代价。人才一旦被发掘出来，在适当的岗位上充分发挥作用，将大大地提高企业的经济效益。

(6) 人无完人

一切事物都是矛盾的统一体，人也不例外。一个人的优点和缺点总是相互交织的。而目前在企业人才选拔上，看其一点，不及其余；看其一时，不问全过程。这样形而上学观点还存在着。其表现在，一是只见人才的缺点而不见人才的优点，不分析缺点是主流还是支流，抓住缺点，一叶障目；二是只看人才的过去而不看人才的现在和将来，对犯有错误和过失的人才"一棍子"打死；三是喜欢没有缺点的庸人，不喜欢有缺点的能人，庸人比能人吃香，致使能人也成了庸人。

10.2.4 创新文化

21世纪是社会大变革的时代，经济全球化和知识经济时代的到来使得企业文化创新势在必行。企业文化创新是企业创新的一项重要内容，主要是指导企业为了适应不断变化的客观环境而对企业文化各构成要素所进行的一系列变革的总和。其核心是企业精神文化的再造，旨在建设一种有利于企业适应环境变化的新文化，更好地促进企业持续、快速和健康发展。企业文化创新在现代企业经营中占据着重要地位，具有不可替代性。企业文化创新的内容：企业精神创新、企业制度创新、形象创新。

企业文化创新是现代企业管理的重要组成部分，是企业赖以生存和发展的基础。随着市场竞争的加剧，企业文化创新直接关系到企业的命运和未来，因此，企业必须坚持文化创新，维持并提升企业与环境和谐共存。具体表现在以下几个方面。

1. 企业文化创新有利于增强企业综合实力

企业文化创新通过对价值观的培育，可以摒弃原有的不合理的思维和行为，以一种前所未有的新思维直接作用于人的观念意识、思维方式，进而影响到人的行为，有助于达成对改革、创新的共识，促使员工理解、支持创新。企业通过文化创新推动企业经营观念、管理观念的变革和创新，用高效率的管理、高质量的产品和服务取得良好的经济效益，从而提升企业的竞争力。同时，企业文化创新能够培育一种强有力的管理方式，把企业的各个方面、各个环节有机地结合起来，促进企业整体素质的提高，从根本上增强企业的活动，为企业参与竞争打下良好的基础。

2. 企业文化创新有利于企业持续、全面的创新

企业文化创新是企业可持续发展的一个重要指标和鲜明特征。现代企业文化创新对企业技术创新、管理创新等有重要作用，是企业创新的基础，是企业可持续发展的有力保障。同时，企业文化创新是一个动态过程，当企业内外条件发生变化时，企业文化也相应地进行调整、更新、丰富和发展，使企业适应环境的应变创新能力大大增强。企业文化在与环境同步变化的过程中，能够有意识地选择合适的企业文化以适应挑战，只有这样才能在激烈的市场竞争中依靠文化带动生产力，从而实现企业的可持续发展。

3. 企业文化创新有利于培育优秀的企业家和企业精神

企业家是创新活动的策划者和组织者，是构成企业核心竞争力的基本要素，也是培育独特的积极向上的企业精神的关键所在。一个具有企业文化创新的企业必然是一个强调不断提高全体员工（包括企业家）的文化素质、知识能力、社会责任感和道德水平的企业。同时，企业文化创新也有利于企业家主动更新观念、迎接变革，适应新经济发展的要求。

在创新与变革文化的导向下，企业至少表现出以下几个方面的文化风格：
1）具有强烈的危机意识；
2）敢于挑战自我，视今天为落后，志在追求更高的目标；
3）善于打破今天的平衡，创造新的平衡，使企业永远处于动态的发展中；
4）不怕冒风险，善于在风险中寻找更好的经营机会；
5）宽容失败，即为了鼓励人们创新与变革，能够宽容在创新中出现的失误；
6）善于行动，凡事都试一试，千方百计把好的想法变成现实。

 管理故事

微软的 18 个月

"微软公司距离破产只有 18 个月了"，这句话绝非危言耸听，而是比尔·盖茨根据摩尔定律所阐述的"微软的摩尔定律"。

比尔·盖茨是一个天才，13 岁开始编程，并预言自己将在 25 岁成为百万富翁；他是一个商业奇才，独特的眼光使他总能准确地看到 IT 业的未来，独特的管理手段使得不断壮大的微软公司能够保持活力；他的财富更是一个神话，39 岁便成为世界首富，并连续 13 年登上福布斯榜首的位置；他是微软公司董事会主席和首席软件设计师。微软公司是为个人计算和商业计算提供软件、服务和网络技术的世界范围的领导者。曾经有传闻称，根据比尔·盖茨资产增长的速度计算可得出，让他弯腰白白地捡 500 美元，实际上是一件亏本的事情。即使这样的一个世界首富也会为倒闭、破产而担心。

英特尔公司名誉董事长戈登·摩尔经过长期观察发现：集成电路芯片上可容纳的晶体管数目，约每隔 18 个月便会增加一倍，性能提升一倍，而价格下降一倍；用一美元所能买到的电脑性能，每隔 18 个月翻两番，这就是摩尔定律。它从技术的角度归纳了信息技术进步的速度，从经济的角度说明了竞争的惨烈。同时，它也是人类信念的定律，当人们相信某件事情一定能做到时，就会努力去实现它。

正是基于此，比尔·盖茨提出"微软公司的摩尔定律"，意在告诫员工：面对快速发展的 IT 技术，必须有强烈的危机感和必胜的信念，勇于创新，勇于竞争，超越自己，领先于人，使企业跨越一个又一个巅峰，充满活力，基业长青。

资料来源：根据 http://www.bokee.net 中的资料整理而成.

10.2.5 道德文化

道德是企业文化的重要内容之一，是一种特殊的意识形态和行为规范，贯穿于企业经营活动的始终和管理活动的各个层面，对企业文化的其他因素及整个企业的运行质量都有深刻影响。

道德是有层次的，既有符合现实的一般道德，又有滞后于现实的落后道德，还有超越现实、与先进文化同步的高尚道德。要实现员工行为和企业倡导的价值观的统一，必须坚持道德高标准，即崇尚高尚道德。也就是说，只有通过企业的伦理道德建设，把企业制定和倡导的先进道德规范化为企业员工的自觉行为，从而变成员工的无意识或潜意识行为，企业的价值观才能得以贯彻。

有人提出，如果企业坚持道德高标准，必然影响企业利益，进而影响企业竞争力。坚持道德高标准究竟是否影响企业竞争力？美国学者罗斯就美国企业的道德准则征求了 1000 多名公司主管、高级职员、商学院的院长和国会议员的看法，有 63% 的调查对象认为坚持企业道德高标准能增强其竞争地位，有 14% 的人认为坚持道德高标准的公司都是比较差的竞争者，23% 的人认为道德标准对企业竞争地位有影响，但与企业成功没有必然关系。这说明多数人认为二者是统一的关系，坚持道德高标准会影响企业竞争力的说法得不到广泛认同。

不少学者认为，企业成功与道德形象并驾齐驱，坚持正直、诚实的竞争原则和高尚道德是有回报的，而且高尚道德标准高于法律标准。美国学者狄龙在"竞争的道德准则的前景"一文中指出：信任、服务和尊敬是成功的企业关系的标志，但与此有关的历史标准确实是不协调的。如果把眼光移向法律，我们会变得更困惑，因为法律反映的是昨天的道德标准，而不是明天的社会期望。通常人们总把"是否合法"作为道德准则检查的首要方面，这或许是一个基本的道德准则问题，但不是起作用的竞争的道德准则。竞争的道德准则意味着始终领先于立法和诉讼过程,并且要比法律的要求更高,即要求能够在法庭之外执行。

如果仅顺从今天的规则,就不可能利用机会创造竞争的优势。事实上,这恰恰又是企业利益、社会利益和长远的最大利益之所在。一个有竞争意识的企业,应保持企业行为和企业价值观的统一,应当为自己的所作所为负责,这是竞争的道德准则的关键。建立一种竞争的道德准则,需要始终如一的信念和行动。如果希望成为以做事正派而著称的公司,就应相信,道德选择应是符合企业长远利益的。由此可以得出结论:企业行为、员工行为和企业价值观的统一,领先一步满足社会的需要和期望,在立法和司法程序完善之前,以最高标准管理自己的生产流程和经营活动,并且一旦认识到错误就立即加以纠正,这样的企业才会有竞争优势。

坚守道德高标准是否得到更高回报,与市场发育状态、竞争环境和法制环境有关。在一个市场秩序混乱、竞争不公平和法制不够健全的环境里,失信失德的行为不但得不到应有的谴责和惩处,反而能够屡屡得手,即使偶有"失误",失信失德行为的成本代价也较低。这种情况对坚守先进道德的企业是一个很大的考验。只有随着市场的发育,积极健全竞争规则,完善法制体系,才能"善有善报",坚守高尚道德才有根本保证。当然,即使在环境不够理想的情况下,企业坚守道德高标准,从长远看,也能通过取得社会信任和顾客忠诚获取更高的回报,这是事实,也是规律。

 **管理故事**

曼维尔补过故事

美国曼维尔公司曾销售过一种名叫弗莱克斯Ⅱ型板材的产品,这是一种水泥建筑板材,这种新产品在安装后开始出现裂缝。该公司最后决定建立一个特别工作组,与在125个销售处购买过这种产品的580个客户联系,花了2000万美元为客户调换板材,不管这些板材是否出了问题。虽说曼维尔公司在短期内付出了高昂的代价,但赢得了建筑商的信任。

 **管理故事**

共有价值观是企业文化的核心

福山在《信任——社会道德与繁荣的创造》中指出:经济活动无法脱离经济伦理和企业道德的文化背景,无法离开国家宏观政策和企业经营管理的价值导向。1998年诺贝尔经济学奖得主阿马蒂亚森说过:"一个基于个人利益增长而缺乏合作价值观,不惜牺牲经济信用为代价的社会,在文化意义上是没有吸引力的,这样的社会在经济上也是缺乏效率的,以各种形式出现的狭隘的个人利益的增进和道德的牺牲,不会对我们的福利产生任何好处。社会如此,企业也如此。"

10.3 企业文化建设

社会主义市场经济的发展会给每个企业带来发展机会，同时也带来挑战。企业文化建设既要继承和发扬企业文化中的优良传统，更要更新观念。特别是在经营哲学、价值观念、社会责任等方面要适应社会主义市场经济的要求。

企业文化建设是一个长期的动态过程，不能急于求成，也不能照搬别人的模式。一般来说，要考虑营造企业的文化氛围、提炼企业价值观、倡导企业精神、重视企业文化的传播与沟通、重视企业文化变革五个方面逐步提高。

10.3.1 营造企业的文化氛围

应对企业现有资料全面收集，通过对厂史、厂情的正式与非正式组织调查，摸清企业自创以来已形成了什么样的传统作风和行为模式，以及有什么特点，在现有企业文化中哪些是积极向上而应该发扬的。在调查分析的基础上，根据企业的经营特点，发动广大职工参与企业文化的设计，通过各种方案的比较、融合、提炼，集企业职工的信念、意识、行为准则、共同理想、企业目标、社会责任、道德风尚为一体，提出有特色的企业文化建设目标。这个目标应既有继承性又具有时代性，能使全体职工树立起良好的价值观念，在企业内部形成团结、和谐的氛围。

10.3.2 提炼企业价值观

企业价值观指企业决策者对企业性质、目标、经营方式的取向做出的选择，是员工所接受的共同观念，是长期积淀的产物。企业价值观是企业员工所共同持有的，是支持员工精神的主要价值观。企业价值观是艰苦努力的结果，是把所有员工联系在一起的纽带，是企业生存发展的内在动力，是企业行为规范制度的基础，是企业文化的核心，是企业对周围客观事物的意义、重要性的总评价和总的看法。

不管社会如何变化，产品会过时，市场会变化，新技术会不断涌现，但是在优秀的公司中，企业价值观不会变，它代表着企业存在的理由。如果企业全体职工对某个重大经营决策能达成共识，就将使企业每个职工的行动导向一致。根据经验总结，成功的企业都十分重视培育共同的价值观念。其内容包括：向顾客提供优质的产品和服务；注重发挥职工的主动性和创造性；培养热爱国家和集体、热爱本职工作的精神；强调职工之间相互沟通和协作。如何提炼企业价值观呢？领导者做出表率；通过演讲，教会员工如何思索企业的价值观；引发员工描述价值观的内涵；同员工一起找出外显的企业价值观；归纳价值观。

对企业有价值的东西很多，这类对象可以是一套先进的生产设备等物质客体，也可以是思想观念，如"顾客就是上帝"等。企业本身的价值也有很多，既可以是物质价值，也可以是精神价值，即企业不仅需要造出新产品，还需要进行观念上的创新。这些对企业有价值的东西及企业本身所具有的各种各样的价值，集合起来就成为一个企业的价值体系。企业价观是对企业最高价值的表述，不可能囊括企业价值体系的各个方面，有时，必须进行一定程度的取舍，从而寻找出本企业最重要的价值。通过对许多成功企业的考察，管理专家们给出了如下的企业价值次序。

1）人的价值高于一切。企业的价值就在于关心人、培育人、满足人的物质和精神的需要。同时，对于那些要获得成功的企业来说，最有价值的因素不是物、不是制度，而是人。

2）共同的价值观念、经营观念等软因素的价值要高于硬管理因素和其他软管理因素的价值。这典型地表现在麦肯锡 7S 框架的表述之中："我们认为共同的价值观对一切企业都是非常重要的，它可能是大公司的'秘密武器'。" 7S 框架认为："在企业经营中，技术力量、销售力量、资金力量及人才等，虽然都是重要因素，但最根本的还是正确的经营理念。"信念的重要性远超过技术、经济资源、组织结构、创新和时效。

3）为社会服务的价值高于企业利润的价值。这是因为：一方面，企业的目的、使命和价值在于为社会提供物美价廉的产品和优质服务，利润不应成为企业的最高目的，只应视为社会对企业的酬劳；另一方面，调动企业人员积极性的最有效手段不是利润指标，而是为社会多做贡献的使命感。

4）共同协作的价值高于独立单干的价值。理由很简单，因为共同协作适应现代企业生产的社会性。

5）集体的价值高于自我价值。企业实际上就是一个集体，如果个人要自我膨胀，在企业中总会产生失落感。

6）普通岗位的价值高于权力的价值。在企业组织中，最清楚事情应该怎么办的是一线工人，凡人创造生产率，而权力并不会给人带来知识。

7）企业知名度的价值高于利润的价值。日本盛田昭夫认为：牺牲利润来提高企业知名度，不但可以开始谱写本企业的历史，最终也可以获得更多的利润；牺牲知名度而攫取利润，就始永远不会有本企业的历史。

8）维护职工队伍稳定的价值高于赚钱的价值。一个繁荣时期"招聘"、萧条时"解雇"员工的企业，不仅不能赢得人心、不能保住人才，更不能形成企业共识。在萧条时不解雇员工，企业虽然会牺牲一些利润，但留住了人才，赢得了人心，达成了共识。拥有人才、赢得人心，企业就能赚得更多的财富。

9）顾客第一、员工第二、企业第三，最后才轮到股东。

10）用户的价值高于技术的价值，应该靠用户和市场来驱动，而不是靠技术来驱动。用户的建议是最为经济实惠的，这便是服务的黄金定律。

11）保证质量的价值高于推出产品的价值。因此，就采用未经证实的新技术来说，许多企业都愿意在"市场上以甘居亚军为荣"。

12）集体路线的价值高于正确的价值。因为重要的不是决定本身而是人们对于决定了解到何种程度，否则，最好的决定也能被搞坏，正像最坏的决定也能搞得不错一样。

13）顾客第一、家庭第二、工作第三。

这些企业价值次序来源于许多成功企业的实践经验，而并非纯理论的推导。它们不一定对所有企业都适用，因此，一个企业在确立自己的最高价值时，可以根据本企业的实际情况及企业未来发展进行考虑。当然这并非是对这一企业价值次序的全盘否定，对许多尚未完全把握企业价值意义的企业而言，它的指导意义是毋庸置疑的。

10.3.3 倡导企业精神

企业精神指在生产经营活动过程中逐渐形成的、建立在共同的信念和价值观基础上的、为企业职工所认可和接受的一种群体意识，是企业职工团结奋斗的凝聚剂，代表着企业职工的精神风貌。

在我国企业的长期实践中，也曾经形成过一些有中国特色的企业精神。例如，在20世纪60年代，人们一提到"大庆精神"，就会想到"三老四严"、"四个一样"的行为标准。现在许多企业都根据自身的实际情况提出了自己的企业精神，如"求实、进取、创新"精神，"团结、求实、拼搏、振兴"精神，等等。企业精神渗透在企业目标、经营方针、职业道德、人事关系中，反映在厂风、厂纪、厂容、厂誉上，是企业素质的综合反映。这些精神至今仍然闪烁着灿烂的光辉。而且，众多事实证明，只有恒定地坚守这些宝贵精神的企业才能获得事业的永恒。企业价值观是企业精神的思想基础，企业精神则是企业价值观的集中体现。

企业精神具有自己的特点。

1）要有时代性。企业是社会的细胞，社会发展的一切痕迹和时代的烙印都会非常清晰、明显地反映在企业行为中。同样，企业精神是时代精神在企业这一微观领域内的折射，它不会也不可能超越时代的一般特征。

2）要有哲理性。企业精神是一定深度的精神境界的反映。因此，它含有完善、健康的哲理。它也必然要有一个形成的过程，绝不是某一位领导头脑一热就出来、头脑一冷又改变的东西。

3）要有个性。文化贵在个性，企业精神隶属于亚文化层次的企业文化范畴，是企业这样一个具有独立法人资格、自主经营、自负盈亏的经济组织的独特信念。因此必须有个性化的体现，充分反映企业的历史、行业、产品、职工、地区等特点，切忌雷同。美国IBM公司"IBM就是服务"的企业精神，就是根据公司所主营的计算机行业的特点，并综合了企业宗旨和价值观所提炼出来的。因为从计算机行业来看，周到的维修服务要比什么都重要，其竞争力也更强。IBM公司正是基于这一特点，确立了以服务为内容的企业精神。

管理故事

企业精神的表达

1. 三一集团

创始于1989年的三一集团，以报效祖国和"品质改变世界"的信念，秉承"创建一流企业，造就一流人才，做出一流贡献"的"三一"宗旨，仅用不到20年时间，创造了工程机械行业的奇迹。"三一人"认为：业可以无国界，但企业家和企业员工是有国籍的；"三一"有责任和义务在用高新技术改造传统产业的道路上、中国工业化革命的进程中做出自己的贡献。因此，三一集团企业精神定格为："自强不息，产业报国。"

2. 北京二商集团有限责任公司

北京二商集团有限责任公司是以食品生产、冷冻冷藏、肉类食品加工、现代分销与专业市场为主导产业的大型国有独资企业集团。下属有"六必居"、"王致和"、"天源"、"白玉"、"宫颐府"等众多知名品牌,长期以来,坚守"提升民生品质,引领健康生活",力争做"世界一流的都市型食品供应商",形成了关注民生、专业、精细、精益求精的精神品质。其企业精神定格为:"点滴之间,卓越无限。"

3. 歌华集团

歌华集团是从事文化传播产业的大型企业,以"传承华夏文明,做优秀文化的创造者和传播者"为使命,以做"世界一流的文化服务供应商"为目标,谋求企业的永续发展。根据集团所从事的文化产业的特点和公司员工的素质、企业风格及精神追求,"歌华精神"定格为:"他业无涯,创造无限,敢为文化先。"

4. 北京医药股份有限公司

北京医药股份有限公司是目前北京最大、位居全国同行业第三的医药流通企业,有诚信正直、崇德重义、追求卓越、追求完美的品格,科学管理、精益求精、雷厉风行、务实高效的工作作风及开拓进取、科技领先、力创北京医药品牌的共同愿景。公司力求增强文化力,以文化优势占据市场先机和市场主导。从医药行业特点和该公司的文化传统出发,在明确"在北药人的天平上,人品与药品同重"的价值取向基础上,企业精神定格为"真诚,信实,唯新,卓越"。

5. 北开电气股份有限公司

北开电气股份有限公司是国家生产高低压电器及成套装置的重点企业,有着较先进的制造技术和丰富的管理经验,独创"99+1=0"的质量管理理念和有影响力的"北开"品牌。面对竞争激烈的开关产品市场,敢于迎接来自国内外同行的挑战,立志以开关制造业为轴心、以电气设备市场为半径,适时向高科技领域渗透,在国际化竞争中逐步发展成为中国电气制造领域的中坚力量。因此"北开精神"定格为"创新无界,敢问天高"。

6. 北辰房地产股份有限公司

房地产行业的特点要求必须取得用户、银行和合作者的信赖,同时又要珍惜每一寸土地,使其开发的项目产生最大的经济价值,因此其企业精神表述为:"诚实守约,点地成金。"

7. 中国同仁堂集团

339年历史的老字号,有深厚的文化底蕴,尤其是深受儒家文化的影响,形成儒商经营风范和诚信传统,因此取"同仁"加以诠释放大,以"仁"为核心概念,形成同仁堂企业精神(也为同仁堂品牌的核心价值):"同修仁德,济世养生。"

在此基础上,形成同仁堂《堂训》:

同修仁德,亲和敬业;共献仁术,济世养生。

求珍品,品味虽贵必不敢减物力;讲堂誉,炮制虽繁必不敢省人工。

承同仁堂诚信传统,扬中华医药美名;拳拳仁心代代传,报国为民振堂风。

10.3.4 重视企业文化的传播与沟通

1. 企业文化传播的含义

文化具有交流、传播的属性,作为社会亚文化的企业文化自然也不例外。企业文化传播指企业文化特质从一个群体或个体传递、扩散到另一个群体或个体的过程。企业文化特质广泛而持续地传播、扩散和流动,就能为企业全体成员共同认可并享有。企业文化特质的传播只有通过企业全体成员的交往活动才能实现。企业中人与人的关系是动态的交往关系,在交往中,人们以各种形式和媒介沟通信息、交流观念和情感体验,这一活动过程是双向传播、相互作用的。

2. 企业文化传播的种类

企业文化传播可以分为文化共同体内的传播和文化共同体间的传播两种。前者可称为企业文化内传播,后者可称为企业文化外传播,其中企业文化外传播包括国内企业之间的文化传播,也包括国际企业之间的文化传播。

企业文化内传播具有辅助企业文化形成和确立的功能,又兼有使企业文化传播得以继承、发扬,从而激励员工意志的功能。事实上,企业文化的形成、发展、积累都与企业文化内传播有密切的关系。

企业文化外传播具有树立企业形象、提高品牌忠诚度和竞争力的功能,兼有推动社会精神文明建设、促进社会文化进步的作用。事实上,企业文化外传播不是单向的文化输出,而是一种文化交流。因此,企业文化外传播的过程也是企业文化与外部文化相互推动、不断成长的过程。

3. 企业文化传播与沟通的技巧

企业文化传播与沟通的技巧很多,是对传播内容的美化与包装,指的是灵活运用一般传播原理、规律和方法所表现出来的具体而又特殊的传播方法。传播技巧不同于传播技术,技巧反映的是对信息"包装"传播的巧妙技能,对传播原理有很大的依赖性,而技术反映的是对信息"原样"传输的操作技能,对传输装备有很大的依赖性。企业文化传播技巧中往往包含着对企业文化传播技术的使用,但掌握了企业文化传播技术的人不一定同时懂得企业文化传播技巧。人类传播史证明,传播实践是传播技巧的源泉,而传播技巧也可以优化具体的传播实践,传播技巧又是传播经验的结晶。

(1) 组构技巧

1) 明示法和暗示法。就是将所要传播的中心思想或基本内容做出明确的或含蓄的归纳总结。思想明示的基础是通过证明和逻辑推理而试图取得接受者的同意;思想暗示的基础是通过直接移植心理状态的途径而在接受者身上发生作用。所以,明示法主要是理性的影响,而暗示法则主要是情绪的影响。

2) 首位法和新奇法。在出现两个以上的企业文化传播者和阐述两种相反的观点时,先出场的企业文化传播者和先阐述的观点在其特定的情景中获得了较大的企业文化传播效果,谓之首位法;相反,后出场的企业文化传播者和后阐述的观点也在特定的情景中获得了较大的影响效应,则谓之新奇法。这两种方法或技巧是在不同的情景或条件下起作用的,因此,很难说哪种技巧更有效。在企业文化传播中,可以综合运用两种方法,用首位法取得好的第一印象,而后以新奇法不断强化,巩固首位法造成的印象或效果。

(2) 论证技巧

1) 引证法。企业文化传播者巧妙、合理地引用事实材料和理论资料作为证明或反驳观点的论据,叫做引证法。引用资料证明观点时必须注意:事实要真实可靠,绝不可胡编乱造。

事实要典型生动，引文要准确贴切。资料要认真核实，要确保资料来源的可靠性和权威性。

2）印证法。引证法是企业文化传播者直接引用资料来证明自己的观点和主张，而印证法是真正的企业文化传播者隐藏在幕后，操纵别人现身说法来达到间接证明自己观点或主张的目的。

3）比喻法。它是一种运用具体的感人形象来比喻抽象的观点和道理的方法。一般用人们比较熟悉的而又容易理解的具体事物来证明人们比较生疏且比较抽象的道理。在比喻论证中，论据是喻体，论点是本体，两者之间有着某种共同特点。同文艺中的比喻不同，宣传中的比喻的目的是说明道理和论证观点。在具体的运用中，比喻法有直喻、隐喻、讽喻三种方式。

4）假借法。企业文化传播者有目的地把自己的观点、产品或行为与接受者普遍喜欢的美好的事物联系起来，使人容易接受，这就叫做假借法。假借形式有很多，如假借符号、假借声音、假借名人等。

5）比较法。用正反两面的或相近似的事实或观点的比较来进行论证说理的方法叫比较法。比较法可以使被论证的事物的某些层次更鲜明、更加突出，可以帮助人们准确地认识、评价事物，并能在大量相似的事物中找出各自的特点和共同点。

（3）鼓动技巧

1）赞扬法。赞扬法就是通过对某种思想和行为的肯定，使这些思想和行为得到强化和推广的方法。具体的运用中可采用精神赞扬、物质赞扬、直接赞扬、间接赞扬。

2）批评法。批评法是通过对某种思想或行为的否定，使其受到削弱并转化到正确方面的方法。开展正确的批评和自我批评，要注意实事求是，与人为善，批评得适时适量。

3）情感激励法。这是通过抒发情感来达到企业文化传播目的的一种方法。一些心理学家认为，对人类影响最大的是情感，不是理智。情感推动人去行动，而理智阻碍人的活动。

4）理性分析法。这是运用概念、判断和推理来说明观点、剖析事理的方法。

5）角色扮演法。这种技巧的影响力不依赖连续的奖励和惩罚，不依赖口头或文字的宣讲鼓动能力，它取决于接受者对角色扮演者的认同程度和相信程度。

6）号召从众法。从众是一种普遍存在的心理现象，来源于群体意见和规范对个体所产生的不知不觉的压力感。所谓号召从众法，指企业文化传播者的宣传总是力图使接受者相信，能对他们产生真实或臆想压力的那个群体（个人）都已经或正在接受他所宣传的观点和方案，暗示（号召）接受者要想避免孤立、减少压力就应该采取与大家相一致的态度和行动。

（4）传递技巧——多说法

宣传者成功的诀窍在于能说会道。事实是：有的东西只要多次重复就会被认可。可见，只要企业文化传播者反复多次地向接受者传播自己的观点和主张，使其没有机会和时间来选择其他信息作为参考，接受者就有可能改变态度，采取企业文化传播者所期望的那种行动。而无论以何种多说法来传播，都必须遵循这样的原则：内容要真实可信；信息重复的频率强度和时距要适当；形式要富于变化。

10.3.5 重视企业文化变革

1. 企业文化变革的含义

企业文化变革指由企业文化物质改变所引起的企业文化整体结构的变化。它是企业文化运动的必然趋势和企业生存发展的必然要求。企业文化变革的根源在于企业生存、发展的客观条件发生了根本性变化，它是社会文化变革在企业内的反映。当企业经营环境改变、原有文化体系难以适应企业发展需要而陷入困境时，就必然通过文化变革创建新的企业文化。因此，企业文化变革是企业文化产生飞跃的重要契机。在一般情况下，企业文化变革对企业文化发展有着促进作用，而在某些特定条件下，企业变革也有可能引起企业文化的逆转。

2. 企业价值观的变革

企业价值观变革既涉及对企业整体文化的深层反思，又涉及对企业环境变化的重新认识。例如，20世纪80年代不少美国企业开始深刻地意识到美国企业价值观和美国企业管理方式已经让位于日本企业价值观和日本企业管理方式。阿纳齐教授经过对日本汽车企业取得巨大成功的原因进行分析，得出了美国企业常规逻辑所难以接受的事实：日本把人当成天赋的资源，而不是当成金钱和财富，不是当成一台机器，也不是当成一个个机器管理员。这也许是一切问题的关键所在。这种对企业主体和核心资源的不同的价值判定，已经给两国企业业绩带来了巨大的差别。因此，美国企业开始认识到自身潜在的危机，迫使它们接受新的企业价值观。到了20世纪90年代，美国经济增长势头强劲，美国企业员工创新精神所创造的劳动效率远远超过日本企业员工敬业精神所创造的劳动效率。因此，又使得日本人重新审视自己的价值观，再自觉不自觉地接受来自美国企业创新价值观的挑战。又如，20世纪80年代以前，计划经济体制及价值观制约了中国企业的活力与竞争力。改革开放以后，中国企业自觉不自觉地接受来自市场经济体制及价值观的挑战，30年多来，一直在企业价值观层面进行着深刻变革。

3. 管理哲学与管理思想变革

管理表层（如管理方式、方法、手段和工作作风等）的改变，从局部看似乎并不难，但整体的、系统的变革就涉及管理哲学与管理思想的根本改变，这是一场企业管理的价值革命，是很困难的事。例如，中国不少国有企业长期习惯于采用行政型的管理方法，多数民营企业又习惯于家长式的管理方法，要想在这些企业推广科学管理和人性化管理，其阻力是相当大的。尤其是在企业家主导型企业文化体系和管理体系中，管理哲学与管理思想的变革往往是企业家灵魂深处的变革。人类社会的历史反复证明，要想使杰出的人物放弃他毕生的信念、修改他们的理想和观点，很难做到或几乎不可能做到。解决方法多半是要么依靠自然法则的力量，要么更换领导人，彻底推翻原有的文化体系。

4. 经营理念的变革

企业经营的变革每天都在发生，经营规模、经营范围、经营对象、经营手段、经营方式等的经常性调整毫不奇怪。但经营理念的改变，如涉及企业使命的调整、经营目的的改变、顾客利益与企业利益关系的处理、竞争模式和赢利模式的选择等是深层次的、不容易的。这种价值变革，有些是在某一企业里因某些重大经营决策和事件的触发逐步展开的，有些则是因外部环境的急剧变化同时在一批企业发生，而后迅速形成一股新的思潮。当今世界，经济全球化、知识化、网络化、人性化的浪潮，使许多经营理念正在经受新的挑战和检验，促使企业挖掘新的经营智慧，改变经营思想。经营方面的价值变革不可避免。

 管理故事

摩托罗拉的企业文化

2007年3月28日,"2006 CCTV 年度雇主调查"结果发布仪式在北京隆重举行。经过由外到内的3轮调查,摩托罗拉(中国)电子有限公司从全国近千家竞争对手中胜出,荣获"2006 CCTV 年度雇主"荣誉十家企业之一。

1987年,摩托罗拉进入中国,向市场提供无线和宽带通信设备和服务。中国人使用的第一代移动通信产品就是摩托罗拉生产的 BP 机。1992年,摩托罗拉在天津注册成立摩托罗拉(中国)电子有限公司。摩托罗拉是世界财富百强企业之一,拥有全球性的业务和影响力,2005年的销售额为353亿美元,在中国内地有1家控股公司、3家独资公司、5家合资企业、17个研发中心和25家分公司,员工有10 000多人。截至2005年12月底,摩托罗拉公司在中国投资总额约为36亿美元,销售额达到89.83亿美元(包括出口)。目前,摩托罗拉已成为中国最大的外资企业之一。

作为中国最大的外资企业,摩托罗拉(中国)有限公司20年来始终秉承尊重员工的一贯理念,关注员工的健康和安全,倡导有意义的工作、有竞争力的薪酬福利、有人情味的企业文化。

摩托罗拉对员工提出"做中国企业好公民"的口号,倡导和鼓励员工投身到公益事业中。摩托罗拉12年间共捐建75所希望小学,使15 000名失学儿童重返校园。2006年3月9日,26岁的摩托罗拉员工李晓林捐献了造血干细胞,挽救了一个年轻白血病患者的生命,也从而成为2006年摩托罗拉公益事业的典范。摩托罗拉还发起和组织了多项环保活动,在抗洪、教育等方面也有多项捐助。2006年,摩托罗拉向远程教育网络项目捐款150万元。

摩托罗拉十分重视参与中国的环保事业,秉承着对员工、对社会负责的态度,建立了"环境、健康与安全委员会"(简称 EHS),旨在领导劳动安全与保护工作,避免使员工在工作中遇到危险,爱护环境,预防危害的发生。

1993年,摩托罗拉大学中国区成立,致力于为公司培养世界一流的员工队伍。摩托罗拉大学与许多中国高等学府建立了合作关系。经过摩托罗拉大学认证的203名教师可以用中文讲授130门课程。摩托罗拉大学中国区还有一部分教师由公司内部的中高层经理兼任。

自2003年起,摩托罗拉在全国范围内开展了长期的实习生计划——摩托营,主要覆盖包括北京、天津、上海、成都和南京等城市。完成实习项目的营业员将取得摩托罗拉公司颁发的摩托营实习认证,表现优秀的实习生在毕业后将直接转为正式员工,成为摩托罗拉大家庭的一员。

摩托罗拉努力改善内部工作环境,营造良好的公司文化氛围,强调有意义的工作、有竞争力的薪酬福利、有人情味的公司文化和环境。开放式沟通政策、越级沟通等形式确保了员工的心声可以及时传达,并得到有效的落实。多种企业活动丰富了员工的业余生活,增强了向心力。公司选择能够体现公司文化、其行为代表公司核心价值观的员工为摩托罗拉文化形象大使,向全体公司员工讲述他们的故事。一进公司大门,就能看到一幅大型海报,与其他

悬挂着的外籍员工海报不同的是上面的中国面孔，这既不是哪个明星，也不是公司领导的照片，而是天津工厂生产线上一位普通的技术人员王宝香，她和她的团队凭借着超越和创新精神，将生产率提高了20%，将生产线占地面积缩小了33%，被摩托罗拉评为2006年中国区的形象大使。

在摩托罗拉有32%的女性员工，她们和男员工一样，为公司的辉煌业绩做出了自己的贡献。在招聘时，在同等条件下摩托罗拉优先考虑录用女性；在继任计划中，关键岗位的候选继任人中必须有一位是女性。2005年5月，摩托罗拉（中国）的女性员工组织——摩托罗拉中国丽人商会成立。公司对女员工的关爱还体现在点点滴滴上，如为照顾刚生完孩子的妈妈开辟的哺乳室；推动女性管理者实现职业发展的女性领导力论坛等。现在，关心女性的生活和职业成为摩托企业文化中重要的组成部分。

问题：摩托罗拉企业文化是如何体现的？

资料来源：央视国际，www.cctv.com

分析：

综观摩托罗拉的企业文化，不难看出，摩托罗拉公司这种"以人为本"的企业文化主要体现在以下方面。

1）注重广义上的以人为本，回报社会大众。摩托罗拉回报社会的价值观是将以人为本的思想从公司内部扩大到社会。从广义的角度来讲，以人为本不只是关心公司内部的员工，更应该承担社会责任，回报社会大众。摩托罗拉的社会回报有两层含义：一是公司方面的回报，二是员工方面的回报。公司方面的回报主要表现在公司对社会和顾客的责任。员工方面的回报就是要员工为社会公益事业奉献，表达爱心。

2）把员工的利益和发展视为企业发展的目标之一。摩托罗拉肯定个人尊严，实施充分的培训，创造无偏见的工作环境，关心每个人的成长和个人前途，为每个员工创造事业成功的条件和体验成功的成就感。公司为员工创造了良好的物质文化环境和制度文化环境，使员工在技术、知识和能力上不断提高，因而摩托罗拉在同业竞争中一直保持领先地位。

3）摩托罗拉文化给人平等、友爱和安全的感觉。尊重每个员工的人格尊严，开诚布公，让每位员工直接参与对话，使他们有机会与公司同心同德，发挥出最大的潜能；让每位员工都有受培训和获得发展的机会，确保公司拥有最能干、最讲究工作效率的劳动力。尊重资深员工的劳动；以工资、福利、物质鼓励对员工的劳动做出相应的回报；以能力为依据；向员工提供均等发展机会。为每个员工创造了一种健康、积极的文化氛围。

企业管理实训

【实训主题】

现代企业文化管理

【实训过程设计】

1）阅读下面的故事，结合教学内容，按每组5～6人进行讨论。

2）中国人寿文化素以全面性著称，请问具体体现在哪些方面？你认为这些标准还可以从哪些方面进行补充和完善？

3）中国人寿文化的核心特色是什么？请分析人寿文化的优势和劣势。

4）中国人寿的文化是如何落实到实际工作当中去的？请问你认为合理吗？有哪些不足的地方？

5）你认为中国人寿的文化尚需要在哪些方面苦练内功？如果你加入中国人寿，希望中国人寿的文化如何体现对人才的重视？

【实训目的】

1）理论联系实际，培养学生解决实际问题的能力，提高学生的学习兴趣。
2）培养学生对现代企业文化管理的理解能力，提高学生的求是精神。

【背景材料】

中国人寿的文化的中庸规范管理

中国人寿保险公司（简称中国人寿）是国有独资的全国性商业寿险公司。其前身是创立于1949年10月的原中国人民保险公司和分设于1996年2月的中保人寿保险有限公司。1999年1月，经国务院批准，注册变更为现名，总公司设在北京。

中国人寿及其子公司构成了我国最大的商业保险集团，是中国资本市场最大的机构投资者之一。2011年，总保费收入达到3 573.75亿元，境内寿险业务市场份额为34.75%，总资产达到1.96万亿元。

迄今已有60年经营历史的中国人寿保险公司一贯坚持"忠诚服务，笃守信誉"职业道德和"主动、迅速、合理、准确"的给（赔）付原则，竭诚为国内外客户提供各种人身保险服务，在民族寿险业中发挥着主渠道作用，得到了社会的广泛赞誉。

请登录中国人寿官方网站http://www.chinalife.com.cn，或通过收集公开资料，对中国人寿的企业文化进行总结。

综合练习

一、单项选择题

1．企业文化指以（　　），是一种以人为中心的管理方式，强调要把企业建成一种人人都具有共同使命感和责任心的组织。

  A．人的精神为着眼点　　　　　　B．有形资产为着眼点
  C．人为着眼点　　　　　　　　　D．以体现人的价值观为着眼点

2．（　　）是企业及其成员共同的行为规范，是企业协调员工的力量，是实现企业目标的基本手段。它既是构成企业文化的一个重要内容，也是企业文化的载体之一。

  A．企业文化　　　　　　　　　　B．行为制度
  C．激励制度　　　　　　　　　　D．企业制度

3.（　　）是以企业中的个体价值观为基础、以企业经营管理者价值观为主导的群体价值观念，也是企业文化的核心。
    A．企业价值观   B．行为价值观
    C．个人价值观   D．企业制度规则

4.（　　）指企业文化特质从一个群体或个体传递、扩散到另一个群体或个体的过程。
    A．企业传播文化   B．企业文化传播
    C．价值传播   D．现代传播技术

5.（　　）指由企业物质文化改变所引起的企业文化整体结构的变化，同时也是企业文化产生飞跃的重要契机。
    A．企业文化传播   B．企业制度变革
    C．价值传播变革   D．企业文化变革

二、多项选择题

1．企业文化分为广义和狭义两种。广义的企业文化指企业（　　）、（　　）、（　　）及制度文化的总和；狭义的企业文化指以（　　）为核心的企业意识形态。企业文化的核心是一种共有的价值观，是企业职工共同的信仰，它是指导企业和企业人行为的哲学。
    A．物质文化   B．行为文化
    C．精神文化   D．企业价值观

2．在企业这样的人群集体里要驱动、引导个体成员沿着一个方向进发，最基本也要有两套措施：一是（　　）——以制度、计划、纲领、文件等约束之；二是（　　）——以自发一致的使命感导向之。
    A．"排版"   B．"格式化"
    C．"同使命"   D．"价值感"

3．企业文化的作用分别是（　　）、（　　）、（　　）、（　　）辐射作用、教育作用、制度作用和奖惩作用。
    A．引导作用   B．凝聚作用
    C．约束作用   D．激励作用

4．卓越的企业管理者总是深谙用人之道。其用人方法是（　　）、（　　）、（　　）、（　　）、唯才是用与唯才是举、人无完人。
    A．尊重知识、尊重人才   B．在实践中发现人才
    C．知人善任、用人所长   D．疑人不用、用人不疑

5．企业文化创新是企业赖以生存和发展的基础，其内容有（　　）、（　　）和（　　）。
    A．企业精神创新   B．企业制度创新
    C．形象创新   D．个人素质创新

三、分析题

1．试述企业文化的由来与含义。
2．企业文化的作用和内容有哪些？
3．试述提炼企业价值观和倡导企业精神的意义。
4．理论联系实际探讨中国企业文化的建设。

第 11 章
创业型管理与企业创新

 课前阅读：海尔公司的创新

一、创新之道源于客户

北京的一位老太太对空调既爱又怕,爱的是因为空调带来了凉爽和温暖,怕的是空调对着人吹感觉特别不舒服,经常引起头痛等症状。空调能不能不对着人吹?思来想去,凭着平时对企业的粗略印象,她觉得可能只有海尔会重视这个想法。于是,她给海尔公司写了一封信,表达了她的意思。没想到,这封信不但得到了海尔的重视,海尔举一反三,竟引发了空调送风方式的革命,被海尔人称为"聪明风"。

"聪明风"的革命性意义在于其改变了空调传统送风方式的单一性,形成了多元化的送风方式,并且第一次将规律性的东西应用到了其中。其更大的意义在于可能由此消灭"空调病"。由于这种上下送风的方式彻底避免了直接吹向人体,如果再配以健康负离子等功能,有望真正实现既能享受空调又不得"空调病"的美好愿望。

二、创造个性、创造品位

山东威海的一位消费者在发给海尔彩电的邮件里说,她看电视时发现,普通彩电在换台时都会突然"黑"一两秒钟才能换到下一个台去,画面骤黑骤亮,强烈的光线色彩反差使眼睛极不舒服。她希望海尔彩电能拿出可行的解决办法。

用户的难题就是科研开发的课题!海尔开发人员迅速组成攻关小组,经过小组成员的努力,一款能解决电视晃眼症的彩电就这样问世了。它的"个性"之处在于:在机壳中内置了一个智能光控模块,能够对每幅图像的亮度与对比度进行精密计算,从而使彩电在 2 秒钟的时间内就可以播放 100 幅明暗不同的画面。所以在换台时,这款彩电的画面不是骤黑骤亮,而是有一个渐黑渐亮的缓冲过程,这就有效地解决了"电视晃眼症"的难题。据悉,此产品一上市就受到消费者的欢迎,在北京蓝岛商场,第一批"换台不晃眼"彩电上市不到一小时就被消费者抢购一空。

资料来源:http://www.eaonline.com.cn/news/19414.html,2002

启示

创新是企业生命力的根源,是竞争力之本,它在产生新的市场契机时往往能大幅度超越对手,获得极佳的经营成果。要持续创新也不容易,但海尔让创新成为一种模式,别人偶尔才能创造出来的神奇产品,在海尔成为例行性生产作业流程的环节,并形成自己独特的核心竞争力,值得学习与借鉴。

11.1 创业型企业的创建

11.1.1 创业者的特征、素质与能力

1. 创业者的特征

一般来讲,创业者具有以下基本特征。

1)强烈的成就感。成就感是人们对自己事业成功的认可程度。低成就感的人对现实状况容易满足,而高成就感的人往往乐于与某种较高的标准进行比较,并希望不断地超越别人甚至自己。

2)比较强的独立性。主要体现在自主抉择、自主行为、独立思考、大胆创新等方面。

3)很强的自信心。自信心是创业者走向成功的重要保障。自信心不强的人容易产生怀疑和恐惧,面对创业的不确定性,常会犹豫不决,往往因害怕变化而墨守成规、平淡一生。创业者一般都很自信,善于思考,勇于实践,乐于接受新生事物。

4)承担风险的意愿。在市场经济中,机会与风险共存。只要创业,就必然有风险,且事业的范围和规模越大,伴随的风险也就越大。愿意承担风险是创业者对事业追求的一种积极的心理状态。

5)创业的激情。创业是一个长期努力和奋斗的过程,立竿见影的事是极少的。在方向和目标确定后,创业者就要朝着既定的目标一步步迈进,纵有千难万险,也不轻易改变、半途而废。保持创业的激情,是创业成功的关键因素。

6)良好的人际关系。良好的人际关系可以帮助创业者排除交流障碍,化解各种矛盾,提高办事效率,增加成功概率,且在遇到困难时能及时得到朋友的帮助。

7)创新意识。能在瞬息万变的市场环境中,不断推陈出新是创业生存的一个重要环节,只有不断推出新产品、新服务、新方法,才能获得生存与发展的空间,才能创业成功。

8)冷静面对挫折的心理素质。创业是摸着石头过河,没有严格、统一的操作规范,因此,失误与挫折难以避免,能够冷静面对挫折是创业者走向成功的重要条件。

2. 创业者的素质

根据我国的创业环境及众多成功案例,创业者应锻炼以下几方面的基本素质。

(1)心理素质

所谓心理素质,指创业者的心理条件,包括自我意识、性格、气质、情感等心理构成要

素。作为创业者，自我意识特征应为自信和自主；性格应刚强、坚持、果断和开朗；他的情感应更富有理性色彩。成功的创业者大多不以物喜、不以己悲。

（2）身体素质

所谓身体素质，指身体健康、体力充沛、精力旺盛、思路敏捷。现代小企业的创业与经营是艰苦而复杂的，创业者工作繁忙、时间长、压力大，如果身体不好，必然力不从心、难以承受创业重任。

（3）知识素质

创业者的知识素质对创业起着举足轻重的作用。创业者要进行创造性思维，要做出正确决策，就必须掌握广博的知识，具有一专多能的知识结构。具体来说，创业者应该具有以下几方面的知识：做到用足、用活政策，依法行事，用法律维护自己的合法权益；了解科学的经营管理知识和方法，提高管理水平；掌握与本行业本企业相关的科学技术知识，依靠科技进步增强竞争能力；具备市场经济方面的知识，如财务会计、市场营销、国际贸易、国际金融等。

（4）能力素质

创业者至少应具有如下能力：创新能力；分析决策能力；预见能力；应变能力；用人能力；组织协调能力；社交能力；激励能力。

当然，并不是要求创业者必须完全具备这些素质才能去创业，但创业者本人要有不断提高自身素质的自觉性和实际行动。提高素质的途径：一靠学习，二靠改造。要想成为一个成功的创业者，就要做一个终身学习者和改造自我者。

哈佛大学拉克教授讲过这样一段话："创业对于大多数人而言是一件极具诱惑力的事情，同时也是一件极具挑战性的事。不是人人都能成功，也并非想象中那么困难。但任何一个梦想成功的人，倘若他知道创业需要策划、技术及创意的观念，那么成功已离他不远了。"

3. 创业者的能力

创业之初，创业企业通常会面临复杂多变的社会环境，且创业者所能够控制的资源十分有限，因此，要求创业者具备以下几方面的能力。

1）敏锐的洞察力和快速反应能力。新的创业企业不仅面对来自提供相同产品的对手的竞争，也面临着来自替代品、供应商、顾客及其他新进入者的竞争，甚至还可能与行业外的公司争夺人才和资金。这些情况的发生往往具有突发性。因此，需要创业者具有在面对复杂局面且没有充足时间分析的情况下迅速做出决策的能力。

2）领导与决策能力。创办一个企业，不仅需要处理大量的事务性问题，还要为企业建章立制，即便一两个人的小店铺或家庭企业也不能例外，企业虽小，但面临的环境及经营发展的变化不小。因此，创业者还需要具备相当的领导与决策能力，把企业的员工和业务安排得井井有条，并能及时处理所遇到的各种问题。

3）交流与沟通能力。在企业创建与经营的过程中，创业者不仅要同工商、税务等各环节的管理人员打交道，还要同客户、供应商、经销商等各个渠道、各行各业的人交往，没有良好的交流与沟通能力，企业的生存与发展将非常困难。

4）经营管理能力。一般来说，创业初期的企业规模较小，员工也少，企业的"内政外交"等都要创业者自己亲自处理。这一时期，创业者个人能力中的业务能力、客户开发能力、综合应变能力都十分重要,很多时候,创业者其实就是一个业务经理,只要有业务做,其他什么都好办。因此,创业者的经营管理能力往往是解决企业生存问题的第一要素。

5)资源整合能力。很多创业者在创业初期对资源的占有程度远不能满足企业发展需要,资源不足,使创业的成功率降低。但要具备完全充分的资源也不现实,创业者在只具备部分条件的情况下,要同市场中条件相对较好的公司去竞争并站稳脚跟,这就要求创业者能把自己未拥有的资源变成能充分为自己所用的资源,即具有资源整合能力。

11.1.2 创业者的类型

国内创业者基本可以分成以下几种类型。

1. 生存型创业者

创业者大多为下岗工人、失去土地或因为种种原因不愿困守乡村的农民,以及刚刚毕业找不到工作的大学生。这是中国数量最大的创业人群。清华大学的调查报告说,这一类型的创业者占中国创业者总数的90%。其中许多人是被"逼上梁山",为了谋生。一般创业范围均局限于商业贸易,少量从事实业,基本是小打小闹的加工业。当然也有因为机遇成长为大中型企业的,但数量极少,因为现在国内市场已经不像20多年前,那个创业时代,经济短缺,机制混乱,机遇遍地。如今这个时代,仅仅想依靠机遇成就大业,早已经是不切实际的幻想了。

2. 变现型创业者

过去在党、政、军、行政、事业单位掌握一定权力,或者在国企、民营企业当经理人期间聚拢了大量资源的人,在机会适当的时候下海,开公司办企业,实际上是将过去的权力和市场关系变现,将无形资源变现为有形的货币。

3. 主动型创业者

主动型创业者又可以分为两种:一种是盲动型创业者,另一种是冷静型创业者。前一种创业者大多极为自信,做事冲动。有人说,这种类型的创业者大多同时是博彩爱好者,喜欢买彩票、喜欢赌博,而不太喜欢检讨成功的概率。这样的创业者很容易失败,但一旦成功,往往就是一番大事业。冷静型创业者是创业者中的精华,其特点是谋定而后动,不打无准备之仗,或是掌握资源,或是拥有技术,一旦行动,成功概率通常很高。

4. 赚钱型创业者

赚钱型创业者除了赚钱没有其他明确的目标。就是喜欢创业,喜欢做老板的感觉。他们不计较自己能做什么,会做什么。可能今天在做着这样一件事,明天又做着那样一件事,他们做的事情之间可以完全不相干。其中有一些人,甚至连对赚钱都没有明显的兴趣,也从来不考虑自己创业的成败得失。奇怪的是,这一类创业者中赚钱的并不少,创业失败的概率也并不比那些兢兢业业、勤勤恳恳的创业者高。而且,这一类创业者大多过得很快乐。

就像萝卜、白菜一样,虽然营养成分、味道各不相同,但它们都是蔬菜,都可以供人们充饥、滋养身体,这是它们的共性。创业者也有其共性,研究并把握这些共性是一件非常有意义的事情。托尔斯泰说:"幸福的家庭都是相同的,不幸的家庭则各有各的不幸。"套用这一句话,也可以说:"成功的创业者都是相同的,失败的创业者则各有各的原因。"

 **小资料**

大龄创业者的励志创业故事

里克·菲尔德(Rick Field)过去是"NOW with Bill Moyers"电视节目制片人。现在是Rick's Picks 公司的联合创始人。

作为一个在电视界从业15年的资深人士,45岁的里克·菲尔德在VH1和Comedy Central频道从事导演与制片工作。但当他在PBS公司完成了广受好评的"NOW with Bill Moyers"节目后,他发现自己处在十字路口:"我很喜欢这份工作,但看不到以后的路该怎样走。"

因此,在2003年11月,菲尔德选择了一条别人很少走的路,在纽约创立了Rick's Picks,这是一家以其独特的品牌与不寻常的味道而闻名的腌渍品公司,出售如芝加哥的Wasabeans、芥末卤青豆等产品。

"我的业余兴趣是制作腌渍品,还赢得过几次制作比赛,因此我决定开一个这样的商店。"菲尔德说。为了从家庭厨房扩大为商业运作,他把原来的业务合伙人劳伦·麦克格拉斯(Lauren McGrath)与基纳·金(Jina Kim)拉了进来。四年后Rick's Picks的销售额超过了50万美元。

菲尔德以前的从业经历对他帮助也很大,"我做的绝大多数工作都属于基础性的与低预算的,因此你总会遇到较为混乱的状况",他说,"在创业阶段都是这样。我们仍然要从小本经营开始,只不过不会再请一个电影明星,穿着红色小衣服,坐在椅子上读一些有关时尚男孩组合的资料。现在的情形是:8小时内我们可以卖出2000磅甜菜与1500罐泡菜。"

菲尔德很喜欢他现在所从事的业务,但他也坦言:"我认为电视界的压力很大,而我现在做的事更是这样。心脏不好的人最好别去创业。"

11.1.3 创业机会

投资创业要善于抓住好机会,把握住了每个稍纵即逝的投资创业机会,就等于成功了一半。怎样发现创业的机会?具体有以下几个方面。

1. 变化就是机会

环境的变化会给各行各业带来良机,人们透过这些变化就会发现新的前景。

变化可以包括:①产业结构的变化;②科技进步;③通信革新;④政府放松管制;⑤经济信息化、服务化;⑥价值观与生活形态化;⑦人口结构变化。以人口因素变化为例,可以举出以下一些机会:

1)为老年人提供健康保障用品;
2)为独生子女服务的业务项目;
3)为年轻女性和上班女性提供的用品;
4)为家庭提供文化娱乐用品。

2. 从"低科技"中把握机会

随着科技的发展,开发高科技领域是时下热门的课题,如美国近年来设立的风险性公司中计算机占 25%、医疗和遗传基因占 16%,半导体、电子零件占 13%、通信占 9%。但是,公司机会并不只属于"高科技领域"。在运输、金融、保健、饮食、流通这些所谓的"低科技领域"也有机会,关键在于开发。

3. 集中盯住某些顾客的需要就会有机会

机会不能从全部顾客身上去找,因为共同需要容易认识,基本上已很难再找到突破口。而实际上每个人的需求都是有差异的,如果时常关注某些人的日常生活和工作,就会从中发现某些机会。因此,在寻找机会时,应把顾客分类,如政府职员、菜农、大学讲师、杂志编辑、小学生、单身女性、退休职工等,认真研究各类人员的需求特点,机会自现。

4. 追求"负面"就会找到机会

所谓追求"负面"就是着眼于那些大家"苦恼的事"和"困扰的事"。人们总是迫切希望解决问题,如果能提供解决问题的办法,实际上就找到了机会。例如,双职工家庭没有时间照顾小孩,于是有了家庭托儿所;没有时间买菜,就产生了送菜公司。这些都是从"负面"寻找机会的例子。

关于创业机会的几种定义:

创业机会是可以为购买者或使用者创造或增加价值的产品或服务,它具有吸引力、持久性和适时性;

创业机会是可以引入新产品、新服务、新原材料和新组织方式,并能以高于成本价出售的情况;

创业机会是一种新的"目的-手段"(Means-End)关系,它能为经济活动引入新产品、新服务、新原材料、新市场或新组织方式;

创业机会主要指具有较强吸引力的、较为持久的有利于创业的商业机会,创业者据此可以为客户提供有价值的产品或服务,并使创业者自身获益。

 **小资料**

你身边创业机会的五大来源

创业是发现市场需求、寻找市场机会、通过投资经营企业满足这种需求的活动。创业需要机会,机会要靠发现,在茫茫的市场经济大潮中要想寻找到合适的创业机会,需要创业者具备一定的素质。

著名成功学大师拿波伦·希尔说:"一切成功,一切财富,始于意念。"一个想创业的朋友,如果暂时还没发现机会或抓住机会,不要怨天尤人,先想一想自己的态度是否积极,思想观念、思维方式是否正确。

发现创业机会的五大来源。

> 1）问题。创业的根本目的是满足顾客需求。而顾客需求在没有满足前就是问题。寻找创业机会的一个重要途径是善于去发现和体会自己和他人在需求方面的问题或生活中的难处。例如，上海有一位大学毕业生发现远在郊区的本校师生往返市区交通十分不便，创办了一家客运公司，就是把问题转化为创业机会的成功案例。
>
> 2）变化。创业的机会大都产生于不断变化的市场环境，环境变化了，市场需求、市场结构必然发生变化。著名管理大师彼得·德鲁克将创业者定义为那些能"寻找变化，并积极反应，把它当成机会充分利用起来的人"。这种变化主要来自产业结构的变动、消费结构升级、城市化加速、人的思想观念的变化、政府政策的变化、人口结构的变化、居民收入水平提高、全球化趋势等。例如居民收入水平提高，私人轿车的拥有量将不断增加，这就会派生出汽车销售、修理、配件、清洁、装潢、二手车交易、陪驾等诸多创业机会。
>
> 3）创造发明。创造发明提供了新产品、新服务，更好地满足顾客需求，同时也带来了创业机会。例如随着计算机的诞生，计算机维修、软件开发、计算机操作的培训、图文制作、信息服务、网上开店等创业机会随之而来，即使不发明新的东西，也能成为销售和推广新产品的人，从而获得商机。
>
> 4）竞争。如果能弥补竞争对手的缺陷和不足，这也将成为创业机会。看看周围的公司，能比他们更快、更可靠、更便宜地提供产品或服务吗？能做得更好吗？若能，就找到了机会。
>
> 5）新知识、新技术的产生。例如，随着健康知识的普及和技术的进步，围绕"水"就带来了许多创业机会，上海就有不少创业者加盟"都市清泉"而走上了创业之路。
>
> 资料来源：徐本亮，解放日报．2010-04-2237．

11.2 知识管理与生存空间选择

11.2.1 知识管理

1．知识管理的概念

（1）知识管理的含义

在知识经济时代，知识是企业最重要的战略性资源，知识管理是企业面临的新挑战。从企业经营的角度出发，知识管理指通过对企业知识资源的开发和有效利用以提高企业创新能力从而提高企业创造价值的能力的管理活动。

根据这个定义，知识管理的终极目的与其他管理的终极目的一样——为了提高企业创造价值的能力。但知识管理的直接目的是提高企业的创新能力，这也是知识管理在新的经济时期之所以必然出现并且广泛兴起的直接驱动力。

在知识经济时代，企业创新是企业在市场上赢得竞争优势和提高竞争力的基本途径，而知识资源在企业生产率提高和财富增长中的日益不可替代的作用是企业创新的主要源泉。

知识管理的主要任务是对企业的知识资源进行全面和充分的开发及有效的利用，这也是知识管理区别于其他管理的主要方面。以往的管理无论其对象是人还是物，都没有将企业创新的根本力量——知识看成企业的一个相对独立的资源体系而加以全面和综合地管理。

(2) 知识管理与信息管理的区别

当今国际管理发展的三个趋势是：从信息管理走向知识管理、从信息资源开发走向知识资源开发、由客户机/服务器结构走向 Internet 结构。知识管理有别于信息管理，信息管理侧重的是对信息的收集、挑选、整理与分析，而知识管理是对包括信息在内的所有知识资源进行综合决策，并实施全面管理。公司常常错误地认为，制定一个有效的信息管理战略体现了它们在知识管理方面的行动，要想在知识经济中求得生存，就必须把信息与信息、信息与人、信息与过程联系起来，以进行大量创新。库珀认为："正是由于信息与人类认知能力的结合才导致了知识的产生。它是一个运用信息创造某种行为对象的过程，这正是知识管理的目标。"可以说，知识管理是信息管理的延伸和发展，信息管理只是将各种各样的信息以不确定的方式汇总、组织起来，方便人们利用计算机进行查询和检索，然而，如何由信息产生知识，即如何利用数据信息取得知识、再利用知识获得最大的利润或效益，这是一个新的层次。知识是由信息而来的，它是通过对信息的提取、识别、分析和归纳转换而来的，故信息管理是知识管理的基础，知识管理则是信息管理的延伸。知识管理通过一组问答序列（解决方案的集合）寻找和识别与问题有关的关键信息，并将这些信息进行提取，形成对某一问题的专门知识，作为决策的依据。在信息经济社会和知识经济社会，信息、知识和一些专门的技巧是获取利润的工具。知识管理就是把信息转化为知识，用知识指导决策并付诸行动，再将该行动转化为利润。

2. 知识管理的职能

（1）外化职能

外化是以外部贮藏库的形式捕获知识，并根据分类框架或标准来组织它们。只提供某种方式用以捕获知识并在线存储它们的技术位于底层，如镜像系统和数据库；而工作流技术则提供了稍高一层次的功能。外化过程的下一层次包含了更为强大的搜索工具和文件管理系统，它们对储存的知识进行分类，并能识别出各信息源之间的相似之处。基于此，可用聚类的方法找出公司知识库中各知识结构间隐含的关系或联系。外化的最终作用是通过内化或中介使知识寻求者得到所捕获到的知识。

（2）内化职能

外化是发展知识的相似之处，内化则是设法发现与特定消费者的需求相关的知识结构。在内化过程中，人们从外部储藏库里提取知识，并通过过滤来发现与知识寻求者相关的东西。内化能帮助研究者就某一问题或所感兴趣的观点进行沟通，并澄清那些与以往通过外化得来的知识相抵触的问题。在内化的高端应用软件中，提取的知识可以以最适合的方式来进行重新布局或呈现。这或许还要借助一些解释，同时文本可以被简化为关键数据元素，并以一系列图表或原文的摘要方式呈现出来。

（3）中介职能

内化过程强调明确、固定的知识传送，而中介针对的则是无声的知识，它将知识寻求者和最优知识源相匹配。通过追溯个体的经历和兴趣，中介能把需要研究某一课题的人和在这一领域中有经验的人联系起来。同时，中介通过群件产品、企业内部网、工作流和文件管理系统等技术来实现自动化。前两者为无声的知识提供者和知识寻求者之间的沟通提供了支持。中介还有助于企业与消费者、原料供应商等建立联系。

(4）认知职能

认识是经由前三个功能交换得出的知识运用。现有技术很少能实现认识过程的自动化，通常都采用专家系统或使用人工智能技术，并据此做出决策。随着知识经济的不断发展，企业自动化认识职能将不断提高，这样有利于企业做出最优的决策。

3. 知识管理的目标和内容

（1）知识管理的目标

知识管理的目标可分为应用目标（低层次）及企业终极目标（高层次）。知识管理的应用目标大致是：①确定企业开发、获取和应用知识的战略决策；②协调各种力量实施这一知识战略；③利用知识改善企业日常经营过程；④定期检测和评估知识资产的价值；⑤从知识角度检测和评估企业的管理活动。

知识管理的更高层次（更长远）的目标是创新、反应能力、生产率和技能素质。创新指发现和培育新思想，把员工聚集到真正的开发团队中来，创建献计献策和协作的氛围；而当有人需要的时候，使他们能得到所需要的信息，以便能更快地解决顾客的问题，更好地进行决断，并迅速对市场各种情况的变化做出反应，这就是反应能力；获取和共享最好的经验和可复用的知识资产，以便缩短循环时间并尽可能地减少重复劳动，这是提高生产率最有效的途径；通过在职、在线培训和"远程"学习，提高员工的技能素质。

（2）知识管理的内容

1）知识管理中的知识：包括物化的资本品上的知识；体现在书本、资料、说明书、报告中的编码后的知识；员工的经验；企业的组织、制度、结构中的知识等。

2）知识管理的基础：知识管理的基本部分，如关系数据库、知识库、多库协调系统、网络等基本技术手段及人与人之间的各种联系渠道等。

3）企业业务流程的重组：目的是确保新知识在企业内能及时流转，使企业的知识资源更加合理地在知识链上形成畅通无阻的知识流，让每个员工都能利用与企业目标相关的知识，确保企业员工都能知道知识在哪里，以便在需要的时间和需要的地方获取与业务有关的知识，并为企业贡献自己的知识、经验和专长。

4）知识的获取和检索：应用各种各样的软件应用工具，如智能客体检索、多策略获取、多模式获取和检索、多方法多层次获取和检索、网络搜索工具等。

5）知识的传递：如应用知识分布图、电子文档、光盘、DVD及网上传输、打印等。

6）知识的共享和评测：如建立一种良好的企业文化、激励员工参与知识共享、设立知识总管CKO、促进知识的转换、建立知识产生效益的评测体系等。

11.2.2 生存空间的选择

1. 自然生存空间

为了获得超额利润，追求"规模经济性"，大企业一般采用少品种、大批量的方式，这就自然为中小企业留下了很多大企业难以涉足的狭缝地带，称这些经营领域为"自然小生位"。常见的自然小生位产品的特点是：①市场规模较小，对大企业来说生产价值不大的产品；

②大企业认为信誉风险大的产品；③属于多品种、小批量生产方式的产品；④小批量特殊专用产品。很多中小企业正是通过选择自然小生位投入经营资源，在与大企业不发生竞争的情况下成长起来的。

例如，莱芜市一位农民企业家在进行市场调查时发现，天津虽是全国有名的"布窝子"，轻纺工业十分发达，但产品主要向高、精、尖方向发展，微利低档棉布无人问津。但天津也有低收入群众，需要低档布料，消费者需要一定数量的低档棉布做窗帘布、衣服内里、被里子等，还有许多老年人依然保持着穿布衣的习惯。于是他组织本厂大量生产低档棉布向天津市场推销，很受欢迎。又如，北京开关设备厂是个集体小厂，它了解到全国六家制造电气控制设备的国营大厂基本上占领了全国市场，但它们不生产数量少、规格杂的非标准型电气控制设备，有这种需求的用户跑遍全国也找不到制造厂家。另外，这些大企业采用年度订货的办法，一些一时急用设备的用户也难以得到满足。因此，该厂以生产非标准电气控制设备作为本厂的服务方向，制定了"大厂遗漏我们拣，大厂缺的我们补，大厂不做我们做"的经营方针，只要客户需要，随来随做，不限规格，不限数量，企业获得了成功，产品行销全国。

2. 空白生存空间

在一般情况下，当前一代产品开始衰退、后一代产品尚未投入之时，市场上往往出现"战略空白"。在这样的市场空白中常可找到适合小企业成长的小生位，可称之为"空白小生位"。中小企业应积极寻求这样的机会，善于此道者定能走向成功。

例如，晶体管是著名的贝尔实验室在1947年发明的，很多人认识到电子管终究要被晶体管所取代，但当时在世界电子行业称雄的几家美国大公司仍沉迷于豪华的超外差式收音机的高超生产技艺，没有立刻转产晶体管收音机，而是计划在1970年左右将电子管转为晶体管。日本的索尼公司当时在国际上还藉藉无名，而且根本不生产家用电子产品。索尼公司的总裁秋田森多仅以2.5万美元的"可笑的"价格就从贝尔实验室购得了技术转让权，两年后索尼公司就推出了首批便携式半导体收音机，与市场上同功能的电子管收音机相比，质量不到五分之一，成本不到三分之一。三年后，索尼占领了美国低档收音机市场，又过了五年，日本占领了全世界的收音机市场。

3. 协作生存空间

企业的经济规模是生产各类零部件经济规模的最小公倍数。对于生产复杂产品的大企业来说，不可能使每道工序都达到规模经济性的要求。大企业欲谋求利润最大化或成本节省，摆脱"大而全"生产体制的桎梏，去追求与其外部（下包厂）的完美协作。

例如，日本丰田公司一次发包的企业就有248家，这248家还要向4000多家企业二次发包。日本松下电器公司由协作厂生产的零部件达80%以上。一个大企业网罗一大批中小企业（大企业所需零部件的生产和供应），建立较稳固的协作关系。有这种协作关系的企业群体被称为"企业系列"，如日本的丰田系列、日立系列、松下系列、日产系列和NTT系列等。这种协作关系实际上为中小企业提供了生存方位，可称之为"协作小系统"。中小企业应争取进入属于大企业领导体制的"企业系列"，以专用资产与大企业长期合作，"靠山吃饭"，以求生存与发展。

4. 专知生存空间

拥有独特技术和生产技艺的小企业可以运用工业产权来防止大企业染指自己的专有知识、向自己的产品市场渗透，从而在法律制度的保护下形成有利于小企业成长的"专知小生位"。中小企业在生产经营过程中，通过技术开发和工艺创新，可以取得具有新颖性、先进性和实用性的科技发明成果，或设计出产品的新结构、新形态、新装饰等。这些可以作为开拓新的细分化市场、满足新的社会需求、降低产品生产成本、扩大产品差异性的手段，增强企业的竞争优势。然而大企业比中小企业具有更强的科研成果、商品化能力和市场控制能力，中小企业的专知一旦被模仿，就会因知识价值的提前下降而被从市场上排挤走。在工业产权的保护下，中小企业可取得专知的专有权或垄断权，免受大企业的驱逐与倾轧，赢得相对平稳的成长环境。并非只有少数技术开发能力卓越的小企业才能进入专知小生位，通过专利转让制度，很多中小企业都可以为自己谋得这样的小生位，因为对一些企业或科研机构来说，高价出售新技术成果往往比自己垄断使用更为经济。现在世界上待价而沽的专利成果有几百万件之多。

5. 潜存生存空间

在现实生活中，常有一些只得到局部满足、根本未得到满足或正在孕育即将形成的社会需求。这样的需求盲点所构成的潜在的市场区隔，可称为"潜存小生位"。发现和预测潜在需求是一项难度极大、艺术性极强的工作。中小企业一旦发现前景良好的潜存小生位，就应着手做好开发、生产、销售、管理工作，以建立更大的首移优势（首移优势来源于很多因素，如学习曲线的作用、顾客信赖、专利保护、稀有资源的最先使用等），加固经营壁垒，提高进入障碍，提高垄断能力，延长中小企业垄断这一市场区隔的时间，以期获得丰厚的经济效益。

 **小资料**

创业计划书模板

企业名称：××××公司　　负责人姓名：×××
地　　址：×××××　　电　　话：××××××××

本经营计划根据本人实际情况制订，在付诸实施前呈交有关部门、会计师和有经验的相关人士考核，敬请批评指正。

一、实施可行性概述
二、企业概况
三、产品与服务
四、市场与顾客群分析
五、竞争
六、定价与销售策略
七、成本计划
八、现金流量计划

九、投资回收
十、组织与员工
十一、经济分析(资金来源及用途、设备清单、销售预测、盈亏平衡分析)
十二、其他(个人简历、个人及家庭生活费预算)
十三、环保、技术要求
十四、可能存在的问题与防范措施
十五、申办程序及日程安排

11.3 企业可持续发展与创新

11.3.1 企业可持续发展的含义

企业可持续发展指企业在追求自我生存和永续发展的过程中,既要考虑企业经营目标的实现和提高企业市场地位,又要保持企业在已领先的竞争领域和未来扩张的经营环境中始终保持持续的赢利增长和能力的提高,保证企业在相当长的时间内长盛不衰。

企业发展指企业面对未来未知环境的变化,使企业得以进一步运行,实现企业目标。

可持续发展既要考虑当前发展的需要,又要考虑未来发展的需要,不能以牺牲后期的利益为代价来换取现在的发展、满足现在利益。同时可持续发展也包括面对不可预期的环境变化而持续保持发展趋势的一种发展观。

11.3.2 企业创新的含义

创新是管理的永恒主题。"创新"最早是由奥地利经济学家约瑟夫·熊彼特提出的概念。他在1912年出版的著作《经济发展理论》一书中首次阐述了"创新"的含义:创新就是建立"新的生产函数",即"企业家对生产要素的新组合",也就是把一种从来没有过的生产要素和生产条件的"新组合"引进生产体系,从而引起生产方式的变革,形成一种新的生产能力。具体来说,创新包括以下五种情况。

1)引进一种新产品,即消费者还不熟悉的产品或提供一种产品的新功能。

2)采用一种新的生产方法,也就是有关的制造部门还未采用过的方法,这种新的方法并不需要建立在新的科学技术基础上,可以是商业上处理产品的一种新的方式。

3)开辟一个新的市场,就是使产品进入以前不曾进入的市场,不管这个市场以前是否存在过。

4)获得一种原材料或半成品的新的供给来源,不管这种来源是已经存在的还是第一次开发出来的。

5)实行一种新的企业组织形式,如形成一种垄断或打破一种垄断地位。

11.3.3 企业创新与可持续发展

企业发展战略是关于企业怎样发展的谋略,是对企业发展中整体性、长期性和谋略性问题的科学的、实际的、新颖的、独特的、简单的解决办法。随着社会、科技、经济的迅速发展变化,竞争日益加剧,目标市场变得日益难以琢磨。实施企业战略管理必须培养企业的核心能力。只有拥有核心能力,企业才能在未来的市场竞争中赢得优势并获取丰厚利润。建立核心能力所需的要素涉及企业的生产、经营、管理、文化等各个方面,企业的各部门只有相互协调、相互配合,共同关注企业的长远发展,共同追求如何获得在未来市场上的竞争优势地位,才能在发展中立于不败之地。自主创新是拥有核心能力的关键。自主创新的概念有两层含义:一是来源于自主的研究开发基础上的创新;二是来源于引进技术基础上的自主创新。强调科技自主创新并不是不引进技术,而是要加强引进基础上的消化吸收和创新。

11.4 企业创新管理

11.4.1 技术创新管理

1. 正确理解技术创新

1)技术创新是一种使科技与经济一体化,加速技术应用速度,提高技术应用效率与效益的发展模式。其核心是科研活动与经济建设的一体两面,本质是科学技术转化为现实生产力的"桥梁"与"中介"。

2)技术创新是一个从新产品或新工艺设想的产生到市场应用的完整过程。它包括从某种新设想的产生,经过研究开发或技术引进、中间试验、产品试制和商业化生产到市场销售的一系列活动。

3)技术创新的成果通常是用实体形态的技术装置和工具表现的物质产品,同时也包括工艺、方法等软件技术及设计图样、技术文件等知识形态的产品。

4)技术创新是一种以技术为基础和导向的创新活动,但它并不强调任何一项创新都以研究和开发为起点。这就是说,从科学发现的原理找到依据,构思出可行的技术模型,设计和制造出新的产品,是技术创新;不直接依靠发现和发明,而利用现有的大量技术储备,改进与组合已发明的技术,也是技术创新;将成熟的技术转移到新的领域或地区,同样是技术创新。

5)企业家是技术创新主体的灵魂。技术创新是企业家抓住市场潜在的赢利机会,重新组合生产条件、要素和组织,从而建立效能更强、效率更高和生产费用更低的生产经营系统的活动过程。一般来说,它主要包括:新产品、新工艺的制造和改进;新生产方式、新组织体制的管理系统的建立和运行;新资源的开发和利用;新需求、新市场的开拓与占领。

6)技术创新以生产商业化的产品和工艺为目的,并以商业价值的实现为其成功的标志。再复杂的高级技术,如果其成果不能被社会所接纳、不能在市场上实现其价值,技术创新就不能实现。而无论某个设想或技术多么简单,只要其成果能被人们承认和接纳、实现其商业价值，那么技术创新便是成功的。

2．技术创新的内容

企业要在激烈的市场竞争中处于主动地位，就必须顺应甚至引导社会技术的进步，不断地进行技术创新。技术都是通过一定的物质载体来实现的，企业技术创新的内容主要表现在要素创新、要素组合方法创新和产品创新三个方面。

（1）要素创新

企业的生产过程是一定的劳动者利用一定的劳动手段作用于劳动对象，使之改变物理、化学形式或性质的过程，参与这一过程的要素包括材料、设备及企业员工三类。

1）材料创新。材料是构成产品的物质基础，材料费用在产品成本中占很大比重，材料的性能在很大程度上影响产品的质量。

2）设备创新。设备是现代企业进行生产的物质技术基础，不断进行设备创新有利于改善企业产品的质量，减少原材料、能源的消耗，节省活劳动的使用。

3）人员创新。任何生产手段都需要依靠人来操作和利用，企业在增加新设备、使用新材料的同时，还需要不断提高人员的素质。

（2）要素组合方法创新

利用一定的方法将不同的生产要素加以组合是形成产品的先决条件。要素组合方法的创新包括生产工艺创新和生产过程时空组织的创新两个方面。

1）生产工艺的创新。生产工艺是劳动者利用劳动手段加工劳动对象的方法，包括工艺过程、工艺配方、工艺参数等内容。

2）生产过程时空组织的创新。生产过程的组织包括设备、工艺设备、在制品及劳动者在空间上的布局和时间上的组合。

（3）产品创新

生产过程中各种要素组合的结果是形成企业向社会贡献的产品。产品是企业的象征，产品的创新是企业技术创新的核心内容，企业只有不断地组织并实现产品创新，才能保持持久的竞争力，充满生命力。企业产品的创新内容包括品种的创新、产品结构的创新及产品使用价值在实现过程中的创新三个方面。

1）品种的创新。品种创新要求企业根据市场需要的变化，根据顾客偏好的转移，及时地调整企业的生产方向和生产结构，不断地开发出受顾客欢迎的、适销对路的产品。

2）产品结构的创新。产品结构创新要求企业在不改变原有品种的基本性能的前提下，对现有的各种产品进行改进和改造，找出更加合理的产品结构。

3）产品使用价值在实现过程中的创新。也称市场创新，主要通过企业的营销活动进行。

3．技术创新的决定因素

根据技术创新理论的代表人物莫尔顿·卡曼和南赛·施瓦茨的研究，决定技术创新的因素有以下三个。

（1）竞争程度

竞争引起技术创新的必要性。竞争是一种优胜劣汰的机制，技术创新可以给企业带来降低成本、提高产品质量和经济效益的好处，帮助企业在竞争中占据优势。因此，每个企业只有不断进行技术创新，才能在竞争中击败对手，保存和发展自己，获得更多的超额利润。

（2）企业规模

企业规模的大小从两个方面影响技术创新的能力，因为技术创新需要一定的人力、物力和财力，并承担一定的风险。规模越大，这种能力越强。另外，企业规模的大小影响技术创新所开辟的市场前景的大小，一个企业规模越大，它在技术上的创新所开辟的市场也就越大。

（3）垄断力量

垄断力量影响技术创新的持久性。垄断程度越高，垄断企业对市场的控制力就越强，其他企业就越难以进入该行业，也就无法模仿垄断企业的技术创新，垄断企业技术创新得到的超额利润就越持久。

在这种市场结构中，技术创新又可分为两类。

1）垄断前景推动的技术创新，指企业由于预计能获得垄断利润而采取的技术创新。

2）竞争前景推动的技术创新，指企业由于担心自己目前的产品可能在竞争对手模仿或创新的条件下丧失利润而采取的技术创新。

案例分析

科学技术创新案例

在上海通用汽车公司 3 年的发展历程中，柔性化管理已经成为上海通用汽车公司的一道亮丽风景。目前，几乎中国所有的汽车工厂都采用一个车型、一个平台、一条流水线、一个厂房的制造方式。唯有上海通用汽车公司是另类，上海通用汽车公司最多可以一条线上共线生产四种不同平台的车型。这种生产方式就是"柔性化"生产方式，这在国内汽车企业里是绝无仅有的。柔性化生产能为厂家和消费者最直接带来的就是时间和金钱。上海通用汽车公司的别克 GS、别克赛欧就是很好的证明。

以柔性化生产线为基础，以及严格而规范的采购系统、科学而严密的物流配送系统、以市场为导向高度柔性化的精益生产系统及以客户为中心的客户关系管理共同构成了其柔性化生产管理的支撑体系，使上海通用汽车公司成为 GM（通用公司）全球范围内柔性最强的生产厂家，形成了企业柔性化管理的经典范例。

分析： 上海通用汽车公司的柔性生产管理绝不仅是生产线上柔性的制造技术，而是一个以客户为中心的，从采购、物流、工程、制造、质量到销售、服务的一个大概念的柔性与精益的理念。多年来，它已经成为上海通用汽车公司的核心价值观，并深入到企业经营管理的每个环节。

11.4.2 市场创新管理

1. 企业市场创新的含义

人们一般把开辟一个新的市场和控制原材料的新供应来源归纳为市场创新。事实上，完整地说，企业市场创新指企业从微观的角度促进市场构成的变动和市场机制的创造及伴随新产品的开发对新市场的开拓、占领，从而满足新需求的行为。

市场创新不同于工艺创新和产品创新，属于较为广义的创新范畴。在现实生活中，创新一词常被人们理解为某项技术上的发明创造，这种把"创新"仅限于技术范畴的狭隘理解，妨碍了人们运用"创新"这一锐利武器。因此，应该拓宽创新的视野，将创新理解为一个远远超出"技术"范畴的、综合性的经济概念。例如销售过程中的一种"创新"——分期付款方式的发明，就是经济意义上的创新。分期付款，也就是用未来的收入购买现在的商品。这种购买方式使目前暂无购买力的人有了购买力；使看似"没有购买力"的商品有了巨大的购买力。它加速了商品的实现过程，促进了商品经济的发展，并实现了经济类型由"供给导向型"向"需求导向型"的重大变革，极大地改变了人类经济面貌。因而，分期付款这一"创新"意义重大。

2. 市场创新的内容

市场创新包含两方面的内容。

（1）开拓新市场

开拓新市场包括如下三层意思。

1）地域意义上的新市场，指企业产品以前不曾进入过的市场。它包括老产品进入新市场，如由国内向海外拓展，由城市向农村拓展；也包括新产品进入新市场。

2）需求意义上的新市场，指现有的产品和服务都不能很好地满足潜在需求时，企业以新产品满足市场消费者已有的需求欲望，如向农户推销廉价的、功能较少的彩电，向工薪阶层推销低价位汽车等。

3）产品意义上的新市场。将市场上原有的产品，通过创新变为在价格、质量、性能等方面具有不同档次的、不同特色的产品，可以满足不同消费层次、不同消费群体的需求。例如福特汽车公司变换汽车样式，向其顾客供应不同档次的汽车：向富豪供应凯迪拉克，向一般人供应雪弗兰，向中等富裕的人供应奥尔兹莫比尔。

（2）创造市场"新组合"

市场创新又是市场各要素之间的新组合，它既包括产品创新和市场领域的创新，又包括营销手段的创新、营销观念的创新。

市场营销组合是哈佛大学的敦凯提出的概念，它指综合运用企业可控制的因素，实行最优化组合，以达到企业经营的目标。市场营销组合观念是市场营销观念的重要组成部分。营销组合为实现销售目标提供了最优手段，即最佳综合性营销活动，也称整体市场营销。市场营销组合观念认为，企业可以控制的产品、定价、分销与促销等因素都是不断发展变化的。在营销过程中，任一因素的变化都会出现新的市场营销组合。

市场创新与市场营销反映了两种不同的思路：市场营销以"大路"货为基础，以总体成本取胜，以市场分享为目标，重视广告、推销和价格战等手段。因此，资金最为充足的企业取胜的可能性较大。而市场创新则靠产品和服务的差别性取胜，致力于市场创造，即提出新的产品概念，建立新的标准和市场秩序，因而，最具有创造精神的企业取胜的可能性最大。正如托马斯·彼得斯所言："不要老是分享市场，而要考虑创造市场。不是取得一份较大的馅饼，而是要设法做出一块较大的馅饼，最好是烘烤出一块新的馅饼。"

可见，市场新组合从微观角度促进已有市场的重新组合和调整，建立一种更合理的市场结构，赋予企业新的竞争优势和增值能力，这就是市场创新的宗旨所在。

3. 市场创新的方式

市场创新的方式很多，概括起来有产品方式、价格方式、广告方式、公关方式等。

（1）市场创新的产品方式

市场创新的产品方式就是以一种新奇的、独具一格的产品或服务来开拓新的市场，这是市场创新的一个重要内容。在许多行业内部有利用这种方式实现创业的创业家典范。在服务行业中，美国人艾德里安·戴尔西、拉西·希尔布洛姆和罗伯特·林德发现普通的信件包裹传递速度和服务质量不能适应当代经济活动和人们的需求变化，于是立志通过创新解决这一问题。他们取三个姓氏的第一个字母为名，组成了 DHL 快递公司。最初，他们将美国西海岸海运公司的发货单据等重要单据用飞机专程送往夏威夷接货点，亲自交给收货单位，大大简化了所需办理的手续。这使得货船抵港后能迅速卸货、交货及返航，减少运输公司的港口费用，从而创造了一种大受运输公司及个体客户欢迎的快递业务。这种新的快递业务开辟了一个新的服务市场。

在计算机行业中，日本的佐佐木明研制了一种专门供中小学生用的"学习机"，即一部类似微型计算机的学习机，配上小学四、五、六年级的数学、英语、国语软件，来代替家庭教师或补习学校，从而开辟一个"智慧市场"。

在汽车行业，美国人乔·恩格尔贝格在 20 世纪 50 年代研制出了第一代工业机器人，从而彻底改变了汽车制造业的面貌，提高了生产效率，降低了生产成本。

创业家用新产品进行市场创新的例子不胜枚举。然而，是不是产品在设计、售后服务、产品工艺上与众不同，便自然而然就能在市场上独占一席呢？事情不是如此简单的。在市场竞争中，商品交换的成功是一个"惊险的跳跃"。索尼电器在当今世界电器市场上可谓首屈一指，可谁知道当年它们开拓市场的艰难曲折呢！盛田昭夫为了将井深大和自己共同研制的电器打入美国市场，甚至举家迁至美国。为显示公司的形象和产品的竞争性，他特地选择在美国贵族区居住以体验美国人的心理和习惯。新产品的出现只预示着一个潜在的市场，要将这个潜在市场转化为现实市场还需要精于市场营销。

真正的创业家应能准确地判断顾客的"真正需要"，为他们提供新的产品，而且产品的价格还应能为顾客所接受。正因为这样，创业家不仅能在价值的基础上竞争获胜，而且能在价格的基础上竞争获利。米其林的选择就说明了这一点。

在汽车的斜纹轮胎和辐射轮胎的比较上，后者的成本和价格高于前者，故美国许多有国际市场的汽车轮胎制造商都曾拒绝过辐射轮胎。而法国的汽车轮胎制造商米其林，通过广泛的实例演示，宣传这种轮胎的安全性和耐用性，使美国顾客愿意出钱购买辐射轮胎，从而打开了美国市场。

归结起来，以产品方式进行市场创新，首先要以市场的"趋势"为依据，有目的地研制出能满足顾客"真正需要"的产品。其次，还要辅之以市场创新的价格和广告等其他创新方式，使产品从生产者手中成功地"跳跃"到消费者手中。

（2）市场创新的价格方式

市场创新的价格方式指创业家如何利用价格这个工具来应付竞争和开拓市场。价格创新方式可分为高价创新方式和低价创新方式两种。

1）高价创新方式。

高价创新方式是许多创业家在实践过程中积累的宝贵经验，这种方式只适用于特定的场合。

① 稀缺性商品。物以稀为贵，稀缺商品其价必高。

② 质优性商品。常言道，质优则价高。同类产品中，高价总意味着高质量、高档次。当企业要显示自己的产品与其他同类产品相比，质量、性能和服务更超群时，可以定高价。高价能满足人们追求精品和档次的心理。

③ 贵族性商品。一般老百姓都羡慕上流社会富有阶层的人，并总希望自己能达到他们那样的地位，因而上流社会和富有阶层的人便成为他们模仿的对象。上流社会中流行什么样的商品，必然也会被普通百姓争相购买，产生"贵族效应"。

④ 初生性商品。当市场上有较大的需求潜力、顾客求新心强，而竞争对手尚未形成时，企业推出的新产品可以定高价，以先声夺人，树立品牌威望和地位，同时也可较快收回开发产品的投资。

美国的施乐公司曾成功地运用高价创新方式。该公司研制成功"塞克洛斯 914"干式复印机时，公司的第一代总经理威尔逊将它的价格定在 2.95 万美元。这个价格使公司的其他人惊讶不止，因为"塞洛克斯 914"的开发成本仅为 2 400 美元。威尔逊为什么喊出这么高的价格呢？这是因为塞洛克斯复印机性能优越，而且公司还为其提供良好的售后服务。此前的复印机在工作之前不仅需要特殊的复印液，还要使用一种涂有特殊的感光材料的复印纸，否则就复印不出来。相比之下塞洛克斯简便多了，它只要一般干纸，无论是文字还是图片，均能在三四秒之内就清晰地复印出来。但是塞洛克斯复印机的不利之处在于它结构复杂，难以保管和操作，因而它需要优良的售后服务。为了使复印机能卖出去，威尔逊采取了租赁制，禁止成品直接买卖。之所以这样做，是为了维护塞洛克斯的信用和声誉，而不希望他人随便持有它。"运用租赁制，并充实售后服务"，这就是威尔逊的设想。施乐公司在世界复印机市场上的占有率曾经一度达到 66%。

以高价方式进行市场创新必须注意解决如下一些问题。

① 高价格低渗透问题。也就是商品价格高但市场占有率低，可以通过产品策略、渠道策略和促销策略解决这个问题，前例中的高价加租赁制就属于促销策略的一种。

② 高价格导致仿效者问题。由于高价往往得高利，所以高价商品容易招致众多的仿效者。如何对付仿效者呢？可采用如下办法。

① 形成"标准"。这是 IBM 的方法，也就是放开一切让人家尽情仿效，最后形成了以 IBM 为计算机行业标准的局面，它自然而然成了计算机行业的领导者。

② 阻碍模仿。可以通过申请专利等法律手段阻止模仿者进入。

③ 速战速撤。在仿效者还没来得及进入时，通过促销快速打开市场，在尽可能短的时间内获利。当仿效者进入、产品价格下降后，就快速退到其他相关领域。

2）以低价格创新。

低价格创新方式就是以低于市场上同类商品的价格向特定的顾客群体提供商品。这种方式一般适用于生产批量大、销售潜力高、产品成本低而顾客又较熟悉的产品。

美国戴尔计算机公司创始人米歇尔·戴尔就是以低价来开拓学生计算机市场的。当米歇尔考入得克萨斯大学读书时，他发现校园里许多人都想拥有一台个人计算机，但商店里的计算机标价令他们望而却步，而且当时计算机的性能也不太适合学生使用。米歇尔还了解到，IBM 公司的推销商们很少有人能完成公司的"定额"。于是，米歇尔与推销商们联系，以进价买下剩余的计算机，搬回自己的寝室，自己着手进行一些小小的改进，使其更适合大学生使用。为了适应学生市场的特点，他采取了低价战略，售价比当时当地的同类机型低15%。由于价格低廉、性能适用，这种计算机很快赢得了市场。校园里的大学生、公司的写字间、诊所及律师事务所都有了这样的改装机，从而形成了一个学生型计算机市场。所有这些都是在他的大学寝室里实现的。1984年5月，米歇尔拿出自己的所有积蓄创办了戴尔计算机公司，当时他只有19岁。

可见，低价可以使原来潜在的消费者变成现实的消费者，使市场的外延扩大。创业初期的企业可以考虑使用低价策略，以"价廉物美"来刺激消费者，扩大销售量，逐渐提高市场占有率，使企业安全度过危险期。

（3）市场创新的广告方式

推出一种能满足顾客需要的新产品并不代表创业者可以从此坐享其成，因为顾客能否了解和接受这种新产品还是一个未知数。能否确定这个未知数直接关系到这种新产品乃至整个创业计划的成败。可口可乐的例子很好地证明了这一点。

可口可乐的诞生纯属偶然。1886年的一天，约翰·彭巴顿的药店里来了一位头痛患者，他要买一种由彭巴顿自制的糖浆。店员因为没有找到水，便随手拿了一杯苏打水为那位顾客冲调了糖浆，客人饮后对其口味赞不绝口。彭巴顿把这种用可可叶和可拉桑及苏打水等为原料配制的新饮料命名为"可口可乐"，并注册了商标"Con-Cds"。就这样，可口可乐诞生了。但可口可乐并没有给彭巴顿带来财富。彭巴顿一年间作了大量广告以销售这种"饮料"，而销售额只有可怜的50美元。追究彭巴顿的失败原因，除了产品自身的问题之外，推销不得法是失败的最重要因素。

直到亚特兰大另一位药剂师买下可口可乐的制造、销售权利，可口可乐才真正迎来了春天。应该说他才算得上是真正的可口可乐之父，因为他为可口可乐创造了一个世界市场，让可口可乐成为当今头号大众饮料。

柯勒对可口可乐的配方进行了改良，使它更适合大众的口味。为了让大众了解可口可乐，何勒进行了大规模的宣传活动。他与加工企业和各经销企业建立了良好的合作关系，由可口可乐公司总部负责调制出统一的、高标准的、味道出色的可口可乐原浆，再由各地加工企业加工成大众饮料，然后由经销商经销。柯勒为可口可乐建立了庞大的销售网络，并以此向世人证明可口可乐的品质是可以信任的。此外，广告也是柯勒手中的利器。可口可乐广告几乎无处不在，大街上、电视上、汽车上、店门上、球场上，随处可见。就这样，可口可乐从亚特兰大席卷了美国，征服了全世界。

广告就是这样一种把产品推向市场、让顾客了解产品性能的途径。下面再举两个例子来说明广告的妙用。

吉诺·鲍洛奇是享誉世界的推销大王。这位出生于美国明尼苏达州的铁矿工人的儿子，具有天才般的推销本领。他曾将因一起火灾而使皮发黄并起了不少黑点的18箱香蕉命名为"阿根廷"香蕉，最后以高出市价一倍的高价推销一空。他最拿手的是广告创新，他在广告上花的钱并不多，但他能使投入到广告上的每一分钱产生效益。例如他用幽默广告打开了"重庆炒面"在美国的市场。有一条广告是这样的：有一个人宣布"十个医生中有九个推荐'重庆炒面'",然后镜头对准这10名医生,其中竟有9个是中国人。这种幽默广告在令人捧腹之余,人们深深地被产品吸引,决定亲自一试。鲍洛奇原本是一个微不足道的食品公司的所有者,主要经营东方食品。他通过一个又一个的新颖广告向美国人推销中国的炒面和东方菜,开创了东方食品的西方市场。

保罗·高尔文是最先将收音机应用于汽车业的人。汽车收音机也是摩托罗拉公司的创业产品。当高尔文的汽车收音机在美国普及、发展时,却遇到一次又一次的打击。人们把它"指控"为车祸的罪魁祸首,认为它分散了司机的注意力。许多州甚至还展开了关于从法律上禁止在汽车内安装使用收音机的辩论。1933年,高尔文制造公司在阿华州苏城的一位代理人,在汽车里安装55型收音机又引起了一场火灾,大火烧毁了整个车库,还烧毁了相邻房屋的一半,此事令高尔文制造公司的声誉一落千丈。面对一次次打击,高尔文毅然将几千台55型收音机从市场上收回,拆下里面尚能使用的真空管与扩音器之后,用一柄大锤将它们全部砸毁。同时,用新的产品重塑公司形象。

他寻觅到一位杰出的广告人才——维克多·欧文。在欧文的策划下,摩托罗拉发起了第一次全国范围内的广告促销。过去公司每月只在《星期六晚邮报》的第三版刊登一栏广告。这种广告很不引人注意。新的广告策略主要是利用名人效应,如利用罗马天主教皇恺撒的加冕庆典游行、与著名的林德利特尔·约翰尼签订广告协议等,使公司名声大噪。此外,它还在全美纵横交错的公路两旁树立了闪耀着摩托罗拉名字的、令人目不暇接的红、黄、黑广告牌。通过这些活动,又重新树立了公司及其产品的形象。

 **管理故事**

中国创新市场营销案例分析

1)王老吉:媒体联动,深度整合亚运营销。2010年的广州亚运会是中国文化亮相世界舞台的一次绝佳机会,而王老吉借助广州亚运会弘扬中国独具特色的岭南文化,把握住了北京奥运会后最有影响力的体育营销平台,成为广州亚运会高级合作伙伴,不仅充分展示了其强大的品牌实力,而且为民族饮料品牌在后奥运时代的体育营销提供了一个成功的范本。

2)新浪黄加李泡:互联网原创节目反哺传统媒体。

南非世界杯第一次对全球新媒体开放全程直播。新浪推出了互联网原创节目"黄加李泡世界杯",邀请争议性和娱乐性都比较强的足球解说员黄健翔和体育评论员李承鹏作为节目的主持人,由此二人搭档,每期邀请不同的明星点评世界杯足球比赛,将点评的专业性适当减弱,辅以更加大众化的娱乐性交流。引发了一系列的二次传播。"黄加李泡世界杯"节目一经推出就吸引了众多企业的目光,包括节目总冠名、包框、插片、植入等广告形式都得到了广告主的认可,如银华基金成为特约播出商,TCL成为冠名赞助商,包框、插片及植入广告权益等分别由联想、东风日产等企业获得。至"黄加李泡世界杯"播出结束,这档节目的广告收入突破了千万元大关。

3)中国郎与央视共铸品牌力量。美酒河畔,天宝洞藏,神采飞扬,中国郎,深入民心。自1898年诞生至今,经历了百年风雨历程的郎酒,以行业领军之姿,成为中国白酒行业的优秀代表。郎酒通过央视平台进行差异化品牌传播,实施以"头狼"——红花郎酒带动"群狼"

的品牌战略。由于不同的产品价格差异较大，央视广告部为郎酒制订了精准的细分市场广告投放计划。

之后，郎酒继续坚定地开展体育营销、事件营销，配合央视大制作、大项目的品牌推广策略，获得了2010年世界杯"射手榜"独家冠名权。随后，郎酒集团又获得了2010年春节联欢晚会我最喜爱节目评选独家冠名权。把有限的资金投入到央视的大事件、大项目中，把品牌与重大事件结合，让品牌在与新闻事件的结合中不断滚动。郎酒在央视的大规模广告投放不是企业的一时之念，而是经过了郎酒管理层深思熟虑之后的战略选择，郎酒对未来充满了信心。

4）珂兰送裸钻。2010年，珂兰钻石发起送裸钻活动。珂兰送裸钻活动最初的想法很简单，就是希望以比较低的门槛、比较低的成本吸引用户体验珂兰的产品。毕竟，免费的午餐还是很有吸引力的。事实上，活动的结果与珂兰的设想一致，很快就受到消费者追捧。从最初的送一分裸钻，到获得消费者认可后，逐步提高规格到3分、5分，直至现在的8分，珂兰以更优质的服务、更多的回馈赢得了更大的市场，通过吸引消费者亲身体验最终促成消费。

珂兰钻石的企业宗旨是："给客户带去高性价比、有幸福感的产品。"电子商务比传统的业务模式更强调体验，也更容易体验，与网上开展送裸钻活动一脉相承的是，珂兰钻石将线上活动与线下活动结合起来，逐步在全国各地开设体验中心，采用"在线选购+体验店"模式，以最低的价格为客户提供最好的钻石、钻戒定制选购服务。

5）酷6网：媒体视角的世界杯营销。在南非世界杯比赛期间，酷6网与中国网络电视台在世界杯播出事宜方面建立了整体合作关系。与央视网达成深度合作，酷6网得以在第一时间发布比赛结果、在第一时间更新相关资讯。据C.R.尼尔森24小时全流量统计数据：南非世界杯揭幕战当天，酷6网的流量达到创纪录的3.87MB，为视频网站中的播放冠军。

6）山水啤酒：事件营销，渠道下沉。2010年8月，作为青岛啤酒第二品牌"线上+线下"传播的一种模式，青岛啤酒在北京、河北、江苏、安徽近百个县城、乡镇举办青岛啤酒第二品牌电影节。在电影节期间，互动游戏、喝啤酒比赛、有奖问答、赠饮试饮、现场买赠、户外展台、视频广告等市场推广手法与精彩的影片融合到一起，形成了强大的吸引力，在文化生活相对单调的县城、乡镇掀起了一次绝无仅有的狂欢大派对。

活动前期通过海报张贴、传单发放、户外展台展示、现场音响播放等聚集大量的人气，而喝啤酒比赛、有奖问答、赠饮试饮等活动则降低了现场消费者参与的门槛，让路过的人进场，让在场的人互动，通过重复告知，让消费者全面了解青岛啤酒的各个子品牌。

在互动环节，配合青岛啤酒"1+1"品牌推广战略，互动游戏采用"一个主体游戏+一个品牌游戏"的模式。通过主题游戏，如激情投篮等传递青岛啤酒"激情成就梦想"的品牌主张；辅以三个品牌游戏，如快乐套圈、好友结对行、挑战脚斗王等，分别传递三个区域子品牌——山水啤酒"快乐就是很简单"、崂山啤酒"好啤酒敬好朋友"和汉斯啤酒"痛快到底"的品牌主张。

同时，利用影片放映前观众集中的时段放映长达15分钟的视频广告，将青岛啤酒的品牌信息高频次地灌输给消费者。

7）中粮集团：微博营销，将"美好"嵌入消费者心智。中粮集团根据微博的传播特点，最终将品牌传播活动的关键词简化为三个，即："美好生活"、"中粮"和"世博"。相应地，活动板块也围绕这三个关键词来构建，分别为发现美好（美好生活）、发现中粮（中粮）、相约世博（世博）、世博闪拍（世博）、粮呈美景（世博、中粮、美好）等。

对于品牌而言，"中粮大家庭"通过微博营销平台进行统一展示，也在一定程度上解决了中粮集团旗下产品品类和品牌众多导致的消费者印象模糊等问题。活动官方微博"中粮美好生活"的粉丝多达16万人，有效地进行了品牌传播。在契合上海世博会"城市让生活更美好"理念的同时，在消费者的心智中将"中粮"与"美好生活"完美地连接起来。

8）玫琳凯：上海世博会的粉红印记。在上海世博会期间，玫琳凯（中国）通过各种方式参与世博，共享世博精神。为了参与"美化环境，爱护设施，让世博更精彩"宣传周活动，玫琳凯（中国）的员工及员工家人共120人分别到上海南汇海边和杭州西湖景区开展公益清洁活动，清除海洋及景区垃圾，身体力行地落实"低碳世博"理念。玫琳凯（中国）邀请来自中国贫困地区的40名小学女生在暑假期间到上海参观世博园，参加"春蕾看世界"活动，鼓励她们长大后为社会、为家乡做出力所能及的贡献。

玫琳凯（中国）通过自己的世博"心"营销，以玫琳凯的企业文化为底色，给世人留下了美丽的粉红印记。

9）东风本田：巅峰之上，CR-V车主口碑深度传播。东风本田CR-V自上市以来，共推出2004款、2007新世代CR-V和2010年新CR-V三款车型，凭借综合实力和车主的强大口碑，累积35万多个用户，在SUV市场所向披靡。在CR-V不断突破的同时，车主与CR-V的故事也不尽相同。CR-V面向全国车主在线上开展"巅峰之上，V动我心"活动，凝聚车主口碑，向社会大众展现众多CR-V车主的精彩驾车故事。

"巅峰之上，V动我心"活动对CR-V品牌的维护和品牌忠诚度、品牌认知度、品牌美誉度的提高发挥了直接作用。此次活动在营销方式上有重大突破，掀起了网络投票旋风，致使服务器一度瘫痪。首次进行线上视频直播颁奖，并结合区域市场线下推广活动，活动网页点击率高达上千万。通过明暗手法相结合，以铺天盖地的宣传方式，将车主真实的故事进行深度传播，吸引了更多的潜在购车人群，将CR-V车主大家庭持续扩大。

10）华为E5的微博之旅。E5是华为开发的一种便携式3G无线猫。鉴于当时国内无线网络还无法做到随处可以登录，E5定位于解决用户旅途上网不便等问题。用户只要拥有3G手机卡，就能在绝大多数地方上网，可以将个人上网转换为群体上网。

为了吸引运营商的注意力，华为决定将连接点锁定在风靡国内的微博平台上。他们找到了20多位主编级别的微博名人，分别来自财经、商业、IT等行业，让他们试用E5，体验新技术带来的好处。这些人拥有较大的话语权，同时有很高的社会关注度，其粉丝素质较高，对网络的需求非常强烈，其微博上真实的感受、负责任的内容影响了很多潜在的用户，海量网友参与评论，扩大了E5在市场上的影响力。

11.4.3 制度创新管理

企业制度创新是企业管理创新的保证。

1. 企业制度创新的含义

所谓企业制度创新，指随着生产力的发展，要不断对企业制度进行变革，因而通常也可以称为企业制度再造。企业制度创新对企业来讲是极其重要的，因为企业本身就是一种生产要素的组合体，企业对各生产要素的组合实际上就是依靠企业制度实现的。正是因为如此，许多人在谈到企业的定义时，往往都认为企业就是一个将各种生产要素按一定制度组合起来的经营主体。由此可见，企业制度对于企业来说是极其重要的。

现代企业制度创新是为了实现管理，将企业的生产方式、经营方式、分配方式、经营观念等规范化设计与安排的创新活动。制度创新把思维创新、技术创新和组织创新活动制度化、规范化，同时又具有引导思维创新、技术创新和组织创新的功效。它是管理创新的最高层次，是管理创新实现的根本保证。

企业制度创新的目的是建立一种更优秀的制度安排，调整企业中所有者、经营者、劳动者的权利和利益关系，使企业具有更高的活动效率。

2. 企业制度的重要性

企业制度的重要性主要表现在以下几方面。

1）企业制度是企业赖以存在的体制基础。企业作为各种生产要素的组合体，实际上就是通过制度安排来组织各种生产要素的，因而企业制度是对各种生产要素进行组合的核心纽带和基础。有人讲，企业就是出资人之间的合约，也就是出资人以契约方式规定出企业制度，然后按照所规定的企业制度来组建企业。因此，没有企业制度就谈不上企业的存在，当然更谈不上企业的发展，因而企业存在和发展的体制基础就是企业制度。

2）企业制度是企业及其构成机构的行为准则。因为企业本身的运行行为及企业内部的各种组织机构的活动行为都受到企业制度的约束，所以企业制度决定了企业本身及企业的构成机构的行为规则和行为规范。企业及企业中的各种组织机构都必须遵守企业制度的安排，不能违反企业制度的任何一种安排。正是基于此，人们通常说，企业制度实际上是企业本身及企业的构成机构的行为准则。

3）企业制度是企业员工的行为规范。企业员工作为企业的组成人员，无论是 CEO，还是普通员工，其行为都必须遵守体现企业制度要求的各种规则，也就是要按照企业制度的要求对员工的行为进行规范，而规范员工的行为准则就是企业制度。正是基于此，人们通常把企业制度称为员工的行为规范。

4）企业制度是企业高效发展的源泉。企业活力虽然来自许多方面，但主要来自企业制度安排。如果企业制度的安排非常有利于调动企业中的各种生产要素的积极性，那么这个时候企业就是最有活力的。反之，如果企业制度的安排非常不利于调动企业中的各个生产要素的积极性，那么这个时候企业就是最没有活力的。

5）企业制度是企业有序化运行的体制框架。企业要有序化运行，就必须按照一定的程序运行，而要按照一定的程序运行，就必须有一个运行的程序，程序要对企业运行有约束，那么约束企业运行的程序是什么？就是企业制度。因此，企业制度实际上就是约束企业各种生产要素的行为及企业本身行为的一种准则。

正因为如此，企业的有序化发展必须有良好的企业制度。没有良好的企业制度，就没有企业的有序化运行。例如，有的民营企业之所以无法有序化地运行，就是因为缺乏一个良好的企业制度，因而有的民营企业虽然在一定时期内活力是很充足的，但是没过几年就消亡了，原因就在于它的企业制度设计得不合理，企业制度设计也可能确实调动了各种生产要素的积极性及企业的活力，但是没有形成一个良好的有效约束，因而很快就消亡了，成了"短命"的企业。由此可见，企业制度是企业有序化运行的一个极其重要的保障。

6）企业制度是企业经营活动的体制保证。企业的所有经营活动，无论是生产经营活动，还是资本经营活动，都必须在一定的体制框架中进行，这种体制框架就是企业制度。因此可以说，没有一种合理的企业制度安排，就不可能有企业的高效经营活动，因为没有良好的企业制度，企业经营的活动就没有体制保障，企业的经营活动就根本无法高效地展开。正是基于此，人们通常说，高效的企业经营活动实际上有赖于良好的企业制度。

正因为企业制度有着上述六个方面的重要性，所以讨论企业问题，首先要讨论的是企业制度创新问题。也就是说，所有要研究企业问题的人及经营企业的人都要首先考虑企业制度的创新问题。就经营企业的人来说，如果企业制度问题解决不好，就谈不上企业充满活力的问题，也就谈不上企业的有序化发展问题，当然更谈不上企业高效益经营的问题；就研究企业问题的人来说，如果搞不清楚企业制度创新问题，就根本不可能深入地把握企业的实质性问题，从而不可能正确地研究企业问题。由此可见，讨论企业问题，首先需要研究的就是企业的制度创新问题。

3．我国企业制度创新的内容

制度创新指引入新的制度安排，如组织的结构、组织运行规范等。大的如整个国家的经济体制，小的如具体企业的组织形态、运行机制。

我国的经济体制改革就是逐步建立起社会主义市场经济体制。而作为市场微观基础的企业组织要适应这一巨大的变革，必须建立适应市场经济体制运作的各种规章制度及运作方式，也就是建立现代企业制度。目前，我国企业制度创新主要体现在以下几个方面。

1）建立出资人制度。变国有企业为国家投资企业，经过资产评估或清产核资，量化对企业投资的总量，国家对国有资产的管理从委托、授权转变为运营和投资。政资分离后，那些代表国家专营国有资产的部门、控股公司、资产运营公司承担出资人的有限责任。

2）建立法人财产权制度。企业总资产一方面来自出资人，另一方面来自债权人，企业具有对总资产所表现出来的如资金、物资、人力、设备、物业等多种资源形态的优化、处置、组合权力，以达到资产增值和扩充的目的。

3）所有者权益制度。国有出资人对投资企业、已经组织起集团的母公司对控股子公司，应充分建立起所有者权益制度，它表现为对经营者选择的控制、对投资回报的控制、对重大经营决策的控制。

4）建立法人治理结构。科学地规范和健全企业的治理结构，实现股东会、董事会、经理层各司其职、相互制约。

5）企业的配套制度。主要指围绕制度创新的配套展开相关的基本制度，如人事制度、分配制度、财务制度、投资管理制度等。

企业制度创新是一个多层次的体系，需要各不同主体包括政府、企业和个人形成"合力"才能完成。

企业管理实训

【实训主题】

创业能力自测及制订创业计划

【实训过程设计】

1）阅读下面的材料，结合教学内容，写出个人报告。
2）再以小组为单位，制订一份小组创业计划。
3）请每位同学及小组代表发言，说出个人的学习计划和创业计划及小组的创业计划。

【实训目的】

1）理论联系实际，培养学生解决实际问题的能力，提高学生的学习兴趣。
2）培养学生的团队合作能力，培养团队精神。

【背景材料】

1）假如你要创业，你觉得自己心理素养还有哪些差距，应如何培养？
2）对照创业者应具备的能力，你在大学期间需要如何锻炼，以便尽早为创业打好基础？
3）你需要学习的创业知识有哪些？如何制订一个短期的学习计划？
4）你觉得自己适合创业吗？
5）如果让你为创业能力排序，你如何排？
6）你认为创业前应在思想和心理方面做好哪些准备？其中最重要的是哪些？

综合练习

一、名词解释

创业者　创业机会　企业可持续发展　技术创新　市场创新　企业制度创新知识管理

二、多项选择题

1. 创业者的特征有（　　）。
   A．强烈的成就感　　　　　　B．独立性和自信心
   C．创新意识　　　　　　　　D．承担风险的意愿
   E．良好的人际关系
2. 技术创新的决定因素有（　　）。
   A．竞争程度　　　　　　　　B．企业规模

C. 垄断力量 D. 时代特征
E. 保密程度
3. 我国企业制度创新的内容包括（   ）。
   A. 出资人制度 B. 法人财产权制度
   C. 所有者权益制度 D. 法人治理结构
   E. 企业配套制度
4. 企业创新包括（   ）。
   A. 引进一种新产品 B. 采用新的生产方法
   C. 开辟新的市场 D. 获得原材料新来源
   E. 采用一种新的企业制度

三、问答题

1. 如何抓住投资创业机会？
2. 创业型企业大多采用什么样的组织结构？
3. 什么是知识管理？简述知识管理与信息管理的区别。
4. 企业如何选择生存空间？
5. 什么是企业可持续发展？什么是企业创新？二者关系如何？
6. 什么是技术创新，技术创新的主要内容有哪些？
7. 什么是市场创新，市场创新的形式有哪些？
8. 什么是制度创新，如何理解制度创新的重要性？

参考文献

[1] 王延平. 现代企业组织理论与实践[M]. 北京：北京交通大学出版社，2012.
[2] 郑煜. 现代企业管理：理念、方法与应用[M]. 北京：清华大学出版社，2011.
[3] 王红梅. 现代企业管理[M]. 西安：西安交通大学出版社，2012.
[4] 吴何. 现代企业管理[M]. 北京：中国市场出版社，2011.
[5] 安景文. 现代企业管理[M]. 北京：北京大学出版社，2012.
[6] 吴忠平. 现代企业管理[M]. 北京：机械工业出版社，2011.
[7] 吴振顺. 现代企业管理学. 北京：机械工业出版社，2012.
[8] 李启明. 现代企业管理（第4版）. 北京：高等教育出版社，2011.
[9] 张建华，冯瑞. 现代企业管理学. 北京：中国经济科学大学出版社，2012.
[10] 王志伟. 现代企业管理. 西安：西安交通大学出版社，2013.
[11] 王天喜. 现代煤矿企业文化研究：新庄模式. 北京：中国矿业大学出版社，2012.
[12] 郭建军. 现代企业规范化管理体系：原理与实务. 北京：经济科学出版社，2012.
[13] 陈文汉. 现代企业管理. 北京：中国电力出版社，2012.
[14] 王燕. 现代企业管理. 北京：北京理工大学出版社，2012.